Tobias Ravens

Wissenschaftlich mit Word arbeiten

ein Imprint der Pearson Education Deutschland GmbH

Bibliografische Information Der Deutschen Bibliothek

Die Deutsche Bibliothek verzeichnet diese Publikation in der Deutschen Nationalbibliografie; detaillierte bibliografische Daten sind im Internet über <http://dnb.ddb.de> abrufbar.

10   9   8   7   6   5   4   3   2
05   04   03

ISBN 3-8273-7054-X

© 2003 by Pearson Studium,
ein Imprint der Pearson Education Deutschland GmbH
Martin-Kollar-Straße 10–12, D-81829 München/Germany
Alle Rechte vorbehalten

Lektorat: Irmgard Wagner, Planegg, irmwagner@t-online.de
Korrektorat: Petra Kienle, Fürstenfeldbruck
Satz: reemers publishing services gmbh, Krefeld – gesetzt aus der Sabon
Umschlaggestaltung: dyadesign, Düsseldorf
Druck und Verarbeitung: MediaPrint, Paderborn

Printed in Germany

Inhaltsverzeichnis

Vorwort

Wissenschaftliche Arbeiten mit Word zu schreiben, ist für manchen eine Herausforderung. Dabei bietet das Programm nicht nur mit seiner Fußnotenverwaltung, sondern auch mit seinen automatischen Verzeichnissen und Querverweisen viele Vorteile, die das Arbeiten erleichtern. Dieses Buch zeigt, wie Sie diese Vorteile für Ihre wissenschaftliche Ausarbeitung verwenden.

Ich habe mehrere Jahre an der Universität Mannheim Kommilitonen aber auch Mitarbeitern in Lehrstühlen geholfen, die kleinen und großen Probleme des Computeralltags zu meistern. Die Aufgaben variierten, vom Wiederfinden unauffindbarer Programmeinstellungen bis zum Retten korrupter Dateien. Im Laufe der Zeit entstand daraus eine umfangreiche Sammlung an Notizen und Übersichten. Nach meinem Studium kam mir die Idee, hieraus ein Buch zu machen – und schließlich wurden daraus drei Bücher, jeweils eines für Word, Excel und PowerPoint. Alle drei Bücher gehen auf die Einsatzmöglichkeiten der einzelnen Programme für wissenschaftliche Arbeiten wie z. B. eine Diplom- oder Seminararbeit ein. Dieses Buch geht von einer praxisnahen Situation aus: Ein Student möchte seine Diplomarbeit schreiben.

Aus eigener Erfahrung weiß ich, wie wichtig eine gute Gliederung ist: Sie ist der halbe Weg zum Lösen der Aufgabe. Mein Motto beim Schreiben war: Auch wenn Sie dieses Buch vielleicht erst kurz vor Fertigstellung Ihrer Präsentation erwerben, sollte es anhand der Gliederung nicht schwer fallen, den Einstieg zu finden. Folgen Sie der Gliederung, werden Sie systematisch in das Programm eingeführt und durch alle weiteren Arbeitsschritte begleitet.

Die Arbeitsschritte bezeichne ich als Handlungsanweisungen. Eine Handlungsanweisung ist durch einen vorangestellten Titel kenntlich gemacht, beispielsweise »Überschrift eingeben« oder »Beschriftung hinzufügen«. Die daran anschließenden Schritte setzen dieses Ziel um. Unter *http://www.pearson-studium.de* finden Sie die verwendeten Beispiele und zusätzliche Dokumente.

Als ich selbst meine Diplomarbeit geschrieben habe und die Vorworte anderer Autoren gelesen habe, war ich teilweise verwundert, wie viele Danksagungen im Vorwort aufgeführt wurden. Seitdem ich selbst ein Buch geschrieben habe, weiß ich, dass zu einem Buch sehr viele gehören – bei ihnen möchte ich mich nun bedanken. Mein größter Dank gilt meiner Lektorin, Frau Irmgard Wagner, für die vertrauensvolle und gute Zusammenarbeit. Sie hat mich sicher um alle Klippen des Schreibens geführt und mir in den entscheidenden Situationen den Rücken frei gehalten. In diesem Zusammenhang möchte ich mich auch bei Herrn Martin Asbach bedanken, der mir diesen Kontakt ermöglicht hat. Sehr gut hat mir auch die Zusammenarbeit mit meiner Herstellerin, Frau Margrit Seifert, und meiner Korrektorin, Frau Petra Kienle, gefallen.

Mein nächster Dank gilt meinen Probelesern, die geduldig meine Seiten durchgesehen und mir ihre offene Meinung gesagt und Anregungen gegeben haben. Hier möchte ich insbesondere Frau Sandra Schwarz danken. Sehr zu Dank verpflichtet bin ich auch Herrn Dr. Richard Gerecke, der mich mit den Richtlinien der alphabetischen Katalogisierung und der damit verbundenen Quellenabgrenzung vertraut gemacht hat. Keine Probeleserin, wohl aber eine wertvolle Hilfe, ist Frau Ute Schultz. Ihre Beiträge im Spotlight-Forum und direkte Hilfestellung bei CorelDraw haben manche Unklarheit beseitigt und manche Zeichnung möglich gemacht.

Schließlich möchte ich mich auch bei meinen Eltern bedanken. Sie haben mich in mehrfacher Weise beim Schreiben unterstützt, wofür ich ihnen sehr dankbar bin.

Manches aus diesem Buch ist nur möglich geworden, weil mich Firmen unterstützt haben. Mein erster Dank gilt Microsoft, die mir freundlicherweise die Developer Edition von Office XP zur Verfügung gestellt haben. Nur hierdurch wurde es möglich, auch die aktuelle Programmversion von Word zu dokumentieren. Die Firma Mindjet hat es mir ermöglicht, das Programm Mindmanager auf seine Eignung für wissenschaftliches Schreiben zu untersuchen; eine Beschreibung finden Sie auf der Internetseite dieses Buches. Der Firma Outertech verdanke ich das Programm Linkmanager, mit dessen Hilfe ich die zahlreichen Internetadressen verwalten kann; diese Adresssammlung können Sie sich von der Internetseite herunterladen. Das Bibliographische Institut & F. A. Brockhaus AG hat es mir ermöglicht, die PC-Bibliothek auf ihre Alltagstauglichkeit für Studenten und Lehrstühle auszutesten – eine Beschreibung werden Sie ebenfalls auf der Internetseite finden.

Ich freue mich über Ihre Meinung zum Buch. Sollten sich darin Hinweise oder Fragen mit »Publikumswert« befinden, werde ich hierzu ein Lösungsblatt verfassen und auf die Internetseite des Buches (*http://www.pearson-studium.de*) stellen.

Tobias Ravens
November 2002

t.ravens@web.de

Weitere Bücher zu Office von Pearson Studium

Tobias Ravens, Wissenschaftlich mit PowerPoint arbeiten, 208 Seiten, EUR 14,95, ISBN 3 8273 7053 1

Tobias Ravens, Wissenschaftlich mit Excel arbeiten, 224 Seiten, EUR 14,95, ISBN 3 8273 7055 8

KAPITEL 1

Problemstellung

Wissenschaftliche Arbeiten sind heutzutage fester Bestandteil des Studiums. Wahrscheinlich verfügen Sie auch bereits über einige Vorkenntnisse. Und doch bringt das wissenschaftliche Schreiben einige Probleme mit sich, auf die in diesem und den weiteren Kapiteln eingegangen wird. Da die Arbeiten inzwischen üblicherweise mithilfe des Computers verfasst werden, sind auf einmal Anwenderqualitäten gefragt, die vorher – zumindest unter diesem Zeitdruck – nicht verlangt wurden.

Um Ihnen den Einstieg in das Arbeiten zu erleichtern, werde ich diesem Buch eine exemplarische Diplomarbeit zugrunde legen. Der Diplomand, er heiße Hannes Müller und stehe am Ende seines Studiums der Betriebswirtschaftslehre, möchte seine Diplomarbeit in der Firma Romburg AG schreiben.

Die Diplomarbeit umfasst die üblichen Arbeitsphasen, wobei ich in diesem Buch nur auf die Arbeitsphasen näher eingehe, die unmittelbar mit dem Computer zu tun haben. Einige wichtige Arbeitsphasen, die Recherche beispielsweise, bleiben somit außen vor. Dafür gehe ich ausführlich auf das Einrichten des Computers im Hinblick auf das Arbeiten mit Word ein.

Diesem Buch liegt zwar keine CD bei, Sie können aber einige Beispiele zwecks Kontrolle oder Analyse aus dem Internet herunterladen. Gerade wenn es darum geht, einige technische Fertigkeiten aufzufrischen, ist es vielleicht ganz hilfreich, wenn Sie sich die Beispiele herunterladen und mit Hilfe des Buches durchgehen. Die Internetseite zum Buch finden Sie unter *http://www.pearson-studium.de*. Auf der Internetseite finden Sie auch Ergänzungspapiere zu Themen, die ich für wichtig erachte, die jedoch von der eigentlichen Zielsetzung des Buches zu weit wegführen.

1.1 Wissenschaftliches Arbeiten

Wissenschaftliches Arbeiten wird meist verstanden als der Arbeitsablauf von der ersten Recherche bis zur endgültigen Aufbereitung. Im Mittelpunkt stehen beispielsweise die Fragen, welche Quellen Sie heranziehen dürfen, wie kritisch diese hinterfragt werden müssen und wie sie schließlich verwendet werden. Ergebnisse wissenschaftlichen Arbeitens müssen nachvollziehbar sein, nicht nur im geschriebenen Text, sondern auch in den einzelnen Berechnungen oder bei der Präsentation.

Zum wissenschaftlichen Arbeiten gehören aber auch die anfallenden Arbeitsschritte, also das Verarbeiten des Erforschten zu einer schriftlichen Ausarbeitung. Gerade hier tun sich viele Hürden auf, weil große Dokumente auch für Word eine Besonderheit sind. Aus diesem Grund gehe ich besonders auf die Programmeigenschaften und Schwierigkeiten ein, die bei Diplomarbeiten beispielsweise wichtig werden. Dazu gehört der leider noch immer populäre Fußnotenbug genauso wie das Arbeiten mit Formatvorlagen.

1.2   Dateiverwaltung

Bevor ich mit der Einführung beginne, möchte ich Ihnen einige Hinweise zu etwas geben, mit dem Sie ständig an Ihrem Computer arbeiten: die Festplatte. Schon einfache Seminararbeiten bescheren oftmals eine Vielzahl an Dateien. Und was zunächst nach »Produktivität« aussieht, entwickelt sich schnell zu einer unübersehbaren Menge an Dateien. Einige davon sind relevant, andere sind modifizierte Kopien der relevanten Dateien und wieder andere sind relevante Kopien von nicht länger relevanten Dateikopien ... Kurzum, wichtige Dateien teilen sich mit verwaisten Sicherungskopien den Speicherplatz. Ich habe auf genügend fremden Rechnern Diplomarbeiten aus dem Off der Festplatten zurückgeholt, um mit anschaulichen Beispielen die Dramatik zu belegen, die kurz vor einer Präsentation entstehen kann.

Damit das alles gar nicht erst passiert, gibt es einige ganz einfache Verhaltensweisen, die ich Ihnen unbedingt nahe legen möchte, bevor Sie mit der Arbeit beginnen. Die Verhaltensweisen betreffen die Bereiche Verzeichnisstruktur und Dateinamen.

Seit Windows 95 können Dateinamen bis zu 255 Zeichen lang sein. Ferner können sie Sonderzeichen wie Klammern, Unterstriche, Kommata und Punkte enthalten. Aber nicht alle daraus möglichen Dateinamen sind auch praktisch. Eine Datei mit dem Namen AUSARBEITUNG_NEU.DOC klingt für sich gut. Aber die überarbeitete Variante müsste bereits AUSARBEITUNG_NEUER.DOC heißen. Und wie sollen die weiteren Varianten bezeichnet werden, etwa AUSARBEITUNG_NOCHNEUER.DOC und AUSARBEITUNG_NOCHVIEL-NEUER.DOC? Sofern Sie Ihre Präsentationen auf mehrere Dateien verteilen müssen (was nur manchmal sinnvoll ist), vergeben Sie kurze, aber sinnvolle Dateinamen wie AUSARBEI-TUNG.DOC oder AUSARBEITUNG_TEIL01.DOC und AUSARBEITUNG_TEIL02.DOC. Kommen Sie in die Verlegenheit, mehrere Versionen anzulegen, verwenden Sie am besten das Datum. Von hinten nach vorne im Dateinamen berücksichtigt, sortiert es zugleich die Dateien chronologisch, also AUSARBEITUNG_2002-04-12.DOC und AUSARBEITUNG_2002-04-17.DOC. So kommt erst gar keine Verwirrung auf.

Genauso wichtig wie sinnvolle Dateinamen ist auch eine sinnvolle Ordnerstruktur. Diese orientiert sich an zwei wesentlichen Vorgaben:

- Backup-Struktur: Eine Ordnerstruktur ist dann sinnvoll gewählt, wenn sie die Dateien unter dem Kriterium der Datensicherung sinnvoll zusammenfasst.

- Aufgabenstruktur: Eine Ordnerstruktur sollte sich daneben an der Aufgabenstruktur orientieren.

Wenn Sie eine Windows-Standardinstallation haben, dann hat Ihre Festplatte vor allem drei wichtige Verzeichnisse. Das Betriebssystem ist in einem eigenen Verzeichnis untergebracht, dessen Name mehr oder minder dem verwendeten Betriebssystem entspricht, normalerweise WINDOWS. Das Programmverzeichnis, üblicherweise lautet es PROGRAMME, enthält die Hauptkomponenten aller Programme, die nicht dem Betriebssystem zugerechnet werden. Ein weiteres Verzeichnis nimmt alle Ihre Dokumente auf. Wenn Sie gezwungen wären, Ihre Festplatte zu formatieren, würden Sie in jedem Fall Ihr Dokumentenverzeichnis, typischerweise mit EIGENE DATEIEN bezeichnet, auf einem externen Datenträger sichern. Das Betriebssystem lässt sich genauso wie die Programme weitestgehend vollständig wieder installieren – lediglich Ihre persönlichen Einstellungen werden fehlen.

Diese Struktur gilt es für Ihre Arbeit zu verfeinern. Bei normalen universitären Arbeiten werden neben den eigentlichen Word-Dateien auch Dokumente aus dem Internet sowie Internetseiten, Lehrstuhlrichtlinien, Grafiken, eigene Entwürfe und Notizdateien entstehen. Je frühzeitiger Sie diese einplanen, desto weniger Unordnung wird später entstehen. Für die hier behandelte Diplomarbeit wird deshalb direkt unterhalb des Ordners EIGENE DATEIEN ein Verzeichnis DIPLOMARBEIT angelegt. Die Word-Dokumente – und nur diese! – kommen in einen weiteren Unterordner SCHREIBEN. Sollten Dateien aus dem Internet benötigt werden, sind diese im Ordner MATERIAL abzulegen, der direkt unterhalb des Verzeichnisses DIPLOMARBEIT liegt. Um das Projekt kompakt zu halten, wird ein weiterer Ordner BACKUP benötigt, ebenfalls direkt unterhalb der DIPLOMARBEIT. Hier hinein kommen komprimierte Sicherungen aus dem Ordner SCHREIBEN. Insoweit unterscheidet er sich auch von dem Ordner _TEMP (der Unterstrich bewirkt, dass dieser Ordner zuoberst angezeigt wird). Hier hinein dürfen Sie alles ablegen, was Sie für den Moment nicht zuordnen können oder wollen. Aber löschen Sie den Inhalt abends, soweit Sie ihn nicht in die übrigen Verzeichnisse verteilen können.

Die Struktur finden Sie auch in *Abbildung 1.1* wiedergegeben. Sofern Sie diese Ordnung sorgfältig einhalten, wird nur der Ordner SCHREIBEN alle ganz wichtigen Dokumente enthalten. Seinen Inhalt gilt es also regelmäßig zu sichern, worauf im Kapitel *Datensicherheit* eingegangen wird. Umgekehrt sollte der Ordner _TEMP abends leer sein. Innerhalb dieser Ordner sollten Sie nüchterne, aber aussagekräftige Dateinamen verwenden.

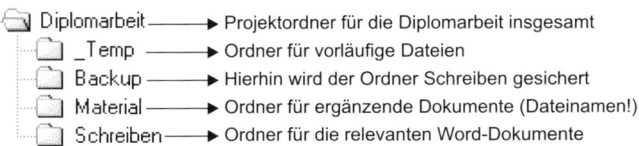

Abbildung 1.1: Ordnerstruktur für den Diplomarbeitsvortrag

1.3   Programmeinführung

Word kann Ihre Arbeitsdokumente in unterschiedlichen Ansichten darstellen. Diese Ansichten haben alle ihre besonderen Vorzüge und sollen deshalb geschlossen vorgestellt werden. Sie können alle Ansichten über das Menü ANSICHT aufrufen.

(1) Normalansicht. Die Vorzüge dieser Ansicht sind insbesondere die Ausnutzung der Monitorfläche und der geringe Ressourcenverbrauch. Nur in dieser Darstellung kann der Seitenumbruch im Hintergrund deaktiviert werden, was gerade kurz vor Fertigstellung sehr viel Zeit sparen kann. Außerdem können Sie die Namen der Absatzformatvorlagen einblenden, was Ihnen bei der Verzeichniskontrolle hilft, mögliche Fehlerursachen zu finden. Die Normalansicht wird insbesondere in den Kapiteln *Grundlegende Schreibelemente* und *Spezielle Schreibelemente* empfohlen.

(2) Gliederungsansicht. Diese zumeist verkannte Ansicht ist hervorragend geeignet, um das Dokument zu gliedern und umzugliedern. Im Kapitel *Gliederungen* gehe ich hierauf näher ein. Für wissenschaftliche Arbeiten ist diese Dokumentenansicht ein Muss. Zudem ermöglicht sie es, die Gliederung des Dokuments auszudrucken.

(3) Layoutansicht. Die Layoutansicht wird in der Praxis sehr häufig anstelle der Normal-ansicht eingesetzt. Dabei liegt ihr Schwerpunkt im Layouten des Dokuments, was insbesondere Thema in den Kapiteln *Allgemeine Layoutvorgaben umsetzen* und *Besondere Layoutelemente einrichten* ist.

(4) Kopf- und Fußzeilenansicht. Die Darstellung der Kopf- und Fußzeilen ist – leider auch in Word 2002 – noch immer der Layoutansicht untergeordnet. Dabei handelt es sich um den Bereich oberhalb und unterhalb des Satzspiegels. Zugleich können Sie mithilfe von Positionsrahmen hierüber auch den Seitenhintergrund gestalten. Die Möglichkeiten werden ausführlich im Kapitel *Allgemeine Layoutvorgaben umsetzen* vorgestellt.

(5) Druckvorschau (»Seitenansicht«). Die Druckvorschau wird manchmal mit der Layout-ansicht verwechselt. Dabei verwendet die Druckvorschau die Einstellungen des Drucker-treibers, um das Dokument so anzuzeigen, wie es auf dem Drucker erscheinen wird. Insbesondere lassen sich hierüber falsch bedruckte Seitenränder beurteilen. Die Möglich-keiten werden genauer im Kapitel *Word-Dokumente drucken* beschrieben.

Neben diesen Ansichten gibt es noch die Ansichtsart WEBLAYOUT. Da diese für das wissenschaftliche Arbeiten meistens nicht relevant wird, gehe ich hierauf auch nicht näher ein. Hinweise hierzu finden Sie aber in der Programmhilfe.

1.3.1 Allgemeine Fensterelemente

Neben den Dokumentenansichten haben die einzelnen Fensterelemente große Bedeutung. Die folgenden Elemente stehen grundsätzlich in jeder Ansicht zur Verfügung. Einige Elemente schließen sich aber gegenseitig aus. Die vergleichende Gesamtdarstellung finden Sie in *Abbildung 1.2*.

(1) Fensterleiste. Die Fensterleiste ist ein Kennzeichen von Windows-Programmen. Sie können sie immer sehen, solange Sie nicht die Ansicht GANZER BILDSCHIRM verwenden. Eine sehr wichtige Information der Fensterleiste ist der Name des aktuell bearbeiteten Word-Dokuments.

(2) Menüleiste. Ihre Aufgabe sollte selbsterklärend sein. Die Menüleiste muss sich nicht zwangsläufig direkt unterhalb der Fensterleiste befinden, sondern kann auch an jeder der übrigen drei Fensterseiten verankert sein oder sogar im Fenster »schweben«. Beachten Sie, dass sich der Inhalt der Menüleiste teilweise danach richtet, ob Sie ein bestimmtes Objekt markiert haben oder sich in einer bestimmten Ansicht befinden. Gerade im Menü FORMAT richtet sich die Bezeichnung des untersten Eintrags danach, ob Sie sich normal im Text befinden oder eine Grafik beispielsweise markiert haben. Ähnlich sind auch die Unter-schiede im Menü TABELLE.

(3) Symbolleiste. Symbolleisten gibt es für die unterschiedlichsten Zwecke. Sie halten Befehle für bestimmte Aufgaben bereit. Eine Symbolleiste steht in einer bestimmten Ansicht nur zur Verfügung, wenn die Aufgabe in dieser Ansicht auch gelöst werden kann. Die Symbolleiste GLIEDERUNG beispielsweise hat in der Ansicht GLIEDERUNG mehr Mög-lichkeiten als in der Normalansicht. Sollten Sie eine Symbolleiste vermissen, können Sie sie über ANSICHT > SYMBOLLEISTEN einblenden.

(4) Dokumentstruktur. Die Dokumentenstruktur ist gerade in wissenschaftlichen Arbeiten eine äußerst wichtige Hilfe. Sie führt alle (ordnungsgemäßen) Überschriften auf und markiert zugleich die Überschrift, in deren Gliederungsabschnitt Sie gerade sind. Hierdurch haben Sie eine schnelle Orientierung darüber, wo Sie sich gerade befinden. Zudem können Sie über die Dokumentstruktur auch navigieren. In ihren Darstellungsmöglichkeiten entspricht sie der Gliederungsansicht. Über ANSICHT > DOKUMENTENSTRUKTUR blenden Sie sie ein. Leider kann sie nicht gleichzeitig mit dem MARKUPFENSTER (Word 2000: KOMMENTARE) und dem Fußnotenbereich in der Normalansicht dargestellt werden.

(5) Lineal. Das Lineal offenbart einige Einstellungen des Satzspiegels sowie des Absatzes; weitere Möglichkeiten ergeben sich für Tabellen. In der Normalansicht ist nur das horizontale Lineal verfügbar; wählen Sie dazu ANSICHT > LINEAL. In der Layoutansicht steht auch ein vertikales Lineal zur Auswahl; aktivieren Sie dazu das Kontrollfeld VERTIKALES LINEAL unter EXTRAS > OPTIONEN > ANSICHT.

(6) Fensterteiler. Wenn Sie sehr viel zwischen zwei entlegenen Gliederungsabschnitten des gleichen Dokuments navigieren müssen, um sie zu vergleichen oder Inhalte zu übertragen, ist das Navigieren auf die Dauer mühsam und gerade in den Nachtstunden auch sehr fehleranfällig. Sofern die Gliederungsansicht nicht vorzuziehen ist, können Sie das Dokumentenfenster teilen. Dazu können Sie entweder den Fensterteiler markieren und herunterziehen oder Sie wählen FENSTER > TEILEN – dieser Befehl steht nicht zur Auswahl, während die Dokumentenstruktur aktiv ist. Alternativ können Sie das Fenster auch über FENSTER > NEUES FENSTER duplizieren.

(7) Aufgabenbereich. Der Aufgabenbereich ist ein Novum, das die neue Word-Version 2002 mitbringt. Hier finden Sie zu vielen Arbeitszielen vorgefertigte Befehlszusammenstellungen. Der wichtigste Aufgabenbereich ist FORMATVORLAGEN UND FORMATIERUNG, der das Dialogfeld FORMATVORLAGE von Word 2000 ablöst. Der Vorteil gegenüber normalen Dialogfeldern ist die ständige Präsenz des Aufgabenbereichs. Er kann permanent eingeblendet bleiben und erlaubt so einen schnellen Zugriff bzw. Überblick. Um den Aufgabenbereich allgemein einzublenden, wählen Sie ANSICHT > AUFGABENBEREICH; Sie können alternativ auch die Programmoption EXTRAS > OPTIONEN > ANSICHT > AUFGABENBEREICH aktivieren.

(8) Statusleiste. Ein wichtiges Element im Programmfenster ist auch die Statusleiste. Hier finden Sie viele Informationen zum Programm und zu dem, was es gerade tut. Außerdem können Sie hierüber auch einige Dialogfelder öffnen, worauf der Abschnitt *Dokument- und Programmzustände* eingeht. Sollte die Statusleiste fehlen, aktivieren Sie sie über EXTRAS > OPTIONEN > ANSICHT > STATUSLEISTE.

(9) Ansichtendirektzugriff. Dieser Bereich signalisiert Ihnen nicht nur die aktuell gewählte Ansicht. Sie können hierüber auch schnell in eine der anderen Ansichten gelangen, mit Ausnahme der Druckvorschau.

(10) Bildlaufleiste. Sie können mehrere Bildlaufleisten im Programmfenster haben. Die Funktion kennen Sie wahrscheinlich: Hiermit verändern Sie den angezeigten Ausschnitt des Fensters. Normalerweise werden sie von Windows automatisch eingeblendet, wenn der Monitor nicht ausreicht, um den Inhalt vollständig darzustellen. Vielen Anwendern ist allerdings unbekannt, dass jede Bildlaufleiste *drei Bereiche* unterscheidet. Den *Bildläufer*

können Sie anklicken, um den Ausschnitt beliebig zu verschieben. Eine Quickinfo hilft Ihnen, sich zu orientieren. Die *Bildlaufpfeile* verschieben den Bildläufer in kleinen Schritten. Wenn Sie von einem zum anderen Ende möchten, sind sie nicht empfehlenswert. In größeren Schritten kommen Sie voran, wenn Sie in den *Bereich zwischen* Bildläufer und Bildlaufpfeil klicken.

(11) Objektbrowser. Der Objektbrowser ist ein wertvolles Navigationsgerät. Zehn verschiedene Navigationselemente können voreingestellt werden. Seine Möglichkeiten werden ausführlich im Kapitel *Nützliche Handgriffe* vorgestellt.

Markupfenster. Das Markupfenster, in Word 2000 wegen seiner eingegrenzten Möglichkeiten als Kommentarbereich bezeichnet, entspricht in seiner Darstellung dem Fußnotenbereich. Alle Kommentare, in Word 2002 auch alle Änderungen, werden hier zusammenfassend dargestellt. Die Möglichkeiten werden im Kapitel *Korrektur* beschrieben.

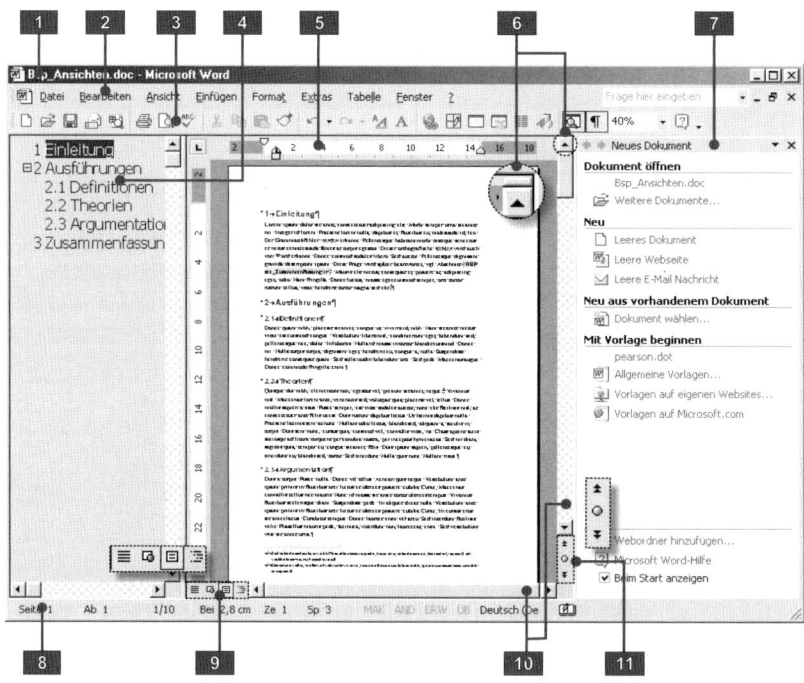

Abbildung 1.2: Programmfenster von Microsoft Word

1.3.2   Elemente der Normal- und Gliederungsansicht

Speziell in der Normalansicht, daneben auch in der Gliederungsansicht, haben Sie zwei weitere Elemente zur Verfügung. Sie finden beides in *Abbildung 1.3* dargestellt.

(1) Formatvorlagenspalte. Die Formatvorlagenspalte bezeichnet die Absatzformatvorlage, die einem Absatz zugeordnet ist. Sie ist vor allem nützlich, wenn Sie Formatvorlagenfehler aufspüren möchten, was in Zusammenhang mit den Verzeichnissen beispielsweise wichtig

ist und deshalb im Kapitel *Dokumente vervollständigen* ausführlich beschrieben wird. Die Formatvorlagenspalte können Sie einblenden, indem Sie unter EXTRAS > OPTIONEN > ANSICHT in das Eingabefeld BREITE DER FORMATVORLAGENANZEIGE einen Wert größer als »0cm« eingeben.

(2) Fußnotenfenster. Das Fußnotenfenster wird in der Layoutansicht durch den Fußnotenbereich ersetzt. Es ist aber nicht das Gleiche, wie im Kapitel *Besondere Layoutelemente einrichten* deutlich wird. Nur im Fußnotenfenster können Sie auch die Fußnotentrennlinien anpassen. Enthält Ihr Dokument Fußnoten, können Sie diese über ANSICHT > FUSSNOTEN einblenden. Sofern das Dokument gleichzeitig Fuß- und Endnoten enthält, werden Sie gefragt, welchen dieser beiden Inhalte Sie sehen möchten.

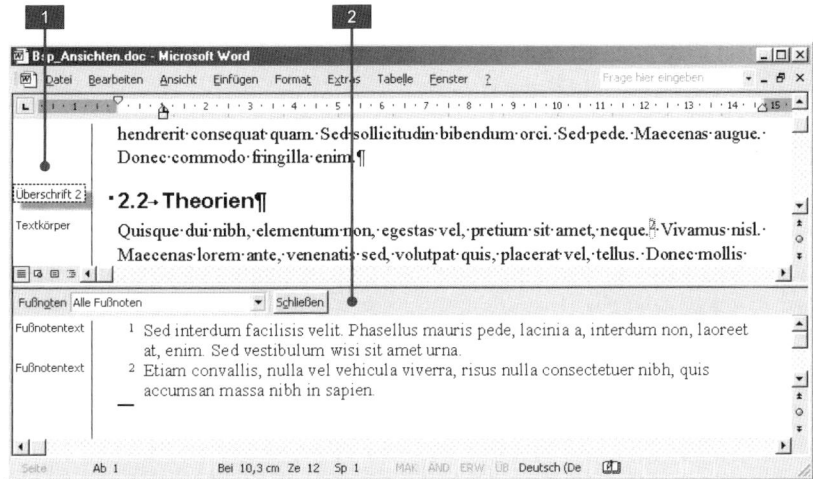

Abbildung 1.3: Elemente in der Normalansicht

1.3.3 Dokumenteninhalte

Mit Ausnahme der Druckvorschau kann es Ihnen in den übrigen Ansichten passieren, dass zusätzlich zum »normalen« Text das eine oder andere im Dokument erscheint, was Ihnen fremd vorkommt. Diese Besonderheiten werden in *Abbildung 1.4* dargestellt und nachfolgend beschrieben.

(1) Unsichtbare Zeichen. Word verwendet in seiner Eigenschaft als Programm nicht nur die normalen Textzeichen. Genauso wichtig sind Zeichen, die auf technische Besonderheiten hinweisen. Der Absatzwechsel ist ein solches Merkmal, das Leerzeichen übrigens auch. Es gibt zwei Arten von unsichtbaren Zeichen:

▨ Zeichen außerhalb des Textes

▨ Zeichen innerhalb des Textes

Zur ersten Gruppe gehört die Markierung, die auf die Absatzeigenschaften ZEILEN NICHT TRENNEN und ABSATZ NICHT TRENNEN hinweist. Derartig gekennzeichnete Absätze fließen anders als »freie« Absätze. Diese Eigenschaft wird in Zusammenhang mit den Überschriften im Kapitel *Allgemeine Layoutvorgaben umsetzen* beschrieben. Das zweite Zeichen dieser Gruppe ist der Objektanker. Er wird für schwebend platzierte Objekte verwendet, um den Absatzbezug zu signalisieren. Da ich in diesem Buch durchweg von einer derartigen Anordnung abrate, gehe ich hierauf nicht näher ein.

Die folgenden Zeichen gehören zur zweiten Gruppe und können unter EXTRAS > OPTIONEN > ANSICHT in der Gruppe FORMATIERUNGSZEICHEN eingeblendet werden:

- Absatzmarken: Sie kennzeichnen das Ende eines Absatzes. Bezüglich der Darstellung gehören auch die manuellen Zeilenwechsel sowie die Tabellenzellenmarkierungen zu den Absatzwechseln.

- Leerzeichen: Zu den Leerzeichen gehören die normalen sowie die geschützten Leerzeichen.

- Tabstoppzeichen: Sie sind abhängig von der Distanz zur nächsten Tabstoppposition teilweise sehr schwer zu erkennen.

- Ausgeblendeter Text: Zu dem ausgeblendeten Text gehört nicht nur der Text, dem Sie die Zeicheneigenschaft AUSGEBLENDET zugewiesen haben. Auch einige Feldfunktionen werden automatisch als ausgeblendeter Text gekennzeichnet und lassen sich mithilfe dieser Ansichtsoption einblenden.

- Bedingte Trennstriche: Dies sind nicht die Trennstriche, die durch die automatische Silbentrennung entstehen. Es handelt sich nur um die Trennstriche, die Sie auch über EINFÜGEN > SYMBOL… > SONDERZEICHEN: BEDINGTER TRENNSTRICH einfügen können.

- Übrige Sonderzeichen: Nicht alle besonderen Zeichen sind durch die vorhergehenden Kategorien abgedeckt. Damit beispielsweise in der Layoutansicht die Abschnittswechselmarkierungen angezeigt werden, müssen Sie (zusätzlich) das Kontrollfeld ALLE aktivieren. Daneben werden durch diese Einstellung automatisch die Sonderzeichen der übrigen Kategorien angezeigt.

(2) Fehler. Sofern die Rechtschreibüberwachung aktiv ist, werden Rechtschreibfehler durch rote und Grammatikfehler durch grüne Schlangenlinien unterstrichen hervorgehoben. Auch hierauf geht das Kapitel *Korrektur* genauer ein.

(3) Markups. Kommentare, so die Bezeichnung in Word 2000, werden gemeinsam mit den Änderungsmarkierungen in Word 2002 neuerdings als Markups bezeichnet. Abgesehen davon, dass Word-Dokumente damit eine gewisse Nähe zu Internetseiten demonstrieren sollen (gängige Internetseiten werden in der Hypertext Markup Language programmiert), besteht der wesentliche Unterschied nur darin, dass in der Layoutansicht Kommentare und protokollierte Änderungen in Sprechblasen dargestellt werden. Das Kapitel *Korrektur* geht hierauf genauer ein.

(4) Feldfunktionen. Die Feldfunktionen können je nach Darstellung durch ihre geschweiften Klammern und die graue Schattierung auffallen. Sie werden ausführlich im Kapitel *Word-Funktionen* beschrieben. Um Feldfunktionen auf jeden Fall zu erkennen, sollten Sie unter EXTRAS > OPTIONEN > ANSICHT in der Auswahl FELDSCHATTIERUNG die Alternative IMMER wählen.

(5) Smarttags. Smarttags sind ein Novum der aktuellen Version 2002 und könnten auch als Kontextoptionen bezeichnet werden, was allerdings nicht so aufregend klingt – aber die Funktion erklärt. In bestimmten Fällen, wenn die Autokorrektur beispielsweise eingreift oder Sie den Inhalt Zwischenablage einfügen, können Sie auf den Smarttag zeigen, um – deshalb meine Übersetzung – situationsabhängig zwischen bestimmten Optionen zu wählen. Während diese Möglichkeiten in Excel von größerer Bedeutung sind, sind sie in Word eher nachrangig.

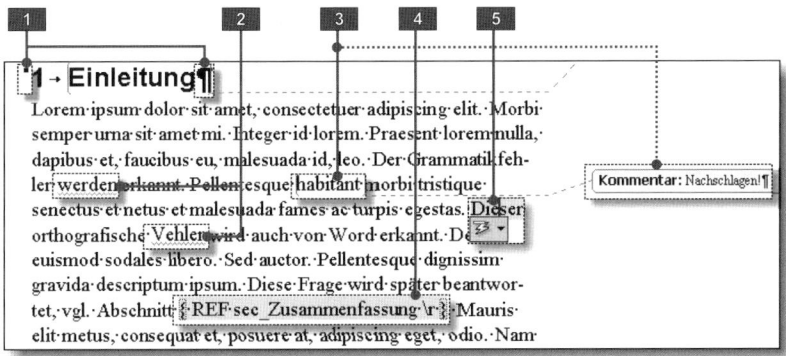

Abbildung 1.4: Besondere Dokumenteninhalte

1.3.4 Dokument- und Programmzustände

Die Statusleiste, bereits im Abschnitt *Allgemeine Fensterelemente* beschrieben, ist ein gutes Hilfsmittel, um herauszufinden, in welchem Zustand sich das Dokument befindet. Mit Ausnahme schreibgeschützter Dateien, die über die Fensterleiste signalisiert werden, gehen die wichtigsten Dokument- und Programmzustände hieraus hervor, vgl. *Abbildung 1.5.*

Normalzustand. Zum Normalzustand gibt es wenig anzumerken. Die meisten Arbeitssituationen beziehen sich hierauf.

(1) Makroaufzeichnung. Sie haben in Word die Möglichkeit, eigene Tastaturfolgen und Befehle mitzuschneiden, um sie später wiederholen zu können. Dies wird auch als Makroaufzeichnung beschrieben, das zugehörige Programmelement als VBA-Rekorder. In der Statusleiste erscheint während der Aufzeichnung der Hinweis »MAK«. Sofern Sie diesen Modus verlassen möchten, weil Sie ihn unbeabsichtigt gestartet haben, wählen Sie EXTRAS > MAKRO > AUFZEICHNUNG BEENDEN.

(2) Änderungsprotokoll (»Korrekturmodus«). Das Änderungsprotokoll wird hier auch als Korrekturmodus bezeichnet. Alle Veränderungen, die sich seit dem Aktivieren ergeben haben, werden erfasst und können angezeigt werden. Die Möglichkeiten werden ausführlich im Kapitel *Korrektur* betrachtet. In der Statusleiste ist »ÄND« zu sehen, wenn das Änderungsprotokoll aktiviert ist.

(3) Erweiterungsmodus. Der Erweiterungsmodus ist ein Zustand, um Inhalte des Dokuments zu markieren. In der Statusleiste ist »ERW« zu sehen oder »SP«, wenn der Spaltenmarkiermodus aktiviert wird. Genauer geht auch hierauf das Kapitel *Nützliche Handgriffe* ein.

(4) Überschreibmodus. In diesem Modus überschreibt neuer Text den vorhandenen Text, soweit das Dokumentende noch nicht erreicht ist. Der Überschreibmodus wird selten bewusst aktiviert, oftmals aber versehentlich über Einf gestartet. In der Statusleiste ist »ÜB« zu sehen. Dieser Modus wird im Kapitel *Nützliche Handgriffe* betrachtet.

(5) Rechtschreibüberwachung. Die Rechtschreibüberwachung beeinflusst das normale Arbeiten nicht, im Unterschied zu den anderen Dokumentenmodi. Sie kann bei großen Dokumenten aber den Computer erheblich verlangsamen und sollte dann als Hintergrundüberwachung deaktiviert werden.

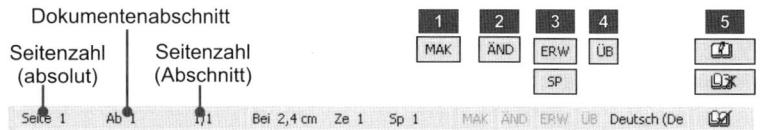

Abbildung 1.5: Dokumentzustände und die Statusleiste

1.4 Hilfen

Es ist im Rahmen dieses Buches unmöglich, Ihnen alle Kniffe zu Word zu vermitteln und sämtliche Fragen vorwegzunehmen, die im Rahmen Ihrer Arbeit auftreten können. Es gibt aber einige wichtige Möglichkeiten, damit auch Ihre spezielleren Fragen nicht unbeantwortet bleiben. Sie lassen sich ganz grob in die folgenden Varianten einteilen:

- Programmhilfe (Microsoft-Offline-Hilfe; diese wird zumeist als so genannte »Online-Hilfe« bezeichnet, wenngleich keine Netzwerk- oder Internetverbindung notwendig ist),

- Microsoft-Online-Hilfe (diese befindet sich im Internet) und

- sonstige Hilfen.

Zunächst soll die Programmhilfe beschrieben werden, die normalerweise angelegt wird, wenn Sie Word installieren. Sie gliedert sich in vier Hilfevarianten, die Sie in *Abbildung 1.6* zusammenfassend dargestellt finden.

(1) Direkthilfe im Programm. Diese Hilfe ist sowohl unter Word 2000 als auch Word 2002 möglich. Sie können sie über ⇧ + F1 aktivieren – der Mauszeiger wird um ein auffälliges Fragezeichen ergänzt. Sobald Sie mit diesem erweiterten Mauszeiger auf einen Befehl klicken, erhalten Sie eine kurze Zusammenfassung dessen, was der Befehl bewirkt. Sollte der Mauszeiger nicht von allein wieder seine normale Form annehmen, drücken Sie einfach Esc.

(2) Hilfe-Assistent. Aufgabe des Hilfe-Assistenten ist es, zwischen der vollständigen Programmhilfe und Ihnen zu vermitteln. Er wirkt nicht ganz so voluminös wie die Programmhilfe, die weiter unten behandelt wird. Er stellt Ihnen vielmehr einige Hinweise zusammen, die häufig das Problem abschließend lösen. Über das Suchfenster können Sie die Programmhilfe durchsuchen – die Möglichkeiten entsprechen der Registerkarte ANTWORT-ASSISTENT in der Programmhilfe. Den Hilfe-Assistenten können Sie über ? > OFFICE-ASSIS-

TENTEN ANZEIGEN aktivieren und auch wieder ausblenden. Klicken Sie ferner doppelt auf den Assistenten, um die Sprechblase zu öffnen. Über die Schaltfläche OPTIONEN, die sich dort befindet, können Sie das Verhalten des Assistenten näher eingrenzen.

(3) Direkt-Abfrage. Neu in Word 2002 ist die Möglichkeit, in einem eigenen Eingabefeld in der Menüleiste direkt auf die Programmhilfe zugreifen zu können. Die Abfrage wirkt so, als hätten Sie die Frage in das Textfeld der Registerkarte ANTWORT-ASSISTENT der Programmhilfe eingegeben.

(4) Direkthilfe in Dialogfeldern. In den meisten Dialogfeldern sehen Sie direkt neben der Schaltfläche zum vorzeitigen Schließen des Dialogfelds eine Schaltfläche mit einem Fragezeichen. Klicken Sie hierauf, um die Direkthilfe zu aktivieren; alternativ können Sie natürlich auch wieder ⌂ + F1 drücken. Nun können Sie die verschiedenen Elemente des Dialogfelds anklicken, um die einzelnen Funktionen des Dialogfelds kommentiert zu bekommen.

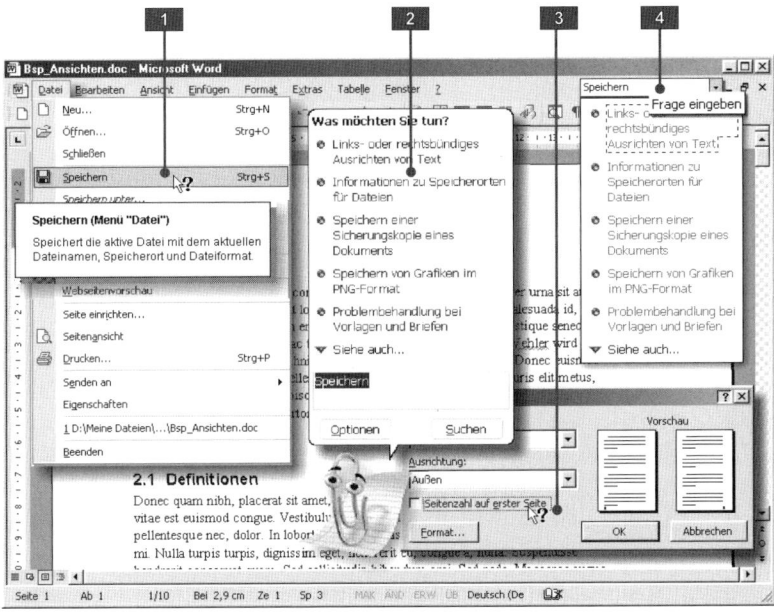

Abbildung 1.6: Hilfevarianten in Word

Sofern Sie gründlich und mit mehr Möglichkeiten die Programmhilfe durchsuchen wollen, empfehle ich Ihnen, sie direkt über ? > MICROSOFT WORD-HILFE zu öffnen. Sie erhalten dann ein separates Fenster, das wie in *Abbildung 1.7* aussieht. Die Möglichkeiten der mittleren Registerkarte ANTWORT-ASSISTENT kennen Sie bereits aus den Hilfevarianten.

Sofern Ihre Suche wenig hilfreiche Ergebnisse produzierte, sollten Sie zur Registerkarte INDEX wechseln. Hier sind typische Begriffe von Word aufgeführt. Wenn es Ihnen gelingt, Ihre Frage auf diese Begrifflichkeit einzugrenzen, werden Sie mit ein wenig Übung sehr schöne Resultate erhalten. Diese Begrifflichkeit hilft Ihnen im Übrigen auch weiter, um die Trefferquote über die Registerkarte ANTWORT-ASSISTENT zu erhöhen.

Die Registerkarte INHALT stellt Ihnen schließlich den gesamten Inhalt der Programmhilfe in gegliederter Form dar. Bei kniffligen Fragen hat es sich häufig als gut erwiesen, über den ANTWORT-ASSISTENTEN auf eine relevante Seite zu gelangen. Über den Wechsel in den INHALT wird der Themenblock deutlich, zu dem die Frage gehört. Durch das Durchlesen angrenzender Seiten schulen Sie Ihr Verständnis darüber, wie Word in der einen oder anderen Situation »denkt«.

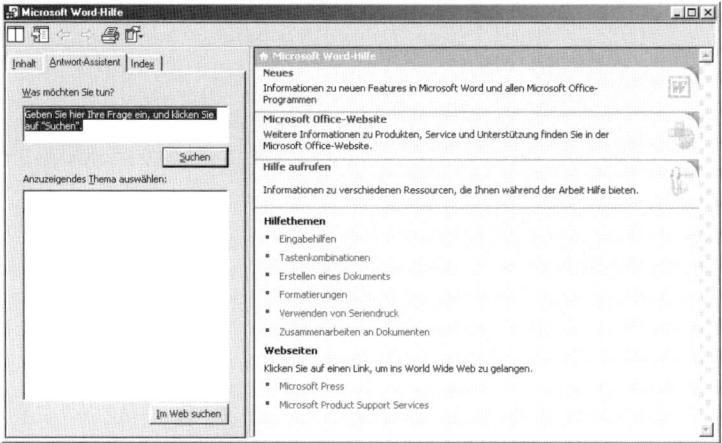

Abbildung 1.7: Programmhilfe von Word

Die Hilferessourcen, die Word bei der Installation mitbringt, sind nicht die einzigen, mit denen Sie arbeiten können. Das Internet stellt eine schier unergründliche Zahl an Quellen zur Verfügung. Die mit Abstand wichtigste Quelle kommt von Microsoft selbst und ist die Knowledge-Base. Wann immer ein Bug von Microsoft entdeckt oder ein Sicherheitsupdate veröffentlicht wird, finden Sie hier einen Hinweis darauf. Diese Knowledge-Base wird von Microsoft in Eigenregie verwaltet. Erwarten Sie keine kritischen Töne. Manches, was von Microsoft herausgefunden oder bestätigt wird, bleibt ungelöst mit dem Hinweis stehen: »Microsoft has confirmed this to be a serious problem ...«

Deshalb verwundert es nicht, dass um die Office-Programmteile herum viele unabhängige Internetauftritte entstanden sind. Auf einigen Seiten finden Sie Problemlösungen zu Word. Andere Internetseiten stellen so genannte Foren zur Verfügung, in denen sich Anwender untereinander helfen. Das wichtigste Forum ist meiner Ansicht nach das Spotlight-Word-Forum. Da sich Internetadressen relativ schnell ändern können und überdies schlecht pflegen lassen, verzichte ich in diesem Buch darauf, konkrete Adressen zu nennen.

Auf der Internetseite zu diesem Buch gibt es aber eine Datei mit allen für Word relevanten Seiten, soweit ich sie selbst kenne. Diese Zip-Datei enthält die Adressen in zwei unterschiedlichen Formaten. Die HTML-Datei können Sie in jedem Browser öffnen. Mehr Komfort bietet Ihnen die LMD-Datei. Diese lässt sich im Programm LinkManager (Outertech) öffnen. Mit diesem Programm können Sie die Verweise nach bestimmten Adressen filtern oder nach bestimmten Schlagwörtern durchsuchen.

KAPITEL 2

Datensicherheit

Eigentlich sollte es Sie stutzig machen, dass Sie für Ihren PKW-Führerschein einen Erste-Hilfe-Kurs machen müssen und vor jedem Flug eine Sicherheitseinweisung bekommen. Aber haben Sie sich schon einmal darüber Gedanken gemacht, wie sicher Ihre Daten sind und wie Sie sie notfalls retten könnten? Ich schreibe nur über meine Erfahrung, wenn die meisten Rettungseinsätze am Computer zwischen 14 und vier Tagen vor Abgabe stattfanden. Fast nie existierte eine Datensicherung. Es ist zwar nur in sehr wenigen Fällen wirklich unmöglich, Dateien zu rekonstruieren. Aber auch dann gehört sehr viel Erfahrung und Ruhe dazu, um eine Datei aus dem Nichts zu retten oder eine korrupte Datei zu reparieren – und in den anderen Fällen sind die Daten endgültig verloren. Unterm Strich betrachtet, zahlt sich eine ordentliche Datensicherung immer aus!

Es ist weder besonders teure Software nötig noch brauchen Sie ein spezielles Sicherungsgerät. Im Rahmen von Diplomarbeiten und Dissertationen sind das Programm Winrar (das Programm Winzip tut es notfalls auch) und ein Diskettenlaufwerk völlig ausreichend. Mit ein paar einfachen Verknüpfungen lässt sich daraus eine ziemlich anspruchsvolle Datensicherung zusammenstellen, deren Ausführung weniger als fünf Minuten benötigt. Da sich Word-Dateien sehr gut komprimieren lassen, können Sie bis zu sechs Megabyte an Word-Dokumenten auf eine Diskette pressen, automatisch und in vorgefertigter Zusammenstellung, so dass keine wichtige Datei vergessen wird. In der Aufgabenplanung von Windows berücksichtigt, wird diese Sicherung sogar automatisch durchgeführt!

2.1   Datenspeicherung

Den Grundstock jeder Datensicherung bildet das Speichern der Dateien. Sie haben mehrere Möglichkeiten zur Auswahl.

Datei manuell speichern. Am sichersten ist es, sämtliche Dateien immer direkt zu speichern. Dies machen Sie wie folgt:

1. Klicken Sie auf DATEI > SPEICHERN.

2. Sofern die Datei schon einmal gespeichert wurde, wird sie nun unmittelbar gespeichert. Andernfalls öffnet sich der Dateibrowser, wo Sie einen möglichst sinnvollen DATEINAMEN angeben. Als DATEITYP sollten Sie den vorgeschlagenen Typ WORD-DOKUMENT (*.DOC) beibehalten; als Speicherort wählen Sie beispielsweise AUSARBEITUNG.

3. Klicken Sie auf die Schaltfläche SPEICHERN, um die Datei zu speichern.

Datei automatisch speichern. Das automatische Speichern **ersetzt nicht das manuelle Speichern!** Allerdings stellt es hierzu eine sinnvolle Ergänzung dar. Durch diese Aktion sichert

Word nämlich nicht das Dokument selbst. Vielmehr legt es eine temporäre Datei an, die alle wichtigen Inhalte der Datei enthält. Stürzen Betriebssystem oder Programm zwischenzeitlich ab, besteht somit die Möglichkeit, Ihre Datei wieder auf den Stand zu bringen, der zuletzt automatisch gesichert wurde. Wird Word allerdings ordnungsgemäß beendet, werden diese temporären Dateien gelöscht – übrigens wandern sie dabei **nicht mehr in den Papierkorb**. Deshalb ersetzt es auch nicht das manuelle Speichern. Das automatische Speichern aktivieren Sie wie folgt:

1. Über EXTRAS > OPTIONEN > SPEICHERN öffnen Sie die Registerkarte der Speicheroptionen.

2. Aktivieren Sie das Kontrollfeld AUTOWIEDERHERSTELLEN-INFO SPEICHERN und geben Sie in das Eingabefeld dahinter einen sinnvollen Wert ein. Wenn Sie mit Word viel arbeiten, ist ein Wert zwischen fünf und zehn Minuten sinnvoll.

3. Über die Schaltfläche OK schließen Sie das Dialogfeld und übernehmen die Option.

Nun sollten Sie sich allerdings nicht wundern, wenn zwischendurch die Festplatte ungefragt loslegt. Word wird in regelmäßigen Abständen eine temporäre Datei auf Ihrer Festplatte ablegen, solange diese Einstellung aktiv ist.

2.2 Datensicherung

Wenn Sie wirklich eine wissenschaftliche Arbeit am Computer verfassen, und es ist hierbei egal, ob es sich um eine zehnseitige Hausarbeit oder eine 300-seitige Dissertation handelt, werden Sie eine Datensicherung benötigen! Das ist kein leeres Gerede und dennoch hat die Datensicherung in etwa die Beliebtheit von »regelmäßig Sport machen« oder »nicht zu viel Fernsehen«: Jeder weiß es, aber kaum einer hält sich daran.

Computer haben zwar viele Nachteile. Aber einer ihrer Vorteile ist es, sie auf die persönlichen Bedürfnisse zuschneiden zu können. Und diesen Vorteil gilt es zu nutzen. Lassen Sie mich bei der Verzeichnisstruktur bleiben, die ich im vorigen Kapitel vorgeschlagen hatte. Ihre wichtigsten Dateien sollten sich demnach im Verzeichnis SCHREIBEN befinden. Um das folgende Beispiel vollständig nachzuvollziehen, müssen Sie sich das Programm Winrar herunterladen. Es ist als kostenlose Demolizenz 30 Tage lauffähig. Das Programm Winzip, das wesentlich weiter verbreitet ist, hat in diesem Zusammenhang drei entscheidende Nachteile:

▨ Die automatisch generierten Dateinamen können weder Datum noch Uhrzeit aufnehmen. Die Archivdateien heißen damit alle gleich und müssen manuell umbenannt werden, um sich nicht zu überschreiben.

▨ Die Dateien können nicht automatisch in Teildateien aufgeteilt werden, die für sich problemlos auf eine Diskette passen (die neue Version von Winzip, v8.1, kann das zwar ansatzweise, aber weder automatisch noch zeitgleich).

▨ Winzip komprimiert deutlich schlechter als Winrar, wodurch mehr Speicherplatz notwendig wird.

Aus diesem Grund zeige ich das Beispiel mit Winrar. Mit den genannten Einschränkungen lässt sich das Beispiel aber auch mit Winzip nachvollziehen.

Zunächst müssen Sie das Programm natürlich herunterladen und installieren. Normalerweise lautet das Installationsverzeichnis C:\PROGRAMME\WINRAR\. Sofern das nicht der Fall ist, berücksichtigen Sie bitte die Pfadabweichung im folgenden Beispiel.

Archivliste anlegen. Aufgabe der Archivliste ist es, übersichtlich und geschlossen alle Dateien und Verzeichnisse aufzulisten, die gesichert werden sollen. Wenn sich Ihre Arbeitsstruktur ändert, brauchen Sie die Änderungen nur noch in der vergleichsweise gut lesbaren Archivliste zu vermerken. Am konkreten Beispiel lassen sich die Möglichkeiten am besten beschreiben:

1. Erzeugen Sie im Verzeichnis C:\EIGENE DATEIEN\DIPLOMARBEIT\ eine leere Textdatei, die Sie ARCHIV.TXT nennen. Das geht am einfachsten unter Windows selbst, indem Sie mit der rechten Maustaste in das Verzeichnis (auf keine konkrete Datei) klicken und über das Kontextmenü NEU > TEXTDATEI auswählen.

2. Als Erstes sollten Sie einen Kommentar anlegen, in dem Sie einige Hinweise zum Zweck und zum Stand der Datei hinterlegen. Kommentare können Sie durch ein vorangestelltes Fragezeichen eingeben: »? Arbeitsdokumente unter Word…«

   Tatsächlich sind noch andere Kommentarzeichen möglich, die verhindern, dass der Text hinter dem Zeichen verarbeitet wird. Das Fragezeichen funktioniert aber sowohl bei Winrar, Winzip als auch Winace. Greifen Sie also aus verschiedenen Programmen heraus auf die gleiche Archivliste zurück, vermeiden Sie durch das Fragezeichen Fehlermeldungen.

3. Möchten Sie alle Dateien innerhalb des Verzeichnisses SCHREIBEN erfassen, verwenden Sie die Zeichen, die Sie vielleicht auch von MS-DOS kennen: »C:\Eigene Dateien\Diplomarbeit\Schreiben*.*«.

4. Um insbesondere temporäre und andere Dateien, die ungewollt in das Verzeichnis gelangen, von der Archivierung auszunehmen, ist es besser, konkrete Dateitypen zu benennen: »C:\Eigene Dateien\Diplomarbeit\Schreiben*.doc«.

   Relative Pfadangaben können Sie in einer Archivdefinition nicht verwenden.

5. Speichern Sie nun die Datei und schließen Sie sie.

Die Liste ist damit vollständig und wartet darauf, abgearbeitet zu werden. Sofern Sie sich die Datei mit den Beispielverzeichnissen heruntergeladen haben, werden Sie bereits eine Datei mit dem Namen ARCHIV.TXT vorfinden. Ihr Inhalt entspricht in etwa der *Abbildung 2.1*.

Verknüpfung anlegen. Damit das Archivieren Ihrer Dateien richtig komfortabel wird, sollten Sie sich eine Verknüpfung auf Ihrem DESKTOP anlegen. Winrar kennt viele Kommandozeilenparameter, mit denen Sie das Programmverhalten steuern können. Um wie im Beispiel eine Archivdatei zu erzeugen, sollte die Verknüpfung wie folgt aussehen:

```
C:\Programme\WinRAR\winrar.exe u -pMeinPasswort -agMMDDHHMM -m5 -md4096 -s "C:\Eigene
Dateien\Diplomarbeit\Backup\DB" "@C:\Eigene Dateien\Diplomarbeit\archiv.txt"
```

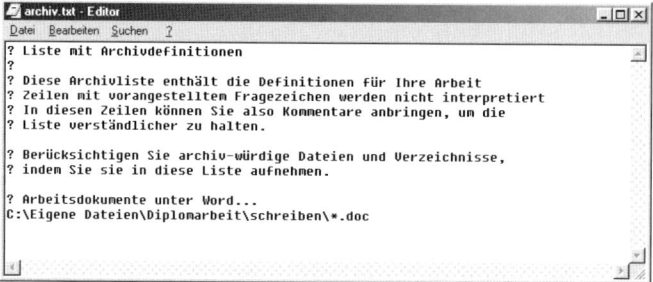

```
? Liste mit Archivdefinitionen
?
? Diese Archivliste enthält die Definitionen für Ihre Arbeit
? Zeilen mit vorangestelltem Fragezeichen werden nicht interpretiert
? In diesen Zeilen können Sie also Kommentare anbringen, um die
? Liste verständlicher zu halten.

? Berücksichtigen Sie archiv-würdige Dateien und Verzeichnisse,
? indem Sie sie in diese Liste aufnehmen.

? Arbeitsdokumente unter Word...
C:\Eigene Dateien\Diplomarbeit\schreiben\*.doc
```

Abbildung 2.1: Mögliche Archivliste

Die Eigenschaften der Verknüpfung sehen Sie auch in *Abbildung 2.2*. Aufgrund der sichtbaren Größe des Eingabefelds ZIEL können Sie nur einen Ausschnitt der Verknüpfung sehen. Das Beispiel finden Sie aber vollständig im hinzugefügten Text wiedergegeben. Beachten Sie bitte, dass die Eingabe, die Sie unter ZIEL machen, nicht länger als 255 Zeichen sein darf (das ist eine Windows-Restriktion). Zum Testen der Eingabe genügt es, wenn Sie auf die Schaltfläche ÜBERNEHMEN klicken. Die Verknüpfung auf dem Desktop wird aktualisiert, ohne dass Sie das Dialogfeld EIGENSCHAFTEN schließen.

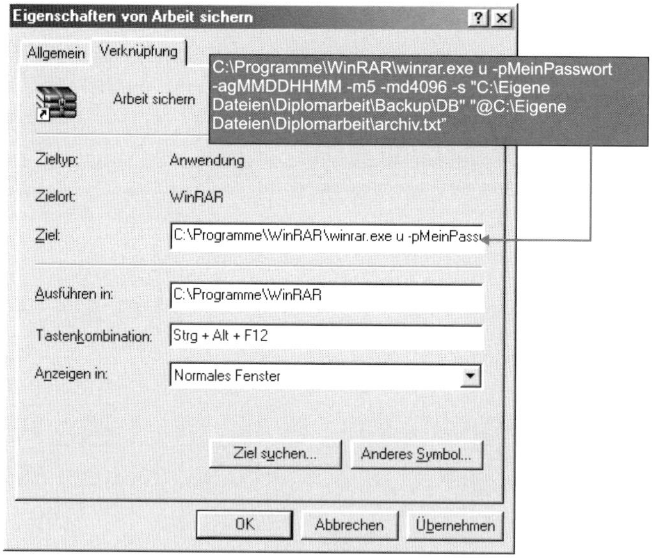

Abbildung 2.2: Verknüpfung auf dem Desktop

Damit Sie nicht völlig im Dunkeln tappen und die Methode etwas verstehen, sollen nun die einzelnen Bestandteile der Verknüpfung kurz betrachtet werden:

- U: Dieser Parameter bewirkt, dass eine vorhandene und namensgleiche Datei aktualisiert wird, sofern es eine solche gibt. Da sich der Dateiname allerdings jede Minute ändert und eine namensgleiche Datei meist fehlen dürfte, wird eine neue Archivdatei angelegt. Für den seltenen Fall der Namenskongruenz wird damit eine Fehlermeldung verhindert.

▦ -P: Der folgende Bestandteil enthält eine Zeichenfolge, die Ihre Archivdatei vor unbefugten Zugriffen schützt. Verlieren Sie versehentlich Ihre Disketten, kann ein Unbeteiligter mit Ihren Dokumenten nichts anfangen. Daneben schützt ein Passwort auch davor, dass sich Viren nachträglich in der Datei einnisten. Im Beispiel wurde das Passwort MEINPASSWORT verwendet.

▦ -AG: Die diesem Schalter folgenden Zeichen bewirken, dass der Dateiname um den Monat (MM), den Tag (DD) und die Uhrzeit in Stunden und Minuten (HHMM) erweitert wird.

▦ -M5: Hiermit veranlassen Sie Winrar, die beste Kompressionsmethode zu verwenden, die es anbietet. Der Vorgang dauert zwar etwas länger im Vergleich zu 0 (für »keine Kompression«). Sie sparen hierdurch aber Speicherplatz.

▦ -MD4096: Über die Größe des Wörterbuchs können Sie ebenfalls die Größe der komprimierten Datei steuern. Als Faustregel gilt: Je größer das Wörterbuch, desto kleiner die Datei. Lediglich bei sehr kleinen Dateien ist ein großes Wörterbuch nicht zu empfehlen, da es ebenfalls in der Archivdatei abgespeichert wird. Ein sehr großes Wörterbuch würde mitunter mehr Platz beanspruchen als die komprimierte Datei selbst.

▦ -S: Dieser Schalter gestaltet die Archivdatei als kompakten Block. Hierdurch sinkt die Dateigröße. Eine einzelne Datei zu extrahieren, dauert dafür geringfügig länger.

▦ "C:\EIGENE DATEIEN\DIPLOMARBEIT\BACKUP\DB": Dieser Teil bestimmt das Verzeichnis und den Dateinamen, unter dem die komprimierte Datei abgelegt wird. Der hier angegebene Dateinamenrumpf DB wird um den Zusatz erweitert, der durch den Schalter -AG erzeugt wird. Als Dateiendung ist automatisch .RAR vorgesehen.

▦ "@C:\EIGENE DATEIEN\DIPLOMARBEIT\ARCHIV.TXT": Dieser Teil gibt das Verzeichnis und die Datei an, in der sich die Hinweise befinden, welche Dateien in welchen Verzeichnissen genau gesichert werden sollen. Diese Datei hatten Sie in der vorigen Aktion angelegt.

Winrar kennt wesentlich mehr Kommandozeilenparameter, die in der Programmhilfe anschaulich und mit vielen Beispielen beschrieben werden. Diese Auswahl sollte aber genügen, um Ihnen die Möglichkeiten zu veranschaulichen.

Archivierung starten. Sie können den Archivvorgang starten, indem Sie

▦ auf die Verknüpfung doppelklicken,

▦ die Tastenkombination drücken, sofern Sie der Verknüpfung eine Tastenkombination zugewiesen haben,

▦ die Verknüpfung in den Task-Manager von Windows aufnehmen. In diesem Fall können Sie verschiedene Ereignisse wie Systemleerlauf oder einen festen Zeitpunkt angeben, zu dem der Archivvorgang gestartet werden soll.

Archivierung kontrollieren. Gerade zu Anfang sollten Sie kontrollieren, ob der Sicherungsvorgang auch erfolgreich verlaufen ist. Auch ich schaue heute noch täglich das Sicherungsprotokoll durch, das meine Backupsoftware anlegt. Mit wenigen Blicken kann ich feststellen, ob wichtige Dateien übersehen wurden. Das wäre immer ein Hinweis darauf, dass sich die Aufgabenstruktur geändert hat, ohne dass dieses in der Sicherungsstruktur berücksichtigt wurde. Machen Sie sich deshalb zu Anfang diese Mühe und Sie werden beruhigt arbeiten können.

2.3   Datenschutz

Ein wichtiges Thema in Zusammenhang mit dem Computer ist der Datenschutz. Vielleicht fragen Sie sich, was dieses Thema hier zu suchen hat. Auch wenn Sie keine personenbezogenen Daten verarbeiten möchten, ist es möglicherweise eine unangenehme Vorstellung für Sie, wenn Sie Ihr Word-Dokument an Ihren Betreuer mailen und er Sie später fragt, was der Hinweis »Hierzu noch eine Quelle suchen« bedeutet.

Word-Dokumente müssen Sie sich vorstellen wie kleine Archive. Sie enthalten natürlich die Absätze mit dem Text. Daneben enthält ein Word-Dokument auch Angaben zum Verfasser und zum letzten Bearbeiter. Inhalte, die Sie aus der Datei löschen, bleiben häufig in der Datei enthalten und lassen sich mit geeigneten Handgriffen wieder sichtbar machen. Aufschlussreich hierzu ist der Artikel von Martin Rost und Arnold Wallisch (Rost/Wallisch: Dokumente durchleuchtet: Was Office-Dateien verraten können; in: ct, 3/2002, S. 172–175). Es kann unangenehme Fragen aufwerfen, wenn Sie wichtige Fakten nachweislich geändert haben, auch wenn dies zu Recht geschah, weil Sie sich beim ersten Mal verschrieben hatten.

Persönliche Informationen entfernen. Um persönliche Informationen aus den Word-Dateien herauszuhalten, aktivieren Sie das Kontrollfeld EXTRAS > OPTIONEN > SICHERHEIT > PERSÖNLICHE INFORMATIONEN BEIM SPEICHERN DER DATEI ENTFERNEN. Diese Option existiert erst ab Word 2002. Sie ist allerdings noch nicht untersucht worden. Über die tatsächliche Sicherheit kann ich nichts mitteilen.

Weiterhin kann es notwendig sein, die Datei vor unmittelbaren Zugriffen zu schützen. Die naheliegendste Lösung ist, sie mittels eines Passworts gegen das Öffnen zu schützen.

Lesezugriff schützen. Um eine Word-Datei gegen das Öffnen zu schützen, können Sie der Datei ein Passwort zuweisen:

1. Zunächst öffnen Sie über DATEI > SPEICHERN UNTER… den Dateibrowser.

2. Über die Schaltfläche EXTRAS oben rechts im Dialogfeld öffnen Sie ein Menü, in dem Sie den Befehl ALLGEMEINE OPTIONEN auswählen. Es öffnet sich das Dialogfeld SPEICHEROPTIONEN.

3. In diesem Dialogfeld tragen Sie im Eingabefeld LESE-/SCHREIBKENNWORT ein Passwort Ihrer Wahl ein – merken Sie es sich bitte gut, denn die Passwortsicherheit unter Word 2002 ist recht zuverlässig.

4. Über die Schaltfläche OK bestätigen Sie Ihr Passwort. Sie werden nun zur erneuten Eingabe aufgefordert.

5. Bestätigen Sie auch diese und speichern Sie Ihr Dokument. Es ist jetzt passwortgeschützt.

Bei jedem erneuten Öffnen der Datei werden Sie nun gebeten, das Passwort anzugeben. Dieser Schutz lässt sich allerdings leicht aushebeln, wenn ein Benutzer das Passwort kennt. Er muss die Datei nur als neue Word-Datei abspeichern, um den Passwortschutz zu entfernen und kann dann eine passwortfreie Version weiterreichen. Es ist unter Word unmöglich, über einen Masterlevel die von Ihnen gewählten Sicherheitseinstellungen ihrerseits zu sichern.

Wenn Ihnen die Möglichkeiten von Word zu Microsoft-behaftet sind, können Sie Ihre Dokumente auch mit Programmen von Drittanbietern sichern. Eine zuverlässige Lösung, einen Passwortschutz zu definieren, finden Sie am Beispiel von Winrar oben gezeigt. Eine sehr zuverlässige Freeware speziell zum Verschlüsseln ist das Kryptografieprogramm Pretty Good Privacy. Ein Programm, das Ihre Dateien zugleich verstecken kann, also steganografisch verschlüsselt, wäre die Steganos Security Suite. Diese ist allerdings nur in einer 30 Tage lauffähigen Demoversion kostenlos zu bekommen.

Ein weiteres Problem sind offen zugängliche Dateien. Da Sie vermutlich auf Ihrem eigenen Rechner nicht mit passwortgeschützten Dateien arbeiten, sollten Sie sich überlegen, Ihren Rechner mit Hilfe einer Firewall vor unbefugten Zugriffen über Netzwerke zu schützen. Die Installation einer Firewall ist im Zeitalter von WLAN und DSL kein unnötiger Luxus mehr.

Der letzte Hinweis in diesem Abschnitt gilt dem Virenschutz. Word kann ein unangenehmes Eigenleben entwickeln, wenn Sie bei den Sicherheitseinstellungen nicht aufpassen. Wie Sie vielleicht schon wissen, hat Word eine leistungsfähige VBA-Schnittstelle. Hierüber können Sie eigene Abläufe programmieren. Da diese Schnittstelle aber den Zugriff auf das Betriebssystem erlaubt, lässt sich hierüber ebenso das Betriebssystem steuern. Und hierzu gehören auch Befehle wie das Löschen von Dateien oder das Formatieren von Datenträgern.

Makrosicherheit anpassen. Unabhängig davon, ob Sie einen Virenscanner installiert haben oder nicht, sollten Sie die Makrosicherheit anpassen:

1. Über EXTRAS > MAKRO > SICHERHEIT… öffnen Sie das gleichnamige Dialogfeld.

2. Wechseln Sie hier zur ersten Registerkarte mit dem Titel SICHERHEITSSTUFE.

3. Aktivieren Sie das Optionsfeld HOCH.

4. Wechseln Sie nun zur Registerkarte VERTRAUENSWÜRDIGE QUELLEN.

5. Im Normalfall ist es nicht falsch, das Kontrollfeld ALLEN INSTALLIERTEN ADD-INS UND VORLAGEN VERTRAUEN zu aktivieren. Nur wenn Sie unbedingt sichergehen möchten, dass Ihnen keine Makro-Viren untergeschoben werden, oder Sie aus den Nachrichten erfahren, dass gerade ein entsprechender Makro-Virus im Umlauf ist, sollten Sie diese Funktionalität ebenfalls deaktivieren.

6. Über die Schaltfläche OK schließen Sie das Dialogfeld wieder.

Nun dürfen Sie sich allerdings nicht wundern, wenn das eine oder andere Add-In, das Sie sich aus dem Internet heruntergeladen haben, nicht mehr funktionieren sollte. Wenn Sie den Verfasser kennen, bitten Sie ihn, es digital zu signieren. Dann können Sie es der Liste VERTRAUENSWÜRDIGER QUELLEN im Dialogfeld SICHERHEIT hinzufügen.

2.4 Datenrettung

Die sicherste Möglichkeit, eine Datenrettung zu vermeiden, ist natürlich, einen Datenverlust erst gar nicht entstehen zu lassen. Dazu versuchen Sie am besten, ungewollte Aktionen im Ansatz zu unterbinden.

Aktion abbrechen. In einigen Situationen genügt es bereits, die laufende Aktion abzubrechen, um einen Datenverlust zu vermeiden. Insbesondere die unumkehrbaren Aktionen wie das Speichern einer Datei oder das Löschen der Zwischenablage zählen zur Kategorie der Aktionen, die Sie sehr bewusst ausführen sollten:

- Die typische Abbruchtaste ist ⎡Esc⎤. Sie steht Ihnen normalerweise immer zur Verfügung. Lediglich im Anpassungsmodus und bei der Makroaufzeichnung funktioniert sie nicht. Manchmal müssen Sie ⎡Esc⎤ mehr als einmal drücken, um die Aktionen nacheinander abzubrechen.

- In vielen Dialogfeldern sehen Sie eine Schaltfläche, die ABBRECHEN oder ABBRUCH heißt. Auch sie erfüllt diesen Zweck.

- In einigen Dialogfeldern und Fenstern haben Sie in der rechten oberen Ecke eine kleine Schaltfläche mit einem Kreuz. Klicken Sie hierauf, um das Fenster zu schließen.

Einige Aktionen werden allerdings fortgesetzt, auch wenn Sie das zugehörige Dialogfeld durch Abbruch schließen.

Aktion rückgängig machen. Wurde eine Aktion erst einmal ausgeführt, ist es für den Abbruch zu spät. Das kann umso unangenehmer sein, als sich nicht alle Aktionen rückgängig machen lassen. Gerade aber bei der Eingabe und Formatierung klappt das meistens noch recht gut. Die Anzahl der Schritte, die Sie rückgängig machen können, wird über die Registrierung festgelegt und kann aus Word heraus nicht verändert werden. So machen Sie eine einzelne Aktion rückgängig:

1. Klicken Sie auf BEARBEITEN > RÜCKGÄNGIG.

2. Es wird automatisch die letzte Aktion aufgehoben, die rückgängig gemacht werden kann.

Um mehrere Aktionen gemeinsam rückgängig zu machen, müssen Sie den Befehl mehrmals aufrufen oder auf das Symbol RÜCKGÄNGIG klicken. Sollte diese Aktion ins Leere laufen, haben Sie versucht, eine Aktion aufzuheben, die Sie nicht (mehr?) aufheben können. In kritischen Fällen müssen Sie nun auf die letzte Dateisicherung zurückgreifen.

Rückgängig gemachte Aktion wiederholen. Haben Sie im Eifer des Gefechts mehr rückgängig gemacht, als eigentlich gewollt war, können Sie das Rückgängigmachen auch seinerseits wieder aufheben:

1. Klicken Sie auf BEARBEITEN > WIEDERHOLEN.

2. Es wird automatisch die letzte rückgängig gemachte Aktion zurückgesetzt, also aufgehoben.

Sie können auch mehrere rückgängig gemachte Aktionen gemeinsam aufheben, indem Sie den Befehl entweder mehrfach aufrufen oder auf den Auswahlpfeil des zugehörigen Symbols klicken, vgl. *Abbildung 2.3.*

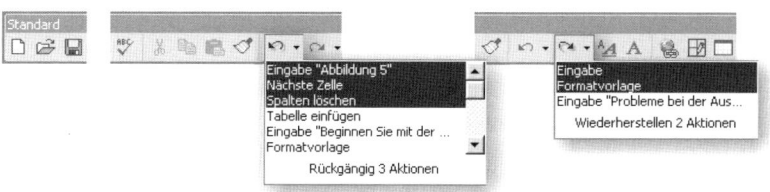

Abbildung 2.3: Aktionen rückgängig machen und wieder herstellen

Dokumenteninhalt rekonstruieren. Word bietet, anders als Powerpoint oder Excel, die Möglichkeit, zumindest die Textinhalte aus einer korrupten Datei zu rekonstruieren. Das ist nach einem schlimmen Absturz manchmal die letzte Rettung, um die eigenen Ideen wiederzubekommen. Sofern Sie über eine Datensicherung verfügen, können Sie hierdurch in kurzer Zeit die Datensicherung auf den aktuellen Stand bringen:

1. Öffnen Sie die zuletzt gesicherte Dokumentenversion aus der Datensicherung.

2. Über DATEI > ÖFFNEN… öffnen Sie weiterhin den Dateibrowser.

3. Wählen Sie hier Ihr eigentliches, aber korruptes Dokument aus; in der Auswahl DATEITYP wählen Sie die Alternative TEXT AUS BELIEBIGER DATEI WIEDERHERSTELLEN (*.*), vgl. *Abbildung 2.4*

4. Klicken Sie auf die Schaltfläche ÖFFNEN, um die Datei zu öffnen. Erschrecken Sie nicht, weil alle Formatierungen fehlen – diese sind sowohl in der Dokumentenvorlage als auch in der Datensicherung enthalten.

5. Suchen Sie nun in der extrahierten Datei die Stellen, an denen Sie zuletzt gearbeitet haben und die noch in der Datensicherung fehlen.

6. Kopieren Sie diese Inhalte in die Datensicherungsdatei und weisen Sie ihnen die entsprechenden Formatvorlagen zu.

7. Wenn Sie damit fertig sind, speichern Sie die aktualisierte Datensicherung als neue Arbeitsdatei ab.

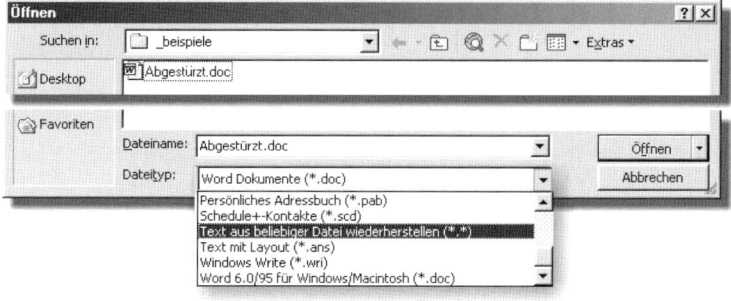

Abbildung 2.4: Korruptes Word-Dokument öffnen

KAPITEL 3

Word-Funktionen

Die Notwendigkeit für dieses Kapitel ergibt sich daraus, dass Word ein Programm mit einigen technischen Besonderheiten ist. Sofern Sie jemanden haben, der Ihnen Ihren Computer einrichtet und Ihre Arbeit später technisch nachbessert, werden Sie sich hiermit nicht befassen müssen. Während das auf die Arbeitsorganisation einiger Lehrstühle zutreffen mag, bleibt es für Studenten normalerweise eine Wunschvorstellung.

Die hier beschriebenen Funktionen werden ohne weitergehende Beispiele beschrieben. Diese finden sich im weiteren Verlauf dieses Buches.

3.1 Feldfunktionen

Feldfunktionen sind für Word-Dokumente so etwas wie das »Tor zur Außenwelt«. Von ganz wenigen Ausnahmen abgesehen, werden alle Nicht-Text-Inhalte in Word-Dokumenten durch Feldfunktionen realisiert. Hierzu zählt die Abbildung genauso wie das Inhaltsverzeichnis (für Technik-Freaks: das Fußnotenzeichen zählt nicht dazu). Alle diese besonderen Inhalte lassen sich auf Feldfunktionen zurückführen. Deshalb ist es wichtig, sich damit etwas auszukennen und ihre Eigenschaften zu verstehen.

Eine Feldfunktion wird stets von geschweiften Klammern eingefasst. Dabei handelt es sich nicht um normale geschweifte Klammern, die Sie einfach über die Tastatur eingeben könnten, wie die Handlungsanweisung *Feldfunktion einfügen (Tastatur)* klarstellt. Innerhalb dieser geschweiften Klammern wird als Erstes der *Name* der Feldfunktion angegeben, beispielsweise SEQ. Hinter dem Funktionsnamen folgen weitere *Anweisungen*. Die meisten Anweisungen werden durch den rückwärts gerichteten Schrägstrich *(backslash)* eingeleitet – diese Anweisungen werden als *Schalter* bezeichnet. Ihre Aufgabe ist es, das Funktionsverhalten anzupassen.

Feldfunktion einfügen (Dialogfeld). Der wohl einfachste Weg, um eine beliebige Feldfunktion korrekt einzufügen, führt über das Dialogfeld, das Word hierfür vorsieht (vgl. *Abbildung 3.1*):

1. Platzieren Sie die Einfügemarke an der gewünschten Stelle im Text; über EINFÜGEN > FELD… öffnen Sie das gleich lautende Dialogfeld.

2. Die einzelnen Feldfunktionen sind von Microsoft kategorisiert worden. Über die Auswahl KATEGORIEN können Sie sich die Feldfunktionen einer bestimmten Kategorie anzeigen lassen, beispielsweise zu INDEX UND VERZEICHNISSE. Wenn Sie nicht wissen, zu welcher Kategorie eine gesuchte Feldfunktion gehört, wählen Sie die Kategorie (ALLE).

3. In der Auswahl FELDNAMEN erscheinen alle Feldfunktionen der ausgewählten Kategorie. Wählen Sie hier die gewünschte Feldfunktion aus.

4. Wenn Sie mit Word 2002 arbeiten, finden Sie in der Zusammenstellung FELDEIGENSCHAFTEN die Möglichkeit, alle weiteren Anweisungen und Schalter auszuwählen; um die Funktion direkt einzugeben, klicken Sie auf die Schaltfläche FELDFUNKTIONEN. In Word 2000 haben Sie stattdessen das Eingabefeld FELDFUNKTIONEN und die Schaltfläche OPTIONEN…, worüber Sie das separate Dialogfeld FELDEROPTIONEN öffnen, über das die Schalter ebenfalls zugänglich sind. Alle Feldfunktionen sind in der Programmhilfe sehr ausführlich beschrieben, so dass ich hier auf eine allgemeine Übersicht verzichte. Die relevanten Feldfunktionen werden in diesem Buch an jeweils geeigneter Stelle erläutert.

5. Um die Feldfunktion einzufügen, klicken Sie auf die Schaltfläche OK.

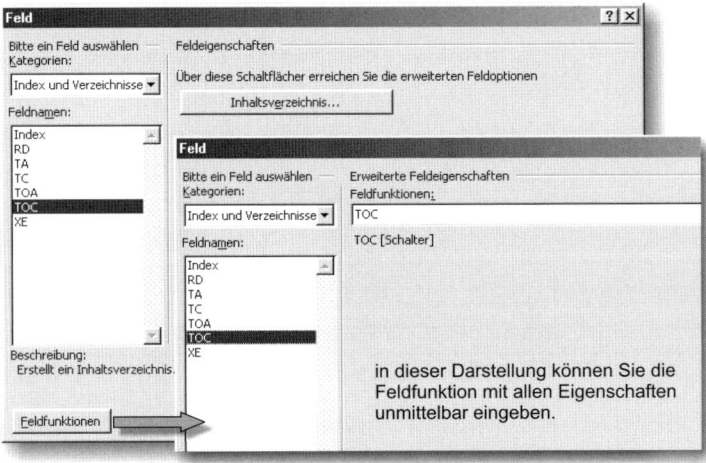

Abbildung 3.1: Dialogfeld »Feld«

Was Sie nun genau als Ergebnis sehen, richtet sich nach der Feldfunktion. Einige Feldfunktionen sind standardmäßig unsichtbar, so dass das Ergebnis Ihrer Mühen scheinbar im Nichts verschwindet – blenden Sie dann einfach die unsichtbaren Zeichen ein. Andere Feldfunktionen verwandeln sich in umfangreiche Verzeichnisse – möglich, dass Ihr Computer plötzlich anfängt, die Seiten Ihres Dokuments neu zu zählen und den Seitenumbruch neu zu berechnen. Für einige Feldfunktionen existieren neben diesem allgemeinen Dialogfeld auch spezielle Dialogfelder. Beispiele hierfür sind die Verzeichnisse und die Abbildungen. In diesen speziellen Dialogfeldern werden die Anweisungen und Schalter etwas anschaulicher beschrieben.

Feldfunktion einfügen (Tastatur). Wenn Sie sich ein wenig auskennen mit Feldfunktionen, werden Sie bei häufig verwendeten Feldfunktionen den Weg der direkten Eingabe vorziehen, denn abgesehen von den besonderen geschweiften Klammern ist der Inhalt einer Feldfunktion normaler Text (vgl. *Abbildung 3.2*):

1. Platzieren Sie die Einfügemarke an der relevanten Stelle im Dokument.

2. Drücken Sie ⎡Strg⎤+⎡F9⎤, um eine leere Feldfunktion einzugeben.

3. Die Einfügemarke blinkt standardmäßig innerhalb der Feldfunktion. Geben Sie direkt dort die Feldfunktion ein. Typischerweise umfasst dies zunächst den Funktionsnamen und anschließend die Anweisungen und Schalter.

4. Sobald die Feldfunktion alle notwendigen Angaben enthält, aktualisieren Sie sie (vgl. hierzu die Handlungsanweisung *Feldfunktion aktualisieren*).

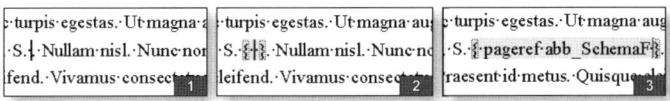

Abbildung 3.2: Feldfunktion über die Tastatur direkt eingeben

Feldfunktionen hervorheben. Sie haben in Word die Möglichkeit, Feldfunktionen hervorzuheben. Sie werden dann unabhängig davon, ob sie gerade den Funktionsinhalt oder das Funktionsergebnis anzeigen, grau schattiert hinterlegt. Sie können vorgeben, ob das stets der Fall sein soll oder nur dann, wenn sich die Einfügemarke innerhalb einer Feldfunktion befindet. Diese Schattierung hat im Übrigen keinen Einfluss auf das Druckergebnis und gilt nicht für die Druckvorschau:

1. Über EXTRAS > OPTIONEN > ANSICHT öffnen Sie die Ansichtsoptionen.

2. In der Auswahl FELDSCHATTIERUNG haben Sie drei selbsterklärende Alternativen. Die Voreinstellung von Word ist WENN AUSGEWÄHLT; Sie können aber auch eine andere Darstellung wählen. Sie wirkt sich nur auf die Ansicht aus, nicht auf das Druckergebnis.

3. Klicken Sie auf die Schaltfläche OK, um die Einstellung zu übernehmen.

Feldfunktionsinhalt anzeigen. Sofern Sie eine vorhandene Feldfunktion nachträglich bearbeiten müssen, ist es (leider) immer noch notwendig, den Funktionsinhalt einzublenden:

▪ Alle Feldfunktionen im Dokument: Um gleichzeitig in allen Feldfunktionen innerhalb eines Dokuments die Funktionsinhalte anzuzeigen, brauchen Sie nichts zu markieren. Drücken Sie einfach die Tastenkombination ⎡Alt⎤+⎡F9⎤ oder aktivieren Sie unter EXTRAS > OPTIONEN > ANSICHT das Kontrollfeld FELDFUNKTIONEN.

▪ Einzelne Feldfunktion: Um nur für eine Auswahl von Feldfunktionen den Funktionsinhalt anzuzeigen, markieren Sie diese Funktionen und drücken Sie dann die Tastenkombination ⎡⇧⎤+⎡F9⎤.

Wundern Sie sich bitte nicht, wenn nach dem Umschalten der Funktionsansicht der angezeigte Teil des Dokuments verschwunden ist. Word hat die unangenehme Eigenschaft, insbesondere bei der Anzeige aller Feldfunktionsinhalte, automatisch durch den Inhalt zu blättern. Da sich die Position der Einfügemarke allerdings nicht verändert hat, drücken Sie am besten nacheinander die Tasten ⎡→⎤ und ⎡←⎤ und der Ausschnitt stimmt wieder.

Feldfunktionsinhalt bearbeiten. Das Dialogfeld FELD, das Sie in der Handlungsanweisung *Feldfunktion einfügen (Dialogfeld)* kennen gelernt haben, hat einen einzigen Nachteil: Sie können es nur verwenden, um eine neue Feldfunktion einzufügen. Der umgekehrte Versuch, eine vorhandene Feldfunktion zu markieren und über das Dialogfeld deren Einstellungen nachträglich ändern zu wollen, wird leider nicht gelingen. Eine Feldfunktion nachträglich zu verändern, geht nur direkt im Inhalt:

1. Blenden Sie den Funktionsinhalt ein, vgl. die vorhergehende Handlungsanweisung.

2. Ändern Sie nun die Anweisungen und Schalter, bis sie Ihren Vorgaben entsprechen.

3. Um die Eingabe abzuschließen, aktualisieren Sie die Feldfunktion. Sofern Sie alle Feldfunktionsinhalte angezeigt haben, wechseln Sie wieder zur Ergebnisanzeige, vgl. die nachfolgende Handlungsanweisung.

Wenn Sie noch nicht sehr erfahren sind im Umgang mit Word, geht es häufig am schnellsten, eine neue Feldfunktion einzufügen. Im Übrigen ist es nicht ausgeschlossen, dass Sie eine Fehlermeldung erhalten. Die häufigsten Ursachen sind fehlende Leerzeichen und vergessene oder zu zahlreich verwendete Anführungszeichen.

Feldfunktionsergebnis anzeigen. Vielleicht haben Sie es per Zufall bereits herausgefunden – die Tastenkombinationen, um den Inhalt einer Feldfunktion anzuzeigen (vgl. *Feldfunktionsinhalt anzeigen*), sind so genannte Wechselschalter. Indem Sie sie wiederholt drücken, wechseln Sie zwischen Ergebnis und Inhalt.

Feldfunktion aktualisieren. Im Regelfall ist es wichtig, dass Sie die Feldfunktionen aktualisieren. Im Unterschied zu Excel beispielsweise, wo Sie über eine Option vorgeben können, dass das Programm selbständig und im Hintergrund alle Bezüge automatisch aktualisiert, lässt sich das bei Word für die allgemeine Arbeit nicht einstellen. Lediglich drei Bereiche werden unterschieden:

▦ Verknüpfungen beim Öffnen der Datei: Um Feldfunktionen zu aktualisieren, die Verknüpfungen enthalten, Grafiken beispielsweise, aktivieren Sie unter EXTRAS > OPTIONEN > ANSICHT das Kontrollfeld AUTOMATISCHE VERKNÜPFUNGEN BEIM ÖFFNEN AKTUALISIEREN.

▦ Verknüpfungen beim Drucken der Datei: Die gleichen Feldfunktionen und einige weitere Verknüpfungstypen können Sie aktualisieren lassen, wenn Sie ein Dokument in der Seitenansicht darstellen bzw. ausdrucken. Hierzu aktivieren Sie unter EXTRAS > OPTIONEN > DRUCKEN das Kontrollfeld VERKNÜPFUNGEN AKTUALISIEREN.

▦ Sonstige Feldfunktionen beim Drucken der Datei: Alle weiteren Feldfunktionen können Sie nur für die Darstellung in der Seitenansicht bzw. für den Ausdruck automatisch aktualisieren lassen. Aktivieren Sie hierzu unter EXTRAS > OPTIONEN > DRUCKEN das Kontrollfeld FELDER AKTUALISIEREN.

Alle Feldfunktionen aktualisieren Sie am schnellsten, indem Sie die beiden zuletzt genannten Optionen aktivieren und das Dokument in der Seitenansicht darstellen – das simuliert einen Ausdruck und aktualisiert dadurch alle freigegebenen Feldfunktionen. Sie können Feldfunktionen aber auch manuell aktualisieren:

1. Markieren Sie die Feldfunktion.

2. Über ⌨F9⌨ aktualisieren Sie das Ergebnis.

Für einige Feldfunktionen bietet Word einen ausgefeilten Aktualisierungsdialog. Wenn Sie die Einfügemarke beispielsweise im Inhaltsverzeichnis platzieren und es aktualisieren, werden Sie gefragt, ob Sie nur die Seitenzahlen oder das gesamte Inhaltsverzeichnis aktualisieren möchten (das Aktualisieren der Seitenzahlen erfordert weniger Zeitaufwand als das Aktualisieren des gesamten Verzeichnisses).

Sie können allerdings nur solche Feldfunktionen aktualisieren (lassen), die nicht gesperrt sind. Dies wird in den nächsten beiden Handlungsanweisungen thematisiert.

Feldfunktionsergebnis sperren. Nicht immer ist es gewollt, dass das Ergebnis einer Feldfunktion aktualisiert wird. Denkbar ist, dass das Inhaltsverzeichnis bereits aktuell ist. Um vor einem erneuten Ausdrucken zu verhindern, dass Word mühsam das (ohnehin korrekte) Inhaltsverzeichnis aktualisiert, können Sie es sperren. Ebenfalls denkbar ist, dass Sie Ihre Arbeit einem Kommilitonen mailen. Obwohl Sie bereits die extern abgespeicherten Abbildungen eingebunden haben, möchten Sie verhindern, dass Ihr Kommilitone nur Fehlermeldungen erhält. In diesem Fall sperren Sie die Abbildungen (es sind auch nur Feldfunktionen) gegen das Aktualisieren. Das Vorgehen ist einfach:

1. Markieren Sie die Feldfunktion.

2. Drücken Sie die Tastenkombination [Strg]+[F11], um das Feldfunktionsergebnis gegen eine Aktualisierung zu sperren.

Feldfunktionsergebnis freigeben. Eine gesperrte Feldfunktion ist keine Sackgasse. Sie können die Feldfunktion problemlos wieder freigeben, um das Ergebnis zu aktualisieren:

1. Markieren Sie die Feldfunktion.

2. Drücken Sie die Tastenkombination [Strg]+[⇧]+[F11], um das Feldfunktionsergebnis für eine Aktualisierung freizugeben.

Feldfunktion auflösen. Es gibt Situationen, in denen das Sperren einer Feldfunktion nichts mehr hilft. Diese Fälle lassen sich meist nur noch dadurch lösen, dass die Feldfunktion vollständig aufgelöst wird. Angenommen, Sie lösen das Inhaltsverzeichnis auf. Dann wird das Funktionsergebnis, das Inhaltsverzeichnis, in normalem Text überführt. Sie können nichts mehr aktualisieren, da die Feldfunktion nicht mehr existiert. Das machen Sie wie folgt:

1. Markieren Sie die Feldfunktion.

2. Drücken Sie die Tastenkombination [Strg]+[⇧]+[F9], um das Feldfunktionsergebnis in normalen Text zu überführen.

Ich empfehle Ihnen, es zunächst mit dem Sperren des Funktionsergebnisses zu versuchen, bevor Sie die Feldfunktion ganz auflösen.

Verknüpfungen verwalten. Speziell für die Verknüpfungen im Dokument hat Word ein Dialogfeld, das Ihnen hilft, diese zu verwalten. Es steht Ihnen nur zur Verfügung, wenn Ihr Dokument Feldfunktionen mit verknüpfendem Charakter enthält (vgl. *Abbildung 3.3*):

1. Über BEARBEITEN > VERKNÜPFUNGEN… öffnen Sie das gleich lautende Dialogfeld.

2. Hier sehen Sie ordentlich aufgeführt, aus welchen Dateien (Spalte ELEMENTE) welche Objekttypen (Spalte TYP) eingebunden sind und ob sie automatisch oder manuell aktualisiert werden. Die wichtigsten Schaltflächen dieses Dialogfelds sind:

– JETZT AKTUALISIEREN: Die Wirkung entspricht der Handlungsanweisung *Feld-funktion aktualisieren* (für die spezielle Feldfunktion).

– QUELLE ÄNDERN: Hierüber können Sie den Pfad des verbundenen Elements ändern; die Wirkung entspricht insoweit der Handlungsanweisung *Feldfunktions-inhalt bearbeiten*.

– VERKNÜPFUNG LÖSEN: Die Wirkung entspricht der Handlungsanweisung *Feld-funktion auflösen*.

3. Klicken Sie auf die Schaltfläche OK, um das Dialogfeld wieder zu schließen.

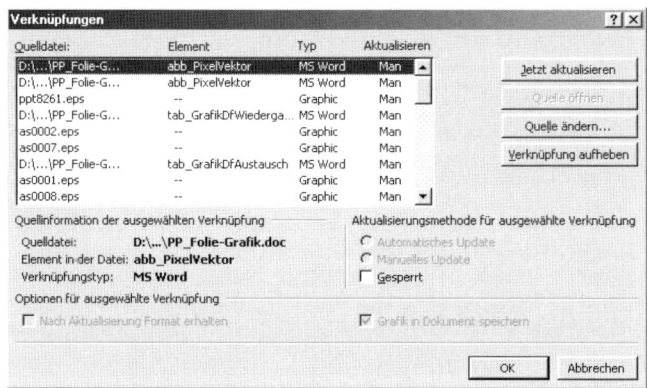

Abbildung 3.3: Dialogfeld »Verknüpfungen«

3.2   Textmarken

Absatz- und Zeichenformatvorlagen alleine reichen nicht aus, um Ihren Text zu struktu-rieren. Sie sind zwar unerlässlich, können aber nicht alle Fälle lösen. Insbesondere wenn Sie ein Verzeichnis auf einen Teil des Dokuments eingrenzen oder mit einem Querverweis auf eine Textstelle irgendwo in einem Absatz zeigen möchten, werden Sie Textmarken benötigen. Absolut unerlässlich sind Textmarken, wenn Sie zwischen verschiedenen Word-Dokumenten mit Querverweisen arbeiten.

Word bietet drei verschiedene Arten von Textmarken. Die für Sie wichtigste Gruppe bilden die konkreten Textmarken. Dabei handelt es sich um sichtbare Textmarken, die Sie manu-ell anlegen und ändern können. Daneben gibt es die funktionalen Textmarken. Sie werden über die Feldfunktion SET eingefügt. Auf sie gehe ich in diesem Buch nicht näher ein. Schließlich gibt es noch die dynamischen Textmarken. Diese sind normalerweise nicht sichtbar und von ihrem Gebrauch werde ich Ihnen im Rahmen der Querverweise noch abraten, da sie – der Name drückt es aus – von Word dynamisch angelegt werden. Wenn Sie sich beim nachträglichen Verändern und Umgliedern Ihres Dokuments nicht an spezi-elle Regeln halten (auf die ich nicht eingehen möchte), werden die Querverweise unbrauchbar und können ohne ein sehr gutes Gedächtnis auch nicht mehr rekonstruiert werden, weil griffige Bezeichnungen fehlen.

Verwenden Sie konkrete Textmarken und Sie werden viel Freude damit haben. Der genauere Verwendungszweck wird an den Beispielen deutlich, die Sie insbesondere im Abschnitt über Querverweise finden. Die folgenden Handlungsanweisungen sollen dagegen einen Einblick in die Technik vermitteln.

Textmarke definieren (Textbereich). In den meisten Fällen werden Sie die Textmarken um einen bestimmten Textbereich legen wollen, mehrere Gliederungsabschnitte beispielsweise, auf die ein Verzeichnis eingegrenzt werden soll, oder den Beginn einer Abbildungsbeschriftung. Machen Sie dazu Folgendes:

1. Markieren Sie den Textbereich, um den Sie die Textmarke legen wollen.

2. Über EINFÜGEN > TEXTMARKE… öffnen Sie das gleich lautende Dialogfeld.

3. Tragen Sie in das Eingabefeld TEXTMARKENNAME den Namen der Textmarke ein. Die Einschränkungen hinsichtlich der Bezeichnung folgen im Anschluss an diese Handlungsanweisung.

4. Klicken Sie auf die Schaltfläche HINZUFÜGEN, um die Textmarke zu definieren.

Das Vorgehen sehen Sie auch in *Abbildung 3.4*. Hinsichtlich der Namen von Textmarken müssen Sie bestimmte Regeln beachten:

- Textmarken müssen *eindeutig* bezeichnet werden. Sie können den Namen einer Textmarke nicht zweimal verwenden.

- Textmarkennamen dürfen *keine Leerzeichen* enthalten.

- Textmarkennamen können zwar Unterstriche enthalten, jedoch *keine führenden Unterstriche*.

- Textmarkennamen dürfen zwar Ziffern enthalten, jedoch *keine führenden Ziffern*.

- Textmarkennamen können *keine Sonderzeichen* enthalten, also Bindstriche, Schrägstriche, Klammern und dergleichen.

- Textmarkennamen dürfen nicht länger als 40 Zeichen sein.

Abbildung 3.4: Textmarke für Markierung definieren

Bezüglich der Anordnung existieren dagegen keine Einschränkungen. Sie können für die gleiche Stelle mehrere (deckungsgleiche) Textmarken definieren. Textmarken können sogar ineinander greifen. Allerdings können Sie je Word-Dokument nicht mehr als 16379 Textmarken definieren – das dürfte jedoch kein Problem darstellen.

Textmarke definieren (Textstelle). Textmarken müssen keinen Bereich umklammern. Sie können eine Textmarke auch für eine Stelle definieren. In diesem Fall würde ein Verweis auf den Textmarkeninhalt zwar nichts bewirken, weil die Textmarke ohne Inhalt ist. Aber auf die absolute Position, die Seitenzahl also, oder die relative Position, Word verwendet dafür die Umschreibungen »oben« und »unten«, können Sie dennoch verweisen:

1. Platzieren Sie die Einfügemarke an der Stelle, an der sich die Textmarke befinden soll.

2. Befolgen Sie die weiteren Schritte der vorhergegangenen Handlungsanweisung.

Abbildung 3.5: Textmarke für Textstelle definieren

Textmarke entfernen. Das Gegenstück zum Definieren von Textmarken ist das Entfernen. Ich möchte hervorheben, dass Sie mit dieser Handlungsanweisung nicht den durch die Textmarke eingeklammerten Text entfernen – es wird »nur« die Textmarke entfernt. Das gelingt sehr einfach:

1. Am einfachsten platzieren Sie die Einfügemarke innerhalb der Textstelle, die durch die Textmarke eingefasst wird, die Sie entfernen möchten. Sofern der Bereich nicht Inhalt mehrerer Textmarken ist, wird die Vorauswahl eindeutig sein.

2. Über EINFÜGEN > TEXTMARKE… öffnen Sie das gleich lautende Dialogfeld.

3. Hatten Sie im ersten Schritt eine eindeutige Vorauswahl getroffen, ist die gültige Textmarke bereits vorausgewählt. Andernfalls markieren Sie in der Auswahlliste unterhalb des Eingabefelds TEXTMARKENNAME die Textmarke, die Sie entfernen möchten.

4. Klicken Sie auf die Schaltfläche LÖSCHEN, um die Textmarke zu entfernen.

5. Sofern Sie das Dialogfeld nicht mehr benötigen, klicken Sie auf die Schaltfläche SCHLIESSEN, um das Dialogfeld zu schließen.

Zum Entfernen von Textmarken ist wenig anzumerken. Haben Sie einen Querverweis auf eine Textmarke gesetzt, die gelöscht wurde, wird der Querverweis eine Fehlermeldung ausgeben. Sofern Sie die Textmarke entfernt haben, weil Sie eine neue Textmarke mit einem anderen Namen eingefügt haben, passen Sie den Querverweis an.

Textmarke umbenennen. Textmarken können Sie nicht umbenennen im eigentlichen Sinne. Diese Handlungsanweisung stellt vielmehr eine Kombination der vorhergegangenen Handlungsanweisungen dar:

1. Über EINFÜGEN > TEXTMARKE… öffnen Sie das gleich lautende Dialogfeld.

2. Wählen Sie hier in der Auswahlliste unterhalb des Eingabefelds TEXTMARKENNAME die Textmarke aus, die Sie umbenennen möchten.

3. Klicken Sie nun auf die Schaltfläche GEHE ZU. Word markiert im Dokument den Inhalt der Textmarke, während das Dialogfeld geöffnet bleibt.

4. Geben Sie nun in das Eingabefeld TEXTMARKENNAME den neuen Namen ein und klicken Sie auf die Schaltfläche HINZUFÜGEN. Hierdurch legen Sie für den markierten Bereich eine neue Textmarke an.

5. Da sich das Dialogfeld inzwischen leider geschlossen hat, öffnen Sie es erneut und löschen Sie die alte Textmarke.

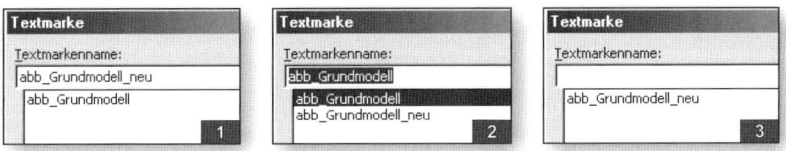

Abbildung 3.6: Textmarke umbenennen

Textmarke verlagern. Textmarken können Sie auch nicht verlagern im eigentlichen Sinne. Auch diese Handlungsanweisung stellt daher eine Kombination der vorhergegangenen Handlungsanweisungen dar:

1. Markieren Sie im Dokument den Bereich, der zukünftig durch die Textmarke eingefasst werden soll, oder platzieren Sie die Einfügemarke an der zukünftigen Position der Textmarke.

2. Über EINFÜGEN > TEXTMARKE… öffnen Sie das gleich lautende Dialogfeld.

3. Wählen Sie hier in der Auswahlliste unterhalb des Eingabefelds TEXTMARKENNAME die Textmarke aus, die Sie verschieben möchten.

4. Klicken Sie auf die Schaltfläche HINZUFÜGEN, um der vorhandenen Textmarke den neuen Bereich oder die neue Position zuzuweisen.

Textmarkenmarkierungen einblenden. Wenn Sie viel mit Textmarken arbeiten und mehr Kontrolle haben möchten, können Sie die Textmarkenmarkierungen einblenden. Aktivieren Sie dazu unter EXTRAS > OPTIONEN > ANSICHT in der Gruppe ANZEIGEN das Kontrollfeld TEXTMARKEN. Es ist allerdings nicht möglich, auch die Bezeichnungen der Textmarken einzublenden. Um die Textmarkenmarkierungen wieder auszublenden, deaktivieren Sie das Kontrollfeld.

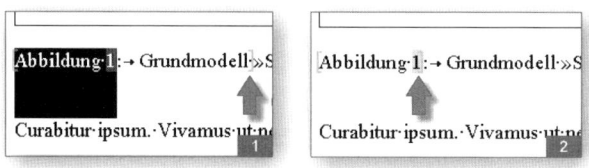

Abbildung 3.7: Textmarke verlagern

3.3   Autotexte

Eine griffigere Bezeichnung für Autotexte sind Textbausteine – darum geht es nämlich. Über Autotexte können Sie Zeichen, Wörter und Absätze, im Grunde sogar jede Art von Dokumenteninhalt unter einem eigenen Kurznamen ablegen. Die typische Verwendung wäre in Geschäftsbriefen: Feststehende Floskeln werden als Textbausteine abgelegt, um bei Bedarf einen Brief daraus zusammenzusetzen.

Aber auch in wissenschaftlichen Texten lassen sich Autotexte sinnvoll einsetzen. Im nachfolgenden Kapitel wird beschrieben, wie Sie mit Feldfunktionen eigene Abbildungs- oder Tabellenbeschriftungen bilden können. Damit Sie dies nicht bei jeder Beschriftung wiederholen müssen, definieren Sie hierfür besser einen Autotexteintrag – so werden Sie beim Beschriften nicht vom Programm abgelenkt und können sich ganz auf das Schreiben konzentrieren. Der wesentliche Vorteil gegenüber der nachfolgend beschriebenen Autokorrektur ist, dass Autotexte in der Dokumentenvorlage abgespeichert werden. Sie lassen sich also problemlos »mitnehmen«, was gerade dann wichtig ist, wenn Sie auf unterschiedlichen Rechnern arbeiten. Insoweit verwende ich Autotexte auch gerne als Speichermöglichkeit.

Abbildung 3.8: Autotextzuordnung

Es gibt zwei unterschiedliche Arten von Autotexten. Die erste Gruppe bilden die einfachen Autotexte. Bei ihnen ist der Name des Autotextes zugleich sein Inhalt. Besondere Formatierungen sind nicht möglich. Dafür sind sie unkompliziert anzulegen. Die zweite Gruppe bilden die erweiterten Autotexte, bei denen sich der Inhalt vom Namen unterscheidet. Dieses sind die leistungsfähigeren Autotexte. Mit ihrer Hilfe lassen sich theoretisch auch Tabellen, Abbildungen und ganze Dokumente als Textbaustein abrufbar machen. Diese Autotexte können allerdings nur angelegt werden, indem Sie den Inhalt des Autotextes in einem konkreten Dokument markieren und aufnehmen. Ob und welche Formatierungen diese Art von Autotext abspeichert, richtet sich danach, was Sie markiert haben:

▓ Nur Zeichen sind markiert, keine Absatzmarke: Der Inhalt des Autotextes gilt so lange als unformatiert, wie Sie die markierten Zeichen weder direkt noch mittels einer Zeichenformatvorlage formatiert haben; diese Formatierungen werden allerdings übernommen. Absatzformatierungen jeglicher Art, und dazu zählt auch die Absatz-Standardschriftart, sind unerheblich, weil die Absatzmarkierung kein Bestandteil des Autotextes ist.

▓ (Auch) Eine Absatzmarke ist markiert: In diesem Fall werden die Absatzformatierungen einschließlich der Absatz-Standardschrift Bestandteil des Autotextes. Wurden die Absatzformatierungen allerdings über eine Absatzformatvorlage zugewiesen, richtet sich die konkrete Absatzformatierung nach den Einstellungen der im Dokument vorhandenen Absatzformatvorlage. Fehlt diese Absatzformatvorlage im konkreten Dokument, wird mit dem Einfügen des Autotextes die fehlende Absatzformatvorlage angelegt; sie enthält die Eigenschaften der Absatzformatvorlage zu dem Zeitpunkt, als der Autotext definiert wurde.

Im Normalfall wird diese Beschreibung etwas zu genau sein; sie trägt aber zum einfacheren Verständnis der Autotexte bei. Für das weitere Verständnis folgen die Handlungsanweisungen.

Einfachen Autotext anlegen. Autotexte sind (nur) sprachspezifisch. Sie werden immer in die Gruppe STANDARD eingegliedert. Die folgenden Schritte, dargestellt in *Abbildung 3.9*, beginnen deshalb mit einer Kontrolle:

1. Stellen Sie sicher, dass sich die Einfügemarke in einer Stelle des Dokuments befindet, der eine geeignete Formatvorlage zugewiesen ist. Auch die Sprache sollte der späteren Verwendung entsprechen.

2. Über EINFÜGEN > AUTOTEXT > AUTOTEXT... öffnen Sie das Dialogfeld AUTOKORREKTUR und gelangen zugleich auf die Registerkarte AUTOTEXT; wählen Sie als Menüpunkt anstelle von AUTOTEXT... nicht NEU..., auch wenn das zunächst naheliegend erscheint (den Unterschied macht der nächste Schritt).

3. Als Erstes sollten Sie in der eher unauffälligen Auswahl SUCHEN IN, im unteren Teil des Dialogfelds, die Dokumentenvorlage auswählen, auf der Ihre Arbeit basiert. Andernfalls wird Word Ihren Autotext in die globale Vorlage NORMAL.DOT speichern.

4. Nun können Sie ganz entspannt weitermachen. Im Bereich VORSCHAU sehen Sie den zukünftigen Autotextinhalt – da Sie nichts markiert haben, ist er leer.

5. Tragen Sie in das Eingabefeld AUTOTEXT-EINTRÄGE HIER EINGEBEN den Autotext ein. Der Eintrag kann bis zu 32 Zeichen lang sein und Leerzeichen enthalten. Geben Sie in das Eingabefeld etwas Längeres ein, werden die ersten 32 Zeichen als Name und die gesamte Eingabe als Inhalt betrachtet.

6. Klicken Sie anschließend auf die Schaltfläche HINZUFÜGEN, um den Autotext aufzunehmen. Wenn Sie das Dialogfeld nicht weiter benötigen, klicken Sie auf die Schaltfläche SCHLIESSEN, um es zu schließen.

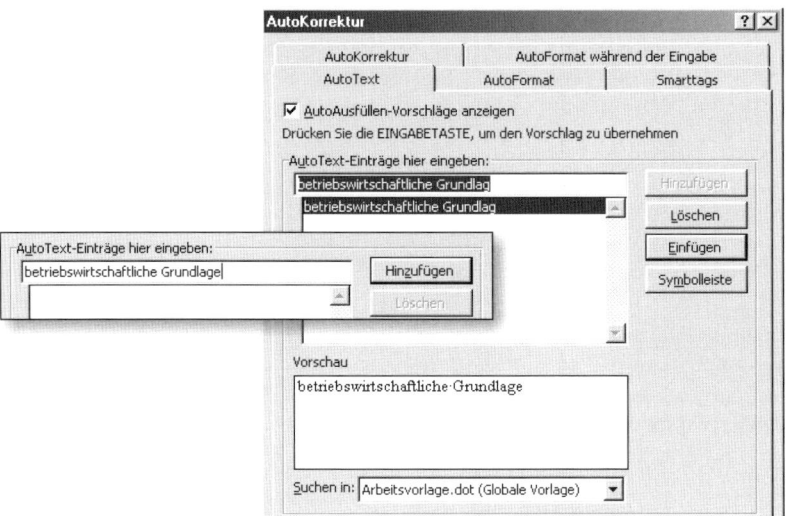

Abbildung 3.9: Einfachen Autotext anlegen

Erweiterten Autotext anlegen. Erweiterte Autotexte sind wie die einfachen sprachspezifisch. Zudem werden sie nach den Formatvorlagen gruppiert, aus denen heraus sie angelegt wurden. Bevor Sie einen erweiterten Autotext anlegen, machen Sie sich klar, welche Formatierungen gegebenenfalls übernommen werden. Beginnen Sie dann mit der Umsetzung (vgl. *Abbildung 3.10*):

1. Markieren Sie im Dokument diejenigen Stellen, die Sie als Autotext definieren möchten. Die verbundene Formatvorlage ist genauso entscheidend für die Eingliederung wie die Sprache.

2. Über EINFÜGEN > AUTOTEXT > AUTOTEXT... öffnen Sie das Dialogfeld AUTOKORREKTUR. Aktivieren Sie die Registerkarte AUTOTEXT.

3. Stellen Sie als Erstes in der Auswahl SUCHEN IN die Dokumentenvorlage ein.

4. Im Bereich VORSCHAU sehen Sie den Autotextinhalt. Den zugehörigen Namen können Sie im Eingabefeld AUTOTEXT-EINTRÄGE HIER EINGEBEN festlegen. Er kann, wie oben bereits beschrieben, bis zu 32 Zeichen lang sein und Leerzeichen enthalten.

5. Klicken Sie dann auf die Schaltfläche HINZUFÜGEN, um den Autotext aufzunehmen. Wenn Sie das Dialogfeld nicht weiter benötigen, klicken Sie auf die Schaltfläche SCHLIESSEN.

Autotext ändern. Sie können Autotexte nicht direkt ändern, weder den Namen noch den Inhalt. Vielmehr ist es notwendig, dass Sie den Autotext zunächst normal einfügen. Ändern Sie den Inhalt im Dokument entsprechend Ihren Vorstellungen ab und legen Sie dann einen neuen Autotext an. Sofern Sie hierfür den Namen des ursprünglichen Autotextes wieder verwenden, wird der ursprüngliche Autotextinhalt durch den neuen Inhalt ersetzt. Bei einfachen Autotexten reicht es aus, den ursprünglichen Autotext zu entfernen und einen neuen Autotext anzulegen.

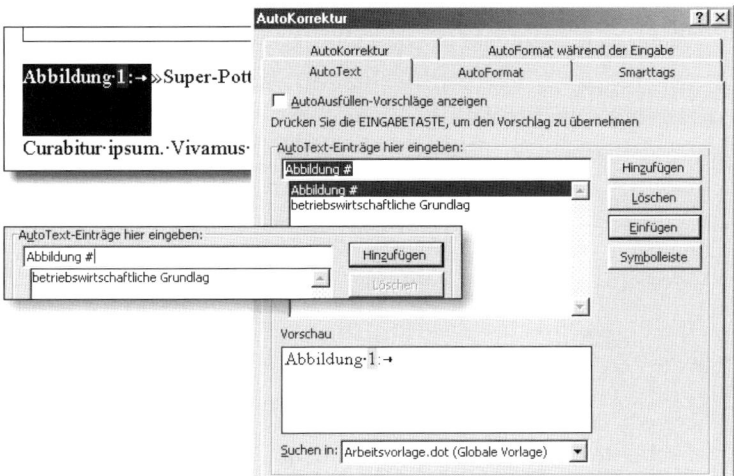

Abbildung 3.10: Erweiterten Autotext aus Markierung erzeugen

Autotext einfügen: Menüleiste. Sehr viel interessanter dürfte es sein zu erfahren, wie Sie mit Autotexten arbeiten können. Auf die Möglichkeit, das Dialogfeld AUTOKORREKTUR zu öffnen und über die Registerkarte AUTOTEXT einen bestimmten Autotext auszuwählen und einzufügen, möchte ich nicht näher eingehen, da diese Lösung naheliegend, selbsterklärend und im Normalfall zu umständlich ist (wenngleich die Vorschaufunktion in diesem Fall hilfreich ist). Viel interessanter ist die Methode über die Menüleiste:

1. Platzieren Sie die Einfügemarke an der Stelle im Dokument, an der Sie den Autotext einfügen möchten.

2. Über EINFÜGEN > AUTOTEXT öffnen Sie die Unterauswahl der gruppierten Autotexte. Was Sie genau zu sehen bekommen, richtet sich nach folgender Situation.

   – Befindet sich die Einfügemarke an einer Stelle im Dokument, deren Zeichen- oder Absatzformatvorlage Grundlage für die Definition von Autotexten war, so werden nur die entsprechenden Autotexte eingeblendet. Die übrigen Autotexte sind über die Menüauswahl nicht zugänglich.

   – Befindet sich die Einfügemarke an einer Stelle im Dokument, deren Zeichen- oder Absatzformatvorlage keine Grundlage bei der Definition von Autotexten war, so werden alle Autotexte eingeblendet. Autotexte, die über spezielle Zeichen- oder Absatzformatvorlagen gebildet wurden, erscheinen innerhalb einer Gruppe, die den Namen der Formatvorlage trägt. Daneben kennt Word weitere funktionale Gruppen.

3. Wählen Sie in der Unterauswahl den gewünschten Autotext aus.

4. Word fügt seinen Inhalt an der Stelle ein, an der sich die Einfügemarke befindet.

Sollte sich keine sinnvolle Unterauswahl ergeben, ist die Ursache häufig in der Sprachzuordnung zu finden. Werfen Sie einen Blick in die Statusleiste. Gerade wenn Sie die AUTOMATISCHE SPRACHERKENNUNG verwenden, sollten Sie sich über häufige Sprachwechsel nicht wundern (ich rate von dieser Einstellung ab). Weiterhin können spezielle Autotexte die Ursache sein.

Autotexte einfügen: Vervollständigen. Autotexte brauchen Sie nicht nur über das Menü auszuwählen. Sie können Autotexte beinahe so komfortabel einfügen wie die Inhalte der noch zu beschreibenden Autokorrektur. Folgende Voreinstellung sollten Sie treffen:

▓ Um Autotexte über die Kurzinformation zu vervollständigen, aktivieren Sie unter EINFÜGEN > AUTOTEXT > AUTOTEXT... das Kontrollfeld AUTOAUSFÜLLEN-VOR-SCHLÄGE ANZEIGEN (unter Word 2000 heißt das gleiche Kontrollfeld REST DES WOR-TES ODER DES DATUMS...).

▓ Um Autotexte nur durch Tastenkombination zu vervollständigen, deaktivieren Sie dieses Kontrollfeld.

Abhängig von Ihrer gewählten Voreinstellung können Sie den Autotext durch Vervollständigen eingeben (vgl. *Abbildung 3.11*) oder einfügen:

1. Beginnen Sie damit, den Namen des Autotexts einzugeben.

2. Sofern Sie das Kontrollfeld aktiviert haben, wird Word irgendwann erkennen, dass zu der von Ihnen eingegebenen Zeichenfolge ein Autotext existiert – es erscheint eine Quickinfo.

3. Drücken Sie in diesem Fall einfach ⏎ . Word wird hierdurch keinen Absatzwechsel einfügen, sondern »nur« Ihren Autotext – Ende der Handlungsanweisung.

4. Sofern Sie das Kontrollfeld nicht aktiviert haben, platzieren Sie die Einfügemarke im Bereich der Zeichenfolge, die sich mit dem Namen eines Autotextes deckt.

5. Drücken Sie dann F3 – findet Word einen passenden Autotext, wird es ihn automatisch einfügen. Fehlt ein solcher, werden Sie über die Statusleiste auf dieses Fehlen hingewiesen.

Das Arbeiten mit Autotexten ist zunächst etwas gewöhnungsbedürftig. Insbesondere fällt es zunächst oftmals schwer, sinnvolle »Portionen« zu bilden. Die weiteren Beispiele in diesem Buch werden Sie hoffentlich schnell mit diesem Programmmerkmal vertraut machen.

Abbildung 3.11: Autotext einfügen durch Vervollständigen und Symbolleiste

3.4   Autokorrektur

Die Krönung des Eingabekomforts ist die Autokorrektur. Da sie allerdings im Wesentlichen als Programmeinstellung an den Computer (und keine spezielle Dokumentenvorlage) gebunden ist, können Sie sie überhaupt nur sinnvoll einsetzen, wenn Sie immer am gleichen Computer arbeiten, vgl. *Abbildung 3.12*.

Abbildung 3.12: Zuordnung der Autokorrektur

Ursprünglich ist sie von Microsoft entwickelt worden, um einfache Schreibfehler zu korrigieren, ohne dass der Schreibfluss dadurch gestört wird. Ich kann aber grundsätzlich nur davon abraten, eigene Unsitten dadurch zu kultivieren, dass die Fehlerkorrektur immer ausgeklügelter wird – sofern Sie keinen zwingenden Grund haben, sollten Sie Ihre Schreibfehler bereits vor der Tastatur in den Griff bekommen.

Sehr viel praktischer ist die Möglichkeit, entsprechend den Autotexten – aber ohne zusätzliches ⏎ – direkt aus dem Schreibfluss heraus Kurzformen in längere Ausdrücke und Sätze umzuwandeln. In diesem Buch habe ich beispielsweise wiederkehrende Begriffe wie »Schaltfläche«, »Dialogfeld« und »Kontrollfeld« durch kleine Autokorrektureinträge ersetzt, um mir das Schreiben zu erleichtern.

Ganz wichtig wird die Autokorrektur, um typographische Erfordernisse zu automatisieren. Wenn Sie drei Auslassungspunkte eingeben, erfordert es die normgerechte Gestaltung, dass daraus ein Punktetriplett wird – auch abzurufen unter EINFÜGEN > SYMBOL > SONDERZEICHEN: AUSLASSUNGSPUNKTE. Die französischen Anführungszeichen, die ich in diesem Buch verwende, rufe ich ebenfalls nicht mühsam über das Dialogfeld SYMBOL ab. Es gibt direkt auf der Tastatur die Zeichen »größer als« (>) und »kleiner als« (<). Gebe ich sie zweimal hintereinander ein, wird das entsprechende Anführungszeichen daraus – das spart Zeit und verbessert den Schreibfluss. Gedankenstriche werden aus zwei einzelnen Bindestrichen kombiniert … Wenn Sie viele Schreibgewohnheiten kennen, haben Sie einen reichen Fundus an sinnvollen Autokorrektureinträgen.

Autokorrektureinträge lassen sich unter verschiedenen Aspekten betrachten. Hinsichtlich des *Inhalts* werden sie wie folgt unterschieden:

▦ unformatierte Einträge

▦ formatierte Einträge

Unformatierte Einträge, der Name deutet es an, sind Inhalte ohne Formatierung. Sie können nur normale Zeichen enthalten, keine Absatzmarken und keine besonderen Inhalte wie Feldfunktionen. Sie werden daher auch als Nur-Text-Einträge bezeichnet. Anders verhalten sich diesbezüglich die *formatierten* Einträge. Sie können nicht nur normale Zeichen enthalten. Feldfunktionen, Absatzwechsel, sogar Abschnittswechsel lassen sich als Inhalt hinterlegen. Insoweit sind sie genauso leistungsfähig wie Autotexte.

Ein weiteres Kriterium ist der *Auslöser*. Autokorrektureinträge werden nicht manuell ausgelöst (wie etwa Autotexte), sondern sie lösen sich selbständig aus. Entscheidend hierfür ist der Bezeichner des Eintrags, nicht der zugehörige Inhalt. Hierdurch ergibt sich die Unterscheidung in

▦ unmittelbare Einträge

▦ mittelbare Einträge

Unmittelbare Einträge haben einen Bezeichner, dessen erstes und letztes Zeichen Sonderzeichen sind. Diese Einträge lösen sich aus, sobald Sie das schließende Sonderzeichen eingeben. Dabei ist es unerheblich, ob vor dem Bezeichner bereits Zeichen stehen und nach dem Bezeichner weitere Buchstaben oder Ziffern folgen. *Mittelbare* Einträge beginnen mit normalen Zeichen, insbesondere Buchstaben, und hören auch mit normalen Zeichen auf. Diese Einträge werden nur ausgelöst, wenn die freistehende Zeichenfolge mit dem Bezeichner übereinstimmt. Als Sonderzeichen bezüglich des Auslösens gelten die Satzzeichen, also Punkt, Komma, Semikolon, Ausrufungszeichen, aber auch die besonderen Zeichen wie Klammern, Prozent, Doppelkreuz und Schrägstrich.

Abbildung 3.13: Nur-Text-Autokorrektureintrag anlegen

Nur-Text-Autokorrektureintrag anlegen. Zunächst zeige ich Ihnen, wie Sie einen einfachen, also unformatierten Autokorrektureintrag anlegen. Damit Sie die oben gegebene Unterscheidung besser nachvollziehen können, soll es sich um einen *unformatierten mittelbaren* Eintrag handeln (vgl. *Abbildung 3.13*):

1. Platzieren Sie die Einfügemarke an einer Stelle im Dokument, dessen Sprache mit dem Autokorrektureintrag übereinstimmt.

2. Über Extras > Autokorrekturoptionen… öffnen Sie das gleich lautende Dialogfeld; wechseln Sie hier zur Registerkarte Autokorrektur.

3. In das Eingabefeld Ersetzen geben Sie den Bezeichner des Autokorrektureintrags ein, also die Zeichenfolge, die den Eintrag auslösen soll. Verwenden Sie Sonderzeichen am Anfang und Ende, wenn der Autokorrektureintrag unmittelbar ausgelöst werden soll. Da es sich in diesem Beispiel aber um einen mittelbaren Eintrag handeln soll, lassen Sie die führenden und schließenden Sonderzeichen weg. Tragen Sie »test« ein.

4. In das Eingabefeld Durch geben Sie den Inhalt ein. Das ist die Zeichenfolge, die für den (auslösenden) Bezeichner eingefügt wird. Für das Beispiel wählen Sie den Inhalt »Dies ist ein Test.«

5. Überprüfen Sie, ob das Optionsfeld Nur Text ausgewählt ist.

6. Klicken Sie dann auf die Schaltfläche Hinzufügen, um den Autokorrektureintrag zu definieren.

Die Wirkung dieses Eintrags erfahren Sie weiter unten.

Formatierten Autokorrektureintrag anlegen. Diese Handlungsanweisung zeigt Ihnen, wie Sie formatierte Autokorrektureinträge anlegen. Diese können grundsätzlich das Gleiche enthalten, was auch Autotexte enthalten können. Aus eigener Erfahrung möchte ich Ihnen aber raten, dennoch nur kurze und sinnvolle Einträge anzulegen. Als Beispiel soll ein *formatierter unmittelbarer* Eintrag angelegt werden (vgl. *Abbildung 3.14*):

1. Markieren Sie diejenige Stelle im Dokument, deren Inhalt zum Inhalt des Autokorrektureintrags werden soll. Überprüfen Sie noch einmal die Sprache (Blick in die Statusleiste), da die Autokorrektur sprachspezifisch ist. Für das Beispiel sollten Sie eine kurze Tabelle markiert haben.

2. Über EXTRAS > AUTOKORREKTUROPTIONEN... öffnen Sie das gleich lautende Dialogfeld. Wechseln Sie hier zur Registerkarte AUTOKORREKTUR.

3. Aktivieren Sie zunächst das Optionsfeld FORMATIERTEN TEXT. Dadurch wird automatisch das Eingabefeld DURCH gegen eine direkte Eingabe gesperrt. Als Inhalt wird der Inhalt der Markierung im Dokument übernommen. Sofern Sie gerade das Beispiel umsetzen, erscheint dort also die Tabelle.

4. In das Eingabefeld ERSETZEN geben Sie noch den Bezeichner des Autokorrektureintrags ein. Hinweise finden Sie in der vorhergegangenen Handlungsanweisung sowie weiter oben. Da es sich um einen unmittelbaren Eintrag handeln soll, sind führende und schließende Sonderzeichen erforderlich (in der Praxis können Sie auf das führende Sonderzeichen allerdings häufig verzichten). Wählen Sie beispielsweise »#tabelle1#«.

5. Klicken Sie dann auf die Schaltfläche HINZUFÜGEN, um den Autokorrektureintrag zu definieren.

Autokorrektur verwenden. Sofern Sie noch nie bewusst mit der Autokorrektur gearbeitet haben, erscheint die Unterscheidung der Einträge in unformatierte und formatierte einerseits sowie unmittelbare und mittelbare Einträge andererseits eher trocken. Ich möchte anhand einer konkreten Verwendung den Unterschied veranschaulichen. Aktivieren Sie als Erstes das Kontrollfeld WÄHREND DER EINGABE ERSETZEN. Die Autokorrektur ist wie gesagt sprachspezifisch. Achten Sie darauf, dass die Sprache an der Position der Einfügemarke der Sprache entspricht, unter der Ihre Autokorrektureinträge angelegt worden sind.

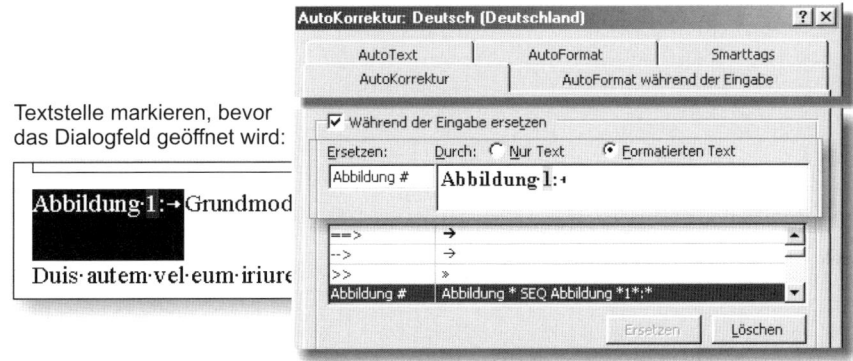

Abbildung 3.14: Formatierten Autokorrektureintrag anlegen

(a) Mittelbare Einträge auslösen. Zunächst sollen mittelbare Einträge verdeutlicht werden:

1. Geben Sie ein Leerzeichen oder einen Absatzwechsel ein.

2. Schreiben Sie dann das Wort »test«.

3. Geben Sie nun ein Leerzeichen, Satzzeichen, einen Tabstopp oder einen Absatzwechsel ein. In diesem Augenblick wird die Eingabe »test« durch »Dies ist ein Test.« ersetzt.

4. Wiederholen Sie dieses Beispiel, schreiben Sie aber diesmal die Wörter »Warentest« und »Testbericht«. In diesem Fall wird der Autokorrektureintrag nicht ausgelöst – weil die bezeichnende Zeichenfolge nicht frei steht.

Falls das Beispiel aus irgendeinem Grund nicht gelingen sollte, rate ich Ihnen zu einem Neustart Ihres Computers. Ich habe es manchmal erlebt, dass die Autokorrektur nicht auslösen wollte, obwohl alle Voraussetzungen erfüllt waren.

(b) Unmittelbare Einträge auslösen. Nun soll noch die Arbeitsweise unmittelbarer Einträge dargestellt werden:

1. Schreiben Sie beispielsweise »nun folgt eine«. Direkt dahinter, ohne Leerzeichen oder etwas anderes abgetrennt, schreiben Sie das Wort »#tabelle#« (dieses Wort hatten Sie als Bezeichner definiert).

2. Sobald Sie das schließende Doppelkreuz aus »#tabelle#« eingegeben haben, wird diese spezielle Eingabe durch eine tatsächliche Tabelle ersetzt.

3. Sie können das Beispiel wiederholen und dabei vor und nach der bezeichnenden Textfolge etwas anderes eingeben – der Unterschied zu den mittelbaren Einträgen wird deutlich. Die bezeichnende Zeichenfolge muss nicht frei stehen, um ausgelöst zu werden.

Ungewollte Autokorrektur aufheben. Es kann durchaus die Situation auftreten, in der die ursprüngliche Zeichenfolge beibehalten werden soll, die Autokorrektur jedoch wiederkehrend diese »verbessern« möchte. Sie müssen nicht gleich die gesamte Autokorrektur deaktivieren, um derartige Fälle zu meistern:

1. Geben Sie die Zeichenfolge normal ein.

2. Sobald die Autokorrektur ausgelöst wird, erscheint die ersetzte Folge im Dokument.

3. Klicken Sie nun einmal ⌫ , um die Wirkung der Autokorrektur aufzuheben.

KAPITEL 4

Allgemeine Layoutvorgaben umsetzen

Jede wissenschaftliche Arbeit muss bestimmte Layoutvorgaben beachten, da insbesondere an deutschen Universitäten der Arbeitsumfang an der Seitenzahl festgemacht wird und nicht an der Wortzahl, wie es in England beispielsweise der Fall ist. Die Lehrstühle halten meistens ein Informationsblatt mit Vorgaben zum Seitenrand, zum Schriftgrad und anderen Einstellungen bereit. In diesem Kapitel soll es darum gehen, die allgemeinen Vorgaben schnell und vollständig umzusetzen; auf speziellere Vorgaben geht das nächste Kapitel ein.

Viele Anwender machen zwei Fehler, was das Layout betrifft. Erstens layouten sie das Dokument während des Schreibens, anstatt eine Vorlage zu Beginn der Arbeit einzurichten oder zumindest erst die fertige Arbeit zu layouten (die Layoutansicht verführt zu dieser Methode, weshalb ich sie auch aus diesem Grunde für das Schreiben strikt ablehne!). Den von mir empfohlenen Arbeitsfluss sehen Sie in *Abbildung 4.1*. Der zweite Fehler besteht darin, den Inhalt direkt zu formatieren, anstatt Vorlagen zu verwenden, die zumindest für Absätze, Zeichen und seit Word 2002 auch für Tabellen möglich sind (die so genannten Listenvorlagen sind wenig relevant).

Abbildung 4.1: Arbeitsfluss Layouten – Schreiben – Nachlayouten

In *Abbildung 4.2* werden die inhaltliche und technische Struktur einander gegenübergestellt. Deutlich zu erkennen ist, dass Sie sechs Ebenen haben, um Ihre Inhalte zu vermitteln. Viele Zeichen ergeben ein Wort und aus Wörtern formulieren Sie Sätze. Diese Wörter können wichtige Inhalte vermitteln, den Textfluss verbessern oder einfach nur leere Flächen füllen, was selten gut ist. Die Sätze können je nach Inhalt das Argument beinhalten, den Beweis liefern oder ein Beispiel erläutern. Die Sätze werden zu Absätzen gruppiert: Ein Gedanke – ein Absatz. Mehrere Absätze behandeln einen Gliederungspunkt und die einzelnen Gliederungspunkte sind Teil eines Themas, meistens der Aufgabenstellung. In Word ist das nur geringfügig anders. Sätze als selbständiges Merkmal existieren nicht; es werden insoweit nur Zeichen und Absätze unterschieden. Die Dokumentenabschnitte sind in Word ein technisches Merkmal, das nicht unbedingt den Gliederungsabschnitten entsprechen muss und im Regelfall auch nicht sollte – die Unterschiede werden im Verlauf dieses Kapitels deutlich.

Ein Gleichlauf von Inhalt und technischer Struktur unterstützt nicht nur das einheitliche Gestalten des Dokuments. Mitunter hilft es auch beim Schreiben. Sie als Verfasser Ihrer Arbeit sind gezwungen, sich zu vergegenwärtigen, ob Sie gerade eine Überschrift, einen

Text oder eine Aufzählung eingeben, und dem Leser hilft es, den Text besser aufzunehmen. Unabhängig davon ist ein Gleichlauf von Inhalt und technischer Struktur notwendig, wenn das Dokument in ein anderes Format überführt werden soll wie PDF oder XML. Dieses Argument wird wichtiger, seitdem unter dem Schlagwort »Elektronische Dissertation« die nicht gedruckten Publikationsformen wissenschaftlicher Ausarbeitungen an Bedeutung gewinnen.

Abbildung 4.2: Gegenüberstellung von inhaltlicher und technischer Struktur

4.1   Eigenschaftsstruktur

So intuitiv die Programmumgebung für den einzelnen Anwender sein mag, so wenig erklärt sie, wie Dokumente prinzipiell strukturiert sind. Viele Anwender fragen sich, wie sie die Kopfzeile für einzelne Seiten ändern können oder den Seitenrand. Dann wären da noch die Abschnittswechsel ... alles zusammen wirkt etwas undurchschaubar. Die vier wesentlichen Ebenen des Dokumenteninhalts haben Sie bereits in *Abbildung 4.2* kennen gelernt.

In *Abbildung 4.3* kommt eine neue Ebene hinzu: das Programm. Es ist seit Beginn der Windows-Version von Word ein bedauerlicher Umstand, dass nicht alle Formatierungen im Dokument hinterlegt werden, beispielsweise spezielle Einstellungen von Überschriftenzählungen und Aufzählungen im Text. Viele Anwender wissen aus leidvoller Erfahrung, dass das gleiche Dokument auf einem anderen Rechner völlig »verzogen« wirken kann. Microsoft hat die Version 2002 auch nicht zum Anlass genommen, diesen Umstand zu beseitigen. Vielmehr wurde ein Hilfsprogramm mitgeliefert, dass es erlaubt, einige dieser Einstellungen zu übertragen – wer schon mal an einem Computer in einem PC-Pool gearbeitet hat, weiß, dass hier derartige Abhilfen wenig bewirken, weil diese Einstellungen oftmals gegen Zugriff geschützt sind.

Die Unterscheidung dieser Ebenen hat eine ganz praktische Bedeutung. Erstens hilft sie zu verstehen, warum gewisse Formatierungen so wirken, wie sie tatsächlich wirken – und nicht so, wie Sie es mitunter erwarten; das betrifft vor allem die Unterscheidung von Dokumenten-, Abschnitts- und Absatzformatierungen. Außerdem wird deutlich, welche Einstellungen auf Ihr Dokument wirken, wenn Sie Ihr Dokument auf einem fremden Rechner öffnen, in einem PC-Pool beispielsweise. Schließlich finden Sie in *Abbildung 4.4* dargestellt, dass Sie nur Zeichen- und Absatzformatierungen zwischen dem Dokument und seiner Vorlage austauschen können, nicht aber Dokumenten- und Abschnittseigenschaften. Das ist insbesondere deshalb bedauerlich, weil einige Fußnoteneinstellungen zu den Dokumenteneigenschaften gehören und die Kopf- und Fußzeilen eine Abschnittseigenschaft darstellen.

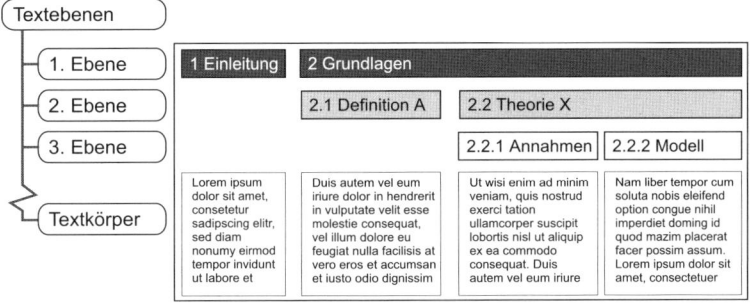

Abbildung 4.3: Ebenen sichtbarer Dokumentenformatierungen

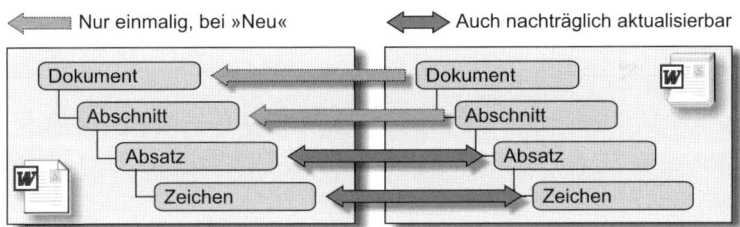

Abbildung 4.4: Zusammenhang zwischen Dokumentenvorlage und Dokument

4.2 Seitenlayout

Grundsätzlich erfolgt das Layout von »außen« nach »innen«. Zunächst werden die allgemeineren Einstellungen getroffen, um dann mit den speziellen Angaben fortzufahren. Das Seitenlayout ist eine Eigenschaft des Dokumentenabschnitts und umfasst den Satzspiegel (»Seitenränder«), die Pagina (»Seitenzahl«) und den Kolumnentitel (»Kopf- bzw. Fußzeile«). Ein leeres Dokument enthält nur einen Abschnitt, so dass Sie innerhalb des Dokuments keine zwei verschiedenen Satzspiegel festlegen können. In bestimmten Fällen ist eine Veränderung des Seitenlayouts aber notwendig. Um diese Fälle zu lösen, ohne zwei verschiedene Word-Dateien zu verwenden, können Sie auch innerhalb eines Word-Dokuments einen Abschnittswechsel einfügen.

Abschnittswechsel einfügen. Abschnittswechsel sollten Sie wirklich nur dann einfügen, wenn Sie das Seitenlayout ändern möchten. Um nur einen Seitenwechsel zu erzeugen, gibt es bessere Alternativen, beispielsweise die Möglichkeiten des Absatzflusses (vgl. Seite 77) und der Umbruchkontrolle (vgl. Seite 205). Einen neuen Dokumentenabschnitt erzeugen Sie dagegen wie folgt (vgl. *Abbildung 4.5*):

1. Suchen Sie sich die Stelle aus, an der Sie den neuen Dokumentenabschnitt beginnen möchten. Platzieren Sie die Einfügemarke am Anfang des entsprechenden Absatzes.

2. Über Einfügen > Manueller Umbruch (Word 2000: Einfügen > Manueller Wechsel...) öffnen Sie das entsprechende Dialogfeld und wählen in der Gruppe Abschnittswechsel die Alternative Nächste Seite aus. Da die Unterschiede mit Ausnahme von Fortlaufend vor allem bei der Seitenzählung wichtig sind, werden sie ausführlich auf Seite 57 beschrieben.

3. Bestätigen Sie die Auswahl, indem Sie auf die Schaltfläche OK klicken.

Wenn Sie das Buch in normaler Reihenfolge durcharbeiten, werden Sie Abschnittswechsel noch nicht benötigen. Erst im Kapitel *Dokumente vervollständigen* werden sie wichtig, weil die Titelei üblicherweise eine andere Seitenzählung enthält als der Textteil.

 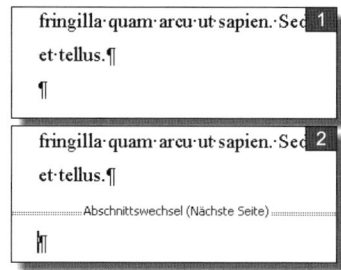

Abbildung 4.5: Abschnittswechsel einfügen und erkennen

Layoutansicht verwenden. Für die weiteren Hinweise ist es vorteilhaft, die Layoutansicht zu verwenden, da sie nicht nur den Satzspiegel darstellt, sondern auch einige Bildschirmelemente, die für das Layouten hilfreich sind:

1. Über Ansicht > Seitenlayout wechseln Sie darum in die Layoutansicht. Alternativ können Sie auch auf das Ansichtssymbol Seiten-Layoutansicht unten links auf Ihrem Bildschirm klicken.

2. Über Extras > Optionen > Ansicht öffnen Sie die Ansichtsoptionen.

3. Aktivieren Sie hier in der Gruppe Seiten- und Weblayoutsoptionen das Kontrollfeld Vertikales Lineal (nur Seitenlayout). Weitere Einstellungen können Sie nach Bedarf festlegen.

4. Klicken Sie auf die Schaltfläche OK, um die Einstellungen zu übernehmen.

4.2.1   Satzspiegel

Der Satzspiegel ist der Bereich, den Sie auf einer Seite mit Inhalt füllen können. In *Abbildung 4.6* ist er durch die beiden Pfeile hervorgehoben. Er ergibt sich als Restgröße aus den Seitenabmessungen und den Seitenrändern, den so genannten Stegen. Die Abbildung zeigt zugleich, wie die jeweiligen Maße gemessen werden.

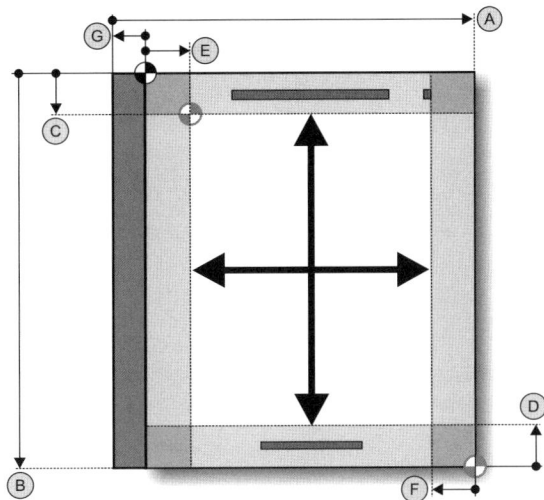

Abbildung 4.6: Satzspiegel mit Abmessungen

Der Satzspiegel ist eine Eigenschaft des Dokumentenabschnitts. Innerhalb eines Dokumentenabschnitts können Sie den Satzspiegel nicht verändern. Um innerhalb eines Dokuments den Satzspiegel zu verändern, müssen Sie deshalb einen Abschnittswechsel einfügen. Dies wird normalerweise aber erst beim Vervollständigen des Dokuments wichtig (vgl. das Kapitel *Dokumente vervollständigen*).

Papierformat einrichten. Als Erstes soll das Papierformat eingerichtet werden. Normalweise ist es DIN A4, was auch der Standardvorgabe deutscher Word-Installationen entspricht:

1. Bei Abschnittsformatierungen ist es immer besser, wenn die Einfügemarke nur blinkt und keine spezielle Stelle markiert. Über DATEI > SEITE EINRICHTEN... öffnen Sie das gleich lautende Dialogfeld. Wechseln Sie hier zur Registerkarte FORMAT (Word 2000: PAPIERFORMAT).

2. Sollte das Dokument oder die geöffnete Vorlage bereits mehrere Dokumentenabschnitte enthalten, sollten Sie in der unteren Auswahl ÜBERNEHMEN FÜR die gewünschte Variante wählen, meistens GESAMTES DOKUMENT. Nur dann wird das Papierformat für das gesamte Dokument übernommen.

3. In der oberen Auswahl PAPIERFORMAT sehen Sie einige Festformate, darunter auch 210 X 297 MM, was DIN A4 entspricht.

4. Sie können über den Auswahlpfeil am rechten Rand die Auswahl öffnen, um ein anderes Festformat zu übernehmen. Alternativ geben Sie einen freien Wert vor, indem Sie die gewünschten Abmessungen in die Eingabefelder BREITE (A) und HÖHE (B) eintragen; die Abmessungen werden aus *Abbildung 4.6* deutlich.

5. Word-2002-Anwender wechseln nun zur Registerkarte SEITENRÄNDER. In der Gruppe ORIENTIERUNG (Word 2000: AUSRICHTUNG) können Sie festlegen, ob die eingestellten

Abmessungen sich auf ein HOCHFORMAT oder BREITFORMAT beziehen sollen. Sofern Sie ein Festformat ausgewählt haben, werden die Werte für BREITE und HÖHE entsprechend ausgetauscht.

6. Klicken Sie auf die Schaltfläche OK, um die Einstellungen zu übernehmen.

Satzspiegel einrichten. Die wichtigste Vorüberlegung beim Satzspiegel ist, ob Sie mit einfachen oder gegenüberliegenden Seiten arbeiten möchten. Normalerweise werden einfache Seiten verwendet. Die Seitenränder gelten für »links« und »rechts«. Für beidseitig bedruckte Blätter, die womöglich gebunden werden, gibt es dagegen ein »innen« (zum Bundsteg und Buchrücken) und ein »außen«. Das Einrichten selbst ist einfach, vgl. auch *Abbildung 4.7*:

1. Beachten Sie die Hinweise im Schritt *1* zu *Papierformat einrichten*, bevor Sie über DATEI > SEITE EINRICHTEN... das gleich lautende Dialogfeld öffnen. Wechseln Sie hier zur Registerkarte SEITENRÄNDER.

2. Als Erstes sollten Sie in der unteren Auswahl ÜBERNEHMEN FÜR den Geltungsbereich anpassen, vgl. Schritt *2* zu *Papierformat einrichten*.

3. Legen Sie dann über die Auswahl MEHRERE SEITEN fest, wie das Layout für den Satzspiegel aussehen soll. Für einseitig bedruckte Seiten ist die Variante STANDARD genau passend.

4. Normalerweise werden Arbeiten zwar im Copyshop gebunden, doch wird hierfür kein zusätzlicher Rand eingeplant. Üblicherweise können Sie die Abmessung unter BUNDSTEG (G) daher auf Null belassen. In *Abbildung 4.6* ist ein solcher Bundsteg allerdings eingezeichnet. Die BUNDSTEGPOSITION hier ist LINKS und seine Abmessungen verkleinern die tatsächliche Seite.

5. In der oberen Gruppe RÄNDER können Sie die Abmessungen für die Ränder OBEN (C, »Kopfsteg«), UNTEN (D, »Fußsteg«), LINKS (E, »Innensteg«) und RECHTS (F, »Außensteg«) festlegen.

6. Klicken Sie auf die Schaltfläche OK, um die Einstellungen zu übernehmen.

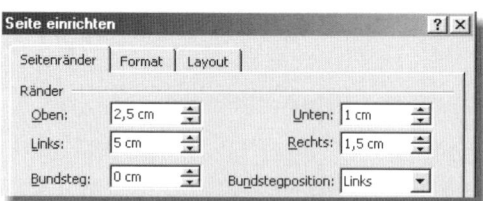

Abbildung 4.7: Dialogfeld mit markierten Abmessungen

Die Seitenränder können Sie auch über die Lineale verändern (siehe *Abbildung 4.8*). Klicken Sie dazu auf die Seitenrandbegrenzung im Lineal. Für exakte Angaben drücken Sie zusätzlich [Alt], während Sie mit der Maus in das Lineal klicken.

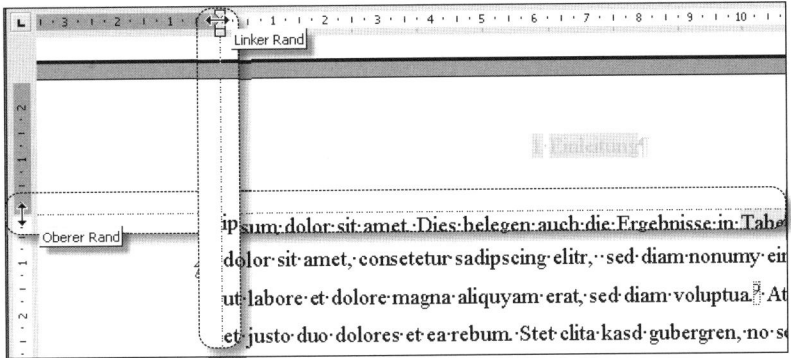

Abbildung 4.8: Seitenränder über das Lineal verändern

Vertikale Ausrichtung im Satzspiegel. Als Letztes soll die vertikale Ausrichtung im Satzspiegel festgelegt werden. Diese Eigenschaft ist zwar normalerweise nicht weiter relevant. Eine falsche Einstellung kann aber durchaus für viel Verwirrung sorgen (vgl. *Abbildung 4.9*) – deshalb ist es besser, sie zu überprüfen. Beachten Sie bitte die Hinweise, die in den Schritten *1* und *2* zu *Papierformat einrichten* gegeben wurden, da es sich ebenfalls um eine Abschnittsformatierung handelt:

1. Über DATEI > SEITE EINRICHTEN... öffnen Sie das gleich lautende Dialogfeld. Wechseln Sie dort zur Registerkarte LAYOUT.

2. In der Gruppe SEITE können Sie die VERTIKALE AUSRICHTUNG festlegen. Drei Varianten finden Sie auch in *Abbildung 4.9* dargestellt. Im Normalfall ist die Variante OBEN genau das Richtige. Lediglich bei Titelblättern kann es sinnvoll sein, BLOCKSATZ zu verwenden.

3. Klicken Sie auf die Schaltfläche OK, um die Einstellungen zu übernehmen.

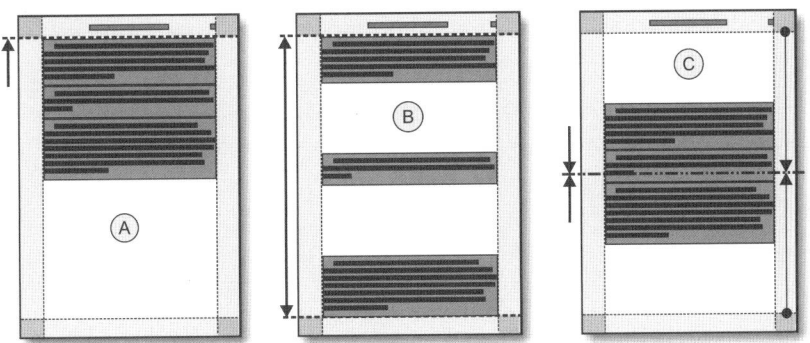

Abbildung 4.9: Vertikale Ausrichtung im Satzspiegel

4.2.2   Pagina

Die Seitenzahlen (Pagina) sind ebenfalls eine Eigenschaft des Dokumentenabschnitts. Das ist deswegen wichtig, weil viele Lehrstühle für die Titelei römische, für den Textteil und den Anhang hingegen arabische Seitenzahlen fordern. Die Seitenzahlen können zwar über so genannte Feldfunktionen manuell auf »römisch« oder »arabisch« getrimmt werden. Damit sie allerdings in den Verzeichnissen korrekt erscheinen, ist es notwendig, die Seitenzahlen als Eigenschaft des Dokumentenabschnitts richtig einzurichten.

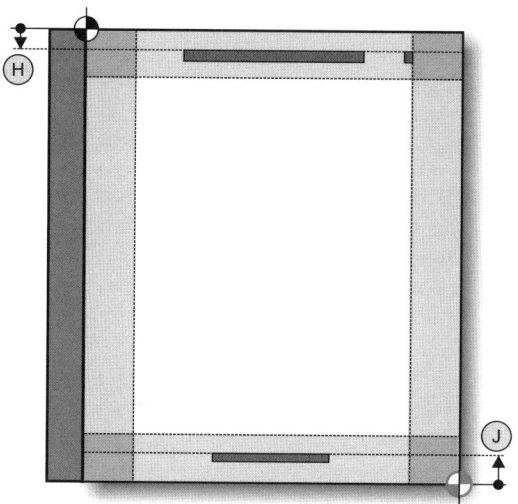

Abbildung 4.10: Abmessungen für Pagina und Kolumnentitel

Satzspiegel anpassen. Als Erstes soll der Satzspiegel für die Pagina und mögliche Kolumnentitel angepasst werden. Einige Lehrstühle haben hierzu explizite Vorgaben, andere überlassen diese Einstellungen den Studenten. Da es sich um eine Abschnittseigenschaft handelt, beachten Sie bitte zudem die Hinweise, die in den Schritten *1* und *2* zu *Papierformat einrichten* gegeben wurden:

1. Über DATEI > SEITE EINRICHTEN... öffnen Sie das gleich lautende Dialogfeld. Wechseln Sie dort zur Registerkarte LAYOUT.

2. In der Gruppe KOPF- UND FUSSZEILEN finden Sie die Eingabefelder KOPFZEILE (H) und FUSSZEILE (J). In *Abbildung 4.10* sehen Sie, dass die jeweiligen Maße von der zugehörigen Blattkante zur Zeilenoberkante gemessen werden. Damit Kopf- und Fußzeile jeweils gleich viel Abstand zum Text halten, muss der Wert der Kopfzeile somit kleiner sein als der für die Fußzeile.

3. Klicken Sie auf die Schaltfläche OK, um die Einstellungen zu übernehmen.

Die Platzierung der Kopf- und Fußzeilen können Sie wie die Seitenränder auch über das Lineal festlegen. Gerade wenn Sie Kopf- und Fußzeilen sehr nah an der Blattkante platzieren möchten, werden Sie möglicherweise eine Fehlermeldung erhalten, wonach die Seitenabmessungen außerhalb des bedruckbaren Bereichs liegen. Der Drucker, auf dem Sie Ihre Arbeit später ausgeben, benötigt etwas unbedruckte Fläche, um das Papier zu greifen und zu führen. Bei Laserdruckern ist das etwas weniger Raum, bei Tintenstrahldruckern etwas mehr. Diese physischen Abmessungen können Sie nicht verändern; ignorieren geht aber. In diesem Fall werden Sie jedoch bei jedem Druckvorgang die Warnung erneut präsentiert bekommen und sie jedes Mal ignorieren müssen – ein dauerhaftes Deaktivieren ist leider nicht möglich.

Anzahl verfügbarer Kolumnentitel festlegen. Insgesamt werden für jeden Dokumentenabschnitt maximal drei verschiedene Kopf- und Fußzeilen unterschieden: die Kopf- und Fußzeilen der ersten Seite, der geraden Seiten und der ungeraden Seiten. Beliebige Kombinationen dieser Einstellungen sind möglich, wie *Tabelle 4.1* zeigt. Allerdings ist die erste Seite die tatsächlich erste Seite und nicht unbedingt die Seite mit der Seitenzahl »1«. Startet der Abschnitt mit einer »Seite 16«, wird also die Seite 16 die Einstellungen der »ersten Seite« übernehmen. Das Einrichten selbst ist einfach:

1. Über DATEI > SEITE EINRICHTEN... öffnen Sie das gleich lautende Dialogfeld. Wechseln Sie dort zur Registerkarte LAYOUT.

2. In der Gruppe KOPF- UND FUSSZEILEN sehen Sie die beiden Kontrollfelder: GERADE/ UNGERADE ANDERS und ERSTE SEITE ANDERS. Die Bedeutung ergibt sich aus *Tabelle 4.1*.

3. Bei den meisten Arbeiten ist es sinnvoll, wenn keines dieser Kontrollfelder aktiviert ist.

4. Klicken Sie auf die Schaltfläche OK, um die Einstellungen zu übernehmen.

Einstellung	Vorhandene Kopf- und Fußzeilen
Kein Kontrollfeld ist aktiv	Es gibt nur eine Kopf- und Fußzeile, die für alle Seiten eines Abschnitts gleich ist.
Nur GERADE/ UNGERADE ist aktiv	Es gibt zwei Kopf- und Fußzeilen; gerade und ungerade Seiten können innerhalb eines Abschnitts verschieden sein.
Nur ERSTE SEITE ist aktiv	Es gibt zwei Kopf- und Fußzeilen; diejenige der ersten Seite kann anders sein als die der nachfolgenden Seiten eines Abschnitts.
Beide Kontrollfelder sind aktiv	Es gibt drei Kopf- und Fußzeilen; diejenige der ersten Seite kann sich von denen gerader sowie ungerader Seiten unterscheiden.

Tabelle 4.1: Unterscheidungen zu den Kopf- und Fußzeilen

Typ der ersten Seite festlegen. Nachdem Sie für die unterschiedlichen Seitentypen die entsprechenden Kopf- und Fußzeilen eingerichtet haben, soll nun festgelegt werden, von welchem Typ die erste Seite eines Abschnitts ist. Dass es die erste Seite eines Abschnitts ist, ergibt sich dabei von allein. Wichtig ist aber, ob es sich um eine gerade oder ungerade Seite handelt (vgl. *Abbildung 4.11*):

1. Über DATEI > SEITE EINRICHTEN... öffnen Sie das gleich lautende Dialogfeld. Wechseln Sie dort zur Registerkarte LAYOUT.

2. In der oberen Gruppe ABSCHNITT finden Sie die Auswahl ABSCHNITTSBEGINN. In dieser Auswahl legen Sie den Seitentyp der ersten Seite fest.

   – NEUE SEITE: Diese Variante passt den Seitentyp automatisch an. Er ergibt sich somit aus dem Fortlauf der vorhergegangenen Abschnitte oder aus dem Startwert der Seitenzahl, die in der folgenden Handlungsanweisung angepasst wird.

   – UNGERADE SEITE: Bei dieser Variante wird die erste Seite stets eine ungerade Seite sein. Ist der Startwert der Seitenzählung eine gerade Zahl, trägt die erste Seite die nächste ungerade Seitenzahl.

   – GERADE SEITE: Hierbei ist die erste Seite stets eine gerade Seite. Ist der Startwert der Seitenzählung eine ungerade Zahl, trägt die erste Seite die nächste gerade Seitenzahl.

   – FORTLAUFEND: Diese Variante hat keine Auswirkung auf den ersten Abschnitt eines Dokuments. Nachfolgende Abschnitte, die durch »fortlaufende« Abschnittswechsel eingeleitet werden, beginnen normalerweise nicht auf einer neuen Seite. Sie tun es aber dennoch, sobald beispielsweise Fußnoten auf der Seite verwendet werden. Diese Variante ist damit nicht unproblematisch.

3. Sofern Sie sich am Anfang Ihres Layoutens befinden, ist die Variante NEUE SEITE die beste Eigenschaft.

4. Klicken Sie auf die Schaltfläche OK, um die Einstellung zu übernehmen.

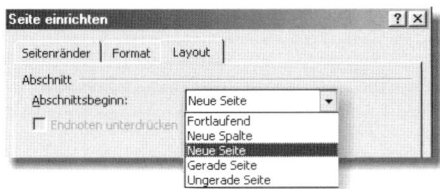

Abbildung 4.11: Abschnittsbeginn im Dialogfeld »Seite einrichten« wählen

Inhaltsbindung lösen. Sofern Ihr Dokument bereits mehr als einen Dokumentenabschnitt enthält, sind alle Kopfzeilen untereinander und alle Fußzeilen untereinander verbunden: die jeweils nachfolgende Kopfzeile übernimmt die Inhalte der vorherigen Kopfzeile; für die Fußzeilen gilt das genauso. Diese Bindung sollten Sie allerdings aufheben, wenn Sie eine Kopfzeile verändern möchten, ohne die nachfolgenden Kopfzeilen gleichzeitig zu verändern (vgl. *Abbildung 4.12*):

1. Über ANSICHT > KOPF- UND FUSSZEILE blenden Sie die Kopfzeile ein.

2. Sofern das Dokument mehrere Kopfzeilen enthält, wechseln Sie zur richtigen Kopfzeile und platzieren Sie die Einfügemarke darin.

3. Klicken Sie in der Symbolleiste KOPF- UND FUSSZEILE auf das Symbol WIE VORHERIGE. Das Symbol erscheint nun nicht mehr gedrückt; zugleich verschwindet über dem Rahmen der Kopfzeile der Hinweis »Wie vorherige«.

4. Schließen Sie die Ansicht der Kopf- und Fußzeilen.

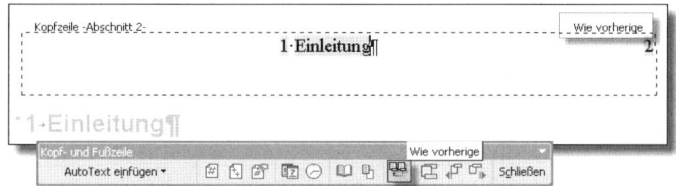

Abbildung 4.12: Inhaltsbindung »Wie vorherige« aufheben

Seitenzählung einrichten. Nun soll die Seitenzählung eingerichtet werden. Das ist vor allem später wichtig, wenn Teile des Dokuments mit römischen Seitenzahlen versehen werden, damit diese Seitenzahlen auch entsprechend in den Verzeichnissen erscheinen:

1. Klicken Sie auf die Schaltfläche FORMAT..., um das Dialogfeld SEITENZAHLENFORMAT zu öffnen (vgl. *Abbildung 4.13*).

2. In diesem Dialogfeld können Sie in der Auswahl ZAHLENFORMAT den gewünschten Zahlentyp auswählen. Die meisten Lehrstühle fordern für die Titelei römische, für den Textteil sowie den Anhang arabische Zahlen.

3. Da die meisten Lehrstuhlvorschriften es nicht voraussetzen, die Seitenzahl um die Kapitelnummer (Microsoft meint hier die Nummer des Gliederungsabschnitts) zu erweitern, bleibt das Kontrollfeld KAPITELNUMMER EINBEZIEHEN inaktiv.

4. In der Gruppe SEITENNUMMERIERUNG können Sie vorgeben, ob die Seitenzahl als Wert (und nicht als Format!) den vorausgegangenen Wert fortzählen soll oder bei einem bestimmten Wert neu beginnen soll. Sofern Sie gerade nicht die Titelei formatieren, ist es sinnvoll, in das Eingabefeld BEGINNEN BEI den Startwert »1« einzutragen. Beachten Sie aber bitte, dass der konkrete Startwert auch vom Typ der ersten Seite abhängt (vgl. oben).

5. Um die Einstellungen soweit zu übernehmen und das aktuelle Dialogfeld zu schließen, klicken Sie auf die Schaltfläche OK. Um auch das erste Dialogfeld zu schließen, aber (noch) keine Seitenzahlen einzufügen, klicken Sie dort auf die Schaltfläche SCHLIESSEN.

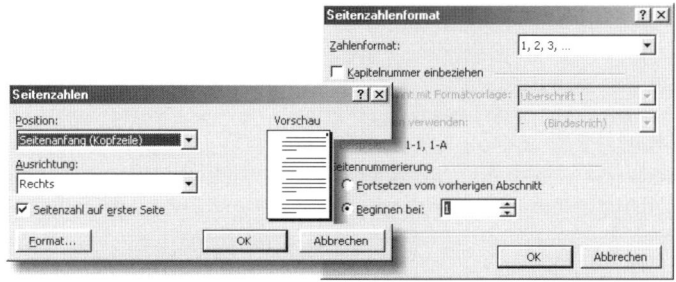

Abbildung 4.13: Seitenzahl einrichten und einfügen

Seitenzählung einfügen. Die Seitenzahl können Sie nunmehr recht einfach einfügen. Am schnellsten geht es mithilfe des Dialogfelds:

1. Über EINFÜGEN > SEITENZAHLEN... öffnen Sie wieder das gleich lautende Dialogfeld.

2. In der Auswahl POSITION können Sie angeben, ob die Seitenzahl oberhalb oder unterhalb des Satzspiegels angeordnet werden soll; soweit nicht anders durch den Lehrstuhl vorgegeben, ist die Variante SEITENANFANG sinnvoll.

3. In der Auswahl AUSRICHTUNG können Sie vorgeben, ob Sie die Seitenzahl bündig zur linken Flucht, zur rechten Flucht des Satzspiegels oder mittig ausrichten möchten.

4. Das Kontrollfeld SEITENZAHL AUF ERSTER SEITE steuert indirekt die Einstellung ERSTE SEITE ANDERS (vgl. die Handlungsanweisung *Anzahl verfügbarer Kolumnentitel festlegen*); die Bedeutung ist selbsterklärend.

5. Klicken Sie auf die Schaltfläche OK, um die Seitenzahlen einzufügen.

Da es sich bei der Seitenzahl um die Feldfunktion PAGE handelt, können Sie diese natürlich auch direkt einfügen. Allerdings werden Sie in den Verzeichnissen wenig Freude haben, wenn Sie die Art der Seitenzählung in der Feldfunktion direkt lösen und nicht über die Abschnittseigenschaft vorgeben.

Seitenzahl formatieren. Die Seitenzahl kann noch nachformatiert werden. Dazu müssen Sie lediglich die Zeichenformatvorlage SEITENZAHL anpassen. Sofern die Seitenzahl in der Kopfzeile platziert ist, basieren ihre Einstellungen auf der Absatz-Standardschriftart der Absatzformatvorlage KOPFZEILE, vgl. *Abbildung 4.14*. Ändern Sie in der Formatvorlage SEITENZAHL also nur die Einstellungen, die sich von der Absatz-Standardschriftart der KOPFZEILE unterscheiden.

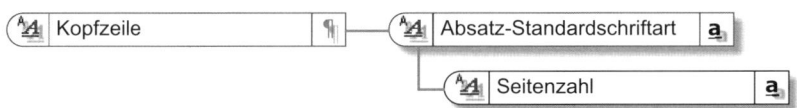

Abbildung 4.14: Zeichenformatvorlage »Seitenzahl«

4.2.3   Kolumnentitel

Der Kolumnentitel ist der zweite Inhalt, der typischerweise in einer Kopfzeile erscheint. Er ist wie die Pagina eine Eigenschaft des Dokumentenabschnitts. Allerdings ist es nicht immer notwendig, für einen wechselnden Kolumnentitel gleich einen neuen Dokumentenabschnitt einzufügen. Auch Word kennt so genannte lebendige Kolumnentitel. Dabei wird beispielsweise immer die Überschrift des aktuellen Gliederungsabschnitts als Kolumnentitel verwendet. Solange Sie für die Überschriften im Text die jeweils richtigen Absatzformatvorlagen verwenden, können Sie unbekümmert schreiben, der Kolumnentitel wird sich automatisch anpassen.

Sofern Sie es nicht bereits in Zusammenhang mit der Pagina gemacht haben, müssen Sie nun die notwendigen Einstellungen nachholen. Das sind beinahe alle Handlungsanweisungen des vorhergehenden Abschnitts.

Problematisch für die nachfolgenden Handlungen ist, dass Word (anders als bei den Fußnoteneigenschaften) noch immer keine Möglichkeit vorsieht, Kopf- und Fußzeilen unabhängig vom Dokumentinhalt zu gestalten. Um in einem Abschnitt die geraden und ungeraden Kopfzeilen zu verändern, muss der entsprechende Abschnitt zwei Seiten umfassen – eine ungerade und eine gerade. Schöpfen Sie alle Möglichkeiten aus, benötigt der Abschnitt sogar drei Seiten. Die Seiten können durchaus leer sein; sie müssen aber existieren.

Lebendigen Kolumnentitel einfügen. An dieser Stelle soll gezeigt werden, wie Sie einen lebendigen Kolumnentitel einfügen. Sofern noch nicht geschehen, sollten Sie die Inhaltsbindung kontrollieren, vgl. Seite 59. Konkret sollen Abschnittsnummer und Inhalt der jeweiligen Überschrift erster Ebene in der Kopfzeile erscheinen:

1. Über ANSICHT > KOPF- UND FUSSZEILE wählen Sie die Kopf- und Fußzeilenansicht. Wechseln Sie zur Kopfzeile und platzieren Sie dort die Einfügemarke.

2. Über EINFÜGEN > FELD... öffnen Sie das gleich lautende Dialogfeld.

3. Wählen Sie in der Auswahl KATEGORIEN die Alternative VERKNÜPFUNGEN UND VERWEISE. In der Liste FELDNAMEN markieren Sie die Feldfunktion STYLEREF.

4. In der Auswahl FORMATVORLAGENNAME wählen Sie als relevante Grundlage die Absatzformatvorlage ÜBERSCHRIFT 1.

5. Damit zunächst nur die Gliederungsnummer, nicht aber der Inhalt übernommen wird, aktivieren Sie zusätzlich das Kontrollfeld ABSATZNUMMER EINFÜGEN; um allerdings den Inhalt selbst zu übernehmen, lassen Sie das Kontrollfeld inaktiv.

6. Das Kontrollfeld FORMATIERUNG BEI AKTUALISIERUNG BEIBEHALTEN können Sie aktiviert lassen; in Großdokumenten sollte es allerdings deaktiviert werden, um die Formatierungen einheitlich zu halten.

7. Klicken Sie auf die Schaltfläche OK, um die Feldfunktion in der angegebenen Weise einzufügen.

8. Die Feldfunktion ist nun eingefügt. Geben Sie dahinter ein Leerzeichen ein und wiederholen Sie die Schritte *2* bis *7*, ohne allerdings im Schritt *5* das Kontrollfeld zu aktivieren.

Im Ergebnis erscheint nun in der Kopfzeile die Kombination aus Gliederungsnummer und Inhalt der jeweiligen Überschrift erster Ebene, vgl. *Abbildung 4.15*. Sofern der aktuelle Abschnitt mehr als nur eine Kopfzeile unterscheidet (vgl. hierzu *Anzahl verfügbarer Kolumnentitel festlegen*, Seite 57), müssen Sie den Vorgang für jede Kopfzeile entsprechend wiederholen oder den Inhalt einer Kopfzeile in die übrigen Kopfzeilen kopieren.

Kolumnentitel formatieren. Dem Kolumnentitel wird automatisch die Absatzformatvorlage KOPFZEILE zugewiesen. Um das Layout zu ändern, beispielsweise den Kolumnentitel mittig anzuordnen und kursiv zu stellen, ändert man am einfachsten diese Einstellungen in der Absatzformatvorlage. Alle Hinweise hierzu finden Sie weiter hinten.

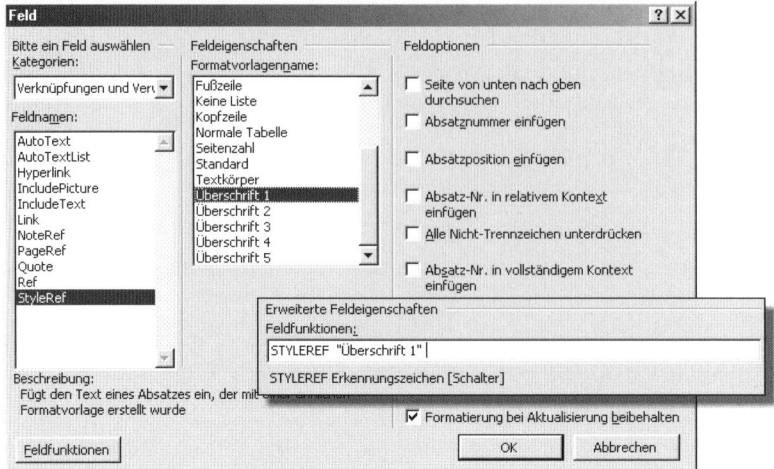

Abbildung 4.15: Lebendigen Kolumnentitel mit Überschrift gestalten

4.3   Allgemeine Textelemente

Nachdem das Layout für die Seite insgesamt erstellt wurde, sollen nun einzelne Absatztypen angepasst werden. Zum strukturierten Schreiben gehört, dass gleiche Absätze mit
gleichen Absatzformatvorlagen formatiert werden. Das erleichtert nicht nur das Schreiben
und Layouten. Auch die automatischen Verzeichnisse machen dies notwendig.

Einstellungen einer Formatvorlage öffnen. Es ist sowohl bei den Absatztypen als auch bei
den Worttypen notwendig, die Einstellungen der jeweiligen Absatz- oder Zeichenformatvorlagen zu verändern. Da das Vorgehen stets gleich ist, soll es vorweggenommen werden
(vgl. *Abbildung 4.16*):

1. Über FORMAT > FORMATVORLAGEN UND FORMATIERUNG... blenden Sie den gleich
   lautenden Aufgabenbereich ein.

2. Sofern Sie in der Liste der dargestellten Formatvorlagen nicht die gewünschte Formatvorlage finden, wählen Sie in der Auswahl ANZEIGEN die Variante ALLE FORMATVOR-
   LAGEN. Nun werden alle verfügbaren Formatvorlagen in der Liste eingeblendet (in
   Word 2002 ist es eventuell notwendig, die Variante BENUTZERDEFINIERT... zu wählen,
   um im Dialogfeld FORMATIERUNGSEINSTELLUNGEN ausgeblendete Formatvorlagen zu
   aktivieren).

3. Wenn Sie mit dem Mauszeiger über eine Formatvorlage gehen, wird am rechten Rand
   des Namens eine Auswahlmarkierung sichtbar; klicken Sie mit der Maus hierauf, um
   das Kontextmenü zu öffnen. Alternativ können Sie auch durch Klicken mit der rechten Maustaste das Kontextmenü direkt öffnen.

4. In dem Kontextmenü wählen Sie den Menüpunkt ÄNDERN..., um das Dialogfeld FOR-MATVORLAGE ÄNDERN zu öffnen. In diesem Dialogfeld haben Sie mit der Word-Version 2002 einige Möglichkeiten, Einstellungen direkt zu verändern. Wenn Sie auf die Schaltfläche FORMAT klicken, können Sie über die einzelnen Menüpunkte alle jeweils zulässigen Einstellungen der Formatvorlage ändern.

5. Das Kontrollfeld ZUR VORLAGE HINZUFÜGEN sorgt dafür, dass die Anpassungen gleichzeitig in die zugrunde liegende Dokumentenvorlage übertragen werden – normalerweise ist das nicht immer sinnvoll, weil sich die Dokumentenvorlagen auch automatisch und damit kontrolliert aktualisieren lassen.

6. Das Kontrollfeld AUTOMATISCH AKTUALISIEREN sollten Sie unbedingt inaktiv lassen bzw. deaktivieren, wenn es aktiviert ist. Andernfalls werden lokale Formatänderungen automatisch und ohne Zwischenmeldung in die Formatvorlagen zurückgeschrieben – die meisten Anwender sind dadurch ziemlich verwirrt.

7. Um die Einstellungen in die Formatvorlage zu übernehmen, schließen Sie das Dialogfeld durch Anklicken der Schaltfläche OK.

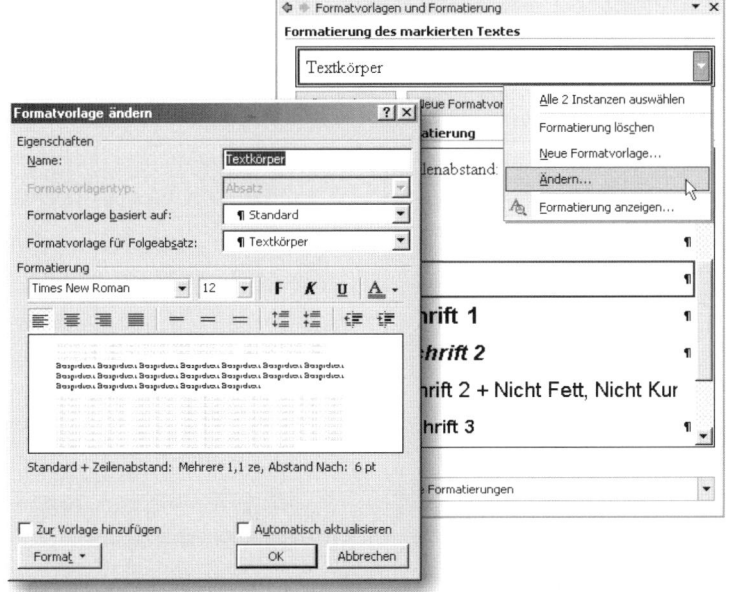

Abbildung 4.16: Dialogfeld »Formatvorlage ändern« öffnen

Nachdem Sie nun wissen, wie Sie das Dialogfeld FORMATVORLAGE ÄNDERN öffnen können, sollen einige Eigenschaften von Formatvorlagen betrachtet werden. Bis Word 2000 wurden maximal zwei Typen unterschieden: Absatzformatvorlagen und Zeichenformatvorlagen. Zeichenformatvorlagen enthalten nur Formatierungen, die Zeicheneigenschaften betreffen, wie Schriftgrad und Schriftart. Absatzmerkmale wie Zeilenabstand und Absatzeinzüge lassen sich nur in Absatzformatvorlagen anpassen. Dieser Formatvorlagentyp kann zudem Zeicheneigenschaften enthalten – diese werden dann in ihrer Gesamtheit als ABSATZ-STANDARDSCHRIFTART zusammengefasst. Hierbei handelt es sich um eine virtuelle Zeichenformatvorlage, die Sie allein dadurch anpassen, dass Sie die Zeicheneigenschaften der jeweiligen Absatzformatvorlage verändern.

Eine sehr wichtige Eigenschaft von Formatvorlagen ist, dass sie auf anderen Formatvorlagen aufbauen können. Zeichenformatvorlagen basieren automatisch auf der Absatz-Standardschriftart des jeweiligen Absatzes. Absatzformatvorlagen können auf anderen Absatzformatvorlagen basieren. Wenn Sie dann die Einstellungen der Formatvorlagen-Basis verändern, werden die Eigenschaften der abgeleiteten Formatvorlage insoweit angepasst, wie sie nicht durch spezielle Einstellungen außer Kraft gesetzt sind.

Absatzformatvorlage »Standard«/Absatz-Standardschriftart. Die Absatzformatvorlage STANDARD ist so etwas wie die Urmutter aller Absatzformatvorlagen, da üblicherweise alle anderen Absatzformatvorlagen auf ihr basieren. Normalerweise verwenden wissenschaftliche Arbeiten durchgängig eine Schriftart, maximal zwei (eine separate Schriftart für die Überschriften). Die Basisschriftart sollten Sie deshalb über die Absatzformatvorlage STANDARD vorgeben. Sollte aus irgendeinem Grund Ihr Lehrstuhl von Ihnen verlangen, eine andere Schriftart zu verwenden, können Sie die bestehende Schrift problemlos auswechseln, indem Sie die entsprechenden Einstellungen von STANDARD ändern:

1. Öffnen Sie die Einstellungen der Formatvorlage STANDARD, vgl. die Handlungsanweisung *Einstellungen einer Formatvorlage öffnen*, Seite 62.

2. Klicken Sie im Dialogfeld auf die Schaltfläche FORMAT; in der Unterauswahl wählen Sie den Menüpunkt SCHRIFTART..., um das Dialogfeld ZEICHEN zu öffnen.

3. Aktivieren Sie die Registerkarte SCHRIFT. In der Auswahl SCHRIFTART wählen Sie die gewünschte Schriftart.

4. Klicken Sie auf die Schaltfläche OK, um die Zeicheneigenschaften zu übernehmen.

Sie können auch weitere Eigenschaften von STANDARD anpassen. Nach meiner Erfahrung hat diese Formatvorlage aber außer der Schriftart wenig gemeinsam mit den spezielleren Formatierungen.

4.3.1   Textkörper

Die meisten Ausführungen in Ihrer Arbeit werden vom Typ TEXTKÖRPER sein. In dieser Absatzformatvorlage werden Sie insbesondere solche Einstellungen wie den Schriftgrad und den Zeilenabstand vornehmen.

»Textkörper«: Formatvorlage eingliedern. Bevor Sie mit der Umgestaltung einer Absatzformatvorlage beginnen, sollten Sie die Rahmeneinstellungen prüfen. Das sichert die Konsistenz in den Eigenschaften (vgl. *Abbildung 4.17*):

1. Öffnen Sie dazu die Einstellungen der Formatvorlage TEXTKÖRPER, vgl. die Handlungsanweisung *Einstellungen einer Formatvorlage öffnen*, Seite 62.

2. In der Auswahl FORMATVORLAGE BASIERT AUF sollte die Absatzformatvorlage STANDARD eingetragen sein.

3. In der Auswahl FORMATVORLAGE FÜR FOLGEABSATZ sollte die Absatzformatvorlage selbst stehen, also TEXTKÖRPER.

4. Das Kontrollfeld AUTOMATISCH AKTUALISIEREN deaktivieren Sie am besten. Auf diese Weise werden direkte Formatierungen eines Absatzes nicht sofort in die zugehörige Absatzformatvorlage zurückgeschrieben. Das gestattet Ihnen zwar etwas mehr Disziplinlosigkeit, verhindert aber auch Überraschungen in Zusammenhang mit Aufzählungen.

5. Bestätigen Sie diese Einstellungen.

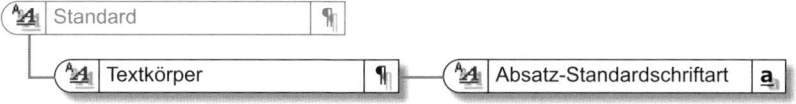

Abbildung 4.17: Absatzformatvorlage »Textkörper«

»Textkörper«: Zeilenabstand. Als erste Eigenschaft soll der Zeilenabstand des Textkörpers angepasst werden. In den meisten Lehrstuhlvorschriften ist ein 1,5-zeiliger Zeilenabstand vorgeschrieben, wobei zwischen zwei Absätzen jeweils eine Leerzeile verbleiben soll:

1. Öffnen Sie die Einstellungen der Formatvorlage TEXTKÖRPER, vgl. die Handlungsanweisung *Einstellungen einer Formatvorlage öffnen*, Seite 62.

2. Klicken Sie im Dialogfeld auf die Schaltfläche FORMAT; in der Unterauswahl wählen Sie den Menüpunkt ABSATZ..., um das gleich lautende Dialogfeld zu öffnen; wechseln Sie hier zur Registerkarte EINZÜGE UND ABSTÄNDE.

3. Der Zeilenabstand wird gemessen von Grundlinie zu Grundlinie, wie *Abbildung 4.18* verdeutlicht. Das Maß kann auf zweierlei Art angegeben werden:

   – RELATIV: In den meisten Lehrstuhlvorschriften ist 1,5-zeilig angegeben. Das konkrete Maß ergibt sich damit aus der tatsächlichen Schriftgröße. In diesem Fall müssten Sie als ZEILENABSTAND entweder direkt 1,5 ZEILEN auswählen; oder Sie wählen MEHRFACH und geben in das Eingabefeld MASS den Wert »1,5« ein. Für den TEXTKÖRPER ist diese relative Angabe aber problematisch, sobald Sie Fußnoten im Text verwenden – auf den so genannten Fußnotenbug gehe ich weiter unten ein.

   – ABSOLUT: Wegen des Fußnotenbugs ist es für den Textkörper unerlässlich, einen genauen Zeilenabstand anzugeben. Dazu wählen Sie in der Auswahl ZEILENABSTAND die Alternative GENAU. Bei einer Times New Roman in 12 Punkt entspricht ein Zeilenabstand von genau 20,5 Punkt einem relativen Zeilenabstand von 1,5 Zeilen; dass Word die Grundlinie bei absoluter Angabe geringfügig absenkt gegenüber der relativen, stört nicht weiter, solange gleiche Absätze nicht abwechselnd relativ und absolut formatiert sind.

4. Klicken Sie auf die Schaltfläche OK, um die Absatzeigenschaften zu übernehmen.

Absolute Zeilenabstände haben einen einzigen Nachteil, der sich wirklich störend auswirkt. Alle Absatzinhalte, die größer sind als der angegebene absolute Zeilenabstand, werden nach oben hin abgeschnitten. Wenn Sie eine Abbildung einfügen, beispielsweise ein Excel-Diagramm oder eine Grafik, und der Zeilenabstand reicht nicht aus, um die Abbildung vollständig darzustellen, werden Sie nur den unteren Rand in Form der Objektunterkante sehen – und sich wundern. Schuld ist der absolute Zeilenabstand. Da Absätze mit Abbildungen allerdings keine Fußnoten enthalten, können Sie in den entsprechenden Absätzen den Zeilenabstand getrost auf ein relatives Maß setzen, ohne den Fußnotenbug zu beachten.

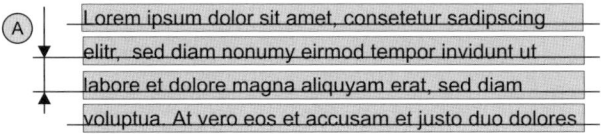

Abbildung 4.18: Zeilenabstand

»Textkörper«: Absatzabstand. Nun soll der Textkörper so angepasst werden, dass zwei aufeinander folgende Absätze automatisch durch eine Leerzeile voneinander getrennt werden. In vielen Arbeiten, die ich gesehen habe, wurde die Variante à la Schreibmaschine gewählt: Einfach einen leeren Absatz dazwischenschieben und dann geht's weiter ... Aus drei Gründen ist das nicht unproblematisch. Das gewichtigste Argument ist der Platz. Angenommen, der eine Textabsatz reiche bis an den unteren Rand einer Seite heran. Dann gerät der Absatz »Leerzeile« auf die nächste Seite. Anstatt den Text dort bündig zur Oberkante beginnen zu lassen, wird hier dieser künstliche Absatz platziert, was wertvollen Platz belegt. Wenn Sie Text umgliedern, ist es immer besser, nichts Überflüssiges im Text zu haben. So genannte »Leerzeilen« können vergessen werden, wodurch sie an einer Stelle gehäuft auftreten, an einer anderen Stelle wiederum fehlen. Und wenn der Lehrstuhl beschließt, Leerzeilen seien überflüssig, müssen Sie alle leeren Absätze aufspüren und entfernen. Da Sie den Absatzabstand nach oben und unten problemlos anpassen können (vgl. *Abbildung 4.19*), besteht keine Notwendigkeit, die beschriebene Schreibmaschinentradition beizubehalten:

1. Öffnen Sie die Einstellungen der Formatvorlage TEXTKÖRPER, vgl. die Handlungsanweisung *Einstellungen einer Formatvorlage öffnen*, Seite 62.

2. Klicken Sie im Dialogfeld auf die Schaltfläche FORMAT; in der Unterauswahl wählen Sie den Menüpunkt ABSATZ..., um das gleich lautende Dialogfeld zu öffnen; wechseln Sie hier zur Registerkarte EINZÜGE UND ABSTÄNDE.

3. In der Gruppe ABSTAND können Sie sowohl das Maß für VOR (A) als auch NACH (B) angeben; Hinweise zum Maßnehmen finden Sie in *Abbildung 4.19*. Wie Sie dort sehen, wird der Abstand oberhalb von der Oberkante der ersten Zeile, der Abstand unterhalb von der Unterkante der letzten Zeile gemessen. Abstände vor und nach einem Absatz ergänzen sich jeweils zu einer Gesamtfläche.

4. In Großdokumenten ist der Abstand VOR stets besser geeignet als der Abstand NACH, da der aktuelle Absatz weiß, ob er etwas Neues darstellt, beispielsweise Auflistung statt Textkörper. Er weiß aber nicht, ob der nachfolgende Absatz etwas Neues bringt. Und es ist in Word leider unmöglich, Absatzabstände umgebungsabhängig zu definieren. Geben Sie als Abstand VOR deshalb »20,5« ein, als Abstand NACH hingegen Null.

5. Klicken Sie auf die Schaltfläche OK, um die Absatzeigenschaften zu übernehmen.

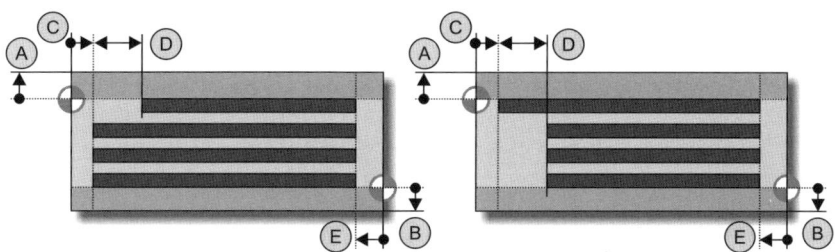

Abbildung 4.19: Absatzabstand und Zeileneinzug

»Textkörper«: Zeileneinzüge. In den meisten Lehrstuhlvorschriften ist nicht vorgesehen, dass die erste Zeile eines Absatzes eingezogen werden soll. Es ist häufig aber auch nicht untersagt und viele Anwender finden es schön:

1. Öffnen Sie die Einstellungen der Formatvorlage TEXTKÖRPER, vgl. die Handlungsanweisung *Einstellungen einer Formatvorlage öffne*n, Seite 62.

2. Klicken Sie im Dialogfeld auf die Schaltfläche FORMAT; in der Unterauswahl wählen Sie den Menüpunkt ABSATZ..., um das gleich lautende Dialogfeld zu öffnen; wechseln Sie hier zur Registerkarte EINZÜGE UND ABSTÄNDE.

3. In der Gruppe EINZUG können Sie insgesamt drei Maße angeben, vgl. *Abbildung 4.19*:

   – LINKS (C) misst den Versatz von der Flucht des Satzspiegels zum Anfang derjenigen Zeilen, die am weitesten links sind im Absatz. Diese Eigenschaft ist bei Erstzeileneinzügen üblicherweise gleich Null; die linke Zeilenflucht fällt mit dem Absatzrand zusammen.

   – SONDEREINZUG (D) misst die Distanz zwischen der Flucht der am weitesten links platzierten Zeilen zur weiter rechts platzierten Zeile – die Auswirkung der Abmessung ergibt sich aus der gewählten Variante SONDEREINZUG.

   – Die Abmessung RECHTS (E) ist eindeutig. Normalerweise werden Sie hier einen Wert gleich Null eingeben, so dass die rechte Zeilenflucht mit dem Absatzrand zusammenfällt.

4. Wichtig ist, dass die Zeilen aus dem Satzspiegel heraus in den Seitenrand hineinragen können – negative Werte sind zulässig und möglich.

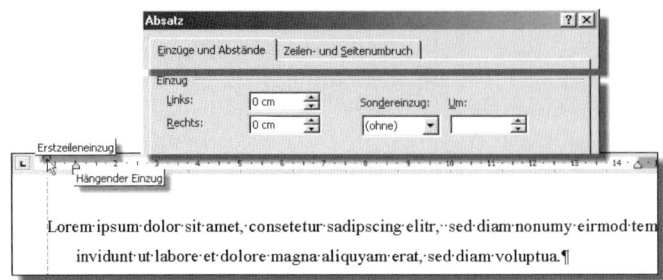

Abbildung 4.20: Zeileneinzüge über das Lineal verändern

Die Zeileneinzüge lassen sich auch über das Lineal verändern, vgl. *Abbildung 4.20*. Markieren Sie dazu das entsprechende Symbol und verschieben Sie es bei gedrückter Maustaste. Für exakte Maßangaben drücken Sie zusätzlich ⎡Alt⎤. Vergessen Sie aber nicht, diese direkten Formatierungen wieder in die Absatzformatvorlage zurückzuschreiben.

»Textkörper«: Zeilenausrichtung. Diese zuweilen auch als Absatzausrichtung bezeichnete Eigenschaft legt fest, wie die Zeilen eines Absatzes innerhalb des über die Zeileneinzüge festgelegten Platzes ausgerichtet werden sollen. Die Möglichkeiten sind wahrscheinlich bekannt. Einseitige Ausrichtungen wie linksbündig oder rechtsbündig erzeugen auf der gegenüberliegenden Seite einen so genannten Flatterrand. In Zeiten moderner Textverarbeitung sind längere Passagen meistens links-rechts-bündig ausgerichtet, was auch als Blocksatz bezeichnet wird. Vor allem Zeilen auf Titelblättern werden häufig mittig ausgerichtet, auch als zentriert bezeichnet:

1. Öffnen Sie die Einstellungen der Formatvorlage TEXTKÖRPER, vgl. die Handlungsanweisung *Einstellungen einer Formatvorlage öffnen*, Seite 62.

2. Klicken Sie im Dialogfeld auf die Schaltfläche FORMAT; in der Unterauswahl wählen Sie den Menüpunkt ABSATZ..., um das gleich lautende Dialogfeld zu öffnen. Wechseln Sie hier zur Registerkarte EINZÜGE UND ABSTÄNDE.

3. In der Gruppe ALLGEMEIN finden Sie die Auswahl AUSRICHTUNG. Hier können Sie jede der vier genannten Varianten festlegen. Da Sie in dieser Handlungsanweisung die Zeilenausrichtung des TEXTKÖRPERS festlegen, wählen Sie BLOCKSATZ.

4. Klicken Sie auf die Schaltfläche OK, um die Absatzeigenschaften zu übernehmen.

Die Zeilenausrichtung BLOCKSATZ ist nicht unproblematisch und soll kurz beschrieben werden. Zeilen, die umgebrochen werden müssen, weil der Absatz über die Zeile hinausgeht, werden links-rechts-bündig ausgerichtet. Zeilen, in denen der Absatz endet, werden dagegen linksbündig ausgerichtet. Word hat einen nervigen Fehler, wenn Sie einen *manuellen Spaltenwechsel oder Seitenumbruch* in einen Absatz einfügen. In diesem Fall wird nicht nur der jeweilige Wechsel eingefügt, sondern *zusätzlich eine Absatzmarke*. Da die Zeile vor dem Umbruch somit die letzte Zeile des (nunmehr) geteilten Absatzes ist, wird die Zeile linksbündig ausgerichtet. Um den Blocksatz auch für diese Zeile wieder herzustellen, müssen Sie deshalb diese ungewollt eingefügte Absatzmarke manuell entfernen – und der Blocksatz sieht wieder gut aus.

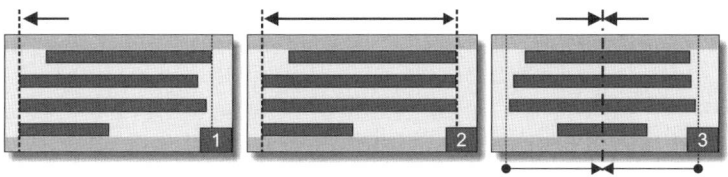

Abbildung 4.21: Zeilenausrichtung

»Textkörper«: Absatzkontrolle. Einer der Vorzüge von Textverarbeitung ist, dass Sie sich um den Absatzfluss wenig Gedanken machen müssen. Allerdings kann es passieren, dass einzelne Zeilen von Absätzen automatisch auf einer anderen Seite platziert werden. Das ist allgemein verpönt, wie die entsprechenden Bezeichnungen aus der Druckerbranche andeuten: Ein »Schusterjunge« bezeichnet die erste Zeile eines Absatzes, die noch auf der vorhergehenden Seite erscheint, obwohl der weitere Absatz erst auf der nächsten Seite folgt. Ein »Hurenkind« ist dagegen die letzte Zeile eines Absatzes, die erst auf der nachfolgenden Seite Platz findet. Am einfachsten lassen sich derartige Ergebnisse verhindern, indem Sie später den betroffenen Absatz etwas kürzen oder strecken. Damit Sie aber erst einmal beruhigt schreiben können, bietet Word auch eine so genannte Absatzkontrolle:

1. Öffnen Sie die Einstellungen der Formatvorlage TEXTKÖRPER, vgl. die Handlungsanweisung *Einstellungen einer Formatvorlage öff*nen, Seite 62.

2. Klicken Sie im Dialogfeld auf die Schaltfläche FORMAT; in der Unterauswahl wählen Sie den Menüpunkt ABSATZ..., um das gleich lautende Dialogfeld zu öffnen. Wechseln Sie hier zur Registerkarte ZEILEN- UND SEITENUMBRUCH.

3. In der Gruppe PAGINIERUNG (Word 2000: SEITENUMBRUCH) haben Sie das Kontrollfeld ABSATZKONTROLLE. Aktivieren Sie es, um »Schusterjungen« und »Hurenkinder« zu verhindern.

4. Klicken Sie auf die Schaltfläche OK, um die Absatzeigenschaft zu übernehmen.

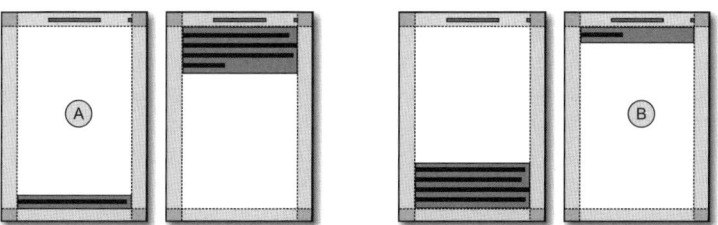

Abbildung 4.22: »Schusterjungen« (A) und »Hurenkinder« (B)

»Textkörper/Absatz-Standardschriftart«: Schriftgrad. Die Schriftart sollten Sie im TEXTKÖRPER nicht mehr anpassen müssen, da Sie diese umfassender über die Absatzformatvorlage STANDARD bereits vorgegeben haben, vgl. Seite 64. Den Schriftgrad können Sie hingegen hier festlegen, da der TEXTKÖRPER Grundlage weiterer Absatzformatvorlagen ist. Wie in *Abbildung 4.23* dargestellt, wird als Schriftgrad die Kegelgröße (A) bezeichnet. Dieses Maß ist historisch bedingt, da Texte früher mit so genannten Blei-Lettern gedruckt wurden. Die einzelnen Buchstaben, darin bestand die Erfindung von Johannes Gutenberg,

waren einzeln auf Kegeln angeordnet. Diese mussten die Zeichen um einen zusätzlichen Abstand überragen, um auch Zusatzzeichen wie Umlaut-Punkte und Tilden aufzunehmen. Die übrigen Abmessungen dienen der Vollständigkeit: (B) misst die Versalhöhe (Großbuchstabe), (C) die Mittellänge, also die Höhe eines einfachen Kleinbuchstabens, (D) ist die Unterlänge und (E) die Oberlänge. Serifenlose Schriften wie Arial werden deshalb als größer empfunden, weil bei gleichem Schriftgrad bzw. Kegelmaß (A) die Versalhöhe (B) größer ist. Üblich ist für wissenschaftliche Arbeiten ein Schriftgrad von 12 Punkt. Die entsprechende Einstellung nehmen Sie wie folgt vor:

1. Öffnen Sie die Einstellungen der Formatvorlage TEXTKÖRPER, vgl. die Handlungsanweisung *Einstellungen einer Formatvorlage öffnen*, Seite 62.

2. Klicken Sie im Dialogfeld auf die Schaltfläche FORMAT; in der Unterauswahl wählen Sie den Menüpunkt SCHRIFTART..., um das Dialogfeld ZEICHEN zu öffnen.

3. Aktivieren Sie die Registerkarte SCHRIFT. Wählen Sie in der Auswahl SCHRIFTGRAD den Schriftgrad 12.

4. Klicken Sie auf die Schaltfläche OK, um diese Zeicheneigenschaft zu übernehmen.

Abbildung 4.23: Schriftgröße und Grundlinie

»Textkörper/Absatz-Standardschriftart«: Laufweite und Skalierung. Der Abstand zwischen zwei Zeichen ergibt sich nicht von ungefähr. Jeder Schriftfont auf Ihrem Computer hat zahlreiche Wertetabellen, die detailliert vorgeben, wie breit ein Zeichen ist und wie groß der Abstand zwischen bestimmten Zeichenkombinationen sein soll. Über die LAUF-WEITE können Sie den Abstand aller Zeichen zueinander verändern, ohne die Zeichenbreite (»Dickte«, vgl. *Abbildung 4.29*) zu verändern; Text in vergrößerter Laufweite wird auch als GESPERRT bezeichnet. Bei der SKALIERUNG hingegen werden die einzelnen Zeichen gleichmäßig breiter oder schmaler, ohne dass der Zeichenabstand gezielt verändert wird. Diese Eigenschaft wird später ihre ganze Kraft entfalten, da weder Laufweite noch Skalierung den Schriftgrad verändern. Sie können somit den Umfang Ihrer Arbeit problemlos um +/– zwei Seiten verändern, ohne gegen Lehrstuhlvorschriften zu verstoßen:

1. Öffnen Sie die Einstellungen der Formatvorlage TEXTKÖRPER, vgl. die Handlungsanweisung *Einstellungen einer Formatvorlage öffnen*, Seite 62.

2. Klicken Sie im Dialogfeld auf die Schaltfläche FORMAT; in der Unterauswahl wählen Sie den Menüpunkt SCHRIFTART..., um das Dialogfeld ZEICHEN zu öffnen. Aktivieren Sie die Registerkarte ZEICHENABSTAND.

3. In der Auswahl SKALIEREN können Sie ein Skalierungsmaß vorgeben. Da Sie hiermit das Schriftbild stärker verändern als mit der Laufweite, sollten Sie hier den Wert 100% beibehalten.

4. In der Auswahl LAUFWEITE können Sie die Richtung ERWEITERT (weiter) oder SCHMAL (enger) vorgeben; im Eingabefeld UM können Sie einen Wert angeben – nach meiner Erfahrung sollten Sie +/– 0,2 Punkt nicht überbieten. Arbeiten Sie zunächst allerdings mit NORMAL.

5. Klicken Sie auf die Schaltfläche OK, um diese Zeicheneigenschaft zu übernehmen.

Insbesondere die Laufweite dient normalerweise dazu, das Schriftbild nachträglich zu korrigieren. Die Wahrnehmungsgewohnheiten erlauben es, dass größere Schriftgrade geringere Laufweiten haben. Kleinere Schriftgrade sollten in größerer Laufweite gesetzt werden, um als jeweils »gleich« empfunden zu werden.

Abbildung 4.24: Laufweite und Skalierung

4.3.2 Überschriften

Das nächste wichtige Element sind die Überschriften. Wie Sie in *Abbildung 4.25* sehen, ist das Überschriftenzählsystem leider eine direkte Formatierung, die als Programmeinstellung hinterlegt ist. Wenn Sie häufig an fremden Computern arbeiten, passen Sie diese Einstellung zu Beginn einmal an – und wundern Sie sich zunächst nicht, sollten Sie damit Probleme bekommen. Sie können diese Einstellung zum Schluss noch einmal nachbessern. Unproblematischer sind die Absatzformate und Zeichenformate. Diese lassen sich wie gewohnt in entsprechenden Formatvorlagen definieren.

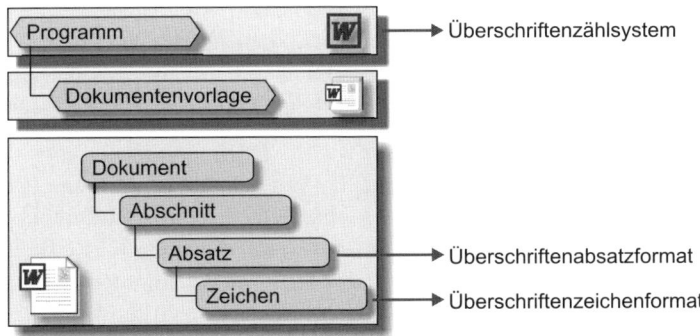

Abbildung 4.25: Zuordnung der Gliederungszählungseigenschaften

Überschriften: Formatvorlagen eingliedern. Auch die Absatzformatvorlagen der Überschriften sollten eingegliedert werden. Beginnen Sie zunächst mit der Absatzformatvorlage ÜBERSCHRIFT 1:

1. Öffnen Sie dazu die Einstellungen der Formatvorlage ÜBERSCHRIFT 1, vgl. die Handlungsanweisung *Einstellungen einer Formatvorlage öffne*n, Seite 62.

2. In der Auswahl FORMATVORLAGE BASIERT AUF sollte die Absatzformatvorlage STAN-
   DARD eingetragen sein (zur Wiederholung: Die weiteren Überschriften sollten auf der
   ÜBERSCHRIFT 1 basieren).

3. In der Auswahl FORMATVORLAGE FÜR FOLGEABSATZ sollte die Absatzformatvorlage
   für den Textkörper stehen, also TEXTKÖRPER.

4. Das Kontrollfeld AUTOMATISCH AKTUALISIEREN sollte deaktiviert sein; zur Wirkung
   vgl. Seite 65.

5. Bestätigen Sie diese Einstellungen.

Es ist außerdem sinnvoll, die weiteren Überschriften der zweiten bis neunten Ebene auf der
ÜBERSCHRIFT 1 basieren zu lassen, vgl. Schritt 2. Möchten Sie später die Schriftart der
Überschriften verändern, genügt es, die Schriftart der ÜBERSCHRIFT 1 anzupassen.

Überschriften: Zählsystem herstellen. Als erste Eigenschaft soll das Zählsystem der Überschriften eingerichtet werden. Am weitesten verbreitet ist für den Hauptteil die Zählweise
nach DIN 1421. Hierbei werden alle Gliederungsabschnitte mit arabischen Zahlen durch-
nummeriert. Jede tiefere Ebene erhält eine eigene Zählung, die neu beginnt, sobald ein
höherer Gliederungsabschnitt beginnt. DIN 1421 weist ausdrücklich darauf hin, dass nur
zwischen zwei Zählnummern ein Punkt steht, nicht aber hinter der (letzten) Zählnummer.
Das hält viele Lehrstühle indes nicht davon ab, einen solchen zu verlangen – fragen Sie besser Ihren Betreuer. Daneben gibt es insbesondere in juristischen Lehrbüchern andere Zählsysteme, die römische Zahlen, arabische Zahlen und Buchstaben kombinieren. Hierauf
gehe ich nicht ausdrücklich ein; Sie werden aber erfahren, wie Sie auch diese einrichten
können:

1. Öffnen Sie die Einstellungen der Formatvorlage ÜBERSCHRIFT 1, vgl. die Handlungsanweisung *Einstellungen einer Formatvorlage öffnen*, Seite 62.

2. Klicken Sie im Dialogfeld auf die Schaltfläche FORMAT; in der Unterauswahl wählen
   Sie den Menüpunkt AUFZÄHLUNG UND NUMMERIERUNG..., um das Dialogfeld NUM-
   MERIERUNG UND AUFZÄHLUNGSZEICHEN zu öffnen. Aktivieren Sie die Registerkarte
   GLIEDERUNG.

3. Auf dieser Registerkarte sehen Sie einen Katalog mit acht Piktogrammen. Das Piktogramm Nr. 1 repräsentiert die Abwesenheit einer Gliederung – hiermit können Sie
   eine vorhandene Gliederung entfernen. Jedes der weiteren sieben Piktogramme Nr. 2
   bis Nr. 8 steht für ein Gliederungssystem, das Sie manuell anpassen können – ich
   möchte noch einmal darauf hinweisen, dass diese Einstellungen direkte Formatierungen sind.

4. Wählen Sie in dieser Katalogübersicht das Piktogramm Nr. 6, da dessen Grundeinstel-
   lungen dem Arbeitsziel am nächsten kommen. Sollte links unten die Schaltfläche
   ZURÜCKSETZEN aktiv werden, klicken Sie hierauf – Sie entfernen dadurch alle lokalen
   Einstellungen, was die Arbeit in diesem Fall erleichtert.

5. Klicken Sie nun auf die Schaltfläche ANPASSEN, woraufhin sich das Dialogfeld GLIE-
   DERUNG ANPASSEN öffnet. In diesem Dialogfeld sehen Sie rechts oben eine Schaltflä-

che ERWEITERN, auf die Sie klicken, um das Dialogfeld erweitert darzustellen. Sollte es nur eine Schaltfläche REDUZIEREN geben, ist das Dialogfeld bereits erweitert.

6. Damit die Überschriftenzählung richtig funktioniert, ist allein eine Sache entscheidend, vgl. *Abbildung 4.26*. Links oben im Dialogfeld haben Sie die Auswahl EBENE. Weiter unten im Dialogfeld sehen Sie die Auswahl VERBINDEN MIT VORLAGE. Wichtig ist nur, dass jeder EBENE die entsprechende VORLAGE zugeordnet ist, also der Überschrift dritter Ebene die ÜBERSCHRIFT 3.

7. Um das zu kontrollieren, wählen Sie zuerst die EBENE.

8. Sofern in der Auswahl VERBINDEN MIT VORLAGE nicht die zugehörige Absatzformatvorlage ÜBERSCHRIFT X steht, wählen Sie diese aus.

9. Wiederholen Sie diese beiden Schritte für alle neun Ebenen. Klicken Sie anschließend noch einmal alle Ebenen durch, da das Dialogfeld manchmal die Einstellungen »vergisst«.

10. Klicken Sie dann auf die Schaltfläche OK, um das Gliederungssystem zu übernehmen.

In diesem Fall sind die Voreinstellungen bereits passend. Wenn Sie aber für Ihre Anlagen beispielsweise ein eigenes Überschriftensystem mit einer eigenen Zählweise einrichten möchten, sollten Sie unbedingt darauf achten, ein geschlossenes Bezugssystem zwischen Ebene und Absatzformatvorlage herzustellen.

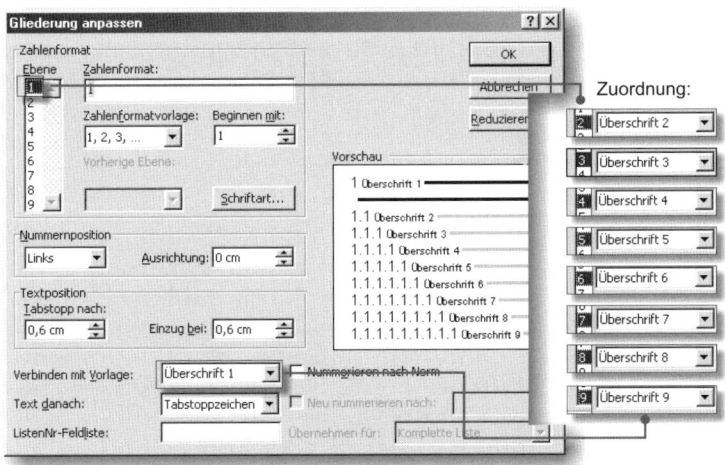

Abbildung 4.26: Geschlossene Überschriftenzählung einrichten

Überschriften: Zählsystem anpassen. Im ersten Schritt ging es nur darum, ein geschlossenes Gliederungssystem herzustellen. Nun soll die Zählweise nach DIN 1421 angepasst werden:

1. Öffnen Sie dazu wieder das Dialogfeld GLIEDERUNG ANPASSEN; wiederholen Sie die Handlungsanweisung *Überschriften: Zählsystem herstellen* bis Schritt 5, ohne allerdings in Schritt 4 das Zählsystem zurückzusetzen.

2. Markieren Sie in der Auswahl EBENE die Ebene 1.

3. Aktivieren Sie unten im Dialogfeld das Kontrollfeld NUMMERIEREN NACH NORM. Die ZAHLENFORMATVORLAGE wird nun inaktiv, zugleich verschwindet im Eingabefeld ZAHLENFORMAT sowie in der VORSCHAU der schließende Punkt.

4. Wiederholen Sie diese beiden Schritte für die übrigen acht Ebenen.

5. Klicken Sie auf die Schaltfläche OK, um die Einstellungen zu übernehmen.

Bei normgerechten Gliederungssystemen ist es deshalb einfach, weil es eine recht passende Voreinstellung gibt. Etwas komplizierter verhält es sich, wenn Sie spezielle Zählungen verwenden möchten:

- Zunächst markieren Sie die Ebene, deren Zählung Sie verändern möchten.

- Anders als im Schritt *3* dieser Handlungsanweisung, sollten Sie diesmal das Kontrollfeld NUMMERIEREN NACH NORM nicht aktivieren.

- Um der aktuellen Ebene eine bestimmte Zählweise zuzuweisen, wählen Sie diese in der Auswahl ZAHLENFORMATVORLAGE aus; andere als die dort angebotenen Zählsysteme sind nicht möglich. Die ausgewählte Zählweise erscheint im Eingabefeld ZAHLENFORMAT.

- Im Eingabefeld ZAHLENFORMAT haben Sie zugleich die Möglichkeit, zusätzliche Zeichen wie schließende Punkte, Klammern und Bindestriche einzugeben oder Bezeichnungen wie »Kapitel«. Die VORSCHAU hilft Ihnen, das Ergebnis abzuschätzen.

- Aktivieren Sie das Kontrollfeld NEU NUMMERIEREN NACH und wählen Sie die gewünschte Absatzebene aus, wenn die Zählweise der aktuellen Ebene nicht durchlaufen soll.

- Um der Zählweise der aktuellen Ebene eine oder mehrere Zählweisen der darüber liegenden Ebenen zuzuordnen, platzieren Sie die Einfügemarke im Eingabefeld ZAHLENFORMAT an der Stelle, an der die Zählweise der darüber liegenden Ebene erscheinen soll. Wählen Sie dann in der Auswahl VORHERIGE EBENE die gewünschte Ebene aus. Wiederholen Sie diesen Schritt, um beispielsweise der vierten Ebene die Zählweisen aller darüber liegenden Ebenen zuzuordnen.

Damit die Gliederungszählung auf die Überschriften-Formatvorlagen angewendet wird, genügt es, aus der Absatzformatvorlage ÜBERSCHRIFT 1 heraus die Gliederung zu aktivieren.

Überschriften: Zeilenfluchten. Auf den ersten Blick bietet es sich an, die Zeilenfluchten auf die gleiche Weise anzupassen wie bereits in Zusammenhang mit dem Textkörper. Sobald Sie allerdings einem Absatz eine Gliederung, eine Aufzählung oder eine Auflistung zuweisen, überlagern die Zeileneinzüge seitens der zugewiesenen Zählung bzw. Liste die im Absatz selbst eingestellten Zeileneinzüge links sowie der ersten Zeile. Linke Absatzbegrenzungen werden für die Überschriften also ebenfalls in der Gliederung eingestellt.

In *Abbildung 4.27* sehen Sie die beiden wichtigsten Systeme gegenübergestellt. In *Teilbild 1* ist die Überschrift an einer Zeilenflucht ausgerichtet und der Textbeginn ergibt sich jeweils aus der Länge der Überschriftenzählung zuzüglich eines Zwischenraums. In *Teilbild 2* werden sowohl die Überschriftenzählung als auch der Überschriftentext an jeweils eigenen Zeilenfluchten ausgerichtet.

Die Zeileneinzüge werden für Gliederungen mit Zahlen und Aufzählungen anders gemessen als bei den Absatzeinstellungen, vgl. *Abbildung 4.28* (im Unterschied hierzu *Abbildung 4.19*) – im Klartext: wesentlich intuitiver.

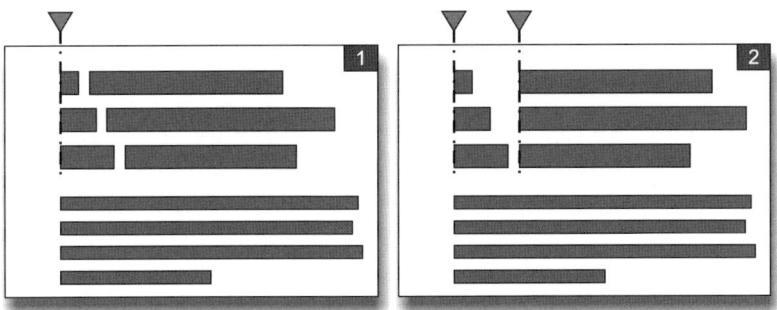

Abbildung 4.27: Überschriften in einer Absatzflucht

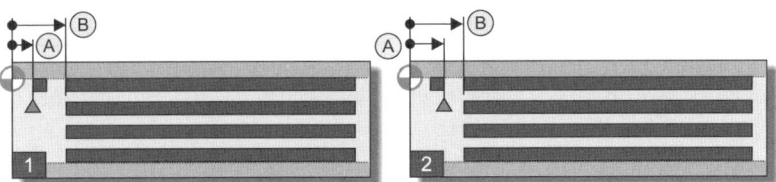

Abbildung 4.28: Zahlenposition und Absatzeinzug

Mit diesem Wissen und einem Zeilenfluchtsystem ausgestattet, können Sie die Vorgaben umsetzen:

1. Öffnen Sie wieder das Dialogfeld GLIEDERUNG ANPASSEN; wiederholen Sie dazu die Handlungsanweisung *Überschriften: Zählsystem herstellen* bis Schritt 5, ohne allerdings in Schritt 4 das Zählsystem zurückzusetzen.

2. Markieren Sie in der Auswahl EBENE die erste Ebene.

3. Wählen Sie als NUMMERNPOSITION die Alternative LINKS; der Maßbezug entspricht *Teilbild 1*. Geben Sie in das Eingabefeld AUSRICHTUNG dahinter den Wert »0« ein (A) – Überschriftenzahlen sind nach Norm immer linksbündig angeordnet.

4. Wählen Sie nun in der Auswahl TEXT DANACH die Alternative TABSTOPPZEICHEN. Auf diese Weise erhalten Sie einen exakt definierten Abstand hinter der Gliederungszahl.

5. Geben Sie in der Gruppe TEXTPOSITION bei TABSTOPP NACH den Wert der Textflucht ein. Den gleichen Wert geben Sie auch in das Eingabefeld EINZUG BEI ein. Dies ist die Abmessung (B).

6. Wiederholen Sie diese Schritte für die ausstehenden Ebenen, die Sie voraussichtlich verwenden.

7. Klicken Sie auf die Schaltfläche OK, um die Einstellungen zu übernehmen.

Wenn Sie jetzt in die Absatzformatvorlagen ÜBERSCHRIFT... schauen, werden Sie sehen, dass sich die Zeileneinzüge den Werten der Gliederung angepasst haben.

Überschriften: Absatzebenen zuweisen. Diese Handlungsanweisung hat für die Systemformatvorlagen nur Kontrollfunktion. Wenn Sie allerdings eigene Überschriftensysteme anlegen, ist die Anpassung der Absatzebene wichtig. Dies ist eine Absatzeigenschaft, die Sie nicht über das Dialogfeld GLIEDERUNG ANPASSEN steuern können. Dort treffen Sie nur eine Zuordnung von **Überschrift**ebene und **Gliederungs**ebene, ohne die **Absatz**ebene zu verändern (ergo: Überschriftenzählungen funktionieren auch auf Textkörper-Ebene). Beginnen Sie mit der höchsten Überschriftenvorlage:

1. Öffnen Sie dazu die Einstellungen der Formatvorlage ÜBERSCHRIFT 1, vgl. die Handlungsanweisung *Einstellungen einer Formatvorlage öffnen*, Seite 62.

2. Klicken Sie im Dialogfeld auf die Schaltfläche FORMAT; in der Unterauswahl wählen Sie den Menüpunkt ABSATZ, um das gleich lautende Dialogfeld zu öffnen. Aktivieren Sie die Registerkarte EINZÜGE UND ABSTÄNDE.

3. In der Auswahl GLIEDERUNGSEBENE können Sie den Absatz einer der neun Überschriftebenen zuordnen oder der Ebene Textkörper (nicht zu verwechseln mit der gleich lautenden Absatzformatvorlage). Hinweise finden Sie hierzu im Kapitel *Gliederungen*. Einer Überschrift erster Ebene wird normalerweise die EBENE 1 zugeordnet.

4. Übernehmen Sie diese Einstellungen, indem Sie auf die Schaltfläche OK klicken.

Wiederholen Sie diese Handlungsanweisung für die Absatzformatvorlagen aller weiteren Überschriften.

Überschriften/Absatz-Standardschriftart: Schriftgrad. Als Nächstes können Sie den Schriftgrad der Überschriften anpassen. Ich rate Ihnen, die Anzahl der verwendeten Schriftgrade klein zu halten. Erfahrungsgemäß ist ein Schriftgrad von 16 Punkt für die Überschrift erster Ebene, ein Schriftgrad von 14 Punkt für die Überschrift zweiter Ebene sowie ein Schriftgrad von 12 Punkt (genau wie die Absatzformatvorlage TEXTKÖRPER) für die weiteren Überschriften völlig ausreichend (zum Anpassen des Schriftgrads vgl. Seite 69).

Überschriften/Absatz-Standardschriftart: Schriftschnitt. Um die Überschriften besser abzusetzen, können Sie zudem den Schriftschnitt verändern. Sofern Sie die Absatzformatvorlagen der Überschriften richtig eingegliedert haben, brauchen Sie diese Handlungsanweisung nur einmal auszuführen:

1. Öffnen Sie dazu die Einstellungen der Formatvorlage ÜBERSCHRIFT 1, vgl. die Handlungsanweisung *Einstellungen einer Formatvorlage öffnen*, Seite 62.

2. Klicken Sie im Dialogfeld auf die Schaltfläche FORMAT; in der Unterauswahl wählen Sie den Menüpunkt SCHRIFTART..., um das Dialogfeld ZEICHEN zu öffnen. Wählen Sie dort die Registerkarte SCHRIFT.

3. In der Auswahl SCHRIFTSCHNITT sehen Sie die Alternativen. In Überschriften wirkt FETT erfahrungsgemäß am ruhigsten, KURSIV alleine oder in der Kombination mit FETT hingegen weniger gut – aber das ist Geschmackssache.

4. Übernehmen Sie diese Einstellungen, indem Sie auf die Schaltfläche OK klicken.

Überschriften: Unterschneidung. In Zusammenhang mit dem Textkörper habe ich bereits erwähnt, dass größere Schriftgrade enger gesetzt werden können als kleinere Schriftgrade. Gerade bei Überschriften können die Zwischenräume, wie sie häufig bei Buchstabenkombinationen wie LT oder VA entstehen, den Gesamteindruck stören (vgl. *Abbildung 4.29*). Es gibt aber eine Eigenschaft, die speziell diese Zwischenräume reduziert:

1. Öffnen Sie dazu die Einstellungen der Formatvorlage ÜBERSCHRIFT 1, vgl. die Handlungsanweisung *Einstellungen einer Formatvorlage öffnen*, Seite 62.

2. Klicken Sie im Dialogfeld auf die Schaltfläche FORMAT; in der Unterauswahl wählen Sie den Menüpunkt SCHRIFTART..., um das Dialogfeld ZEICHEN zu öffnen. Wählen Sie dort die Registerkarte ZEICHENABSTAND.

3. Aktivieren Sie hier das Kontrollfeld UNTERSCHNEIDUNG und geben Sie als Schwellenwert 16 Punkt ein.

4. Übernehmen Sie diese Einstellungen.

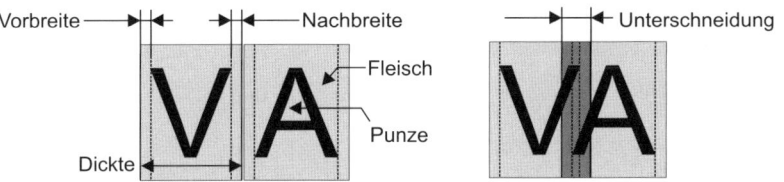

Abbildung 4.29: Zeichenabmessungen und Unterschneidung

Überschriften: Absatzkontrolle. Einige Einstellungen der Absatzkontrolle hatten Sie bereits in Zusammenhang mit dem Textkörper kennen gelernt, vgl. Seite 69. Überschriften sind allerdings meistens einzeilig. Die Gefahr ist eher, dass eine Überschrift noch auf die vorhergehende Seite gerät und der eigentliche Gliederungsabschnitt erst auf der nächsten Seite beginnt. Dies lässt sich wie folgt verhindern:

1. Öffnen Sie dazu die Einstellungen der Formatvorlage ÜBERSCHRIFT 1, vgl. die Handlungsanweisung *Einstellungen einer Formatvorlage öffnen*, Seite 62.

2. Klicken Sie im Dialogfeld auf die Schaltfläche FORMAT; in der Unterauswahl wählen Sie den Menüpunkt ABSATZ, um das gleich lautende Dialogfeld zu öffnen. Aktivieren Sie die Registerkarte ZEILEN- UND SEITENUMBRUCH.

3. Aktivieren Sie hier das Kontrollfeld ZEILEN NICHT TRENNEN, um zu verhindern, dass in einer mehrzeiligen Überschrift ein Seitenumbruch erfolgt.

4. Aktivieren Sie zudem das Kontrollfeld ABSÄTZE NICHT TRENNEN. Damit wird der aktuelle Absatz stets an der ersten Zeile des folgenden Absatzes gehalten (die Absatzkontrolle des Folgeabsatzes bestimmt, ob nur die erste Zeile relevant ist oder mehrere der Anfangszeilen, vgl. Seite 69).

5. Übernehmen Sie diese Einstellungen.

Ihre Überschriften sind nun recht umfassend angepasst worden, was die wichtigsten Einstellungen betrifft. Im Abschnitt *Textkörper* finden Sie noch weitere Absatz- und Zeicheneigenschaften beschrieben.

4.3.3   Auflistungen

Eine Auflistung lässt sich wesentlich schneller einrichten als ein Überschriftensystem. Die Grundprobleme bleiben allerdings die gleichen. Auch das Symbolsystem einer Auflistung wird als Programmeinstellung auf dem Computer hinterlegt, vgl. *Abbildung 4.30*. Es kann Ihnen also passieren, dass Sie auf einem anderen Rechner eine andere Darstellung erhalten. Die deutsche Übersetzung von Word ist bei Auflistungen und Aufzählungen leider nicht sehr glücklich. So werden Auflistungen als »Aufzählung« und Aufzählungen als »Nummerierung« bezeichnet. Insoweit werde ich einen Unterschied zwischen der Programmterminologie und der Umgangssprache machen müssen.

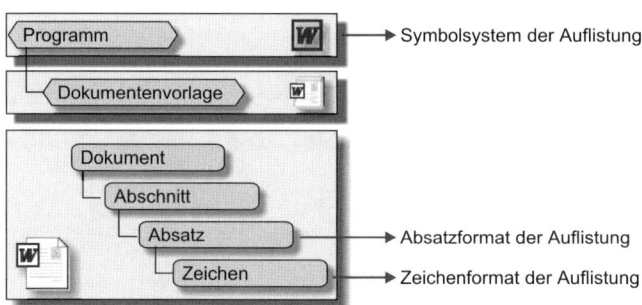

Abbildung 4.30: Zuordnung der Auflistungseigenschaften

»Aufzählungszeichen«: Formatvorlage eingliedern. Die Formatvorlagen, die üblicherweise für Auflistungen verwendet werden, beginnen mit AUFZÄHLUNGSZEICHEN. Es gibt insgesamt fünf, von denen die restlichen vier jeweils eine Nummer tragen, beispielsweise AUFZÄHLUNGSZEICHEN 3. Diese Nummern haben nichts mit Ebenen zu tun, da Auflistungen stets in einer Ebene gehalten sind. Zunächst geht es wieder darum, die Absatzformatvorlagen einzugliedern. Beginnen Sie dazu mit der Absatzformatvorlage AUFZÄHLUNGSZEICHEN:

1. Öffnen Sie dazu die Einstellungen der Formatvorlage AUFZÄHLUNGSZEICHEN, vgl. die Handlungsanweisung *Einstellungen einer Formatvorlage öffnen*, Seite 62.

2. In der Auswahl FORMATVORLAGE BASIERT AUF sollte die Absatzformatvorlage TEXTKÖRPER eingetragen sein, da Auflistungen üblicherweise im Textkörper vorkommen.

3. In der Auswahl FORMATVORLAGE FÜR FOLGEABSATZ sollte die Absatzformatvorlage selbst stehen, also AUFLISTUNG.

4. Das Kontrollfeld AUTOMATISCH AKTUALISIEREN sollte deaktiviert sein; zur Wirkung vgl. Seite 65.

5. Bestätigen Sie diese Einstellungen.

Soweit Sie nicht vorhaben, unterschiedliche Auflistungen zu verwenden, benötigen Sie die übrigen Absatzformatvorlagen nicht.

»Aufzählungszeichen«: Symbolzeichen zuweisen. Entsprechend der Vorgehensweise bei der Einrichtung eines Überschriftensystems werden Sie als Nächstes das Symbolzeichen zuweisen:

1. Öffnen Sie dazu die Einstellungen der Formatvorlage AUFZÄHLUNGSZEICHEN, vgl. die Handlungsanweisung *Einstellungen einer Formatvorlage öffnen*, Seite 62.

2. Klicken Sie im Dialogfeld auf die Schaltfläche FORMAT; in der Unterauswahl wählen Sie den Menüpunkt AUFZÄHLUNG UND NUMMERIERUNG..., um das Dialogfeld NUMMERIERUNG UND AUFZÄHLUNGSZEICHEN zu öffnen. Aktivieren Sie die Registerkarte AUFZÄHLUNGSZEICHEN.

3. Der Aufbau dieser Registerkarte entspricht dem der GLIEDERUNG, vgl. Seite 72.

4. Um die Listen etwas moderner erscheinen zu lassen, sollen kleine Quadrate verwendet werden. Markieren Sie dazu das vierte Piktogramm; sollte nun die Schaltfläche ZURÜCKSETZEN aktiv sein, klicken Sie einmal darauf.

5. Theoretisch ist das völlig ausreichend. Falls Sie aber ein anderes Symbol wünschen, können Sie nun auf die Schaltfläche ANPASSEN klicken; es öffnet sich das Dialogfeld AUFZÄHLUNG ANPASSEN.

6. In der Gruppe AUFZÄHLUNGSZEICHEN sehen Sie eine Vorauswahl der sechs zuletzt verwendeten Listensymbole. Um ein anderes Symbol zu verwenden, klicken Sie auf die Schaltfläche ZEICHEN... Es öffnet sich das Dialogfeld SYMBOL. In der Auswahl SCHRIFTART können Sie die Absatz-Standardschrift (NORMALER TEXT) verwenden oder eine spezielle Schriftart auswählen. Die Auswahl darunter offenbart Ihnen die vorhandenen Symbole. Markieren Sie ein Symbol und klicken Sie im Dialogfeld SYMBOL auf die Schaltfläche OK, um das Symbol für Ihre Auflistung zu übernehmen.

7. Klicken Sie im Dialogfeld AUFZÄHLUNG ANPASSEN auf die Schaltfläche OK, um die Einstellungen zu übernehmen.

Für Ihre Arbeit würde ich Ihnen empfehlen, nur ein einziges Symbol zu verwenden. Ich bin mir sicher, dass Ihr Computer weitaus mehr Zeichen anbietet. Für eine Auflistung aber genügt ein einziges Zeichen.

»Aufzählungszeichen«: Zeilenfluchten. Ich hatte in Zusammenhang mit den Überschriften bereits darauf hingewiesen, dass der linke Zeilenrand und der Erstzeilenrand nicht als Absatzeigenschaft festgelegt werden sollten, wenn Sie dem Absatz eine Gliederung, Auf-

zählung oder Auflistung zuweisen. Entsprechend sollten Sie auch hier diese Ränder über das Listenzeichen einstellen. Listenzeichen werden grundsätzlich linksbündig ausgerichtet, vgl. *Teilbild 1* in *Abbildung 4.28*. Eine Auswahl besteht nicht:

1. Öffnen Sie wieder das Dialogfeld AUFZÄHLUNG ANPASSEN; wiederholen Sie dazu die Handlungsanweisung »*Aufzählungszeichen*«: *Symbolzeichen zuweisen* bis Schritt 5, ohne allerdings in Schritt 4 das Symbolsystem zurückzusetzen.

2. In der Gruppe AUFZÄHLUNGSZEICHENPOSITION können Sie über das Eingabefeld EIN-ZUG BEI den Symboleinzug festlegen, also (A). Ein angenehmer Wert ist 0,25 cm.

3. In der Gruppe TEXTPOSITION können Sie im Eingabefeld TABSTOPP NACH die Position des Tabulatorstopps für die erste Textzeile und im Eingabefeld EINZUG BEI den linken Zeilenrand (B) festlegen (bei Word 2000 fallen beide Werte automatisch zusammen). Beide Werte sollten gleich groß sein – ein schöner Wert wäre 1,0 cm.

4. Übernehmen Sie diese Einstellungen.

Damit die Auflistung funktioniert und gut aussieht, sind die wesentlichen Einstellungen festgelegt. Da die Absatzformatvorlage auf dem TEXTKÖRPER basiert, werden auch die relevanten Einstellungen wie Schriftart, Schriftgrad und Zeilenabstand übernommen. Sofern Sie eigene Einstellungen wie den Absatzabstand anpassen möchten, finden Sie Hilfestellung weiter oben.

4.3.4   Aufzählungen

Aufzählungen sind ebenfalls schneller eingerichtet als Gliederungssysteme, da die zahlreichen Ebenen entfallen – und die damit verbundenen Probleme. Allerdings wird auch das Zählsystem einer Aufzählung außerhalb des Dokuments gespeichert, vgl. *Abbildung 4.31*. Wie im Abschnitt *Auflistungen* bereits angedeutet, greift Word 2000 für Aufzählungen auf die Absatzformatvorlagen NUMMERIERUNG bis NUMMERIERUNG 5 zurück, während Word 2002 diese ausblendet und stattdessen die gleichen wie für Auflistungen verwendet. Um die Vielfalt klein an Formatvorlagen zu halten, sollten Sie mit der Absatzformatvorlage AUFZÄHLUNGSZEICHEN 2 auskommen.

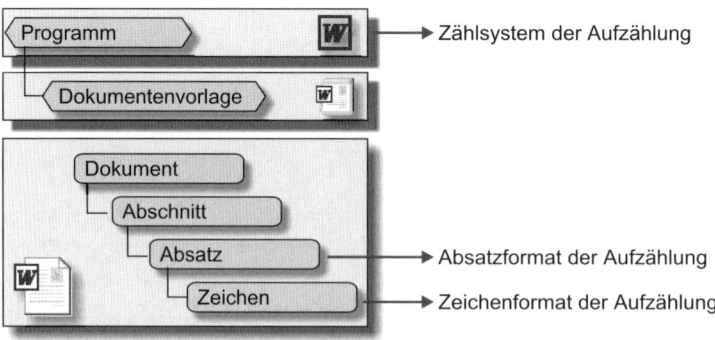

Abbildung 4.31: Zuordnung der Aufzählungseigenschaften

»Aufzählungszeichen 2«: Formatvorlage eingliedern. Wieder geht es zunächst darum, die Absatzformatvorlagen einzugliedern. Zumindest die Absatzformatvorlage AUFZÄHLUNGSZEICHEN 2 sollte eingegliedert werden. Die Einstellungen sind analog zum AUFZÄHLUNGSZEICHEN:

1. Öffnen Sie also die Einstellungen der Formatvorlage AUFZÄHLUNGSZEICHEN 2, vgl. die Handlungsanweisung *Einstellungen einer Formatvorlage öffnen*, Seite 62.

2. In der Auswahl FORMATVORLAGE BASIERT AUF sollte die Absatzformatvorlage TEXTKÖRPER eingetragen sein, da sowohl Aufzählungen als auch Auflistungen üblicherweise im Textkörper vorkommen.

3. In der Auswahl FORMATVORLAGE FÜR FOLGEABSATZ sollte die Absatzformatvorlage selbst stehen, also AUFZÄHLUNGSZEICHEN 2.

4. Das Kontrollfeld AUTOMATISCH AKTUALISIEREN sollte deaktiviert sein; zur Wirkung vgl. Seite 65.

5. Bestätigen Sie diese Einstellungen.

»Aufzählungszeichen 2«: Zählsystem zuweisen. Üblicherweise werden Aufzählungen im Text mit arabischen Ordnungszahlen formatiert.

1. Öffnen Sie dazu die Einstellungen der Formatvorlage AUFZÄHLUNGSZEICHEN 2, vgl. die Handlungsanweisung *Einstellungen einer Formatvorlage öffnen*, Seite 62.

2. Klicken Sie im Dialogfeld auf die Schaltfläche FORMAT; in der Unterauswahl wählen Sie den Menüpunkt AUFZÄHLUNG UND NUMMERIERUNG..., um das Dialogfeld NUMMERIERUNG UND AUFZÄHLUNGSZEICHEN zu öffnen. Aktivieren Sie die Registerkarte NUMMERIERUNG.

3. Der Aufbau dieser Registerkarte entspricht dem der GLIEDERUNG, vgl. Seite 72.

4. Um der Norm zu entsprechen, wählen Sie das zweite Piktogramm, da es der Vorgabe am nächsten kommt. Sollte nun die Schaltfläche ZURÜCKSETZEN aktiv sein, klicken Sie einmal darauf.

5. Theoretisch ist das völlig ausreichend. Benötigen Sie ein anderes Zählsystem, sollten Sie zunächst die sechs übrigen Zählsysteme betrachten. Ist keines davon geeigneter, bleiben Sie beim zweiten Piktogramm und klicken Sie auf die Schaltfläche ANPASSEN; es öffnet sich das Dialogfeld NUMMERIERUNG ANPASSEN.

6. Die Logik entspricht größtenteils dem Dialogfeld GLIEDERUNG ANPASSEN. Sie haben zuoberst ein Eingabefeld ZAHLENFORMAT. Um in diesem Eingabefeld eine bestimmte Zählweise zu verwenden, suchen Sie über die Auswahl ZAHLENFORMATVORLAGE eine geeignete aus. Zugleich können Sie im Eingabefeld BEGINNEN MIT einen generellen Startwert vorgeben.

7. Nun können Sie um das Zählzeichen herum weiteren Text eingeben wie schließende Punkte, führende Klammern oder einen Text wie »Beispiel«. Die VORSCHAU gibt Ihnen etwas Kontrolle.

8. Klicken Sie auf die Schaltfläche OK, um diese Einstellungen zu übernehmen.

Wie bei den Auflistungen rate ich Ihnen auch bei den Aufzählungen, nur ein einziges System zu verwenden. Sollten Sie dennoch weitere Systeme benötigen, verwenden Sie die übrigen Nummerierungsformatvorlagen, um ihnen die weiteren Systeme zuzuweisen. Dabei sollte gelten: eine Absatzformatvorlage, ein Zählsystem.

»Aufzählungszeichen 2«: Zeilenfluchten. Als Letztes sollten noch die Zeilenfluchten angepasst werden. Wie bei den Überschriften können Sie auch bei den Aufzählungen das Zählzeichen unterschiedlich ausrichten. Während Zählzeichen von Überschriften üblicherweise linksbündig sind, um mit dem linken Zeilenrand eine gemeinsame Flucht zu bilden, sollten Aufzählungen rechtsbündig ausgerichtet werden. Sie sind meistens etwas eingerückt, so dass sie den Satzspiegelrand nicht berühren. Da es aber möglich ist, dass mehr als neun Aufzählungsabsätze untereinander sind, sollten die Zahlen an ihrem rechten Rand gemeinsam ausgerichtet werden:

1. Öffnen Sie erneut das Dialogfeld NUMMERIERUNG ANPASSEN; wiederholen Sie dazu die Handlungsanweisung *»Aufzählungszeichen 2«: Zählsystem zuweisen* bis Schritt 5, ohne allerdings in Schritt 4 das Aufzählungssystem zurückzusetzen.

2. In der Gruppe NUMMERNPOSITION geben Sie in der Auswahl direkt darunter die Ausrichtung vor – wählen Sie RECHTS. Über das Eingabefeld AUSRICHTUNG können Sie den Einzug festlegen. Da diesmal bis zum rechten Zeichenrand gemessen wird, wäre ein guter Wert 0,75 cm.

3. In der Gruppe TEXTPOSITION können Sie im Eingabefeld TABSTOPP NACH die Position des Tabulatorstopps für die erste Textzeile und im Eingabefeld EINZUG BEI den linken Zeilenrand festlegen (bei Word 2000 fallen beide Werte automatisch zusammen). Beide Werte sollten gleich groß sein – ein guter Wert wäre wie bei den Auflistungen 1,0 cm.

4. Übernehmen Sie diese Einstellungen.

Die wesentlichen Einstellungen sind nun festgelegt, damit die Aufzählungen funktionieren und Sie beim Schreiben nicht ablenken. Da die AUFZÄHLUNGSZEICHEN 2 auf dem TEXTKÖRPER basiert, werden auch die relevanten Einstellungen wie Schriftart, Schriftgrad und Zeilenabstand übernommen. Weitere Hinweise finden Sie oben.

KAPITEL 5

Besondere Layoutelemente einrichten

Im vorherigen Kapitel haben Sie die am häufigsten benötigten Schreibelemente eingerichtet. In diesem zweiten Teil sollen weitere Elemente und Einstellungen festgelegt werden. Einige davon sind etwas technischer und greifen auf das Wissen aus dem Kapitel *Word-Funktionen* zurück.

5.1 Fußnoten

Da die meisten Lehrstühle verlangen, Quellenbelege in Fußnoten anzubringen, bilden Fußnoten einen zentralen Bestandteil wissenschaftlicher Arbeiten. In *Abbildung 5.1* sehen Sie, wie die einzelnen Fußnoteneigenschaften den unterschiedlichen Ebenen zugeordnet werden. Deutlich zu erkennen ist, dass sich der Startwert der Fußnotenzählung abschnittsweise neu zuweisen lässt, während die Fußnotentrennlinie nur für das gesamte Dokument verändert werden kann.

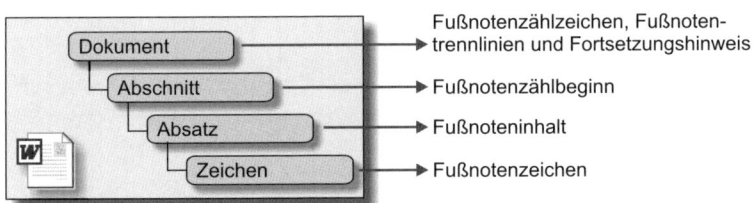

Abbildung 5.1: Zuordnung der einzelnen Fußnoteneigenschaften

Fußnoten werden von Microsoft nicht wirklich gemocht. Anders ist es nicht zu erklären, dass Word seit der Version 2.0 (Word 2002 trägt die Versionsnummer 10.0) dazu neigt, den Inhalt von Fußnoten, die auf einer bestimmten Seite im Text verankert sind, erst auf der Folgeseite darzustellen – dieses »Feature« hat in Akademikerkreisen inzwischen als »Fußnoten-Bug« traurige Berühmtheit erlangt. Das zweite Problem ist, dass es im Unterschied zu Aufzählungen bei Fußnoten unmöglich ist, weitergehenden Einfluss auf die Zählweise zu nehmen. Beinahe alle Lehrstühle verlangen, dass die Fußnotenzahlen im Fußnotenbereich rechtsbündig ausgerichtet sind. Einige Lehrstühle erwarten zudem die von älteren Texten bekannten Fußnotenklammern. Beides können Sie in Word noch immer nicht fest einstellen, sondern Sie müssen es manuell nachbessern!

Fußnotentrennlinie anpassen. Die Fußnotentrennlinien, der Name deutet es an, trennen den Fußnotenbereich vom darüber liegenden Text. Word unterscheidet zwei verschiedene

Fußnotentrennlinien: Eine kurze Linie für den Normalfall und eine sehr lange Linie für den Fall, dass eine Fußnote auf einer Seite nicht abgeschlossen werden kann und auf die nächste Seite übertragen wird. Weil Word dazu neigt, auch fälschlich einen Fußnoteninhalt auf die Folgeseite zu übertragen, rate ich Ihnen grundsätzlich davon ab, insbesondere die Fußnotenfortsetzungstrennlinie anzupassen. Diese bietet eine schnelle Kontrolle, ob Ihr Dokument vom Fußnoten-Bug betroffen ist. Ich möchte Ihnen aber dennoch zeigen, wie man Anpassungen vornimmt (vgl. *Abbildung 5.2*):

1. Sofern das Dokument keine Fußnote enthält, fügen Sie probehalber eine solche ein. Andernfalls sind die Einstellungen nicht zugänglich.

2. Über ANSICHT > NORMALANSICHT wechseln Sie dann in die Normalansicht.

3. Über ANSICHT > FUSSNOTEN blenden Sie das Fußnotenfenster ein. In diesem Fenster sehen Sie standardmäßig die Fußnoteninhalte dargestellt. Im oberen Bereich dieses Fensters haben Sie allerdings die Auswahl FUSSNOTEN.

4. Um die Fußnotentrennlinie zu bearbeiten, wählen Sie in der Auswahl FUSSNOTEN die Alternative FUSSNOTENTRENNLINIE.

5. Der Fußnoteninhalt wird ausgeblendet und stattdessen erscheint ein durchgezogener Strich.

6. Dieser Strich ist ein einzelnes Zeichen, so wie er dargestellt ist. Auf dieses Zeichen können Sie sämtliche Zeichenformatierungen anwenden. Das Strich-Zeichen befindet sich zudem in einem eigenen Absatz, der die üblichen (veränderbaren) Absatzeigenschaften aufweist. Das Strich-Zeichen können Sie entfernen und durch Gedankenstriche beispielsweise ersetzen (sollte es fehlen, kopieren Sie es über die Zwischenablage aus einem anderen Dokument zurück).

7. Sie können das Fenster schließen, wenn Sie die Bearbeitung beendet haben, oder eine andere Alternative in der Auswahl FUSSNOTEN wählen; ALLE FUSSNOTEN stellt die Fußnoteninhalte wieder dar.

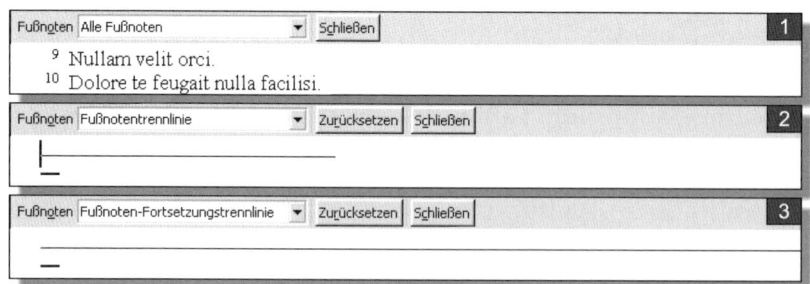

Abbildung 5.2: Fußnotentrennlinien anpassen (nur Normalansicht)

Eine beliebte Formatierungsvariante ist, in der Auswahl FUSSNOTEN zunächst, wie oben beschrieben, die FUSSNOTENTRENNLINIE auszuwählen und in die Zwischenablage zu kopieren. Anschließend wird als Alternative die FUSSNOTEN-FORTSETZUNGSTRENNLINIE ausgewählt. Dieser sehr viel längere Strich wird markiert und durch den Inhalt der Zwischenablage ersetzt, die (normale) Fußnotentrennlinie.

Fußnoten-Fortsetzungshinweis anpassen. Ebenfalls in der Auswahl FUSSNOTEN, vgl. hierzu Schritt *3* der Handlungsanweisung *Fußnotentrennlinie anpassen*, können Sie den Fußnoten-Fortsetzungshinweis anpassen – bzw. festlegen, denn normalerweise ist er ohne Inhalt. Dabei handelt es sich um einen Text, der automatisch unterhalb des Fußnoteninhalts erscheint, der auf der Folgeseite fortgesetzt wird. Normalerweise sollte er nicht definiert werden.

Fußnotenzählung einrichten. Ich hatte oben bereits angedeutet, dass Sie manches, was die Fußnotenzählung betrifft, zwischen Schreiben und Ausdruck noch manuell nachbessern müssen. Nur die Zählweise selbst können Sie problemlos festlegen:

1. Über EINFÜGEN > REFERENZ > FUSSNOTE... öffnen Sie das Dialogfeld FUSS- UND END-NOTE. Falls Sie mit Word 2000 arbeiten, müssen Sie in diesem Dialogfeld die Schaltfläche OPTIONEN... anklicken und in dem neuen Dialogfeld die Registerkarte ALLE FUSSNOTEN aktivieren (bei Word 2002 sind die Einstellungen direkt zugänglich).

2. Wählen Sie in der Gruppe SPEICHERORT die Alternative FUSSNOTE. Da Fußnoten entsprechend den meisten Lehrstuhlvorschriften am Ende der gleichen Seite erscheinen sollen, wählen Sie in der Auswahl die Alternative SEITENENDE.

3. In der Auswahl ZAHLENFORMAT können Sie die gewünschte Zählweise festlegen. Üblicherweise werden arabische Zahlen verwendet, was auch der Vorauswahl entspricht.

4. Der Startwert BEGINNEN BEI ist regelmäßig der Wert 1.

5. Üblich ist, die Fußnoten über das gesamte Dokument fortzuzählen. In der Auswahl NUMMERIERUNG wählen Sie deshalb die Alternative FORTLAUFEND; allenfalls die Alternative JEDE SEITE NEU BEGINNEN existiert in einigen Lehrstuhlvorschriften als Wahlrecht (»Abschnitt« meint in dieser Auswahl Dokumentenabschnitte, keine Gliederungsabschnitte).

6. Sollte Ihr Dokument inzwischen mehrere Abschnitte enthalten, wählen Sie in der Auswahl ÄNDERUNGEN ÜBERNEHMEN FÜR die Alternative GESAMTES DOKUMENT. Klicken Sie dann auf die Schaltfläche SCHLIESSEN, um die Einstellungen zu übernehmen.

Haben Sie versehentlich auf die Schaltfläche EINFÜGEN geklickt, ist das nicht weiter tragisch. Sie haben dann zusätzlich zu den getätigten Einstellungen eine Fußnote eingefügt. Löschen Sie sie einfach, falls sie nicht beabsichtigt ist.

Fußnotenzählung anpassen. Die Fußnotenzeichen werden systemseitig mit der gleichnamigen Zeichenformatvorlage formatiert. Dies hat ganz nebenbei den angenehmen Effekt, dass derartig formatierte Zeichen nicht in Inhaltsverzeichnissen erscheinen (das liegt an der Formatvorlage selbst, nicht an ihren Einstellungen). Normalerweise werden Fußnoten hochgestellt. Dass die Fußnoten im Text auch tatsächlich hochgestellt erscheinen, ist allerdings eine Eigenschaft, die erst durch diese Zeichenformatvorlage eintritt (vgl. *Abbildung 5.3*):

1. Öffnen Sie dazu die Einstellungen der Formatvorlage FUSSNOTENZEICHEN, vgl. die Handlungsanweisung *Einstellungen einer Formatvorlage öffnen*, Seite 62.

2. Klicken Sie im Dialogfeld auf die Schaltfläche FORMAT; in der Unterauswahl wählen Sie den Menüpunkt SCHRIFTART..., um das Dialogfeld ZEICHEN zu öffnen.

3. Hier sehen Sie, dass das Kontrollfeld der Zeicheneigenschaft HOCHGESTELLT aktiviert ist. Sofern Sie es nicht besser wissen, belassen Sie es dabei.

4. Da diese Zeichenformatvorlage im Übrigen auf der Absatz-Standardschriftart basiert, sollten Sie insbesondere den Schriftgrad nicht verändern. Auch die Fußnotenzeichen im Fußnotenbereich werden mit dieser Zeichenformatvorlage formatiert und dort ist der Schriftgrad üblicherweise kleiner als im Textkörper.

5. Um eigene Einstellungen zu übernehmen, klicken Sie auf die Schaltfläche OK.

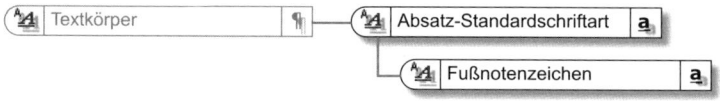

Abbildung 5.3: Zeichenformatvorlage »Fußnotenzeichen«

»Fußnotentext« eingliedern. Als Nächstes sollten Sie die Absatzformatvorlage FUSS-NOTENTEXT eingliedern, bevor Sie weitere Formatierungen vornehmen. Ergänzend zur Beschreibung von Seite gelten folgende Hinweise (vgl. *Abbildung 5.4*):

- In der Auswahl FORMATVORLAGE BASIERT AUF sollte die Absatzformatvorlage TEXT-KÖRPER eingetragen sein, da Fußnoten meistens unterhalb des Textkörpers erscheinen und die gleiche Schriftart haben sollten wie dieser.

- In der Auswahl FORMATVORLAGE FÜR FOLGEABSATZ sollte die Absatzformatvorlage selbst stehen, also FUSSNOTENTEXT.

- Das Kontrollfeld AUTOMATISCH AKTUALISIEREN sollte deaktiviert sein; zur Wirkung vgl. Seite 65.

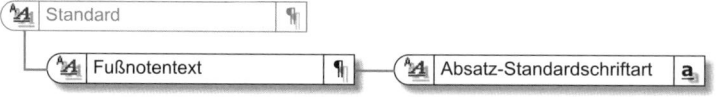

Abbildung 5.4: Absatzformatvorlage »Fußnotentext«

Fußnoteninhalt anpassen. Jetzt kommt der vorläufige Höhepunkt der Fußnotenformatie-rung: das Eingrenzen des Fußnoten-Bugs. In der Handlungsanweisung *»Textkörper«: Zei-lenabstand* (vgl. Seite) hatte ich im Schritt 3 bereits das Problem angedeutet. Sobald Fußnoten in Absätze mit relativem Zeilenabstand eingefügt werden und der Fußnoteninhalt mit einem relativen Zeilenabstand formatiert ist, bekommt Word ein Zählproblem – und platziert die letzte Fußnote oftmals erst auf der Folgeseite (auch wenn genügend Platz vorhanden wäre). Es genügt nicht, nur im Textkörper den Zeilenabstand absolut zu set-zen. Auch im Fußnoteninhalt muss der Zeilenabstand GENAU sein. Die relevante Absatz-formatvorlage heißt FUSSNOTENTEXT und soll nun angepasst werden:

1. Öffnen Sie dazu die Einstellungen der Formatvorlage FUSSNOTENTEXT, vgl. die Hand-lungsanweisung *Einstellungen einer Formatvorlage öffnen*, Seite 62.

2. Wie Sie den Zeilenabstand auf GENAU festlegen, ist auf Seite beschrieben. Bei einem Schriftgrad von 10 Punkt sollten Sie als genauen Zeilenabstand die Werte 10,5 Punkt, 11,0 Punkt, 11,5 Punkt und 12,0 Punkt ausprobieren.

3. Deaktivieren Sie zusätzlich die Absatzkontrolle, vgl. Seite 69.

4. Übernehmen Sie diese Einstellungen.

Schriftgrad anpassen. Normalerweise wird der FUSSNOTENTEXT in einem Schriftgrad von 10 Punkt formatiert. Sollte Ihr Lehrstuhl Ihnen etwas anderes vorschreiben, verändern Sie den Schriftgrad in der Absatzformatvorlage FUSSNOTENTEXT, damit er für alle Fußnoten zur Geltung kommt. Hinweise zum Schriftgrad finden Sie auf Seite 69.

Absatzeinzüge anpassen. Wie Sie bereits gesehen haben, können Sie im Dialogfeld FUSS- UND ENDNOTEN keinerlei Zeileneinzüge anpassen. Alle Absatzeinzüge legen Sie also ebenfalls über die Absatzformatvorlage FUSSNOTENTEXT fest:

- Als linken Absatzrand wählen Sie 0 cm.

- Für den Sondereinzug wählen Sie die Alternative HÄNGEND und als Distanzmaß UM den Wert 0,8 cm.

Mit diesen Werten brauchen Sie später keine Überraschungen zu befürchten, wenn Sie die Fußnotenzeichen im Fußnotenbereich rechtsbündig und den linken Zeilenrand in einer Absatzflucht ausrichten.

Fußnotenzeichen richtig ausrichten. Das im Folgenden Beschriebene sollten Sie erst machen, wenn Sie keine weiteren Fußnoten mehr einfügen müssen. Sie erweitern das Fußnotenzeichen nunmehr um weitere Zeichen. Wenn Sie nun nachträglich eine weitere Fußnote einfügen und eines der zusätzlichen Zeichen vergessen, wird sich das im Layout unschön bemerkbar machen (sofern Ihr Betreuer darauf achtet). Den Vergleich sehen Sie in *Abbildung 5.5.*

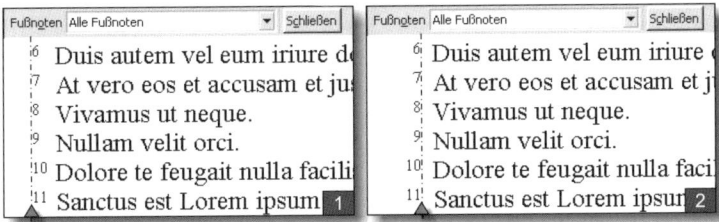

Abbildung 5.5: Fußnoten normal eingefügt (Word) und manuell nachgebessert

(1) Fluchtlinien einrichten. Damit sowohl das Fußnotenzeichen als auch der linke Zeilenrand richtig ausgerichtet werden, müssen Tabulatorstopp-Positionen eingefügt werden. Da die Fußnotenzeichen rechtsbündig ausgerichtet werden, richtet sich die erste Position nach der letzten Fußnotenzahl – eine 1000 ist länger als eine 10. Angenommen, die Zahl Ihrer Fußnoten bewegt sich im dreistelligen Bereich, dann sind folgende Einstellungen sinnvoll:

1. Öffnen Sie die Einstellungen der Formatvorlage FUSSNOTENTEXT, vgl. die Handlungsanweisung *Einstellungen einer Formatvorlage öffnen*, Seite 63.

2. Klicken Sie im Dialogfeld auf die Schaltfläche FORMAT; in der Unterauswahl wählen Sie den Menüpunkt TABSTOPP..., um das beinahe gleich lautende Dialogfeld zu öffnen.

3. Als Erstes wird der Tabstopp für die rechtsbündig ausgerichteten Fußnotenzeichen definiert. Dazu tragen Sie in das Eingabefeld TABSTOPPPOSITION den Wert 0,6 cm ein. In der Gruppe AUSRICHTUNG wählen Sie die Alternative RECHTS. In der Gruppe FÜLLZEICHEN sollte die Vorgabe OHNE aktiviert sein. Klicken Sie dann auf die Schaltfläche FESTLEGEN.

4. Als Zweites wird der Tabstopp für die erste Zeile definiert. Dazu tragen Sie in das Eingabefeld TABSTOPPPOSITION den Wert 0,8 cm ein. In der Gruppe AUSRICHTUNG wählen Sie die Alternative LINKS. In der Gruppe FÜLLZEICHEN sollte wiederum die Vorgabe OHNE aktiviert sein. Klicken Sie dann auf die Schaltfläche FESTLEGEN.

5. Klicken Sie nun auf die Schaltfläche OK, um das Dialogfeld zu schließen und die Einstellungen zu übernehmen.

(2) Tabulatorzeichen hinzufügen. Die Fluchtlinien sind zwar eingerichtet, nur orientiert sich der Fußnoteninhalt noch nicht daran, weil noch keine Tabulatorzeichen im Fußnotentext vorhanden sind. Konkret stellt sich das Problem so dar: *Vor* dem Fußnotenzeichen muss ein Tabulatorzeichen eingefügt werden, damit das Fußnotenzeichen am rechtsbündigen Tabulatorstopp ausgerichtet wird. Das automatisch von Word eingefügte Leerzeichen hinter dem Fußnotenzeichen muss entfernt und durch eine zweites Tabulatorzeichen ersetzt werden, das den linken Zeilenrand ansteuert. Um das schnell zu erledigen, wird das Suchen und Ersetzen mit regulären Ausdrücken verwendet:

1. Über ANSICHT > NORMALANSICHT wechseln Sie zur Normalansicht; blenden Sie aus der Normalansicht heraus über ANSICHT > FUSSNOTEN das Fußnotenfenster ein und platzieren Sie die Einfügemarke vor der ersten Fußnote.

2. Über BEARBEITEN > ERSETZEN öffnen Sie das Dialogfeld SUCHEN UND ERSETZEN; klicken Sie hier auf die Schaltfläche ERWEITERN, um alle Leistungsmerkmale anzuzeigen.

3. Platzieren Sie die Einfügemarke im Eingabefeld SUCHEN NACH. Geben Sie hier (ohne die spitzen Anführungszeichen) »^f « ein, nach dem »^f« folgt ein (ebenfalls einzugebendes) Leerzeichen – der Zwischenraum ist gewollt.

4. In das Eingabefeld ERSETZEN DURCH geben Sie »^t^&^t« ein (ohne Leerzeichen, sollten Sie irgendwelche entdecken).

5. Wenn Sie jetzt auf ALLE ERSETZEN klicken, wird vor jedem Fußnotenzeichen und nach dem jeweils anschließenden Leerzeichen ein Tabulatorzeichen eingefügt.

6. Um das Leerzeichen zu entfernen, ist ein weiterer Suchen-Ersetzen-Vorgang notwendig; lassen Sie das Dialogfeld also offen.

7. Geben Sie nun in das Eingabefeld SUCHEN NACH den Ausdruck » ^t« ein (vor dem Accent circonflex ist ein Leerzeichen) und in das Eingabefeld ERSETZEN DURCH geben Sie »^t« ein (ohne Leerzeichen).

8. Klicken Sie wiederum auf ALLE ERSETZEN, um die überflüssigen Leerzeichen zu entfernen.

Falls Sie noch weitere Fußnoten einfügen, denken Sie daran, im Fußnotenbereich vor dem Fußnotenzeichen einen Tabulatorstopp einzufügen, das Leerzeichen direkt hinter der Fußnote zu entfernen und durch einen weiteren Tabulatorstopp zu ersetzen.

5.2   Quellenbelege

In manchen Arbeiten wird es gewünscht, Zitate innerhalb des Satzes sowie abgesetzte Zitate auszuzeichnen oder den Namen des Urhebers besonders hervorzuheben; in vielen Werken ist dieser durch Kapitälchen hervorgehoben. Beim Auszeichnen von Zitaten müssen Sie naturgemäß sorgfältig vorgehen, da sämtliche eigene Auszeichnungen, die im Zitat nicht vorkommen, eigens angemerkt werden müssen. Sofern Sie aber in Ihrer Arbeit alle Zitate gleichermaßen hervorheben und sie dabei nicht gerade fett formatieren, ist gegen dezente Formatierungen im Grundsatz nichts einzuwenden. Um dies technisch sauber umzusetzen, sind maximal drei Formatvorlagen notwendig:

- Zitat im Satz: Zeichenformatvorlage »Zitat Wort«.
- Zitat als Absatz: Absatzformatvorlage »Zitat Absatz«.
- Autor: Zeichenformatvorlage »Zitat Autor«.

Die drei angegebenen Formatvorlagen existieren ursprünglich nicht, da es sich hierbei um so genannte benutzerdefinierte Formatvorlagen handelt – das heißt, sie müssen von Ihnen angelegt werden.

Zeichenformatvorlage »Zitat Wort« anlegen. Das Anlegen einer neuen Formatvorlage unterscheidet sich nicht sehr vom Ändern einer vorhandenen Formatvorlage (vgl. hierzu genauer Seite 63). Das Vorgehen soll zunächst am Beispiel der Zeichenformatvorlage »Zitat Wort« beschrieben werden (vgl. *Abbildung 5.6*):

1. Über FORMAT > FORMATVORLAGEN UND FORMATIERUNG... blenden Sie den gleich lautenden Aufgabenbereich ein.

2. Klicken Sie hier auf die Schaltfläche NEUE FORMATVORLAGE. Es öffnet sich daraufhin das gleich lautende Dialogfeld. Dessen Aufbau kennen Sie bereits, da er identisch ist mit dem Aufbau des Dialogfelds FORMATVORLAGE ÄNDERN. Als Erstes beginnen Sie mit der Eingliederung.

3. Geben Sie in das Eingabefeld NAME den Namen der Zeichenformatvorlage ein, also »Zitat Wort«.

4. Als FORMATVORLAGENTYP wählen Sie in der Auswahl die Alternative ZEICHEN.

5. In der Auswahl FORMATVORLAGE BASIERT AUF wählen Sie die Alternative ABSATZ-STANDARDSCHRIFTART.

6. Da die Auswahl FORMATVORLAGE FÜR FOLGEABSATZ, der Name deutet es an, nur für Absatzformatvorlagen gilt, ist sie bei Zeichenformatvorlagen inaktiv.

7. Die Bedeutung der Kontrollfelder ZUR VORLAGE HINZUFÜGEN und AUTOMATISCH AKTUALISIEREN können Sie ebenfalls auf Seite 62 nachlesen – beide sollten im Normalfall frei bleiben.

8. Klicken Sie dann auf die Schaltfläche OK, um die neue Zeichenformatvorlage anzulegen.

Da die Zeichenformatvorlage »Zitat Autor« genauso angelegt wird, beschreibe ich dieses Vorgehen nicht mehr.

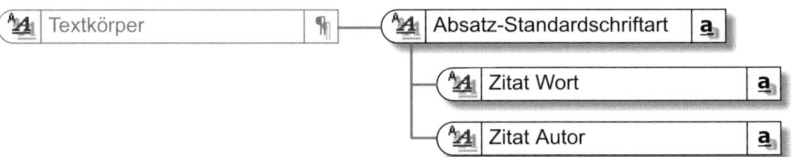

Abbildung 5.6: Zeichenformatvorlage »Zitat Wort« und »Zitat Autor«

Absatzformatvorlage »Zitat Absatz« anlegen. Absatzformatvorlagen werden im Prinzip genauso angelegt wie Zeichenformatvorlagen. Die Abweichungen sollen im Folgenden kurz erläutert werden (vgl. *Abbildung 5.7*):

■ In Schritt *3* müssen Sie selbstverständlich den diesmal relevanten Namen vergeben, also »Zitat Absatz«.

■ In Schritt *4* wählen Sie als FORMATVORLAGENTYP die Alternative ABSATZ.

■ Wie bereits im Kapitel *Allgemeine Layoutvorgaben umsetzen* mehrfach vorgenommen, sollte diese Absatzformatvorlage auf der Absatzformatvorlage TEXTKÖRPER basieren, da dies im Regelfall der Dokumentenstruktur entsprechen dürfte. Wählen Sie diese Absatzformatvorlage daher in Schritt *5*.

■ Da abgesetzte Zitate im Normalfall aus nur einem Absatz bestehen, sollten Sie in Schritt *6* für den FOLGEABSATZ die Absatzformatvorlage TEXTKÖRPER benennen.

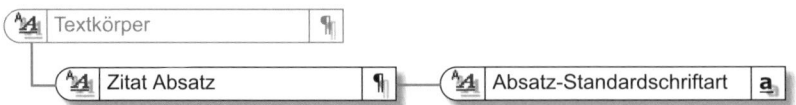

Abbildung 5.7: Absatzformatvorlage »Zitat Absatz«

Formatvorlage anpassen. Die Formatvorlagen sind nun angelegt, enthalten aber noch keine speziellen Gestaltungsmerkmale. Da wissenschaftliche Texte grundsätzlich nur dezent formatiert sein sollten, möchte ich Ihnen auch bei diesen Textelementen davon abraten, Ihre Bedienerfähigkeiten allzu exzessiv zu entfalten. Vielleicht sind aber folgende Anregungen hilfreich. Bei der Zeichenformatvorlage »Zitat Autor« aktivieren Sie als einzige Eigenschaft das Kontrollfeld KAPITÄLCHEN, zu finden unter FORMAT > SCHRIFTART... > ZEICHEN. Bei der Absatzformatvorlage »Zitat Absatz« sollten Sie zumindest den linken Zeileneinzug vergrößern, ausführlich beschrieben in der Handlungsanweisung »*Textkörper*«: *Zeileneinzüge* (vgl. Seite 67). Sofern beide Zitatvorlagen eine andere Schriftart erhalten sollen, versuchen Sie es am besten zunächst mit einer stärker serifenbetonten Schriftart.

5.3 Schlagwörter

In manchen Arbeiten werden wichtige Begriffe oder Fremdwörter besonders ausgezeichnet. Ein gängiges Verfahren ist, das Wort zu markieren und über die Symbole FETT und KURSIV der Symbolleiste FORMAT entsprechend auszuzeichnen. Dieses Verfahren ist in Großdokumenten riskant, weil sich die Auszeichnungen später nur noch schwer anpassen lassen. Und gerade wenn Sie eine Arbeit über einen längeren Zeitraum schreiben, könnte sich Ihr Geschmack verändern. Die Folge ist, dass Sie die Auszeichnungen inkonsistent verwenden. Besser ist es, in Kategorien zu denken: »Kernbegriff«, »Fremdwort«. Weisen Sie diesen Begriffen entsprechende Zeichenformatvorlagen zu und Sie können die entsprechend ausgezeichneten Wörter zentral und einheitlich umformatieren. Word verfügt über zwei vordefinierte Zeichenformatvorlagen für diese Zwecke.

Schlagwort »Fett« einrichten. Schlagwörter werden, sofern überhaupt, mit der Zeichenformatvorlage FETT formatiert (vgl. *Abbildung 5.8*). Diese gilt es nun einzurichten. Da sie normalerweise auf der (virtuellen) Zeichenformatvorlage ABSATZ-STANDARDSCHRIFT basiert und diese Vorgabe höchst praktisch ist, entfällt das ansonsten notwendige Eingliedern. Stattdessen können die Eigenschaften sofort angepasst werden:

1. Wählen Sie im Aufgabenbereich die Absatzformatvorlage FETT und öffnen Sie deren Einstellungen, vgl. die Handlungsanweisung *Einstellungen einer Formatvorlage öffnen*, Seite 62.

2. Klicken Sie im Dialogfeld auf die Schaltfläche FORMAT. Sie sehen, dass diesmal viele Menüpunkte der Unterauswahl nicht aktiv sind. Konkret sind nur solche aktiv, hinter denen sich Zeichenformatierungen verbergen.

3. Wählen Sie den Menüpunkt ZEICHEN..., um das gleich lautende Dialogfeld zu öffnen und beispielsweise den Schriftschnitt (entgegen des Namens der Formatvorlage) auf KURSIV zu verändern.

4. Übernehmen Sie die Einstellungen.

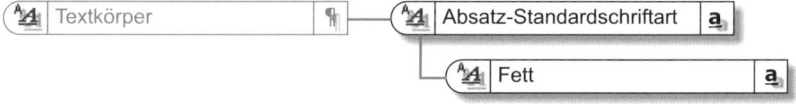

Abbildung 5.8: Zeichenformatvorlage »Fett«

Fremdwort »Hervorhebung« einrichten. Fremdwörter und fremdsprachliche Begriffe lassen sich bei Bedarf mit der Zeichenformatvorlage HERVORHEBUNG auszeichnen (vgl. *Abbildung 5.9*). Auch wenn deren Einstellungen möglicherweise denen der Zeichenformatvorlage FETT entsprechen, sollten Sie beide Kategorien dennoch unterscheiden. Sie ermöglichen sich damit nicht nur, beide Kategorien später wieder unterschiedlich zu formatieren. Entsprechend ausgezeichnete Begriffe können Sie später leichter aufspüren, um daraus ein Stichwortregister zu bilden. Das Vorgehen entspricht im Übrigen dem des Einrichtens von Schlagwörtern, vgl. oben.

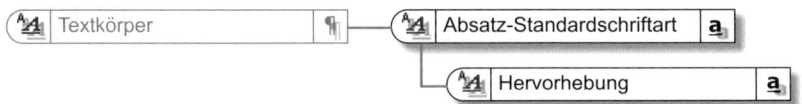

Abbildung 5.9: Zeichenformatvorlage »Hervorhebung«

5.4   Abbildungen

Technisch korrekte Beschriftungen helfen nicht nur, die einzelnen Abbildungen oder Tabellen automatisch durchzuzählen. Sie sind zugleich Voraussetzung dafür, dass die Abbildungen oder Tabellen auch in einem eigenen Verzeichnis automatisch erscheinen. Für Querverweise sind technisch korrekte Beschriftungen nur dann erforderlich, wenn Sie ohne manuelle Textmarken querverweisen möchten (wovon ich Ihnen grundsätzlich abraten möchte, auch wenn es zunächst komfortabler erscheint). Entgegen dem äußeren Eindruck ist es für die Beschriftung nicht entscheidend, ob vor der Zahl »Abbildung« oder »Tabelle« steht. Es kommt vielmehr darauf an, dass die automatische Zählung die richtige Kategorie aufweist – das sind zwei Informationen auf einmal.

Automatische Zählungen haben Sie schon bei den Aufzählungen kennen gelernt. Während dort eine Zählung nicht anfangen kann, bevor die vorhergegangene beendet ist, greifen Abbildungs- und Tabellenzählungen ineinander: »Tabelle 1, Abbildung 1, Abbildung 2, Abbildung 3, Tabelle 2...«. Deshalb können Sie Beschriftungen nicht über Aufzählungen vornehmen. Stattdessen verwendet Word eine Feldfunktion vom Typ SEQ (für *sequence*).

Eine erforderliche Vorüberlegung betrifft den Quellenbeleg. In vielen Arbeiten ist es vorgeschrieben, unterhalb einer Abbildungs- oder Tabellenbeschriftung die Quelle zu nennen; gegebenenfalls wird dazu der Hinweis »Eigene Darstellung« oder etwas Ähnliches angebracht. Sofern dies auch auf Ihre Arbeitssituation zutrifft, sollten Sie zunächst diese Absatzformatvorlage eingliedern.

Quelle eingliedern. Die Quellenangabe muss in einem eigenen Absatz eingegeben werden, damit sie später nicht im Abbildungs- oder Tabellenverzeichnis erscheint. Als Absatzformatvorlage für die Quelle soll TEXTKÖRPER-EINZUG 2 verwendet werden, die nun einzugliedern ist (vgl. *Abbildung 5.10*):

1. Wählen Sie im Aufgabenbereich die Absatzformatvorlage TEXTKÖRPER-EINZUG 2 und öffnen Sie deren Einstellungen, vgl. die Handlungsanweisung *Einstellungen einer Formatvorlage öffnen*, Seite 62.

2. In der Auswahl FORMATVORLAGE BASIERT AUF sollte die Absatzformatvorlage BESCHRIFTUNG (vgl. hierzu weiter unten) eingetragen sein, um eventuelle Änderungen der Schriftart auch in den Quellenvermerk zu übernehmen.

3. In der Auswahl FORMATVORLAGE FÜR FOLGEABSATZ sollte TEXTKÖRPER stehen, damit Sie danach problemlos weiterschreiben können.

4. Das Kontrollfeld AUTOMATISCH AKTUALISIEREN sollte deaktiviert sein; zur Wirkung vgl. Seite 62.

5. Bestätigen Sie diese Einstellungen.

Das Eingliedern ist zunächst die wichtigste Arbeit. Die Formatierungen werden später nachgeholt, da an dieser Stelle noch unklar ist, welche Formatierungen über die BESCHRIFTUNG bereits zentral vorgegeben werden.

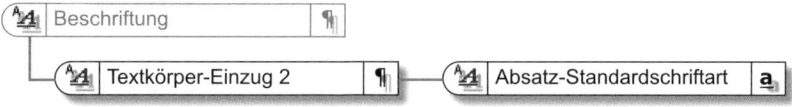

Abbildung 5.10: Absatzformatvorlage »Textkörper-Einzug 2«

»Beschriftung« eingliedern. Alle Beschriftungen, die Word systemseitig zuweist, werden mit der Absatzformatvorlage BESCHRIFTUNG formatiert. Sie sollte deshalb zweckmäßig eingegliedert werden, also auf dem TEXTKÖRPER basieren. Die allgemeine Beschreibung finden Sie im Kapitel *Allgemeine Layoutvorgaben umsetzen* auf Seite 64, hier nur einige Hinweise (vgl. auch *Abbildung 5.11*):

▪ In der Auswahl FORMATVORLAGE BASIERT AUF sollte die Absatzformatvorlage TEXTKÖRPER eingetragen sein, da Abbildungsbeschriftungen zumeist innerhalb des Textkörpers verwendet werden.

▪ Was in der Auswahl FORMATVORLAGE FÜR FOLGEABSATZ steht, richtet sich nach Ihren Formvorschriften. Sofern nach einer Beschriftung der Quellenvermerk kommen soll, sollte hier die Absatzformatvorlage TEXTKÖRPER-EINZUG 2 stehen; um nach der Beschriftung direkt weiter zu schreiben, wählen Sie hier TEXTKÖRPER.

▪ Das Kontrollfeld AUTOMATISCH AKTUALISIEREN sollte deaktiviert sein; zur Wirkung vgl. ebenfalls Seite 64.

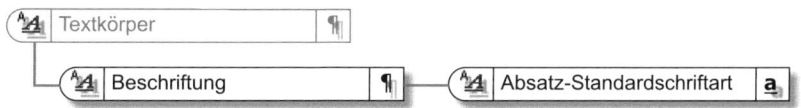

Abbildung 5.11: Absatzformatvorlage »Beschriftung«

»Beschriftung«: Schriftschnitt. Beschriftungen unterhalb von Tabellen und Abbildungen sind häufig fett ausgezeichnet. Sofern Sie diese Eigenschaft des Schriftschnitts verwenden möchten, sollten Sie sie der Absatzformatvorlage BESCHRIFTUNG zuweisen, vgl. Seite 76.

Bis hierhin ging es nur um die Einrichtung der Layoutstruktur. Mindestens genauso wichtig ist es, die konkrete Beschriftung einzurichten, also auch die Abbildungszählung.

Abbildungsbeschriftung eingeben. Word hat zwar ein Dialogfeld mit dem Namen BESCHRIFTUNG, das für einfache Beschriftungen auch ausreicht. In vielen Fällen erweist es sich nach meiner Erfahrung aber als ungenügend, weshalb ich es im Rahmen dieses Buches nur am Rand behandle. Stattdessen beschreibe ich Ihnen, wie die Technik hinter dem Dialogfeld aussieht. Auf diese Weise werden Sie nicht nur weniger Probleme mit dem Abbildungsverzeichnis bekommen. Auch Sonderfälle wie »Abb. 15-a« und »Abb. 15-b« werden Sie sicher meistern:

1. Platzieren Sie die Einfügemarke in einem leeren Absatz, dem Sie die Absatzformatvorlage BESCHRIFTUNG zuweisen, und geben Sie das Wort »Abbildung« ein, gefolgt von einem Leerzeichen.

2. Über EINFÜGEN > FELD... öffnen Sie das gleich lautende Dialogfeld.

3. In der Auswahl KATEGORIE wählen Sie die Gruppe NUMMERIERUNGEN, in der Liste der FELDNAMEN die Funktion SEQ. Diese Funktion erscheint im Eingabefeld des Dialogfeldes.

4. Platzieren Sie die Einfügemarke im Eingabefeld hinter SEQ, halten Sie aber das bereits vorhandene Leerzeichen Abstand ein, und geben Sie das Wort »Abbildung« ein.

5. Deaktivieren Sie schließlich das Kontrollfeld FORMATIERUNG BEI AKTUALISIERUNG BEIBEHALTEN und bestätigen Sie diese Eingaben, indem Sie auf die Schaltfläche OK klicken.

6. Die Einfügemarke befindet sich nunmehr hinter der eingefügten Feldfunktion und Sie geben einen Doppelpunkt und ein Tabulatorzeichen ein.

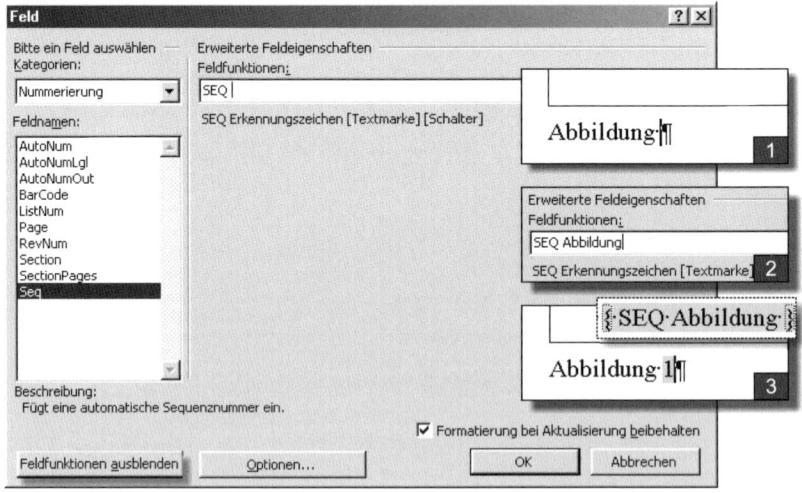

Abbildung 5.12: Feldfunktion »Seq« für Abbildungszählungen einfügen

Zum Schluss sollte der Anfang einer exemplarischen Beschriftung folgen. Hinter dem Tabulatorzeichen könnten Sie nunmehr die Beschriftung der Abbildung eingeben, beispielsweise »Kaufpreismodell für zwei Marktteilnehmer« oder was immer Sie möchten.

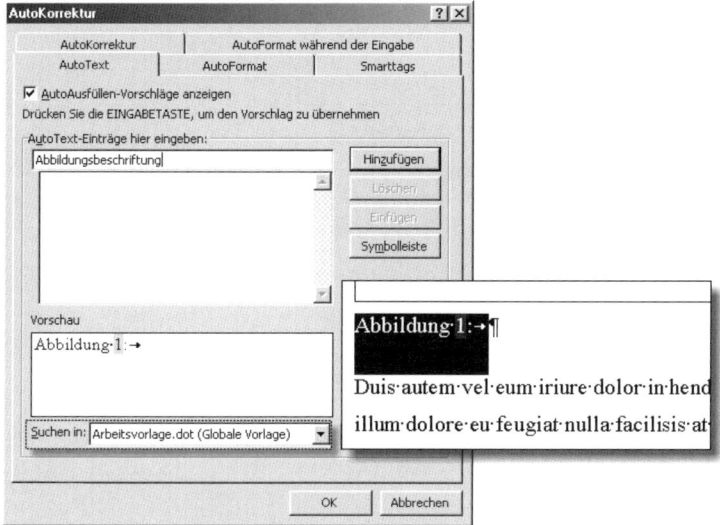

Abbildung 5.13: Abbildungsbeschriftung als Autotext einrichten

Abbildungsbeschriftung als Autotext einrichten. Der vorhergehend beschriebene Weg ist während des Schreibens definitiv zu kompliziert und würde Sie zu sehr ablenken, ganz abgesehen davon, dass Sie im Buch erst zu dieser Stelle blättern müssten. Mit dieser und der folgenden Handlungsanweisung möchte ich Ihnen zeigen, wie sich Abbildungsbeschriftungen problemlos in den Arbeitsfluss integrieren lassen. Anhand von *Abbildung 5.13* können Sie die Umsetzung kontrollieren:

1. Markieren Sie den Absatz mit der Abbildungsbeschriftung so, wie Sie ihn eingegeben haben (also vollständig).

2. Über EINFÜGEN > AUTOTEXT > AUTOTEXT... öffnen Sie das Dialogfeld AUTOKORREKTUR und gelangen zugleich auf die Registerkarte AUTOTEXT; wählen Sie als Menüpunkt anstelle von AUTOTEXT... nicht NEU..., auch wenn das zunächst naheliegend erscheint (den Unterschied macht der nächste Schritt).

3. Als Erstes sollten Sie in der eher unauffälligen Auswahl SUCHEN IN, im unteren Teil des Dialogfelds, die Dokumentenvorlage auswählen, auf der Ihre Arbeit basiert. Andernfalls wird Word Ihren Autotext in die globale Vorlage NORMAL.DOT speichern.

4. Nun können Sie ganz entspannt fortfahren. Im Bereich VORSCHAU sehen Sie den zukünftigen Autotextinhalt – er sollte Ihrer Markierung entsprechen.

5. Im Eingabefeld AUTOTEXT-EINTRÄGE HIER EINGEBEN können Sie dem Autotext einen Namen geben. Der Vorschlag, ebenfalls aus der Markierung abgeleitet, ist jedoch nicht besonders aussagekräftig. Besser wäre »Abbildungsbeschriftung« oder etwas ähnliches.

6. Klicken Sie auf die Schaltfläche HINZUFÜGEN, um den Autotext zu definieren. Schließen Sie dann das Dialogfeld.

Abbildungsbeschriftung als Autokorrektur einrichten. Autotexte eignen sich allem, um Textbausteine, entweder einzelne Zeichen oder ganze Absätze, separat und mit eigener Bezeichnung abzuspeichern. Als Eigenschaft der Dokumentenvorlage lassen sie sich zudem von einem Rechner zum anderen mitnehmen. Wesentlich »flüssiger« ist das Schreiben allerdings mit der Autokorrektur (vgl. *Abbildung 5.14*):

1. Markieren Sie die Abbildungsbeschriftung vom Anfang bis einschließlich des Tabulatorzeichens.

2. Über EXTRAS > AUTOKORREKTUR... öffnen Sie das gleich lautende Dialogfeld; aktivieren Sie hier die Registerkarte AUTOKORREKTUR.

3. In der Gruppe WÄHREND DER EINGABE ERSETZEN ist das (rechte) Eingabefeld DURCH bereits ausgefüllt; darüber sollte das Optionsfeld FORMATIERTEN TEXT aktiv sein (sonst müssen Sie es aktivieren).

4. In das (linke) Eingabefeld ERSETZEN tragen Sie die Bezeichnung ein »Abbildung #«; zwischen dem Wort »Abbildung« und dem Doppelkreuz steht ein Leerzeichen.

5. Klicken Sie auf die Schaltfläche HINZUFÜGEN, um diesen Eintrag zu definieren. Schließen Sie dann das Dialogfeld, indem Sie auf die Schaltfläche OK klicken.

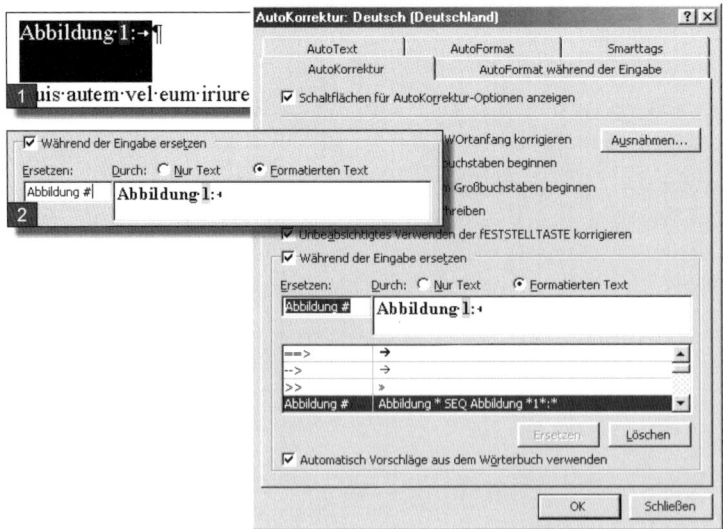

Abbildung 5.14: Abbildungsbeschriftung in die Autokorrektur übernehmen

Wann immer Sie jetzt die Wortfolge »Abbildung #« in Ihr Dokument schreiben, wird Word diese Eingabe automatisch durch das Wort »Abbildung«, die korrekte Nummer sowie den Doppelpunkt und das Tabulatorzeichen ersetzen. Sie können nach dem »#« also direkt die Beschriftung der Abbildung eingeben.

Quelle: Anpassen. Inzwischen haben Sie die BESCHRIFTUNG mit den gewünschten Eigenschaften versehen. Öffnen Sie jetzt noch einmal die Einstellungen der Absatzformatvorlage für die Abbildungsquelle, also TEXTKÖRPER-EINZUG 2. Meistens müssen Sie noch den Schriftschnitt und die Zeilenausrichtung überprüfen.

Abbildung eingliedern. Völlig unbeachtet geblieben sind bislang die Abbildungen selbst. Sie sollten in großen Dokumenten stets in der Textebene angeordnet werden, am besten in einem selbständigen Absatz. Als Absatzformatvorlage wird im Rahmen dieses Buches die Systemvorlage TEXTKÖRPER-EINZUG 3 verwendet, die zunächst eingegliedert werden soll (vgl. *Abbildung 5.15*):

- In der Auswahl FORMATVORLAGE BASIERT AUF sollte die Absatzformatvorlage BESCHRIFTUNG eingetragen sein.

- In der Auswahl FORMATVORLAGE FÜR FOLGEABSATZ sollte ebenfalls die Absatzformatvorlage BESCHRIFTUNG stehen; so wechseln Sie automatisch in die richtige Absatzformatvorlage.

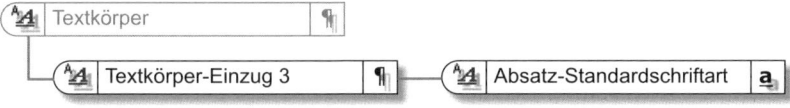

Abbildung 5.15: Absatzformatvorlage »Textkörper-Einzug 3«

Abbildungsabsatz: Schriftfarbe. Während des Schreibens bereits die Abbildungen einzufügen, halte ich für wenig sinnvoll, da es den Schreibfluss stört und Dokumente anfälliger macht für Fehler. Praktischer ist es dagegen, anstelle der späteren Abbildung einen leeren Absatz einzufügen und in diesem einen Hinweis auf die Abbildung anzubringen, beispielsweise »Hier Folie 15 aus abbildungen_hoch.ppt einfügen«. Hinweise auf fehlende Abbildungen können Sie rot darstellen. Da diese Hinweise entfernt werden, sobald Sie die Abbildungen einfügen, wird der rote Text später nirgendwo erscheinen. Und während des Bearbeitens laufen Sie so weniger Gefahr, eine fehlende Abbildung zu übersehen. Die Schriftfarbe ist eine Zeicheneigenschaft, die Sie im Dialogfeld ZEICHEN auf der Registerkarte SCHRIFT in der Auswahl SCHRIFTFARBE festlegen; das Öffnen dieser Registerkarte wird auf Seite 69 beschrieben.

Abbildungsabsatz: Zeilenabstand. In Absätzen, die Abbildungen oder andere Objekte aufnehmen, ist es zwingend notwendig, einen relativen Zeilenabstand festzulegen, um unterschiedlich hohe Abbildungen vollständig wiederzugeben. Andernfalls kann es passieren, dass Sie nur den unteren Rand der Abbildung sehen, vgl. *Abbildung 5.16*. Am besten legen Sie für die Absatzformatvorlage einen einfachen Zeilenabstand fest, vgl. Seite 65.

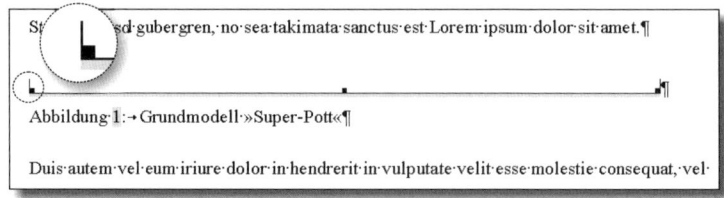

Abbildung 5.16: Absoluter Zeilenabstand »schneidet« Bilder nach oben hin ab

Abbildungsabsatz: Absatzkontrolle. Abbildungsbeschriftungen gehören zur Abbildung. Da Sie in Word aber nicht angeben können, dass ein Absatz mit seinem Vorgänger zusammengehalten werden soll, müssen Sie umgekehrt für den Abbildungsabsatz, also TEXT-KÖRPER-EINZUG 3, festlegen, dass er mit seinem Nachfolger zusammengehalten werden soll. Diese Einstellung wurde bereits bei den Überschriften beschrieben, vgl. Seite 77.

5.5   Tabellen

Eine der wirklich guten Neuerungen, die Word 2002 von seiner Vorgängerversion unterscheidet, sind die Formatvorlagen für Tabellen, kurz Tabellenformatvorlagen. Ohne in diesem Kapitel darauf einzugehen, wie eine Tabelle normgerecht gestaltet wird (Hinweise hierzu im Kapitel *Spezielle Schreibelemente*), möchte ich Ihnen in den folgenden Abbildungen zeigen, welche Elemente in einer einzelnen Tabellenformatvorlage unterschieden werden. Meiner Beschreibung liegt die Rangordnung dieser Elemente zueinander zugrunde, die auch in *Abbildung 5.17* und *Abbildung 5.18* zu sehen ist.

(1) Spaltenkopf. Der Spaltenkopf besteht, sofern ihm eine Eigenschaft zugeordnet wird, stets aus der ersten Zeile der Tabelle; mehr als die erste Zeile kann dem Spaltenkopf nicht zugeordnet werden. Innerhalb des Spaltenkopfs werden der Spaltenkopf der Vorspalte (1.1) und der Summenspalte (1.2) unterschieden. Wird allerdings dem Spaltenkopf insgesamt keine Eigenschaft zugewiesen, laufen die Eigenschaften der beiden speziellen Spaltenköpfe ins Leere. Andernfalls dominieren ihre Eigenschaften die des Spaltenkopfs. Sobald ein Spaltenkopf definiert ist, beginnt die Zählung der ungeraden und geraden Zeilen mit der zweiten Tabellenzeile – die absolut zweite Zeile wird damit zur Zeile Nr. 1 und ist somit ungerade.

(2) Summenzeile. Die Summenzeile ist das Gegenstück zum Spaltenkopf. Sofern definiert, ist sie stets die letzte Zeile der Tabelle. Auch hier werden die speziellen Summenzellen der Vorspalte (2.1) und der Summenspalte (2.2) unterschieden. Sofern der Summenzeile keine Eigenschaft zugewiesen ist, laufen die Eigenschaften der speziellen Summenzellen ins Leere; andernfalls setzen sie sich gegenüber der Summenzeile durch.

(3) Vorspalte. Die Vorspalte ist, sofern ihr eine Eigenschaft zugeordnet wird, stets die erste Spalte. Mehrere Spalten können nicht zugewiesen werden. Sind ein Spaltenkopf (1), eine Summenzeile (2) und eine Vorspalte definiert, setzen sich die Eigenschaften von Spaltenkopf und Summenzeile durch. Sobald eine Vorspalte definiert ist, beginnt die Zählung der ungeraden und geraden Spalten mit der zweiten Tabellenspalte – die absolut zweite Spalte wird damit zur Spalte Nr. 1 und ist somit ungerade.

(4) Summenspalte. Die Summenspalte ist wiederum das Gegenstück zur Vorspalte. Es handelt sich dabei stets um die letzte Spalte der Tabelle; mehrere Spalten sind nicht möglich. Bei gleichzeitig definiertem Spaltenkopf und Summenzeile unterliegen die Eigenschaften der Summenspalte.

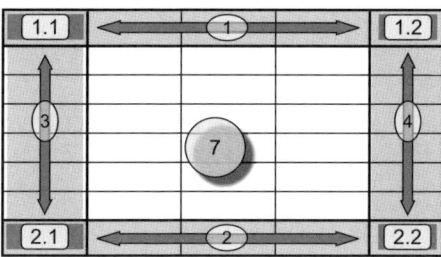

Abbildung 5.17: Tabellenelemente – Teil 1

(5) Ungerade und gerade Zeilen. Welche Zeilen der Tabelle ungerade (5.1) und gerade (5.2) sind, richtet sich danach, ob ein Spaltenkopf definiert ist oder nicht. Ohne definierten Spaltenkopf beginnt die Zählung bei der ersten Tabellenzeile, andernfalls bei der zweiten. Die erste gezählte Zeile ist ungerade. Eigenschaften der zuvor beschriebenen Merkmale überlagern die Eigenschaften, die ungeraden und geraden Zeilen zugeordnet sind.

(6) Ungerade und gerade Spalten. Welche Spalten der Tabelle ungerade (6.1) und gerade (6.2) sind, richtet sich (analog den Zeilen) danach, ob eine Vorspalte definiert ist oder nicht. Ohne definierte Vorspalte beginnt die Zählung mit der ersten Tabellenspalte, andernfalls mit der zweiten. Die erste gezählte Spalte ist ungerade. Eigenschaften der zuvor beschriebenen Merkmale überlagern die ungeraden und geraden Spalten zugewiesenen Eigenschaften; insbesondere setzen sich die Zeileneigenschaften gegenüber den Spalteneigenschaften durch.

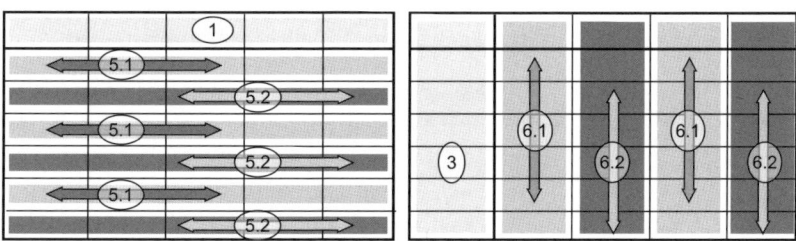

Abbildung 5.18: Tabellenelemente – Teil 2

(7) Tabelle insgesamt. Das letzte Element ist die Tabelle insgesamt. Alle hier festgelegten Eigenschaften werden außer Kraft gesetzt, sobald eines der darüber liegenden Elemente eine speziellere Eigenschaft hat.

Tabellenformatvorlagen richtig zu gestalten, verlangt nach meiner Erfahrung etwas Ruhe und Vorausplanung, weil das zuständige Dialogfeld nicht übersichtlich genug ist, um alle Eigenschaften sicher zu überblicken. Deshalb ist es ganz wichtig, in der Arbeitsreihenfolge vom allgemeinen zum speziellen Element vorzugehen, also von (7) zu (1). Am besten legen Sie sich vorher einen Plan zurecht, welche Elemente mit welchen Eigenschaften ausgestaltet werden sollten. Folgende Eigenschaften sind für jedes Element möglich:

▓ Zeicheneigenschaften (SCHRIFTART…): beispielsweise Schriftart, Schriftgrad, Schriftschnitt; wirkt sich auf den Zelleninhalt aus.

▓ Absatzeigenschaften (ABSATZ…): beispielsweise Absatzabstände, Zeilenausrichtung, Zeilenabstand; wirkt sich auf den Zelleninhalt aus.

▓ Rahmen und Zellenhintergrund (RAHMEN UND SCHATTIERUNG…): insbesondere Rahmenlinien des bezeichneten Elements (Spalte, Zeile, Zelle) und seine Hintergrundfarbe.

▓ Tabelleneigenschaften (TABELLENEIGENSCHAFTEN…): Diese Eigenschaften werden noch genauer betrachtet.

Während die meisten Eigenschaften selbsterklärend sind oder zumindest weiter oben behandelt wurden, möchte ich die Tabelleneigenschaften näher betrachten, da sie wichtig sind, um Tabellen zügig und ansprechend zu gestalten. Dazu fügen Sie am besten eine leere Tabelle mit fünf Spalten und sieben Zeilen ein (das Einfügen von Tabellen wird sehr ausführlich im Kapitel *Spezielle Schreibelemente* beschrieben). Neuen Tabellen wird normalerweise die Tabellenformatvorlage TABELLENGITTERNETZ zugewiesen. Diese Tabellenformatvorlage soll nun Ihren Grundbedürfnissen entsprechend angepasst werden.

Tabellenausrichtung festlegen. Im Folgenden nehme ich an, dass Tabellen grundsätzlich linksbündig und der linke Tabellenrand mit dem linken Zeilenrand in einer gemeinsamen Flucht erscheinen sollen (vgl. *Abbildung 5.19*):

1. Blenden Sie den Aufgabenbereich FORMATVORLAGEN UND FORMATIERUNG ein und platzieren Sie die Einfügemarke in der Tabelle.

2. Sollte der Tabelle eine andere Tabellenformatvorlage als TABELLENGITTERNETZ zugewiesen sein, weisen Sie entweder diese Tabellenformatvorlage zu oder wenden Sie die weiteren Schritte analog auf die zugewiesene Tabellenformatvorlage an.

3. Öffnen Sie das Dialogfeld FORMATVORLAGE ÄNDERN mit den Eigenschaften der Tabellenformatvorlage. Das gelingt wie bei Absatzformatvorlagen, vgl. Seite 62.

4. Im Dialogfeld sehen Sie die Gruppe FORMATIERUNG. Die wichtigste Auswahl dieser Gruppe ist FORMATIERUNG ÜBERNEHMEN FÜR. Hierüber können Sie alle oben beschriebenen Tabellenelemente auswählen und ihre Eigenschaften anpassen. Wählen Sie das Element GESAMTE TABELLE.

5. Klicken Sie nun im Dialogfeld auf die Schaltfläche FORMAT und wählen Sie in der Menüauswahl den Menüpunkt TABELLENEIGENSCHAFTEN…; es öffnet sich das gleichlautende Dialogfeld. Aktivieren Sie hier die Registerkarte TABELLE.

6. Einige Eigenschaften in dieser Registerkarte sind nicht zugänglich, weil sie nicht zentral in Tabellenformatvorlagen hinterlegt werden können. Allerdings sind die Eigenschaften der Gruppe AUSRICHTUNG zugänglich – und auf die kommt es hier an.

7. Wählen Sie als AUSRICHTUNG die Alternative LINKS. Word neigt leider automatisch dazu, Tabellen so weit nach links in den linken Seitensteg hineinzuziehen, bis der Text der ersten Spalte mit dem Textkörper in einer Flucht steht. Zumindest in den mir bekannten Vorschriften soll der linke Seitensteg aber zum Korrigieren frei bleiben. Aus diesem Grund tragen Sie in das Eingabefeld EINZUG VON LINKS den Wert »0,2 cm« ein – normalerweise reicht das.

8. Klicken Sie auf die Schaltfläche OK, um diese Einstellungen zu übernehmen.

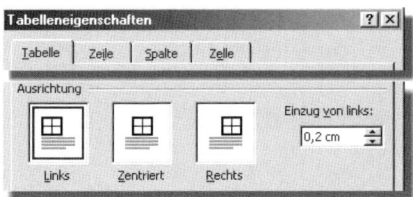

Abbildung 5.19: Tabellenausrichtung festlegen

Tabellenrahmen festlegen. Um das Prinzip von Tabellenformatvorlagen besser zu verstehen, sollen als Nächstes die Rahmenlinien angepasst werden. Dabei soll die GESAMTE TABELLE einen Rahmen und einen Gitternetz erhalten. Zusätzlich sollen Spaltenkopf (KOPFZEILE) und Vorspalte (LINKE SPALTE) durch eine Linie in der Breite der Rahmenlinie vom Tabellenfeld abgegrenzt werden.

(a) Gesamte Tabelle. Beginnen Sie bei derartigen Formatierungen immer mit dem allgemeineren Element und arbeiten sich zu den spezielleren Elementen vor. Das allgemeinere Element in dieser Zusammenstellung ist die GESAMTE TABELLE (vgl. *Abbildung 5.20*):

1. Wählen Sie im Dialogfeld FORMATVORLAGE ÄNDERN in der Auswahl FORMATIERUNG das Element GESAMTE TABELLE und öffnen Sie über die Schaltfläche FORMAT > RAHMEN UND SCHATTIERUNG… das gleichnamige Dialogfeld.

2. Aktivieren Sie die Registerkarte RAHMEN. In diesem Dialogfeld ist die wichtigste Auswahl unten rechts die Auswahl ÜBERNEHMEN FÜR. Bevor Sie eine Eigenschaft verändern, schauen Sie zunächst nach, worauf sich diese Eigenschaft beziehen wird. In diesem Fall steht dort die (unveränderliche) Alternative TABELLE und darauf beziehen sich auch die Einstellungen.

3. Beginnen Sie mit dem Rahmen. Wählen Sie dazu in der Gruppe EINSTELLUNG die Alternative KONTUR. Dadurch werden in der Gruppe VORSCHAU die vier Schaltflächen für OBEN, UNTEN, LINKS und RECHTS aktiviert.

4. Als Linienart soll eine durchgezogene Linie festgelegt werden. Wählen Sie dazu in der Auswahl LINIENART die erste Alternative, die durchgezogene Linie.

5. Möchten Sie eine spezielle Farbe für die Linien verwenden, wählen Sie den entsprechenden Farbton in der Auswahl FARBE.

6. Die Linienstärke der Rahmenlinien soll 0,75 Punkt betragen. Wählen Sie dazu in der Auswahl BREITE die Alternative ¾ PT.

7. Nun soll noch das Gitternetz festgelegt werden. Das sind alle Rahmenlinien, die die Tabelle nicht nach außen begrenzen. Aktivieren Sie dazu in der Gruppe EINSTELLUNG die Alternative ANGEPASST.

8. Wählen Sie als Linienstärke in der Auswahl BREITE die Alternative ¼ PT. Die übrigen Einstellungen können unverändert übernommen werden.

9. Da bei der Alternative ANPASSEN die Einstellungen nicht automatisch übernommen werden, müssen Sie nun in der Gruppe VORSCHAU einzeln auf die Schaltfläche für HORIZONTALE ZWISCHENLINIE und VERTIKALE ZWISCHENLINIE klicken.

10. Um diese Einstellungen zu übernehmen, klicken Sie auf die Schaltfläche OK.

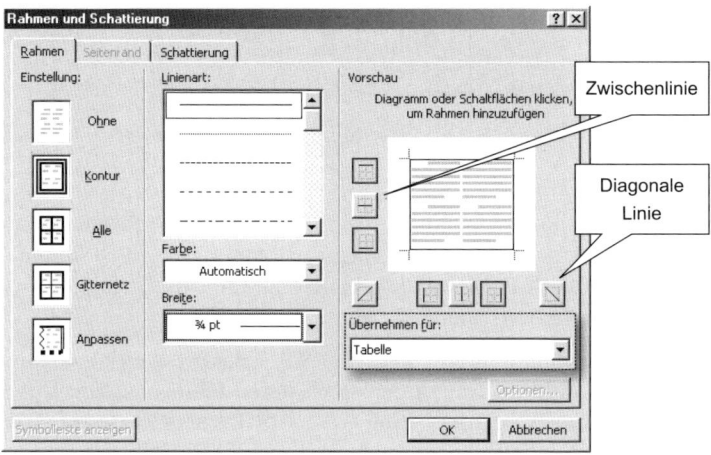

Abbildung 5.20: Tabellenrahmen für gesamte Tabelle einrichten

(b) Vorspalte. Als Nächstes ist die Vorspalte dran. Die meisten Rahmeneinstellungen der gesamten Tabelle können übernommen werden. Lediglich der rechte Spaltenrahmen müsste angepasst werden – theoretisch. Praktisch müssen Sie um die Vorspalte einen eigenen Rahmen ziehen, da Word alle Rahmeneigenschaften dieses Elements außer Kraft setzt, sobald Sie eine einzelne Rahmeneinstellung ändern:

1. Wählen Sie im Dialogfeld FORMATVORLAGE ÄNDERN in der Auswahl FORMATIERUNG das Element LINKE SPALTE und öffnen Sie über die Schaltfläche FORMAT > RAHMEN UND SCHATTIERUNG… das gleichnamige Dialogfeld. Aktivieren Sie wiederum die Registerkarte RAHMEN.

2. Beachten Sie wieder unten rechts die Auswahl ÜBERNEHMEN FÜR. Diesmal ist dort die (unveränderliche) Alternative ZELLE vermerkt. Das Gitternetz, das Sie für die GESAMTE TABELLE definiert haben, werden Sie also nicht außer Kraft setzen.

3. Wählen Sie deshalb in der Gruppe EINSTELLUNG die Alternative KONTUR. Andernfalls würden Sie zwar eine rechte Rahmenlinie vorsehen; doch Word würde die Rahmenlinien der drei übrigen Seiten für die Vorspalte entfernen.

4. Weisen Sie der Kontur als Strichstärke in der Auswahl BREITE die Alternative ¾ PT zu, wie der Tabellenrahmen. Passen Sie auch FARBE und LINIENART an, sollten diese nicht stimmen.

5. Übernehmen Sie dann die Einstellungen.

(c) Spaltenkopf. Als Letztes soll noch der Spaltenkopf angepasst werden. Auch hier unterscheiden sich Theorie und Praxis etwas, weil Word wiederum alle Rahmeneigenschaften der gesamten Tabelle außer Kraft setzt, sobald Sie eine einzelne Rahmeneinstellung dieses Elements ändern:

1. Wählen Sie im Dialogfeld FORMATVORLAGE ÄNDERN in der Auswahl FORMATIERUNG das Element KOPFZEILE und öffnen Sie über die Schaltfläche FORMAT > RAHMEN UND SCHATTIERUNG… das gleichnamige Dialogfeld. Aktivieren Sie wiederum die Registerkarte RAHMEN.

2. Achten Sie wieder unten rechts auf die Auswahl ÜBERNEHMEN FÜR. Diesmal ist dort die (unveränderliche) Alternative TABELLE vermerkt. Diese Bezeichnung ist irreführend! Die Einstellungen werden sich selbstverständlich nur auf den Spaltenkopf auswirken, nicht auf die gesamte Tabelle. Allerdings setzen Sie das Gitternetz, das Sie für die GESAMTE TABELLE definiert haben, diesmal wieder außer Kraft, weil der Geltungsbereich trotz der Einschränkung KOPFZEILE im Übrigen gleich ist.

3. Also müssen Sie zunächst wieder den Rahmen des Bereichs gestalten sowie die Zwischenlinien, vgl. Schritt 2 bis 9 im Abschnitt *(a) Gesamte Tabelle.*

4. Übernehmen Sie dann diese Einstellungen.

(d) Tabellenfluss festlegen. Den Tabellenfluss beeinflussen Sie auf zwei verschiedene Arten. Im Rahmen der Absatzeigenschaften aller Elemente können Sie die (bereits bekannte) Absatzkontrolle anpassen. Dadurch lässt sich sogar verhindern, dass Tabellen überhaupt umgebrochen werden. Um allerdings nur zu unterbinden, dass innerhalb längerer Tabellenzeilen ein Seitenumbruch entsteht, gibt es eine spezielle Tabelleneigenschaft (vgl. *Abbildung 5.21*):

1. Wählen Sie im Dialogfeld FORMATVORLAGE ÄNDERN in der Auswahl FORMATIERUNG das Element GESAMTE TABELLE und öffnen Sie über die Schaltfläche FORMAT > TABELLENEIGENSCHAFTEN… das gleichnamige Dialogfeld.

2. Aktivieren Sie die Registerkarte TABELLE und klicken Sie auf die Schaltfläche OPTIONEN…, um das Dialogfeld TABELLENEIGENSCHAFTEN zu öffnen.

3. Aktivieren Sie in diesem Dialogfeld die Registerkarte ZEILE. In der einzig aktiven Gruppe OPTIONEN haben Sie das Kontrollfeld ZEILENWECHSEL AUF SEITEN ZULASSEN. Deaktivieren Sie es, um einen Seitenumbruch innerhalb einer Zeile zu unterbinden.

4. Übernehmen Sie diese Einstellungen.

Die Tabellenformatvorlagen sind, wie Sie inzwischen bemerkt haben, ein wenig kompliziert anzupassen, einmal eingerichtet aber durchaus praktisch. Die Breite einzelner Spalten oder die Höhe einzelner Zeilen können Sie allerdings (noch) nicht genauer vorgeben. Gewisse Anpassungen müssen Sie also stets manuell nachholen.

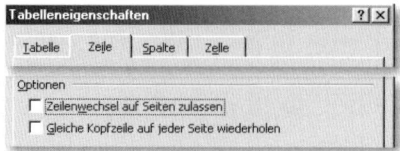

Abbildung 5.21: Zeilenwechsel innerhalb von Tabellenzeilen unterbinden

Tabellenbeschriftung. Selbstverständlich müssen auch Tabellen durchgezählt und beschriftet werden. Das funktioniert grundsätzlich wie mit Abbildungen, nur dass der Absatz für die Abbildung selbst entfällt – an seiner Stelle befindet sich bereits die Tabelle. Die Beschriftung und ein eventueller Quellenvermerk werden mit den gleichen Absatzformatvorlagen formatiert wie die Abbildungsbeschriftung.

Einige kleine Unterschiede treten aber bei der Zählung auf, insbesondere bei der Kategorie der Feldfunktion SEQ. In Schritt *4* der Handlungsanweisung *Abbildungsbeschriftung eingeben* verwenden Sie als Kategorie die Bezeichnung »Tabelle«. Geben Sie dann die endgültige Tabellenbeschriftung in einen leeren Absatz ein, dem Sie die Absatzformatvorlage BESCHRIFTUNG zugewiesen haben. Wenn Sie dann, wie in der Handlungsanweisung *Abbildungsbeschriftung als Autotext einrichten* beschrieben, daraus einen Autotext schaffen, verwenden Sie in Schritt *5* die Bezeichnung »Tabellenbeschriftung«. Sofern Sie aus der Tabellenbeschriftung auch einen Autokorrektureintrag machen möchten, das Vorgehen entspricht der Handlungsanweisung *Abbildungsbeschriftung als Autokorrektur einrichten*, verwenden Sie als Bezeichner in Schritt *4* den Eintrag »Tabelle #«.

5.6   Weitere Eigenschaften

Zwei für das Schreiben wichtige Eigenschaften wurden noch nicht näher betrachtet. Das ist zum einen die Rechtschreibkontrolle und zum anderen die automatische Silbentrennung. Der Hintergrund ist, dass diese Eigenschaften über alle Ebenen des Programms verstreut sind und zugleich alle Textelemente betreffen. Damit Sie ein besseres Verständnis für die Funktionsweise entwickeln, habe ich diese Eigenschaften ausgegliedert.

5.6.1   Rechtschreibkontrolle und Sprache

Dieser Abschnitt beschreibt, wie Sie Formatvorlagen so einrichten, dass sie in die Rechtschreibkontrolle in gewünschter Weise eingebunden oder bewusst von ihr übergangen werden. In *Abbildung 5.22* sehen Sie, auf welchen Ebenen die Rechtschreibkontrolle greift. Auf die genaue Funktionsweise der Rechtschreibkontrolle gehe ich im Kapitel Korrektur ein. Dort beschreibe ich auch, wie Sie die Rechtschreibkontrolle aktivieren.

Sprache einstellen. Damit eine sinnvolle Rechtschreibkontrolle möglich ist, sollten Sie die Sprache anpassen, in der der Text korrigiert werden soll. Die Sprache ist eine Zeicheneigenschaft, die Sie Absatzformatvorlagen, Zeichenformatvorlagen und Tabellenformatvorlagen zuweisen sowie direkt formatieren können. Die notwendigen Schritte beschreibe ich am Beispiel der Absatzformatvorlage STANDARD, da alle weiteren Formatvorlagen unmittelbar oder mittelbar auf deren Einstellungen aufbauen:

1. Öffnen Sie dazu die Einstellungen der Formatvorlage STANDARD, vgl. die Handlungs-anweisung *Einstellungen einer Formatvorlage öffnen*, Seite 62.

2. Klicken Sie im Dialogfeld auf die Schaltfläche FORMAT; in der Unterauswahl wählen Sie den Menüpunkt SPRACHE..., um das gleich lautende Dialogfeld zu öffnen.

3. In der Auswahl AUSGEWÄHLTEN TEXT MARKIEREN ALS wählen Sie die Alternative DEUTSCH (DEUTSCHLAND), wenn Ihre bevorzugte Dokumentensprache Deutsch ist. Wird Ihre Arbeit auf Französisch verfasst, wählen Sie entsprechend FRANZÖSISCH (FRANKREICH). Achten Sie außerdem darauf, dass das Kontrollfeld RECHTSCHREI-BUNG UND GRAMMATIK NICHT PRÜFEN deaktiviert ist.

4. Bestätigen Sie diese Einstellungen.

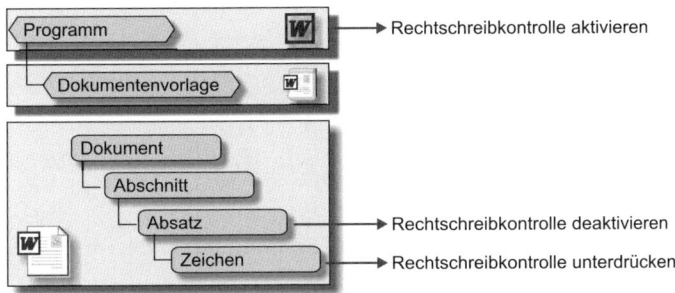

Abbildung 5.22: Zuordnung der Rechtschreibkontrolle

Die Sprache wirkt sich nicht nur auf die Rechtschreibkontrolle aus. Auch die Autokorrektur funktioniert sprachspezifisch. Deshalb ist auch die nächste Einstellung wichtig.

Automatische Spracherkennung unterbinden. Die automatische Spracherkennung versucht, aus dem Inhalt eines Absatzes auf die verwendete Sprache zu schließen. Eventuelle über eine Formatvorlage eingestellte Sprachen werden dazu außer Kraft gesetzt. Ich habe bisher keine wissenschaftliche Arbeit gesehen, wo die automatische Spracherkennung hilfreich war. Fast immer hat sie Texte ins Italienische befördert und so die »Korrektur-Glocke« klingeln lassen, obwohl der Text in lupenreinem Deutsch verfasst war. Unterbinden Sie deshalb diese Dokumenteneinstellung:

1. Über EXTRAS > SPRACHE > SPRACHE FESTLEGEN... öffnen Sie das bereits bekannte Dialogfeld SPRACHE.

2. Deaktivieren Sie das Kontrollfeld SPRACHE AUTOMATISCH ERKENNEN.

3. Klicken Sie auf die Schaltfläche OK, um die Einstellung zu übernehmen.

Rechtschreibkontrolle unterbinden (Absatz). Nicht jeder Text sollte von der automatischen Korrektur erfasst werden. Zumindest bei Zitaten kann sich dies verhängnisvoll auswirken, weil sie ja in ihrer Schreibweise dem Original entsprechen sollen und nicht einer objektiv korrekten Schreibweise. Das Vorgehen entspricht größtenteils der vorhergehenden Handlungsanweisung:

1. Öffnen Sie die Einstellungen der betreffenden Formatvorlage, vgl. die Handlungsanweisung *Einstellungen einer Formatvorlage öffnen*, Seite 62.

2. Klicken Sie im Dialogfeld auf die Schaltfläche FORMAT; in der Unterauswahl wählen Sie den Menüpunkt SPRACHE..., um das gleich lautende Dialogfeld zu öffnen.

3. Diesmal kommt es nur darauf an, dass Sie das Kontrollfeld RECHTSCHREIBUNG UND GRAMMATIK NICHT PRÜFEN aktivieren.

4. Übernehmen Sie diese Einstellungen.

Rechtschreibkontrolle unterbinden (Wort). Um nur ein einzelnes Wort von der automatischen Rechtschreibkontrolle auszunehmen, das ansonsten keine besonderen Merkmale wie eine gemeinsame Zeichenformatvorlage hat, müssen Sie die vorausgegangene Eigenschaft dem Wort direkt zuweisen:

1. Markieren Sie das betreffende Wort.

2. Über EXTRAS > SPRACHE > SPRACHE FESTLEGEN... öffnen Sie das bereits bekannte Dialogfeld SPRACHE.

3. Aktivieren Sie hier das Kontrollfeld RECHTSCHREIBUNG UND GRAMMATIK NICHT PRÜFEN.

4. Klicken Sie auf die Schaltfläche OK, um die Einstellung zu übernehmen.

5.6.2   Silbentrennung

Wie die meisten modernen Textverarbeitungen bietet auch Word die Möglichkeit, Wörter automatisch zu trennen. Dieses Programmmerkmal ist inzwischen auch recht ausgereift, wenn von Problemen mit der »Einkommensteuer« (für Word ist sie eher »...teuer«) und anderen Begriffen einmal abgesehen wird. Die Eigenschaften der Silbentrennung finden Sie in *Abbildung 5.23* zugeordnet.

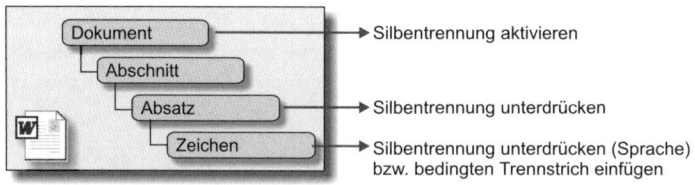

Abbildung 5.23: Zuordnung der Silbentrennung

Automatische Silbentrennung aktivieren. Die automatische Silbentrennung ist eine Dokumenteneigenschaft. Sie lässt sich wie folgt aktivieren:

1. Über EXTRAS > SPRACHE > SILBENTRENNUNG... öffnen Sie das gleich lautende Dialogfeld.

2. Aktivieren Sie hier das Kontrollfeld AUTOMATISCHE SILBENTRENNUNG.

3. Klicken Sie auf die Schaltfläche OK, um diese Einstellung zu übernehmen.

Ist die automatische Silbentrennung aktiv, bricht Word selbständig die Wörter um. Dabei werden so genannte »automatische Silbentrennungen« verwendet. Diese Zeichen verschwinden, sobald Sie die Silbentrennung deaktivieren, und sind also keine wirklich vorhandenen Trennstriche.

Automatische Silbentrennung anpassen. Es gibt wenige typographische Regeln bei der Silbentrennung zu beachten, die leider nicht zu den Standardeinstellungen von Word gehören. Die wichtigste Regel ist, dass nicht mehr als zwei Zeilen mit Silbentrennung unmittelbar aufeinander folgen sollen. In Word stellen Sie das wie folgt ein:

1. Über EXTRAS > SPRACHE > SILBENTRENNUNG... öffnen Sie erneut das gleich lautende Dialogfeld.

2. Stellen oder geben Sie in der Auswahl AUFEINANDERFOLGENDE TRENNSTRICHE den Wert »2« ein.

3. Mit der SILBENTRENNZONE wird der Randbereich bezeichnet, in dem Word nach einer möglichen Trennung sucht. Je kleiner dieser Wert ist, desto weniger »flattert« der Absatz. Allerdings kommt es dadurch viel wahrscheinlicher zur automatischen Silbentrennung, weshalb die AUFEINANDERFOLGENDEN TRENNSTRICHE viel häufiger relevant werden. Ein brauchbarer Wert ist »1 cm« – probieren Sie eventuell im fertigen Dokument andere Werte aus, um die Gesamtwirkung zu beurteilen.

4. Klicken Sie auf die Schaltfläche OK, um diese Einstellung zu übernehmen.

Automatische Silbentrennung unterdrücken (Absatz). So nützlich die Silbentrennung für ein Dokument insgesamt ist, so unschön kann sie für einzelne Absätze sein. In Überschriften sieht sie beispielsweise nicht sehr schön aus und soll deshalb dort deaktiviert werden:

1. Öffnen Sie die Einstellungen der Formatvorlage ÜBERSCHRIFT 1, vgl. die Handlungsanweisung *Einstellungen einer Formatvorlage öffnen*, Seite 62.

2. Klicken Sie im Dialogfeld auf die Schaltfläche FORMAT; in der Unterauswahl wählen Sie den Menüpunkt ABSATZ..., um das gleich lautende Dialogfeld zu öffnen. Dort aktivieren Sie die Registerkarte ZEILEN- UND SEITENUMBRUCH.

3. In dieser Registerkarte sehen Sie das Kontrollfeld KEINE SILBENTRENNUNG – der Name ist Programm. Um die Silbentrennung zu unterdrücken, aktivieren Sie es.

4. Übernehmen Sie diese Einstellungen.

Automatische Silbentrennung unterdrücken (Wort). Manchmal betrifft es keinen ganzen Satz sondern nur einzelne Wörter, die nicht automatisch getrennt werden sollen. In diesem Fall wäre die Absatzeigenschaft zu gründlich. Allerdings sind zwei Varianten zu unterscheiden. Im ersten Fall kann es sein, dass Sie das Wort zwar gegebenenfalls trennen möchten, auf keinen Fall aber automatisch. Im zweiten Fall möchten Sie das Wort hingegen gar nicht trennen.

(1) Andere Silbentrennung. Ich habe bislang keine deutsche Word-Version erlebt, in der die so genannte manuelle Silbentrennung zu zuverlässigen Resultaten geführt hätte. Spätestens mit dem nächsten Öffnen des Dokuments waren die Einstellungen wieder verloren. Allerdings gibt es eine Programmeigenschaft, die Sie zuverlässig nutzen können. Sobald

ein Wort auch nur einen bedingten Silbentrennstrich enthält, wird stets dieser anstelle eines möglichen automatischen Trennstrichs verwendet – sofern das Wort überhaupt in die Situation gerät, getrennt zu werden (vgl. *Abbildung 5.24*):

1. Platzieren Sie die Einfügemarke im Wort an derjenigen Stelle, die für eine Silbentrennung geeignet ist.

2. Über EINFÜGEN > SYMBOL... öffnen Sie das gleich lautende Dialogfeld; wechseln Sie hier zur Registerkarte SONDERZEICHEN.

3. In der Auswahl ZEICHEN ist die vierte Alternative relevant: BEDINGTER TRENNSTRICH. Markieren Sie ihn.

4. Klicken Sie nun auf die Schaltfläche EINFÜGEN, um ihn an der Position der Einfügemarke ins Wort einzufügen. Klicken Sie dann auf die Schaltfläche SCHLIESSEN, um das Dialogfeld wieder zu schließen.

Schneller gelangen Sie ans Ziel, wenn Sie, wie in *Abbildung 5.24* zu sehen, die Tastenkombination ⌷Strg⌷+⌷-⌷ drücken.

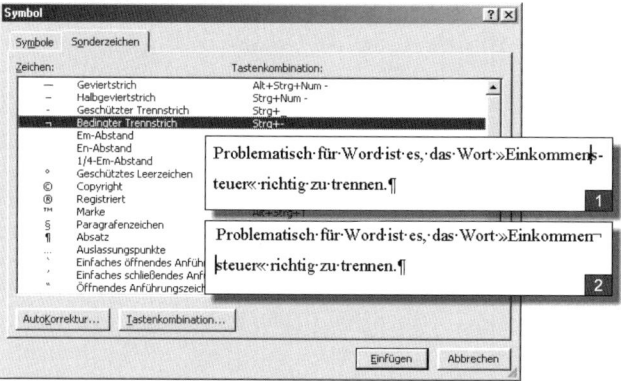

Abbildung 5.24: Bedingtes Trennzeichen in Wort einfügen

(2) Keine Silbentrennung. Im anderen Fall soll das Wort unter keinen Umständen automatisch getrennt werden. Die automatische Silbentrennung baut auf der Sprache auf. Um ein Wort aus der automatischen Silbentrennung auszugliedern, brauchen Sie nur das Kontrollfeld RECHTSCHREIBUNG UND GRAMMATIK NICHT PRÜFEN zu aktivieren, vgl. Seite 106.

5.7   Dokumentenvorlagen erzeugen

Wenn Sie sich bis hierhin durchgearbeitet haben, um Ihre Dokumentenvorlage einzurichten, und Sie noch keine eigene haben, wird es Sie wohl interessieren, wie Sie aus den aktuellen Einstellungen eine eigene Dokumentenvorlage anfertigen können. Nach all den Vorbereitungen und Einstellungen wird es Sie überraschen, wie einfach das ist.

Dokumentenvorlage erzeugen. Wenn Sie Ihr Dokument geöffnet haben, machen Sie das Folgende (vgl. *Abbildung 5.25*):

1. Über DATEI > SPEICHERN UNTER... öffnen Sie das gleich lautende Dialogfeld.

2. Wählen Sie hier in der Auswahl DATEITYP die Variante DOKUMENTENVORLAGE (*.DOC). Word ändert daraufhin den Pfad in der Auswahl SPEICHERN IN automatisch. Das liegt daran, dass die Vorlagen normalerweise in einem bestimmten Verzeichnis hinterlegt werden. Sofern Sie ein bestimmtes Verzeichnis bevorzugen, sollten Sie es nun auswählen.

3. Geben Sie nun im Eingabefeld DATEINAME einen sinnvollen Dateinamen ein; dieser Dateiname wird später als Bezeichnung verwendet.

4. Stimmt alles, klicken Sie auf die Schaltfläche SPEICHERN.

Nun sind alle Ihre Einstellungen in einer eigenen Dokumentenvorlage gesammelt. Beachten Sie allerdings, dass nur solche Einstellungen abgespeichert werden können, die nicht auf Programmebene hinterlegt sind, wie beispielsweise das Zählsystem der Überschriften.

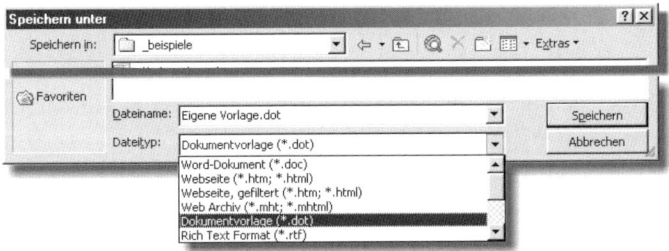

Abbildung 5.25: Word-Dokument als Dokumentenvorlage speichern

5.8 Dokumentenvorlagen aktualisieren

Word erlaubt es leider noch immer nicht, alle Eigenschaften einer Dokumentenvorlage zu aktualisieren. Wenn Sie vor allem Abschnittseigenschaften verändert haben, beispielsweise eine sehr aufwändige Kopfzeile, ist der schnellste Weg immer noch, daraus eine neue Dokumentenvorlage zu erzeugen. Betrachten Sie noch einmal *Abbildung 5.4*. Zusätzlich zu den dort beschriebenen Formatvorlagen können Sie nur noch Autotexte organisieren sowie Symbolleisten und Makroprojekte, auf die ich allerdings nicht näher eingehe – die Dokumenteneinstellungen oder Abschnittseigenschaften werden von Microsoft noch immer ausgegrenzt.

Formatvorlagen organisieren. Beim Organisieren unterscheidet Word nicht zwischen den einzelnen Sorten von Formatvorlagen. Das Vorgehen ist deshalb recht einfach. Im Folgenden soll angenommen werden, dass Sie im Dokument einige neue Dokumentenvorlagen definiert haben, die nun in die Dokumentenvorlage zurückgeschrieben werden sollen (vgl. *Abbildung 5.26*):

1. Öffnen Sie unten im Aufgabenbereich FORMATVORLAGEN UND FORMATIERUNG die Auswahl ANZEIGEN und wählen Sie die Alternative BENUTZERDEFINIERT... Es öffnet sich das Dialogfeld FORMATIERUNGSEINSTELLUNGEN.

2. Klicken Sie unten in diesem Dialogfeld auf die Schaltfläche FORMATVORLAGEN..., um das benötigte Dialogfeld ORGANISIEREN zu öffnen; schneller geht es in Word 2000: FORMAT > FORMATVORLAGEN... > ORGANISIEREN.

3. Wechseln Sie in die Registerkarte FORMATVORLAGEN. Das Dialogfeld ist im wesentlichen selbsterklärend aufgebaut. In der linken Spalte finden Sie üblicherweise das aktive Dokument, in der rechten Spalte (leider immer) die globale Dokumentenvorlage NORMAL.DOT.

4. Damit anstelle der NORMAL.DOT die mit dem Dokument tatsächlich verbundene Dokumentenvorlage angezeigt wird, klicken Sie zunächst auf die Schaltfläche DATEI SCHLIESSEN unterhalb der Auswahl. Die NORMAL.DOT wird entladen und die Schaltfläche lautet nunmehr DATEI ÖFFNEN... Klicken Sie auf diese Schaltfläche.

5. Es öffnet sich der Dateibrowser. Suchen Sie hiermit Ihre verwendete Dokumentenvorlage aus und klicken Sie im Dateibrowser auf die Schaltfläche ÖFFNEN, um die Dokumentenvorlage in das Dialogfeld zu laden.

6. Ziel dieser Handlung soll es sein, die Formatvorlagen aus dem Dokument in die Dokumentenvorlage zurückzuschreiben. Dazu markieren Sie in der linken Auswahl IN (DATEINAME) alle Formatvorlagen.

7. Klicken Sie dann zwischen den beiden Auswahllisten auf die Schaltfläche KOPIEREN. Da die meisten oder alle Formatvorlagen auch in der Dokumentenvorlage existieren dürften (wenngleich mit teilweise abweichenden Eigenschaften), wird es eine Warnung geben: Eine gleichnamige Formatvorlage existiere bereits. Bestätigen Sie diese Meldung, um den Kopiervorgang fortzusetzen.

8. Sobald alle Formatvorlagen in die Dokumentenvorlage kopiert sind, klicken Sie auf die Schaltfläche SCHLIESSEN, um das Dialogfeld wieder zu schließen.

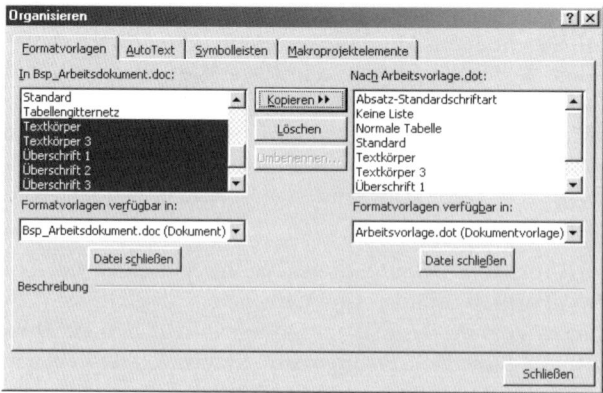

Abbildung 5.26: Formatvorlagen zwischen Vorlage und Dokument organisieren

KAPITEL 6

Nützliche Handgriffe

In diesem Kapitel werden einige Fertigkeiten vorgestellt, die zur Grundausstattung von Word gehören. Sie sind auch dann wichtig, wenn Sie jemanden haben, der Ihnen den Computer einrichtet und pflegt. Ich kenne so manchen Anwender, der mehr oder weniger unsicher durch das Dokument navigiert. Dabei kennt Word inzwischen zahlreiche Möglichkeiten zu navigieren. Mit Word 2002 sind zudem die Möglichkeiten ausgebaut worden, Textstellen zu markieren. Weithin unterschätzt wird auch das Programmmerkmal Suchen-Ersetzen. Dieses soll in diesem Kapitel beschrieben werden, weil seine Möglichkeiten gerade beim Korrigieren und beim Nachbessern technischer Unzulänglichkeiten immer wieder wertvolle Hilfe leistet. Richtig eingesetzt, erspart es Ihnen nicht nur Zeit. Sie können damit auch Fehler aufgrund mangelnder Konzentration verhindern, wie sie leicht unterlaufen, wenn Sie zu vorgerückter Stunde noch mit Ihrer Arbeit beschäftigt sind.

6.1 Navigieren

Die Navigationsinstrumente, die Word Ihnen anbietet, möchte ich unterteilen in »Fußgänger«, »Flugzeuge« und »Satelliten«. Die Unterteilung erfolgt anhand zweier Kriterien: Verändert sich durch das Navigieren die Position der Einfügemarke und könnte über das Navigationsinstrument auch markiert werden? Mit »Fußgängern« können Sie auch markieren, die Einfügemarke wandert also mit. Mit »Flugzeugen« können Sie zwar nicht markieren. Da die Einfügemarke aber dennoch mitwandert, können Sie an der Zielstelle weiterschreiben. Mit »Satelliten« überfliegen Sie Ihr Dokument, ohne die Position der Einfügemarke zu verändern. Sie können dadurch zwar nichts markieren. »Satelliten« sind aber immer dann praktisch, wenn Sie nur kurz sehen möchten, was Sie an anderer Stelle im Dokument geschrieben haben, beispielsweise in Zusammenhang mit einem Querverweis.

Eine wesentliche Bedeutung beim Navigieren hat die Ansicht – insoweit besteht kein Unterschied zur Realität. Über die Gliederungsansicht stehen Ihnen andere Möglichkeiten zur Verfügung als über die Normal- oder Layoutansicht. Hinweise auf die jeweils zweckmäßige Arbeitsansicht erhalten Sie in den Kapiteln selbst.

(1) Cursortasten (»Fußgänger«). Die wohl älteste Methode, sich durch ein Dokument zu navigieren, erfolgt die Cursortasten. Die wichtigsten Textelemente, die Sie hierüber navigieren können, sind:

▨ *Zeichen:* Vorhergegangenes Zeichen ⬅ und nachfolgendes Zeichen ➡

▨ *Wort:* Anfang des aktuellen bzw. vorhergegangenen Worts Strg+⬅ und Anfang des nachfolgenden Worts Strg+➡

▨ *Zeile:* Eine Zeile aufwärts ⬆ und eine Zeile abwärts ⬇; weiterhin Zeilenanfang Pos1 und Zeilenende Ende

■ *Absatz:* Anfang des aktuellen Absatzes `Strg`+`↑` und Anfang des nachfolgenden Absatzes `Strg`+`↓`

Speziell in Tabellen kommt noch die Taste `⇥` hinzu, um die Zellen nacheinander zu durchlaufen und `⇧`+`⇥`, um die Zellen in Gegenrichtung zu durchlaufen. Diese »Fußgänger«-Kombinationen sind in der täglichen Arbeit äußerst wichtig und zeitsparend. Viele Anwender verwenden die Zeichennavigation, obwohl sie wortweise navigieren möchten, und die Zeilennavigation wird verwendet, obwohl absatzweise navigiert werden soll.

(2) Dokumentstruktur (»Flugzeug«). In der täglichen Arbeit ist die Dokumentstruktur die nächstwichtigste Navigationsmöglichkeit. Über ANSICHT > DOKUMENTSTRUKTUR blenden Sie diesen Navigationsbereich am linken Dokumentenrand ein. Die Möglichkeiten bezüglich der Darstellung entsprechen denen der Gliederungsansicht:

■ Klicken Sie auf den Kasten vor einem Gliederungspunkt, um die Unterpunkte ein- oder auszublenden.

■ Über das Kontextmenü (rechte Maustaste) können Sie die Ebenen insgesamt ein- und ausblenden.

Klicken Sie einfach mit der Maus auf die gewünschte Überschrift und Word navigiert Sie automatisch an den Anfang des Gliederungspunkts. Ich empfehle Ihnen, die Dokumentstruktur einzublenden, während Sie mit Schreiben beschäftigt sind. Auf diese Weise haben Sie die Gliederung stets präsent und wissen auch, in welchem Gliederungsabschnitt Sie gerade sind.

(3) Objekt-Browser (»Flugzeug«). Vor allem wenn Sie viele gleichartige Elemente nachbessern möchten, ist der Objekt-Browser hilfreich. Die Zugriffsmöglichkeiten befinden sich am unteren Ende der vertikalen Bildlaufleiste. In *Abbildung 6.1* werden die Möglichkeiten gezeigt. Das Vorgehen erfolgt in zwei Stufen:

■ *Objektauswahl:* Klicken Sie auf das Symbol BROWSEOBJEKT AUSWÄHLEN, um die Objektauswahl zu öffnen. Wählen Sie in dieser Auswahl das gewünschte Objekt, beispielsweise NACH TABELLE DURCHSUCHEN; die Objektauswahl schließt sich automatisch.

■ *Objektnavigation:* Über die angrenzenden Richtungspfeile können Sie, ausgehend von der aktuellen Position der Einfügemarke, das vorhergehende bzw. das nachfolgende Objekt ansteuern. Sofern Sie ein anderes Objekt als NACH SEITE DURCHSUCHEN ausgewählt haben, sind diese Richtungspfeile blau – ein Hinweis darauf, dass die ursprüngliche Funktion, das Seitenblättern, durch ein spezielles Objekt ersetzt wird. Sofern Ihr Dokument kein derartiges Objekt enthält, passiert gar nichts. Andernfalls können Sie auf diese Weise schnell von einer Tabelle zur nächsten gelangen, um beispielsweise die Beschriftungen nachzubessern.

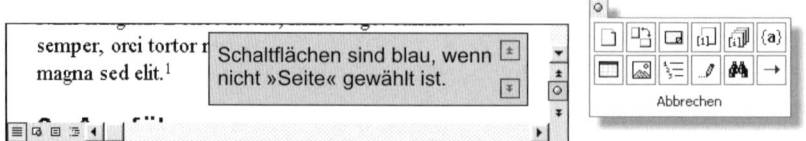

Abbildung 6.1: Objekt-Browser mit Objektauswahl und Navigation

Die wichtigsten Objekte sind nach meiner Erfahrung:

▦ NACH BEARBEITUNG DURCHSUCHEN: Dieses Browseobjekt ist praktisch, wenn Sie Ihre Arbeit gerade geöffnet haben. Word markiert die Stelle, an der sich die Einfügemarke befand, als Sie die Datei zuletzt gespeichert hatten, als Bearbeitungsstelle. Wenn Sie am nächsten Tag Ihre Datei öffnen, gelangen Sie über dieses Browseobjekt direkt an die Stelle, an der Sie zuletzt gearbeitet hatten.

▦ NACH ABBILDUNG DURCHSUCHEN: Dieses Browseobjekt hat mir unzählige Male gute Dienste geleistet, um die Abbildungsbeschriftungen nachzubessern. Hiermit gelangen Sie von Abbildung zu Abbildung und überspringen den dazwischen liegenden Text.

▦ NACH TABELLE DURCHSUCHEN: In Dokumenten, in denen die Abbildungsbeschriftungen nicht stimmen, sind die Tabellenbeschriftungen auch häufig nicht so, dass ein Tabellenverzeichnis damit etwas anfangen könnte. Der Nutzen ist wie bei den Abbildungen hoch.

▦ NACH ABSCHNITT DURCHSUCHEN: Im Kapitel *Allgemeine Layoutvorgaben umsetzen* hatte ich bereits auf den sinnvollen und weniger sinnvollen Gebrauch von Abschnittswechseln hingewiesen. Mit diesem Browseobjekt spüren Sie alle Abschnittswechsel auf.

(4) Gehe-zu-Funktion (»Flugzeug«). Die Gehe-zu-Funktion lässt sich nicht nur über den Objekt-Browser aufrufen, sie kann auch ähnlich verwendet werden. Während der Objekt-Browser aber ausschließlich relativ verwendet werden kann, also »letzte Tabelle« und »vorletzte Tabelle«, können Sie über diese Navigationsfunktion auch absolut navigieren, also die »erste Tabelle« oder »zweite Tabelle« ansteuern. Das Dialogfeld sehen Sie in *Abbildung 6.2.* Der Gebrauch erfolgt in zwei Stufen, ähnlich dem Objekt-Browser:

▦ *Objektauswahl:* Über BEARBEITEN > GEHE ZU… öffnen Sie das Dialogfeld SUCHEN UND ERSETZEN und aktivieren zugleich die Registerkarte GEHE ZU. Links haben Sie die Auswahl GEHE ZU ELEMENT, in der Sie das gesuchte Element auswählen können. Wählen Sie beispielsweise die Alternative TABELLE. Nun können Sie in das Eingabefeld im rechten Bereich entweder eine Zahl eingeben, »2« beispielsweise, um die zweite Tabelle im Dokument aufzuspüren; gezählt wird vom Dokumentenanfang. Um ausgehend von der aktuellen Position der Einfügemarke die übernächste Tabelle aufzuspüren, geben Sie dagegen »+2« ein.

▦ *Objektnavigation:* In dem Dialogfeld haben Sie zwei Schaltflächen. Haben Sie ein relatives Element wie die »nächste Tabelle« angegeben, gelangen Sie über die Schaltfläche GEHE ZU bzw. WEITER zur nächsten und durch nochmaliges Klicken zur übernächsten Tabelle. Über ZURÜCK gelangen Sie in die Gegenrichtung. Sofern Sie ein absolutes Element bezeichnen wie die »erste Tabelle«, steht Ihnen nur die Schaltfläche GEHE ZU zur Verfügung.

Zwei Problemfälle sind denkbar. Im ersten Fall enthält Ihr Dokument zwar das Element, aber nicht in der notwendigen Anzahl. Angenommen, Sie möchten zur Fußnote 20 (absolut) navigieren, Ihr Dokument enthält aber nur zwei Fußnoten. In diesem Fall wird Word Sie zur letztmöglichen Fußnote navigieren. Im zweiten Fall enthält Ihr Dokument gar keine Fußnoten. In einer solchen Situation navigiert Word Sie zum Anfang des Dokuments.

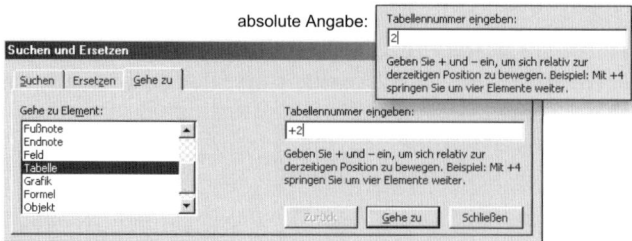

Abbildung 6.2: Dialogfeld »Suchen und Ersetzen« mit Registerkarte »Gehe zu«

(5) Suchfunktion (»Flugzeug«). Die Suchfunktion ist praktisch und wichtig, wenn Sie vor allem inhaltliche oder Layoutmerkmale angeben können. Einfaches Beispiel ist ein bestimmter Fehler. Sie erinnern sich noch an zwei Wörter, die dabeistehen, können die Stelle aber nicht finden. Geben Sie einfach die beiden Wörter als Suchfolge vor und Sie werden schnell zur fraglichen Stelle gelangen. Wegen ihrer Bedeutung gehe ich in einem separaten Abschnitt auf die Such- und Ersetzfunktion ein.

(6) Bildlaufleiste (»Satellit«). Die vertikale Bildlaufleiste ist der »Satellit« unter den Navigationsinstrumenten. Sie ermöglicht die Navigation in zwei Richtungen und unterscheidet drei Bereiche:

▨ *Positionsmarke:* Sie können die Positionsmarke direkt anklicken, um den Fensterausschnitt zu verschieben. Eine Kurzinformation signalisiert Ihnen die Seite und den zugehörigen Gliederungsabschnitt (vgl. *Abbildung 6.3*).

▨ *Richtungspfeil:* Indem Sie auf einen der Richtungspfeile klicken, verschieben Sie den Fensterausschnitt zeilenweise. Die Richtungspfeile sind für eine schrittweise Navigation sinnvoll.

▨ *Zwischenbereich:* Wenn Sie in den Bereich zwischen der Positionsmarke und dem Richtungspfeil klicken, verschieben Sie den Fensterausschnitt seitenweise.

Wie in der Unterscheidung bereits angedeutet, beeinflusst die Bildlaufleiste nicht die Position der Einfügemarke. Deswegen ist die Bildlaufleiste die einzige Möglichkeit, im Dokument zu navigieren, *ohne eventuell vorhandene Markierungen aufzuheben!* Haben Sie versehentlich in den neuen Fensterausschnitt geklickt, so dass sich die Einfügemarke nunmehr dort befindet, verwenden Sie den Objektbrowser, um zur vorhergehenden BEARBEITUNG zu gelangen.

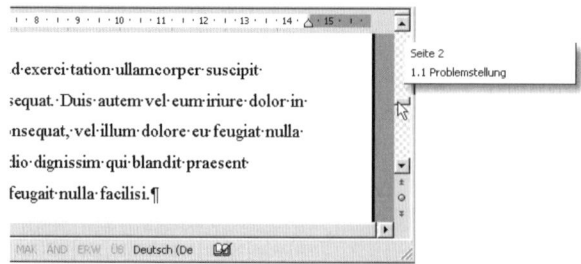

Abbildung 6.3: Bildlaufleiste mit Kontextinformation

6.2 Markieren

Sicher und genau zu markieren, ist eine hilfreiche Fähigkeit, die insbesondere das Umgliedern wesentlich beschleunigt. Nach meiner Erfahrung wird dabei zu oft die Maus verwendet. Sie ist gut für die grobe Arbeit geeignet, also das Markieren ganzer Zeilen oder Absätze. Bei Wörtern und Zeichen sind die »Fußgänger« dagegen deutlich schneller.

Hinsichtlich der Möglichkeiten, Inhalte zu markieren, unterscheidet sich Word 2002 von seiner Vorgängerversion. Seit der aktuellen Version ist es endlich möglich, auch unzusammenhängende Bereiche zu markieren. Microsoft gebraucht in diesem Zusammenhang häufiger den Begriff INSTANZ in den Dialogfeldern und Aufgabenbereichen, um die einzelnen markierten Elemente zu bezeichnen (das Wort »Instanz« ist typische Programmiersprache).

Markieren über die Tastatur (»Fußgänger«). Das Verschieben der Einfügemarke mit gleichzeitigem Markieren der dazwischen liegenden Zeichen ist häufig die schnellste Methode, um »mal eben« etwas zu markieren. Die wesentlichen Merkmale sind:

- Sehr schnell.

- Unzusammenhängende Textbereiche können nicht markiert werden.

Das Markieren über die Tastatur gelingt wie folgt (vgl. *Abbildung 6.4*):

1. Platzieren Sie die Einfügemarke an der Stelle, von der aus Sie markieren möchten.

2. Drücken Sie die Taste ⇧ und halten Sie sie bis auf weiteres gedrückt.

3. Verschieben Sie nun die Einfügemarke. Um ausgehend von der Position der Einfügemarke alle Zeichen bis zum Wortende zu markieren, drücken Sie somit zusätzlich zu ⇧ noch die Tastenkombination Strg + → ; sie ist weiter oben beschrieben.

4. Sobald Sie die Markierung erweitert haben, können Sie ⇧ wieder loslassen.

Wenn Sie die Tastatur einigermaßen sicher blind beherrschen, ist das Markieren über die Tastatur für kleinere Markierungen die schnellste Methode.

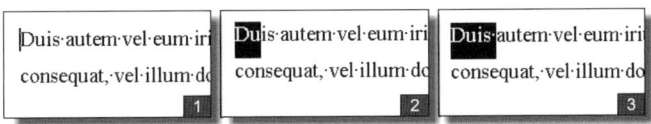

Abbildung 6.4: Textstelle über die Tastatur markieren

Markieren mithilfe der Maus. Das Markieren mithilfe der Maus hat zwei wesentliche Merkmale:

- Sehr intuitiv, weil vielen Anwendern die Maus vertraut ist.

- Es können mehrere Textbereiche gleichzeitig markiert werden, obwohl diese keinen geschlossenen Bereich bilden (nur Word 2002).

Bevor ich auf die spezielle Möglichkeit unter Word 2002 eingehe, mehrere Textbereiche gleichzeitig zu markieren, soll die Maus als Markierhilfe gezeigt werden.

(a) Markieren durch Klicken. Häufig werden Textstellen durch Anklicken markiert. In diesem Zusammenhang unterscheidet Word den einfachen Klick, den Doppelklick und den Dreifachklick – die linke Maustaste ist einfach nur entsprechend oft hintereinander zu betätigen. Was Sie genau markieren, richtet sich danach, worauf Sie klicken. In *Tabelle 6.1* werden die wichtigsten Möglichkeiten zusammengestellt.

	Einfacher Klick	**Doppelklick**	**Dreifachklick**
Auf oder vor Wort	(Einfügemarke wird platziert)	Wort markieren	Absatz markieren
Vor Zeile (direkt)	Zeile markieren	Absatz markieren	Gesamten Dokumentinhalt markieren

Tabelle 6.1: Mausklickbereiche zum Markieren

(b) Markieren durch Ziehen. Häufig wird die Markierung auch durch Ziehen der Maus erweitert. Die Einfügemarke wird dazu an einer Stelle im Dokument platziert und der Mauszeiger wird anschließend weiter gezogen, während die linke Maustaste gedrückt bleibt. Die Unterscheidungen sind die gleichen wie in *Tabelle 6.1*:

- *Auf oder vor Wort:* Wenn Sie den Mauszeiger auf einem Wort oder zwischen zwei Wörtern platzieren und die Markierung von dort ausgehend erweitern, passiert Folgendes. Sofern Sie sich vom Beginn der Einfügemarke wegbewegen, werden Sie den Text wortweise markieren, vgl. *Abbildung 6.5*. Bewegen Sie sich auf die Einfügemarke wieder zu, reduzieren Sie die Markierung zeichenweise. Um auch bei der Erweiterung der Markierung nur zeichenweise zu markieren, deaktivieren Sie unter EXTRAS > OPTIONEN > BEARBEITEN das Kontrollfeld WÖRTER AUTOMATISCH MARKIEREN.

- *Vor Zeile (direkt):* Sofern Sie den Mauszeiger vor einer Zeile platzieren und von dort aus die Markierung erweitern, werden Sie mit der Maus nur zeilenweise markieren können. Über die Markierungen »zu Fuß« (also über die Tastatur) haben Sie aber die Möglichkeit, die Markierung etwas einzugrenzen oder auszudehnen.

Sie erkennen daran, dass Word zwei Markierbereiche unterscheidet: die zeichen- bzw. wortweise Markierung und die Zeilenmarkierung.

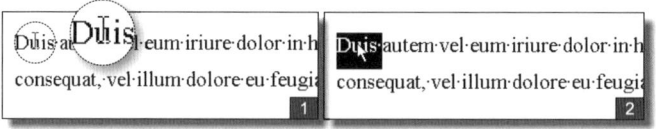

Abbildung 6.5: Markieren mithilfe der Maus

(c) Mehrfachmarkieren. Anwender mit Word 2002 können neben den gezeigten Alternativen die Maus auch benutzen, um mehrere Textstellen zu markieren, die nicht zusammenhängen. Diese Mehrfachmarkierung versteht sich als Ergänzung zum Markieren durch Klicken (vgl. a) und zum Markieren durch Ziehen (vgl. b). Deshalb brauche ich hier nur zu zeigen, wie Sie mehrere Textstellen markieren (vgl. *Abbildung 6.6*):

1. Markieren Sie die erste Textstelle wie gewünscht, also durch Klicken oder Ziehen.

2. Sofern der nächste Dokumentenausschnitt nicht im Fenster zu sehen ist, verwenden Sie die Bildlaufleiste, um ihn einzublenden.

3. Bevor Sie die nächste Textstelle markieren, drücken Sie `Strg`. Markieren Sie nun – die Taste `Strg` bleibt weiterhin gedrückt – die nächste Textstelle.

4. Wiederholen Sie die beiden vorhergehenden Schritte, bis Sie alle notwendigen Textstellen markiert haben.

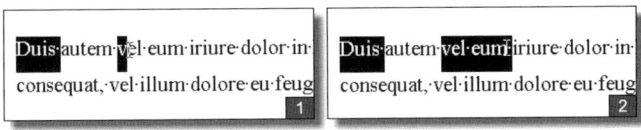

Abbildung 6.6: Mehrere Textstellen mithilfe der Maus markieren (nur Word 2002)

Markieren über den Erweiterungsmodus. Neben den Möglichkeiten der Tastatur und der Maus ist noch der Erweiterungsmodus zu erwähnen. Er kann einerseits als Ergänzung zu Tastatur und Maus betrachtet werden. Da es aber die einzige Möglichkeit ist, Sätze als selbständige Einheit zu markieren, stellt er auch ein eigenes Markierinstrument dar. Sie aktivieren ihn, indem Sie einmal `F8` drücken – zum Beenden drücken Sie `Esc`. Ist er aktiv, finden Sie in der Statusleiste den Hinweis ERW. Nun haben Sie normal die Möglichkeit, durch Verschieben der Einfügemarke mittels Tastatur oder Maus die Markierung zu erweitern.

Der Erweiterungsmodus hat daneben aber auch eine andere Betriebsart. Mehrmaliges Drücken von `F8` dehnt die Markierung automatisch und in festgelegter Reihenfolge aus; um die Markierung wieder zu reduzieren, drücken Sie `⇧`+`F8`. Die einzelnen Objekte sehen Sie in *Abbildung 6.7*.

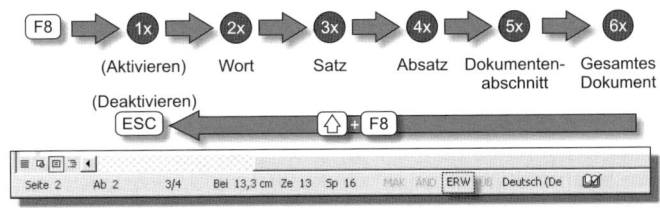

Abbildung 6.7: Möglichkeiten des Erweiterungsmodus

Eine besondere Variante des Erweiterungsmodus ist die Spaltenmarkierung. Sie wird ausgelöst über `Strg`+`⇧`+`F8`. Bei dieser Variante können Sie zeilenübergreifend beispielsweise den Zeilenanfang oder das Zeilenende markieren.

Besonderheiten. Es gibt beim Markieren einige Besonderheiten, die Sie kennen sollten. Diese Besonderheiten betreffen das Markieren von Feldfunktionen, Verzeichnisse beispielsweise, und nicht sichtbaren Zeichen. Wenn Sie versuchen, Inhalte von *Feldfunk-*

tionen zu markieren, und dabei ist es unerheblich, ob es sich bei dem Inhalt um das Ergebnis oder die Funktion handelt, passiert das Folgende:

■ Versuchen Sie, vom Rand her Teile des Inhalts zu markieren, wird Word die Markierung automatisch auf die gesamte Feldfunktion erweitern. Es ist unmöglich, nur einen Rand und Teile des Inhalts zu markieren.

■ Um Teile des Inhalts zu markieren, platzieren Sie die Einfügemarke innerhalb der Feldfunktion. Erweitern Sie dann die Markierung auf den benötigten Inhalt. Vermeiden Sie es aber, dabei an den Rand, also den Anfang oder das Ende des Inhalts, zu kommen – dann wird die Markierung wieder automatisch auf die gesamte Feldfunktion erweitert …

Dieses Verhalten lässt sich durch keine Programmeinstellung verändern. Wenn Sie den Inhalt einer Feldfunktion, den Funktionscode oder das Funktionsergebnis also, an anderer Stelle als einfachen Text benötigen, kopieren Sie ihn in die Zwischenablage und fügen Sie ihn über BEARBEITEN > INHALT als UNFORMATIERTEN TEXT wieder ein. Wenn Sie von vornherein nur einen Teil des Inhalts benötigen, navigieren Sie die Einfügemarke hinter das erste Zeichen des Inhalts – die Navigation über die Tastatur, die »Fußgänger« also, ist hierbei sehr nützlich. Erweitern Sie dann die Markierung auf den benötigten Rest; die Maus ist dazu meistens ungeeignet, da ohne angepasste Programmeinstellungen die Markierung auf den Anfang zurückspringt … und damit auch auf den gesamten Inhalt der Feldfunktion.

Eine weitere Besonderheit sind die *nicht sichtbaren Zeichen*, ausführlicher im Kapitel *Problemstellung* behandelt (vgl. Seite 15). Wenn Sie beim Markieren auf Nummer Sicher gehen möchten, blenden Sie alle erforderlichen Zeichen ein. Sie vermeiden damit, unbedacht beispielsweise eine Absatzmarkierung zu übersehen. Der Unterschied wird in *Abbildung 6.8* verdeutlicht.

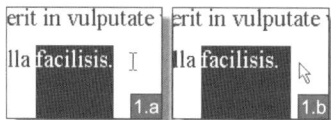 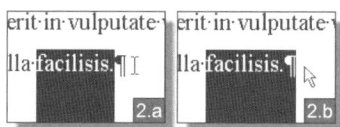

Abbildung 6.8: Markierungen ohne und mit Absatzmarke (Vergleich)

Speziell in der Gliederungsansicht kommen zur Gruppe der nicht sichtbaren Zeichen auch die *nicht eingeblendeten Inhalte* hinzu. Diese werden durch gestrichelte Linien angedeutet und können entstehen, weil Sie von Absätzen nur die erste Zeile einblenden oder weil Sie bestimmte Absätze insgesamt ausblenden. Im Normalfall werden Sie die nicht eingeblendeten Inhalte automatisch mitmarkieren.

Markieren in Tabellen. Eine Besonderheit gilt dem Markieren in Tabellen. Das Markieren von Zeilen und Spalten ist in Word sehr intuitiv gelöst: Halten Sie den Mauszeiger links von der Tabelle, um die Zeile zu markieren. Und bringen Sie den Mauszeiger knapp über den Tabellenkopf, um eine Spalte zu markieren. Etwas ungewöhnlich ist allerdings das Verhalten innerhalb einer Zelle. Jede Zelle enthält mindestens eine Tabellenzellenmarke. Diese können Sie nicht markieren, ohne den gesamten Zelleninhalt mitsamt den Eigenschaften der Tabellenzelle zu markieren. Um dies zu verhindern, markieren Sie ausgehend vom ersten Zeichen des Zelleninhalts den Rest, ohne das letzte Zeichen zu erfassen.

Abbildung 6.9: Inhalt einer Tabellenzelle markieren

6.3 Verschieben

Dokumenteninhalte werden Sie immer dann verschieben wollen, wenn Sie den Inhalt umgliedern. Sofern es sich um größere Eingriffe in die Dokumentenstruktur handelt, sollten Sie die Gliederungsansicht verwenden. Diese ist mit ihren Möglichkeiten, Teile des Dokumenteninhalts auszublenden, für diese Aufgabe am besten geeignet (vgl. Kapitel *Gliederungen*). Die Ansicht ist aber letztendlich Geschmackssache. In diesem Abschnitt geht es um die Technik. Sie haben in Word zwei Möglichkeiten zur Auswahl, um Inhalte zu verschieben. Die erste Möglichkeit ist das so genannte Drag and Drop (zu Deutsch etwa »ziehen und loslassen«). Die zweite Möglichkeit ist die Zwischenablage.

6.3.1 Drag and Drop

Drag and Drop werden Sie vermutlich sicher beherrschen, auch wenn Ihnen die Bezeichnung noch neu ist. In Word können Sie eine Programmeinstellung verändern, um Drag and Drop zuzulassen. Aktivieren Sie dazu unter EXTRAS > OPTIONEN > BEARBEITEN das Kontrollfeld TEXTBEARBEITUNG DURCH DRAG DROP. Nun können Sie sicher sein, dass die folgenden Handlungsanweisungen gelingen.

Verschieben. Beim Verschieben wandert der Inhalt von der ursprünglichen an die neue Stelle, er wird also nur umplatziert (vgl. *Abbildung 6.10*):

1. Markieren Sie die Zeichen oder Inhalte, die Sie verschieben möchten.

2. Klicken Sie mit der linken Maustaste in die Markierung und halten Sie die linke Maustaste gedrückt.

3. Ziehen Sie nun die markierte Zeichenfolge an die zukünftige Stelle. Achten Sie dabei auf den Mauszeiger: Der Zeiger selbst ist um einen Dokumentenrahmen erweitert und innerhalb des Dokuments wandert eine einfache Einfügemarkierung mit – sie signalisiert Ihnen, wo der verschobene Inhalt eingefügt würde.

4. Sobald die Einfügemarkierung Ihnen die richtige Position signalisiert, lassen Sie die linke Maustaste wieder los.

Wenn Sie versehentlich damit begonnen haben, einen Teil des Dokuments zu verschieben, geraten Sie nicht in Panik: Halten Sie die linke Maustaste gedrückt! Solange Sie die nämlich gedrückt halten, passiert noch nichts. Drücken Sie jetzt zusätzlich einmal $\boxed{\texttt{Esc}}$ und die Erweiterung des Mauszeigers verschwindet – Sie können die linke Maustaste wieder loslassen.

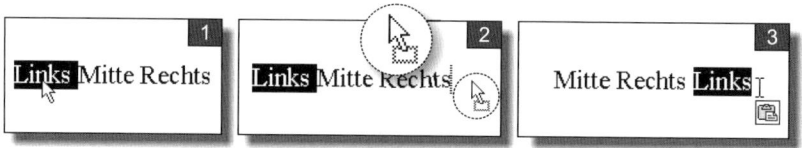

Abbildung 6.10: Text verschieben mithilfe von Drag and Drop

Duplizieren. Sie können den Inhalt mittels dieser Methode auch duplizieren. Der ursprüngliche Inhalt verbleibt dort, wo er ist. Der gleiche Inhalt wird zusätzlich an der Stelle eingefügt, die Ihnen die Einfügemarkierung signalisiert (vgl. *Abbildung 6.11*):

1. Befolgen Sie die ersten drei Schritte so, wie in der Handlungsanweisung *Verschieben* beschrieben.

2. Wenn Sie zu Schritt *4* kommen, drücken Sie als Erstes $\boxed{\texttt{Strg}}$ und halten Sie diese Taste bis auf weiteres gedrückt. Sie sehen, dass der Mauszeiger zusätzlich zum Dokumentenrahmen ein Pluszeichen erhält. Lassen Sie nun zunächst die linke Maustaste los und geben Sie erst dann die $\boxed{\texttt{Strg}}$ wieder frei.

Einer der Vorzüge dieser Methode ist, dass Sie hierdurch Textteile kopieren können, ohne den Inhalt der Zwischenablage dadurch zu überschreiben. Es gibt viele Arbeitssituationen, in denen das die Produktivität erhöht.

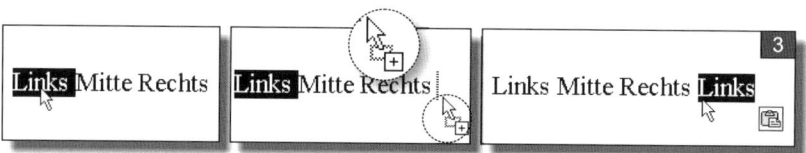

Abbildung 6.11: Text duplizieren mithilfe von Drag and Drop

6.3.2   Zwischenablage

Die Zwischenablage ist im Kern ein Merkmal von Windows. Sie steht Ihnen in allen Windows-Programmen zur Verfügung und kann insbesondere auch in Situationen eingesetzt werden, in denen Sie gar kein Dialogfeld verwenden können – weil Sie sich beispielsweise bereits innerhalb eines Dialogfelds befinden. Speziell unter Office ist die Zwischenablage noch einmal erweitert worden. Sofern Sie sie aber einsetzen, um viel mit anderen Windows-Programmen Daten auszutauschen, werden Ihnen diese Erweiterungen nicht sehr viel bringen.

Über die Zwischenablage können Sie genauso wie durch Drag and Drop Teile von Dokumenten verschieben oder duplizieren. Es ist aber jeweils eine zusätzliche Handlung erforderlich. Dafür haben Sie bezüglich des Einfügens mehr Möglichkeiten.

Inhalt in die Zwischenablage verschieben (»Ausschneiden«). Sofern Sie einen Inhalt im Dokument verschieben möchten, werden Sie ihn in die Zwischenablage übernehmen und an der ursprünglichen Stelle im Dokument zugleich löschen wollen. Dafür hat sich der Begriff »Ausschneiden« etabliert (vgl. *Abbildung 6.12*):

1. Markieren Sie den Dokumenteninhalt, den Sie ausschneiden möchten.

2. Über BEARBEITEN > AUSSCHNEIDEN verschieben Sie ihn in die Zwischenablage.

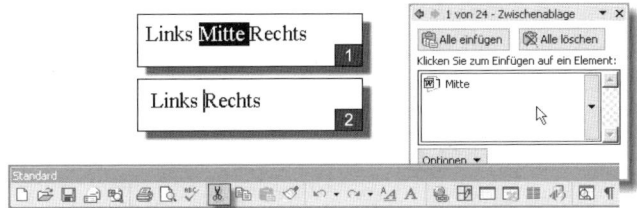

Abbildung 6.12: Inhalt in die Zwischenablage verschieben (»ausschneiden«)

Inhalt in die Zwischenablage kopieren (»Kopieren«). Wenn Sie einen Inhalt im Dokument duplizieren möchten, werden Sie den Inhalt an seiner ursprünglichen Stelle belassen wollen. In diesem Fall kopieren Sie ihn lediglich in die Zwischenablage (vgl. *Abbildung 6.13*):

1. Markieren Sie den Dokumenteninhalt, den Sie kopieren möchten.

2. Über BEARBEITEN > KOPIEREN kopieren Sie den Inhalt in die Zwischenablage.

Sofern Sie mit Word 2002 arbeiten, können Sie nun über BEARBEITEN > OFFICE-ZWISCHEN-ABLGAE den Aufgabenbereich ZWISCHENABLAGE einblenden. Hier sehen Sie die bislang enthaltenen Inhalte. Die Möglichkeiten dieses Aufgabenbereichs sind aber auf das normale Einfügen und Löschen beschränkt – um verknüpfte Abbildungen einzufügen, ist dieser Aufgabenbereich leider ungeeignet.

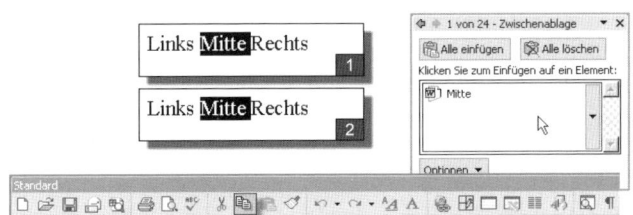

Abbildung 6.13: Inhalt in die Zwischenablage kopieren (»kopieren«)

Inhalt aus der Zwischenablage direkt übernehmen. Ob Sie den Inhalt verschieben oder kopieren möchten, haben Sie bereits dadurch entschieden, dass Sie ihn in die Zwischenablage verschoben oder kopiert haben. Jetzt soll es darum gehen, ihn aus der Zwischenablage wieder in das Dokument zu bekommen. Diese Handlungsanweisung beschreibt Ihnen, wie Sie den Inhalt so in das Dokument kopieren, wie er sich in der Zwischenablage befindet:

1. Platzieren Sie die Einfügemarke an der Stelle, wo der Inhalt der Zwischenablage eingefügt werden soll.

2. Über BEARBEITEN > EINFÜGEN kopieren Sie den Inhalt der Zwischenablage in das Dokument.

Sie haben im zweiten Schritt richtig gelesen: Die Zwischenablage wird nach dem Einfügen nicht gelöscht. Sie können den einmal in die Zwischenablage übernommenen Inhalt mehrfach einfügen und sogar mithilfe des Dialogfelds SUCHEN UND ERSETZEN gezielt in das Dokument einfügen – der Inhalt der Zwischenablage wird durch das Steuerzeichen »^c« maskiert.

Inhalt aus der Zwischenablage als »Inhalt« übernehmen. Die Zwischenablage kann wesentlich mehr, als nur Inhalte von A nach B zu übertragen. Sie können mithilfe der Zwischenablage einzelne Folien einer Powerpoint-Datei in Ihr Word-Dokument verknüpft einbinden. Hierauf gehe ich genauer im Kapitel *Dokumente vervollständigen* ein. Generelle Voraussetzung ist natürlich, dass sich der gewünschte Inhalt in der Zwischenablage befindet. Fahren Sie dann wie folgt fort:

1. Platzieren Sie die Einfügemarke an der Stelle, an der der Inhalt der Zwischenablage eingefügt werden soll.

2. Über BEARBEITEN > INHALTE EINFÜGEN… öffnen Sie das gleich lautende Dialogfeld. Den Inhalt können Sie über den Hinweis QUELLE beurteilen; er befindet sich oben rechts im Dialogfeld. Sofern es der aktuelle Inhalt zulässt, können Sie zwischen den Optionsfeldern EINFÜGEN und VERKNÜPFUNG EINFÜGEN wählen.

3. In der Auswahlliste ALS sehen Sie die jeweils möglichen Inhaltsformen. Wählen Sie hier den geeigneten Inhaltstyp aus. Spielen Sie gegebenenfalls mehrere Varianten durch.

4. Um den Inhalt der Zwischenablage in der gewählten Form einzufügen, klicken Sie auf die Schaltfläche OK.

Ausführliche Beispiele mit Abbildungen hierzu finden Sie im Kapitel *Dokumente vervollständigen.*

6.4   Löschen

Erfahrungsgemäß tun sich viele Anwender damit schwer, Text zu löschen, wenn er erst einmal im Dokument steht. Auf dieses Problem möchte ich aber nicht näher eingehen. Nachfolgend zeige ich aber einige Techniken, mit denen Sie Text aus dem Dokument entfernen können. Der Unterschied besteht darin, ob Sie den Text ersatzlos entfernen oder durch einen anderen Text ersetzen möchten.

Entfernen. Die wohl bekanntesten Tasten, um Inhalt aus dem Dokument zu entfernen, sind die Tasten `Entf` und `←`. Die erste Taste löscht nachfolgenden Text, der sich also hinter der Einfügemarke befindet. Die zweite Taste löscht vorhergehenden Text, dieser steht also links von der Einfügemarke. Lediglich Feldfunktionen und Fußnotenzeichen werden zunächst markiert, bevor sie gelöscht werden.

Überschreiben. Text zu löschen und zugleich durch anderen Text zu ersetzen, wird auch als Überschreiben bezeichnet. Sie haben dazu mehrere Alternativen, vgl. *Abbildung 6.14*:

■ Überschreibmodus: Im Überschreibmodus, die Statusleiste signalisiert ÜB, wird Text, der sich hinter der Einfügemarke befindet, durch den eingegebenen Text überschrieben, also ersetzt. Viele Anwender aktivieren den Überschreibmodus oft versehentlich, insbesondere indem Sie auf die Taste ⌈Einfg⌉ gekommen sind. Um dies zu verhindern, deaktivieren Sie über EXTRAS > OPTIONEN > BEARBEITEN das Kontrollfeld EINF-TASTE ZUM EINFÜGEN. Um den Überschreibmodus selbst zu beenden, drücken Sie entweder erneut die Taste ⌈Einfg⌉ bzw. klicken Sie in der Statusleiste auf ÜB. Oder Sie deaktivieren über EXTRAS > OPTIONEN > BEARBEITEN das Kontrollfeld ÜBERSCHREIBMODUS.

■ Markierung: Um ganz gezielt einzelne Textstellen zu ersetzen, können Sie diese Textstellen auch zunächst markieren. Sofern Sie über EXTRAS > OPTIONEN > BEARBEITEN das Kontrollfeld EINGABE ERSETZT AUSWAHL aktiviert haben, wird jeder Inhalt, den Sie nun eingeben (also auch der einzufügende Inhalt der Zwischenablage), den markierten Inhalt im Dokument löschen und ersetzen.

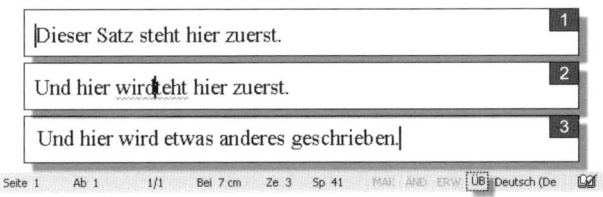

Abbildung 6.14: Text löschen im Überschreibmodus

6.5 Suchen und Ersetzen

Das Programmmerkmal »Suchen und Ersetzen« wird weithin unterschätzt. Dabei hätte ich ohne seine Hilfe so manche Diplomarbeit nicht dahin bringen können, dass alle Verzeichnisse funktionieren und das Dokument ordentlich aussieht. Beispiele aus der Realität habe ich an den Stellen im Buch untergebracht, an denen sie inhaltlich passen. In diesem Abschnitt möchte ich das allgemeine Vorgehen beschreiben.

Um die Möglichkeiten verständlich aufzuzeigen, habe ich sie in Abschnitte untergliedert. Zunächst zeige ich Ihnen, wie Sie mithilfe dieses Merkmals ganz einfach und direkt etwas aufspüren und gegebenenfalls auch ersetzen – aus »der« wird »die«. Die beiden folgenden Abschnitte beschreiben, wie Sie »der« und »die« allgemeiner fassen können, um auch »das« zu erfassen, aber nicht »dem«. Im letzten Abschnitt zeige ich Ihnen, wie Sie Formatierungseigenschaften ergänzend oder anstelle von anderem verwenden können.

6.5.1 Einfaches Vorgehen

Beim einfachen Vorgehen werden einzelne Wörter oder ganze Sätze aufgespürt und können durch eine andere Zeichenfolge ersetzt werden. Im Unterschied zu den nachfolgenden Beschreibungen werden die Zeichenfolgen abschließend oder eindeutig vorgegeben.

Inhalt suchen (Dialogfeld). Um eine Suche überhaupt zu definieren und nach Zeichenfolgen zu suchen, führt der Weg über das Dialogfeld, auch in *Abbildung 6.15* zu sehen:

1. Wenn Sie die Suche zunächst auf einen Teil des Dokuments eingrenzen möchten, markieren Sie diesen als Erstes. Um die Suche am Dokumentenanfang zu beginnen, sollten Sie die Einfügemarke dort platzieren.

2. Über BEARBEITEN > SUCHEN… öffnen Sie das Dialogfeld SUCHEN UND ERSETZEN und wechseln zugleich zur Registerkarte SUCHEN.

3. Um sich frühzeitig auf die Möglichkeiten einzustimmen, klicken Sie auf die Schaltfläche ERWEITERN. Das Dialogfeld wird nun auf das Doppelte vergrößert und zusätzliche Bedienelemente werden sichtbar.

4. Tragen Sie in das Eingabefeld SUCHEN NACH die Zeichenfolge ein, nach der Sie suchen möchten. Das könnte beispielsweise die Zeichenfolge »hannes« sein (auf das Problem mit der Groß- und Kleinschreibung gehe ich etwas später ein – die Kleinschreibung erfasst aber auch die Großschreibung).

5. In der Gruppe SUCHOPTIONEN stehen Ihnen mehrere Einstellungen zur Auswahl. In der Auswahl SUCHEN können Sie die Richtung vorgeben. Hatten Sie im ersten Schritt einen Teil des Dokuments markiert und möchten Sie die Suche auf den markierten Bereich (zunächst) eingrenzen, behalten Sie die vorausgewählte Alternative NACH UNTEN bei. Hatten Sie nichts markiert, finden Sie dort die Alternative GESAMT vorausgewählt. Die sonstigen Kontrollfelder sollten deaktiviert sein.

6. Um mit der Suche zu beginnen, klicken Sie auf die Schaltfläche WEITERSUCHEN (auch wenn Sie zunächst noch nichts gesucht hatten).

7. Sobald Word die erste Übereinstimmung findet, wird die Fundstelle markiert und die Ausführung wird unterbrochen; das Dialogfeld bleibt aber geöffnet. Sie können nun WEITERSUCHEN oder auch ABBRECHEN.

Je nachdem, von wo aus Sie gestartet sind, wird Word Sie möglicherweise fragen, ob Sie die Suche am Anfang des Dokuments fortsetzen oder außerhalb des markierten Bereichs weitersuchen möchten. Die Fragen sind selbsterklärend.

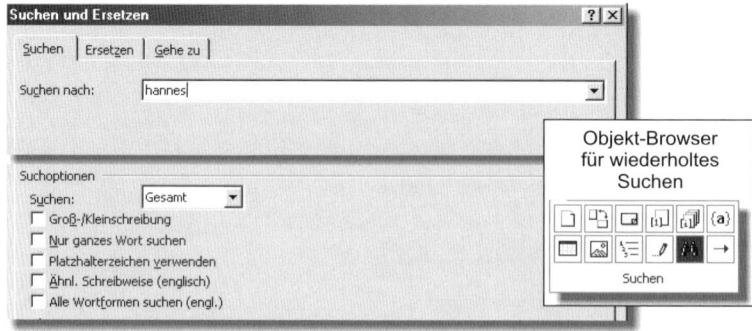

Abbildung 6.15: Dialogfeld »Suchen und Ersetzen« mit Registerkarte »Suchen«

Inhalt suchen (Objektbrowser). Sehr wichtig in Zusammenhang mit der Suche ist auch der Objektbrowser. Ein einfacher Fall ist jedes Vorkommen des Worts »aber«. Viele Einwände werden mit diesem Wort eingeleitet. Wenn Sie die Suche nach »aber« über das Dialogfeld SUCHEN UND ERSETZEN definiert haben, sich also bis Schritt 4 durchgearbeitet haben, können Sie das Dialogfeld auch schließen. Öffnen Sie dann den Objektbrowser und wählen Sie die Alternative SUCHEN. Nun können Sie über die zugehörigen Aktionstasten problemlos weitersuchen, ohne ständig zwischen dem Dialogfeld und dem Text im Dokument wechseln zu müssen.

Inhalt ersetzen. Sie können Fundstellen durch einen anderen Inhalt ersetzen (vgl. *Abbildung 6.16*). Machen Sie dazu Folgendes:

1. Markieren Sie einen Teil des Dokuments, wenn Sie das Suchen und Ersetzen zunächst auf diesen Bereich eingrenzen möchten.

2. Über BEARBEITEN > ERSETZEN... öffnen Sie das Dialogfeld SUCHEN UND ERSETZEN und wechseln zugleich zur Registerkarte ERSETZEN. Sollten Sie das Dialogfeld noch aus der vorhergehenden Handlungsanweisung geöffnet haben, können Sie auch direkt zur Registerkarte ERSETZEN wechseln. Erweitern Sie das Dialogfeld.

3. Tragen Sie, wie bereits bekannt, in das Eingabefeld SUCHEN NACH die zu suchenden Zeichenfolge ein.

4. In das Eingabefeld ERSETZEN DURCH tragen Sie die Zeichenfolge ein, die anstelle der Suchfolge im Dokument eingefügt werden soll. Die Hinweise zu den SUCHOPTIONEN finden Sie oben.

5. Sie haben nun zwei Alternativen, um mit dem Ersetzen zu beginnen:

   – *Direkte Ausführung:* Wenn Sie etwas Erfahrung mit diesem Programmmerkmal haben und sich Ihrer Sache sicher sind, klicken Sie auf die Schaltfläche ALLE ERSETZEN. Word wird ohne weitere Zwischenmeldung alle Fundstellen mit dem Ersetztext überschreiben.

   – *Einzelschritt:* Wenn Sie sich bezüglich der Wirkung nicht sicher sind, sollten Sie die direkte Ausführung vermeiden (auch ich verwende sie nur in Routinefällen). Klicken Sie stattdessen auf die Schaltfläche WEITERSUCHEN. Word wird nun zur ersten Fundstelle gehen. Handelt es sich dabei um einen echten Treffer, klicken Sie auf die Schaltfläche ERSETZEN. Möchten Sie die Fundstelle übergehen, klicken Sie stattdessen auf die Schaltfläche WEITERSUCHEN. Auf diese Weise können Sie einzeln alle Fundstellen überprüfen.

Bislang habe ich es vermieden, auf die Suchoptionen einzugehen. In Zusammenhang mit der einfachen Suche sind die beiden folgenden Optionen von Bedeutung.

Groß- und Kleinschreibung. Word ist bei der Suche nach Wörtern nicht zwangsläufig an die eingegebene Groß- und Kleinschreibung gebunden. In *Tabelle 6.2* sehen Sie, wie sich Word verhält, wenn Sie als Suchtext »hannes« vorgeben und im Text die Zeichenfolgen »hannes«, »Hannes« und »HanNES« vorkommen – bemerkenswert sind die Ergebnisse der zweiten und dritten Zeile. Es würde alle drei Zeichenfolgen als übereinstimmend betrachten. Auch wenn Sie die beiden anderen »Fundstellen« als Suchtext vorgeben, wird

Word die gleichen Ergebnisse liefern (deshalb verzichte ich auf die entsprechenden Tabellen). Um die Suche auf absolut identische Groß- und Kleinschreibung einzugrenzen, aktivieren Sie im Dialogfeld das Kontrollfeld GROSS-/KLEINSCHREIBUNG.

Abbildung 6.16: Dialogfeld »Suchen und Ersetzen« mit Registerkarte »Ersetzen«

Suchtext »hannes«	Fundstelle	Ersetztext	Ergebnis
hannes	hannes	müller	müller
hannes	Hannes	müller	Müller
hannes	HanNES	müller	Müller

Tabelle 6.2: Anpassung der Groß-/Kleinschreibung beim Suchen-Ersetzen

Wortteile. Bislang würde die Suche auch in Wörtern wie »Johannes« eine Fundstelle vermelden – mit der unangenehmen Wirkung, dass daraus »Jomüller« würde. Um dieses zu verhindern, aktivieren Sie das Kontrollfeld NUR GANZES WORT SUCHEN. Auf diese Weise zwingen Sie Word dazu, Fundstellen in Wortteilen zu ignorieren.

6.5.2 Einfache Ausdrücke verwenden

Sie können nicht nur nach Zeichen wie Buchstaben, Ziffern und Satzzeichen suchen. Über die Suche lassen sich beispielsweise auch Fußnoten aufspüren. Word kennt viele besondere Zeichen, die ich Ihnen nun auszugsweise vorstellen möchte. Das Dialogfeld hält im Übrigen eine vollständige Liste der besonderen Zeichen bereit. Wichtige Anwendungsfälle finden Sie zudem im weiteren Verlauf dieses Buches. Das folgende Beispiel soll die Möglichkeiten andeuten.

Einfachen Ausdruck »Fußnote« aufspüren. Natürlich können Sie Fußnoten auch über den Objektbrowser oder die Gehe-zu-Funktion aufspüren. Im Weiteren werden die Unterschiede aber deutlich (vgl. *Abbildung 6.17*):

1. Über BEARBEITEN > SUCHEN… öffnen Sie das Dialogfeld SUCHEN UND ERSETZEN und wechseln zugleich zur Registerkarte SUCHEN; klicken Sie auf die Schaltfläche ERWEITERN.

2. Platzieren Sie die Einfügemarke im Eingabefeld SUCHEN NACH. Über die Schaltfläche SONSTIGES öffnen Sie die Unterauswahl.

3. Wählen Sie hier die Alternative FUSSNOTENZEICHEN. Die Unterauswahl schließt sich wieder und im Eingabefeld erscheint die Eingabe »^f«. Sie können dieses allgemeine Zeichen auch direkt eingeben. Wenn ich häufiger damit arbeite, kenne ich die wich-

tigsten allgemeinen Zeichen auswendig – ich vergesse sie aber auch wieder schnell. Die Unterauswahl ist die sichere Alternative.

4. Von den Kontrollfeldern in der Gruppe SUCHOPTIONEN sollte zumindest PLATZHAL-TERZEICHEN VERWENDEN deaktiviert sein; hiermit ermöglichen Sie eine Suchmöglichkeit, die erst im folgenden Abschnitt beschrieben wird.

5. Sobald Sie nun auf die Schaltfläche WEITERSUCHEN klicken, wird Word die nächste Fußnote aufspüren.

Bis hierhin hat das Beispiel wenig Mehrwert gezeigt – es ist aber ausbaufähig. Um die Fußnote zu finden, die auf den Begriff »Skurrilität« folgt, geben Sie als Suchfolge einfach »Skurrilität^f« vor. Sie können das allgemeine Zeichen für »Fußnote« also beliebig mit Text einkleiden.

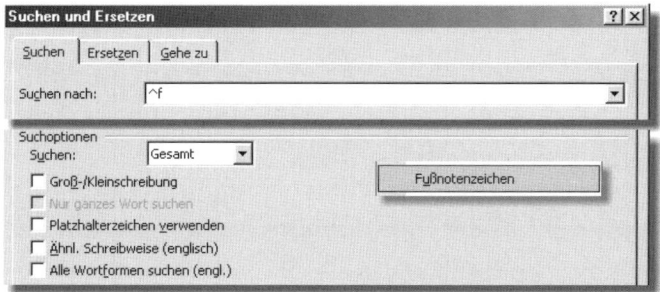

Abbildung 6.17: Fußnotenzeichen mithilfe der Suche aufspüren

Fußnoten erweitern. Das Beispiel lässt sich auch hinsichtlich des Ersetzens ausbauen. Einige Lehrstühle schreiben vor, Fußnotenzeichen mit schließenden Klammern zu ergänzen. In Word können Sie das leider so nicht einrichten. Stattdessen können Sie bei jeder Fußnote versuchen, daran zu denken ... oder Sie schreiben Ihre Arbeit erst einmal zu Ende und bringen die notwendigen Klammern binnen weniger Minuten nachträglich ins Dokument (vgl. *Abbildung 6.18*):

1. Über BEARBEITEN > ERSETZEN... öffnen Sie das Dialogfeld SUCHEN UND ERSETZEN und wechseln zugleich zur Registerkarte ERSETZEN; klicken Sie auf die Schaltfläche ERWEITERN.

2. Platzieren Sie die Einfügemarke im Eingabefeld SUCHEN NACH und fügen Sie das allgemeine Zeichen für »Fußnote« ein, also »^f«.

3. Es gibt einige Zeichen, die Sie nicht ausdrücklich als Ersetzungstext einfügen können. Diese Zeichen – das Fußnotenzeichen gehört zu dieser Gruppe – können Sie allerdings beibehalten. Platzieren Sie die Einfügemarke also im Eingabefeld ERSETZEN DURCH. Über die Schaltfläche SONSTIGES öffnen Sie wiederum die Unterauswahl; sie ist diesmal merklich kleiner.

4. In dieser Auswahl wählen Sie die Alternative SUCHEN NACH TEXT (Word 2000: SUCHTEXT). Word fügt in das untere Eingabefeld das allgemeine Zeichen »^&« ein.

5. Fügen Sie hinter diesem Zeichen eine schließende Klammer an. Insgesamt sollte dort »^&)« stehen. Das Kontrollfeld PLATZHALTERZEICHEN VERWENDEN sollte wiederum deaktiviert sein.

6. Sobald Sie auf die Schaltfläche ALLE ERSETZEN klicken, wird Word die Fußnotenzeichen aufspüren und um eine Klammer ergänzen.

Die eingefügten Klammern werden, im Unterschied zu den Fußnotenzeichen, noch in normaler Größe sein, also nicht hochgestellt. Um das genauer zu zeigen, werde ich dieses Beispiel im Abschnitt *Formatierungen hinzuziehen* noch modifizieren.

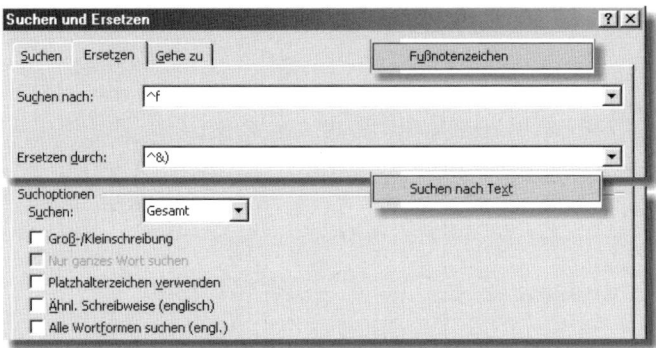

Abbildung 6.18: Fußnote mithilfe des Ersetzens um eine Klammer erweitern

6.5.3   Reguläre Ausdrücke verwenden

In Word 2000 heißt es »Mustervergleich«, in Word 2002 spricht Microsoft von »Platzhalterzeichen«. Worum es eigentlich geht, sind so genannte reguläre Ausdrücke *(regular expressions)*. Dies ist eine sehr leistungsfähige Suchmöglichkeit, die aber auch etwas Detailwissen erfordert. Wörter werden hierbei nicht nur konkret vorgegeben, sondern Sie können auch angeben, wie lang das Wort oder der Ausdruck sein soll, welche Zeichen enthalten und welche nicht enthalten sein dürfen.

Regulären Ausdruck »URL« aufspüren. Die Möglichkeiten der regulären Ausdrücke lassen sich anhand einer einfachen Suchaufgabe zeigen: Hyperlinks. Es sollen alle Hyperlinks aufgespürt werden, die auf Seiten im World Wide Web verweisen. Sofern sie vollständig eingegeben werden, beginnen sie mit dem Protokoll, also »http://...«. Obwohl sie unterschiedlich lang sein können, haben sie alle die folgenden Merkmale:

- Sie enthalten *Groß- und Kleinbuchstaben*, also »A-Z« und »a-z«.

- Sie enthalten *Ziffern*, also »0-9«.

- Als Sonderzeichen können darin enthalten sein *Punkte* ».«, *Kommata* »,«, *Prozentzeichen* »%«, *Fragezeichen* »?«, *Ausrufungszeichen* »!«, *Gleichheitszeichen* »=«, *Firmen-Und* (Et-Zeichen) »&«, *Doppelkreuz* »#«, *Bindestrich* »-«. *Unterstrich* »_« und der *Schrägstrich* »/«.

- Definitiv kein Bestandteil sind dagegen Leerzeichen.

Reguläre Ausdrücke können aus höchstens vier Teilen bestehen, die in einer bestimmten Reihenfolge zueinander stehen. Klicken Sie zunächst auf die Schaltfläche SONSTIGES, um die Unterauswahl zu öffnen. Hier sehen Sie einige Alternativen wie WORTANFANG, ZEICHENBEREICH oder NICHT. Einige dieser Alternativen werden hier vorgestellt, andere befinden sich weiter hinten im Buch, eingebunden in weitere Beispiele:

- *Platzhalter:* Bevor Sie den Zeichenbereich irgendwie eingrenzen, sollten Sie einen Platzhalter angeben, auf den Sie die weiteren Angaben beziehen. Die beiden wichtigsten Platzhalter sind das Fragezeichen »?« für einzelne Zeichen und der Stern »*« für Ausdrücke beliebiger Länge. Beide Platzhalter sind aber entbehrlich, wenn Sie eine Zeichenanzahl als letzte Komponente angeben.

- *Zulässige Zeichen:* Dies sind die Zeichen, die in der Fundstelle vorkommen dürfen. Sie werden in eckigen Klammern eingegeben, also »[A-Z]« beispielsweise, wenn alle Großbuchstaben von A bis Z in der Fundstelle enthalten sein dürfen. Sind Groß- und Kleinbuchstaben zulässig, können Sie auch beide Bereiche zusammenziehen und erhalten dann als zulässigen Bereich »[A-z]«. Sofern nur einzelne Zeichen zugelassen sind, können Sie diese auch einzeln zwischen den eckigen Klammern eingeben, beispielsweise »[abcdxyz]«.

- *Unzulässige Zeichen:* Diese Zeichen dürfen in der Fundstelle nicht vorkommen. Im Beispiel wäre dies das Leerzeichen. Unzulässige Zeichen geben Sie ebenfalls in eckigen Klammern an; allerdings ist das erste Zeichen der eckigen Klammer ein Ausrufungszeichen, das den Ausdruck entsprechend kennzeichnet und nicht zu den ausgegrenzten Zeichen zählt. Um das Leerzeichen also auszuschließen, würden Sie »[!]« angeben.

- *Zeichenanzahl:* Sie können die Suche auf Ausdrücke bestimmter Länge eingrenzen. Intervalle geben Sie über geschweifte Klammern an. Um alle Hyperlinks zwischen 20 und 255 Zeichen Länge zu erkennen, würden Sie »{20;255}« hinzufügen.

Sie werden bemerkt haben, dass einzelne Zeichen eine besondere Bedeutung haben, das Fragezeichen beispielsweise oder die eckigen Klammern. Um nach diesen Zeichen selbst zu suchen, werden sie durch einen vorangestellten, rückwärts gerichteten Schrägstrich »maskiert«, den so genannten *backslash*. Das geschieht unabhängig davon, wo das Zeichen vorgesehen ist. Der Backslash seinerseits wird ebenfalls durch einen Backslash maskiert – ein doppelter Backslash ist also ein einfacher maskierter Backslash. Es beruhigt Sie vielleicht, dass sich die Theorie komplizierter anhört, als es letztendlich in der Praxis ist. Die praktische Umsetzung gelingt wie folgt (vgl. *Abbildung 6.19*):

1. Über BEARBEITEN > SUCHEN... öffnen Sie das Dialogfeld SUCHEN UND ERSETZEN und wechseln zugleich zur Registerkarte SUCHEN; klicken Sie auf die Schaltfläche ERWEITERN.

2. Aktivieren Sie als Erstes das Kontrollfeld PLATZHALTERZEICHEN VERWENDEN, damit Word reguläre Ausdrücke verwendet.

3. Geben Sie in das Eingabefeld SUCHE NACH folgende Zeichenfolge ein:

   – Beginnen Sie mit der Eingabe »**http://**« unmittelbar in das Eingabefeld. Dies ist der charakteristische Beginn von Hyperlinks in das World Wide Web.

- Fügen Sie nach diesem charakteristischen Anfang ein allgemeines Platzhalter-zeichen ein, ein Fragezeichen »?«. Insgesamt steht im Eingabefeld »http://?«.

- Nun folgt die Angabe der zulässigen Zeichen. Sie wissen, dass diese Zeichen in eckigen Klammern stehen müssen. Geben Sie also hinter dem Fragezeichen »[A-z0-9]« ein. Sie lassen damit alle Buchstaben, also Klein- und Großbuchsta-ben, und alle Ziffern zu.

- Wie oben dargestellt, können Internetadressen mehr als nur diese bisher zugelasse-nen Zeichen enthalten. Ergänzt werden sollen der Punkt, das Komma, das Gleich-heitszeichen, das Prozentzeichen, der Schrägstrich und das Doppelkreuz. Dazu fügen Sie hinter der »9« und noch innerhalb der eckigen Klammern die hervorge-hobenen Zeichen ein, so dass Sie für den Klammerausdruck »[A-z0-9.,=%/#_]« erhalten.

- Einige weitere Zeichen, die ebenfalls zulässig sein müssen, fehlen noch in der Zusammenstellung. Das sind das Ausrufungszeichen, das Fragezeichen und der Bindestrich. Diese Zeichen haben gemeinsam, dass sie mit einer besonderen Funk-tion belegt sind, und müssen durch vorangestellte Backslashs maskiert werden. Ergänzen Sie also hinter dem Schrägstrich und noch vor der schließenden eckigen Klammern die hervorgehobenen Zeichen; der Klammerausdruck müsste schließ-lich »[A-z0-9.,=%/#_\!\?\-]« lauten.

- Die zulässigen Zeichen haben Sie; es fehlen noch die Zeichen, die garantiert nicht vorkommen sollen. Das wäre auf jeden Fall das Leerzeichen. Fügen Sie hinter der schließenden eckigen Klamme des vorhergehenden Ausdrucks den folgenden Klammerausdruck ein: »[!]«; nach dem Ausrufungszeichen steht ein Leerzeichen, erst dann schließt die Klammer.

- Was noch fehlt, ist die zulässige Zeichenanzahl. Zulässig sollen alle Fundstellen sein, die hinter dem »http://...« mindestens ein weiteres Zeichen, maximal aber 255 (zulässige!) Zeichen haben. Da die Zeichenanzahl in geschweiften Klammern ergänzt wird, fügen Sie als letzten Ausdruck in das Eingabefeld SUCHE NACH die-sen Klammerausdruck »{1;255}« ein.

4. Insgesamt sollte im Eingabefeld SUCHE NACH »http://?[A-z0-9.,=%/#_\!\?\-][!]{1;255}« stehen. Nachdem Sie den Ausdruck portionsweise eingegeben haben, sollten Sie ihn im Ansatz verstehen.

5. Klicken Sie nun auf die Schaltfläche WEITERSUCHEN. Sobald Word auf einen Hyper-link trifft, der mit »http://...« beginnt, wird es ihn markieren.

Wenn Sie reguläre Ausdrücke benutzen, um damit Textersetzungen vorzubereiten, wird die Alternative AUSDRUCK für Sie wichtig sein, da Sie hiermit Wortreihenfolgen verändern oder Teile des Inhalts entfernen können.

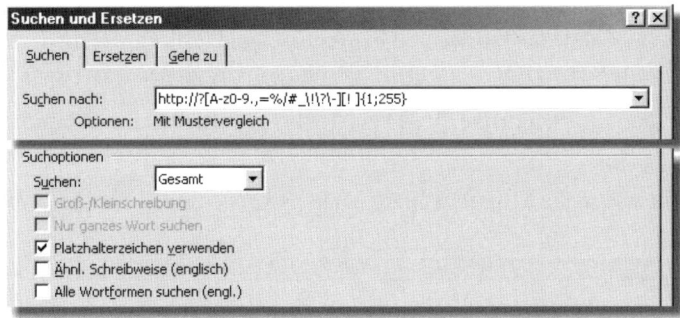

Abbildung 6.19: Hyperlink über die Suche mit regulären Ausdrücken aufspüren

6.5.4 Formatierungen hinzuziehen

Bislang ging es in den Beschreibungen nur um Inhalte, nicht um Eigenschaften. Das Programmmerkmal SUCHEN UND ERSETZEN eignet sich aber auch sehr gut, um Formatierungen direkt auszutauschen oder Formatierungen als eingrenzendes Merkmal zu verwenden. Beispielsweise könnten Sie alle von Word eigenmächtig als ITALIENISCH und FRANZÖSISCH gekennzeichneten Textstellen in DEUTSCH umformatieren, damit die Rechtschreibkorrektur wieder korrekt arbeitet, oder Sie suchen nach allen »ß«, die in Kapitälchen oder Großbuchstaben formatiert sind, und ersetzen sie durch »ss«.

Ich möchte an dieser Stelle das Fußnotenbeispiel aus dem Abschnitt *Einfache Ausdrücke verwenden* ergänzen. Bislang befinden sich hinter den Fußnotenzeichen zwar schon die vom Lehrstuhl geforderten Klammern. Sie sind aber noch in der Absatz-Standardschrift formatiert.

Formatierungen suchen und ersetzen. Sie können sowohl nach Formatierungen suchen als auch Formatierungen ersetzen. In diesem Beispiel soll Letzteres gemacht werden (vgl. *Abbildung 6.20*):

1. Über BEARBEITEN > ERSETZEN… öffnen Sie das Dialogfeld SUCHEN UND ERSETZEN. Wechseln Sie zur Registerkarte ERSETZEN und klicken Sie auf die Schaltfläche ERWEITERN.

2. Sie beginnen im Eingabefeld SUCHEN NACH. Sie suchen diesmal nach einem Fußnotenzeichen, gefolgt von einer schließenden Klammer. Die Eingabe lautet also »^f)«.

3. Den Inhalt möchten Sie nicht verändern. Im Eingabefeld ERSETZEN DURCH übernehmen Sie lediglich die Fundstelle, also »^&«.

4. Die Einfügemarke sollte noch im Eingabefeld ERSETZEN DURCH stehen, wenn Sie über die Schaltfläche FORMAT die Unterauswahl öffnen. Wählen Sie hier die Alternative FORMATVORLAGE…

5. Sie öffnen das Dialogfeld FORMATVORLAGE ERSETZEN. Fußnoten wird systemseitig die Zeichenformatvorlage FUSSNOTENZEICHEN zugewiesen. Wählen Sie diese Zeichenformatvorlage in der Liste aus und klicken Sie auf die Schaltfläche OK, um die

Auswahl als Ersetzungsvorgabe zu übernehmen – unterhalb des Eingabefelds ERSET-ZEN DURCH erscheint der Hinweis »Formatvorlage: Fußnotenzeichen«. Das Kontroll-feld PLATZHALTERZEICHEN VERWENDEN sollte im Übrigen deaktiviert sein.

6. Klicken Sie auf die Schaltfläche ALLE ERSETZEN, um die um Klammern ergänzten Fußnotenkonstruktionen passend zu formatieren.

Es gibt noch sehr viel mehr Möglichkeiten. Viele Beispiele finden Sie im Kapitel *Korrektur.*

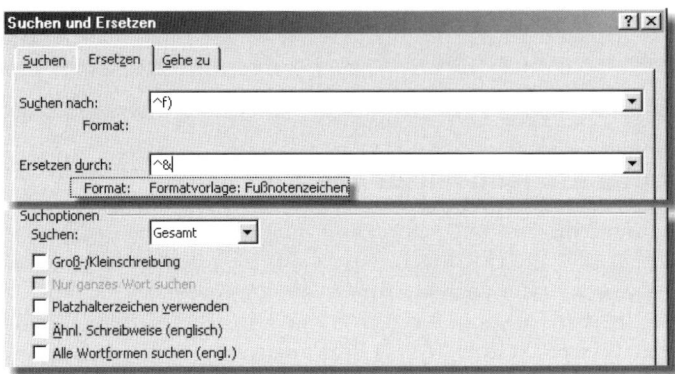

Abbildung 6.20: Fußnotenformat mithilfe des Dialogfelds »Suchen und Ersetzen« anpassen

Eine Anmerkung noch für den Fall, dass Sie basierend auf einer bestimmten Formatierung eine bestimmte Zeichenfolge aufspüren, um sie durch nichts ersetzen zu lassen – das Eingabefeld ERSETZEN DURCH bleibt also leer. In diesem Fall ist es notwendig, dass dem Feld ERSETZEN DURCH keinerlei Formatierungen zugewiesen sind, die Schaltfläche KEINE FOR-MATIERUNG ist also nicht aktiv. Andernfalls wird Word die Fundstelle lediglich umforma-tieren, sie aber nicht aus dem Dokument entfernen.

KAPITEL 7

Gliederungen

Die Gliederung bildet das Grundgerüst Ihrer Arbeit. Hier legen Sie das Ziel Ihrer Arbeit fest und den »roten Faden«, der den Leser zu Ihrem Ziel führt. Eine gute Gliederung wird nicht nur den Leser führen. Auch für Sie selbst ist die Gliederung eine wertvolle Hilfe, um den Überblick und insbesondere das Arbeitsziel nicht aus den Augen zu verlieren. Gerade wenn Sie erst einmal tiefer in Ihr Thema eingestiegen sind und sich in spannende Teil-aspekte Ihres Themas vertiefen, laufen Sie grundsätzlich Gefahr, sich in Einzelheiten zu verlieren. Ein Blick in die Gliederung verdeutlicht Ihnen wieder, worauf es ankommt.

Um einen Stoff vollständig zu gliedern, benötigen Sie einen gewissen Überblick, um zumin-dest sicher vor inhaltlichen Überraschungen zu sein. Andererseits benötigen Sie eine Glie-derung, um das erforderliche Material zu recherchieren. Das Anfertigen von Gliederungen ist normalerweise ein mehrstufiger Prozess, vgl. *Abbildung 7.1*. Vor Beginn der Recher-chen wird meistens eine Arbeitsgliederung angefertigt. Diese basiert auf Ihrem eigenen Wissen und einem Blick in ein Handbuch oder Fachlexikon. Sie gliedert insbesondere die Aufgabenstellung auf und legt allgemeine Recherche-Ziele fest.

Mit dieser Arbeitsgliederung gehen Sie in die Recherche. Im Zuge Ihres Wissenszuwachses werden Sie einzelne Punkte aufgliedern wollen, andere Punkte zusammenfassen – und nie-mals das Arbeitsziel aus den Augen verlieren. Im Anschluss an Ihre Recherchen werden Sie einen recht umfassenden Überblick und Berge an Material haben. Nun ist es an der Zeit, dieses Material in seine endgültige Struktur zu bringen. Da Sie nunmehr sicher sein können, wie das Arbeitsergebnis aussehen wird, können Sie jetzt Ihre Argumente ordnen und gewichten.

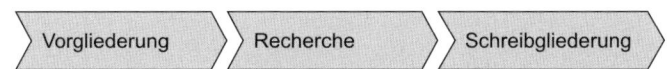

Abbildung 7.1: Arbeitsfluss Vorgliederung–Recherche–Endgliederung

7.1 Gliederungskriterien

Gerade weil die Gliederung so wichtig ist, sollten Sie frühzeitig einige Fehlerquellen ver-meiden. Die meisten der folgenden Regeln sind nicht kodifiziert und werden von den Lehr-stühlen unterschiedlich eng ausgelegt.

Themenbezug. Eine gute Gliederung korrespondiert mit der Aufgabenstellung. Wissen-schaftliche Aufgabenstellungen sind meistens mit Bedacht formuliert, um das behandelte Thema möglichst genau zu umreißen. Die Substantive einer derartigen Aufgabenstellung sollten sich somit in der einen oder anderen Kombination in der Gliederung wiederfinden. »Probleme der Altersvorsorge industrialisierter Staaten« sollte Abschnitte zum Thema

»Altersvorsorge« (Definition/Abgrenzung), »Industrialisierte Staaten« (Charakteristika) und »Problembereiche« (Systematik) enthalten – das ergibt alleine die Aufgabenstellung.

Gliederungsfehler. Ein Gliederungsabschnitt wird dann in weitere Unterabschnitte aufgeteilt, wenn mindestens zwei Unterabschnitte gebildet werden können. In *Abbildung 7.2* sehen Sie links einen Gliederungsfehler, weil der erste Gliederungsabschnitt nur einen Unterabschnitt enthält. Notwendig sind mindestens zwei oder Sie verzichten auf die Untergliederung des ersten Gliederungsabschnitts.

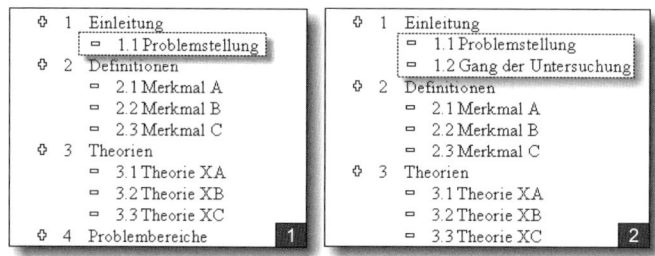

Abbildung 7.2: Gliederungsfehler links und korrekte Alternative rechts

Gliederungsumfang. Es gibt keine allgemein akzeptierten Regeln, wie lang ein einzelner Gliederungspunkt abgehandelt werden soll. Eine mir immer wieder mitgeteilte Regel besagt, dass nach einer Überschrift mindestens eine Seite Text folgen sollte (gemessen ohne Abbildungen, wohl aber mit Fußnoten), höchstens aber 10 % des Arbeitsumfangs (bei 80 Seiten wären das somit acht). Zu große Abweichungen hiervon lassen vermuten, dass Sie sich entweder zu sehr in thematisch nebensächliche Details verloren haben. Oder Sie haben zu ungenau gegliedert und wichtige Zusammenhänge verkannt.

Gliederungstiefe. Es ist in Word problemlos möglich, die Überschriften bis zu neun Ebenen tief zu gliedern – aber ist das auch sinnvoll? Bei einer zehnseitigen Hausarbeit werden mehr als zwei Gliederungsebenen selten notwendig sein. Auch bei 200 Seiten Dissertation sind vier Ebenen im Regelfall ausreichend, meistens genügen drei. In wissenschaftlichen Dokumenten signalisieren Sie durch die Gliederungstiefe auch Forschungstiefe (auch wenn das im Einzelfall nicht zutreffen muss). Um allgemeine Unterscheidungen in tieferen Ebenen zu treffen, ohne Unterebenen einzuführen, genügt häufig eine Auflistung zu Beginn des Gliederungsabschnitts, die in den folgenden Absätzen ausgeführt wird.

Überschrift-Text-Reihenfolge. Es gibt zwei unterschiedliche Auffassungen in der Frage, ob nach einer Überschrift direkt ein Text folgen darf, wenn unterhalb dieser Überschrift weitere Gliederungspunkte existieren. Ich habe nur einen Lehrstuhl erlebt, der dies ausdrücklich so vorsah; in den meisten Fällen hätte man dies hingegen als Fehler angesehen. Fragen Sie am besten Ihren Betreuer hierzu.

Überschriften formulieren. Überschriften sollten treffend formuliert werden. Ganze Sätze sind ebenso verkehrt wie rhetorische Fragen.

Nach diesen Hinweisen möchte ich Ihnen noch ein Denkmodell vorstellen, das Ihnen beim Gliedern helfen kann. Den geistigen Urheber konnte ich nicht ausfindig machen. Mir selbst wurde es von Marcel Normann, einem guten Freund, bei einem Treffen vorgestellt.

Sinngemäß lautet es »Sanduhr«. Am besten skizzieren Sie sich eine Sanduhr auf ein Papier und schreiben dazu Ihre Notizen:

- *Einleitung:* Die Einleitung steht zu oberst. Sie ist »umfassend« und »nicht sehr tief« ausgerichtet. Ihre Aufgabe ist es, in das Thema einzuführen und den Bezug zur Gegenwart herzustellen, meistens in Form einer »Daseinsberechtigung« (»... insbesondere mit der Entstehung der XY hat dieses Thema zunehmend an Bedeutung gewonnen ...«).

- *Definitionen:* Meistens folgt in wissenschaftlichen Ausarbeitungen ein zweiter Gliederungsabschnitt, der Definitionen und Abgrenzungen enthält. Dieser Abschnitt ist schon etwas »enger« und »tiefer« ausgerichtet.

- *Ausarbeitung:* Der folgende Teil behandelt die Aufgabenstellung in seiner Tiefe. Er ist sehr »eng« gefasst und geht in seiner abgegrenzten Form vollständig und »tief« auf das Thema ein.

- *Zusammenfassung:* Mit der Zusammenfassung weitet sich die Arbeit wieder. Neues soll und darf hier nicht vorkommen; sofern in der Einleitung eine Arbeitshypothese aufgeworfen wurde, wird der entsprechende Satz hier aufgegriffen und vollendet. Auf der Grundlage des beschriebenen Themas wagen einige Arbeiten eine zukünftige Entwicklung.

7.2   Gliederungen anfertigen

Gliederungen können in Word recht zügig angefertigt werden. Voraussetzung ist allerdings, dass Sie die Gliederungsansicht von Word verwenden. Diese Ansicht, die auch zum späteren Umgliedern bereits geschriebener Arbeiten vortrefflich geeignet ist, stellt das Dokument ebenenabhängig dar. Technisch betrachtet entspricht sie am ehesten der Normalansicht, da sie wie diese nur die Inhalte in den Textebenen anzeigt, nicht aber »schwebend«, also vor oder hinter dem Text, angeordnete Abbildungen (von denen ich Ihnen entschieden abrate).

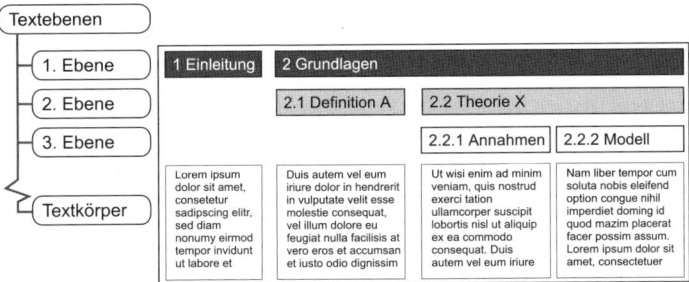

Abbildung 7.3: Textebenen in Word-Dokumenten

Die Textebenen sind nicht kompliziert, vgl. *Abbildung 7.3*. In einem technisch sauber strukturierten Dokument wird den Überschriften erster Ebene die »1. Ebene« zugewiesen, eine Absatzeigenschaft. Den tiefer gelegenen Überschriften werden die zugehörigen Ebenen zugewiesen, der normale Textinhalt wird einheitlich in der Ebene »Textkörper« (nicht zu verwechseln mit der gleichnamigen Absatzformatvorlage) angeordnet.

Der Vorteil dieser Struktur ist, dass Sie das Dokument wahlweise »flacher« oder »tiefer« darstellen können. Bei einer fünfseitigen Hausarbeit mag dafür wenig Notwendigkeit bestehen, bei einer 250-seitigen Dissertation hingegen eher. Die Vorteile werden insbesondere in den beiden folgenden Abschnitten deutlicher.

Gliederungsansicht aktivieren. Zunächst soll gezeigt werden, wie Sie die Gliederungsansicht aktivieren. Sie haben hierzu mehrere Alternativen:

- *Menüleiste:* Um die Menüleiste zu verwenden, wählen Sie ANSICHT > GLIEDERUNG.

- *Ansichtssymbole:* Alternativ können Sie die Ansichtssymbole verwenden. Wählen Sie hier das rechte Symbol mit dem Namen GLIEDERUNGSANSICHT.

Auffällig an der Gliederungsansicht ist die zunächst befremdliche Darstellung des möglicherweise bereits vorhandenen Textes. Diese Besonderheiten werden in den weiteren Abschnitten behandelt. In diesem Abschnitt gehe ich bezüglich der Darstellung davon aus, dass das Dokument noch keine Inhalte hat.

Überschrift eingeben. In der Gliederungsansicht können Sie das Dokument (beinahe) ganz gewöhnlich bearbeiten. Allerdings sind zwei Besonderheiten zu beachten. Alle Absätze, die Sie in einer der neun Überschriftsebenen eingeben, werden automatisch als Überschrift formatiert; ihnen wird die zugehörige Absatzformatvorlage zugewiesen. Deshalb geben Sie in der Gliederungsansicht tatsächlich Überschriften ein, solange Sie nicht in der Textkörper-Ebene sind. Beispielsweise soll nun die Einleitung vorgegliedert werden, vgl. *Abbildung 7.4*:

1. Platzieren Sie die Einfügemarke im ersten Absatz.

2. Geben Sie nun das Wort »Einleitung« ein. Die Überschrift ist damit eingeben; Sie brauchen für diesen Gliederungspunkt nichts weiter zu tun.

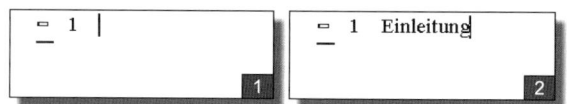

Abbildung 7.4: Überschrift eingeben in der Gliederungsansicht

Tiefer gestufte Überschrift eingeben. Unterhalb der Einleitung folgen, von einigen Lehrstühlen vorgegeben, die beiden Gliederungspunkte »Problemstellung« und »Gang der Abhandlung«. Diese sollen nun eingegeben werden, vgl. *Abbildung 7.5*:

1. Platzieren Sie die Einfügemarke am Ende des ersten Absatzes, also hinter dem Wort »Einleitung«.

2. Drücken Sie die Taste ⏎, um in einen neuen Absatz zu wechseln.

3. Drücken Sie die Taste ⭾, um den Absatz eine Textebene tiefer zu stufen; alternativ können Sie auch das Symbol TIEFERSTUFEN in der Symbolleiste GLIEDERUNG verwenden. Da der Absatz zunächst auf der ersten Ebene war, gerät er nun durch diesen Schritt auf die zweite Ebene.

4. Geben Sie das Wort »Problemstellung« ein.

Um den zweiten Unterpunkt einzugeben, »Gang der Abhandlung«, wechseln Sie anschließend in einen neuen Absatz, den Sie aber nicht umstufen, da er sich in der gleichen Ebene befindet wie die »Problemstellung«. Geben Sie im Anschluss den Titel des zweiten Unterpunkts ein.

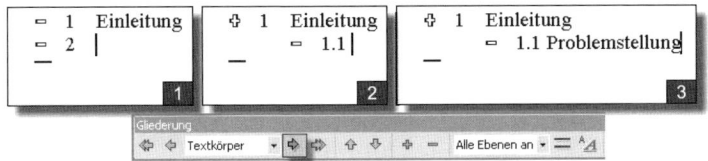

Abbildung 7.5: Tiefer gestufte Überschrift eingeben in der Gliederungsansicht

Höher gestufte Überschrift eingeben. Nachdem Sie auch den »Gang der Abhandlungen« vorgesehen haben, sollten Sie wieder in die erste Textebene zurückkehren, um den zweiten Gliederungsabschnitt vorzusehen. Er könnte beispielsweise »Verwendete Definitionen« lauten, vgl. *Abbildung 7.6*:

1. Platzieren Sie die Einfügemarke am Ende des zuletzt eingegebenen Absatzes, also hinter dem Wort »Abhandlung«.

2. Drücken Sie die Taste ⏎, um in einen neuen Absatz zu wechseln.

3. Drücken Sie die Tastenkombination ⇧+⇥, um den Absatz eine Textebene höher zu stufen; alternativ können Sie auch das Symbol HÖHERSTUFEN in der Symbolleiste GLIEDERUNG verwenden. Da der neue Absatz zunächst auf der zweiten Ebene war, gerät er hierdurch auf die erste Ebene.

4. Geben Sie nun den Titel des zweiten Gliederungsabschnitts ein, »Abhandlung«.

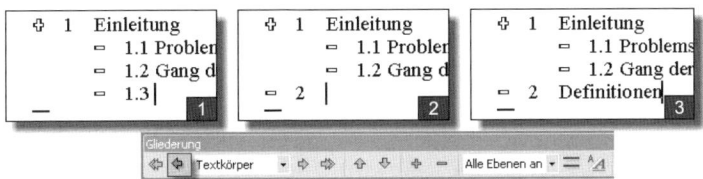

Abbildung 7.6: Höher gestufte Überschrift eingeben in der Gliederungsansicht

Gliederungsabschnitt aufwärts verschieben. Mit den drei vorangegangenen Handlungsanweisungen können Sie Ihre Gliederung vollständig eingeben. Im Laufe Ihrer Eingaben werden Sie aber möglicherweise einen weiter hinten gelegenen Gliederungsabschnitt näher an der Einleitung haben wollen und einen weiter vorne platzierten Gliederungsabschnitt weiter hinten. In diesem Fall werden die Absätze nicht »höher« und »tiefer« gegliedert, sondern »aufwärts« und »abwärts« verschoben, vgl. *Abbildung 7.7*:

1. Klicken Sie, wie dargestellt, mit der Maus auf den Gliederungsindikator vor der verkehrt platzierten Einleitung. Sie markieren hierdurch den Gliederungspunkt sowie seine Unterpunkte, soweit sie vorhanden sind.

2. Während Sie die linke Maustaste gedrückt halten, verschieben Sie den Gliederungsindikator nach unten, bis die Einfügemarkierung unterhalb des Gliederungsabschnitts
   »Erklärungsmodell« ist.

3. Lassen Sie nun die linke Maustaste los. Der Gliederungsabschnitt ist umplatziert worden, ohne seine Ebene verändert zu haben.

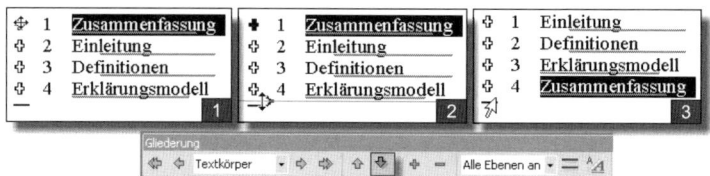

Abbildung 7.7: Gliederungspunkt nach unte verschieben

Gliederungsabschnitte abwärts zu verschieben, funktioniert entsprechend, nur umgekehrt.

Gliederungspunkt aufwärts verschieben. Wenn Sie später mehr Text in Ihrem Dokument
haben, wird es Sie vielleicht stören, dass Sie automatisch mit dem Gliederungspunkt den
gesamten Gliederungsabschnitt verschieben, obwohl Sie nur den einzelnen Gliederungspunkt umplatzieren möchten:

1. In diesem Fall ist die Maustechnik wirkungslos. Platzieren Sie die Einfügemarke in
   derjenigen Überschrift, die Sie verschieben möchten. Um darunter liegende Gliederungspunkte mitzunehmen, erweitern Sie die Markierung.

2. Verwenden Sie nunmehr ausschließlich die Symbole NACH OBEN und NACH UNTEN
   in der Symbolleiste GLIEDERUNG, um nur die markierten Gliederungspunkte neu zu
   platzieren.

Textinhalte einfügen. Viele Studenten erweitern ihre Gliederung um kurze Sätze, in denen
inhaltliche Hinweise zu den einzelnen Gliederungspunkten vermerkt werden. Dazu zählen
Hinweise auf noch zu recherchierende Theorien, Zusammenhänge mit anderen Gliederungspunkten und andere Bemerkungen. Derartige Hinweise sollten Sie in der Textkörper-
Ebene eingeben. Dazu gehen Sie wie folgt vor:

1. Geben Sie mittels ⏎ nach dem zugehörigen Gliederungspunkt einen neuen Absatz
   ein.

2. Klicken Sie auf das Symbol UMWANDELN IN TEXTKÖRPER, um den aktuellen Absatz
   auf Textkörper-Ebene zu bringen.

3. Geben Sie nun ganz normal den Text ein.

Jeder neue Absatz, den Sie im Anschluss an diesen eingeben, wird automatisch auf Textkörper-Ebene sein. Um aus der Textkörper-Ebene wieder auf die Überschriften-Ebene zu
gelangen, befolgen Sie einfach die Handlungsanweisung *Höher gestufte Überschrift eingeben.* In Word 2002 steht Ihnen zudem das Symbol ZUR ÜBERSCHRIFT 1 HÖHER STUFEN zur
Verfügung.

7.3   Dokumente umgliedern

Das Umgliedern von Dokumenten funktioniert im Prinzip so, wie es im vorhergegangenen Abschnitt beschrieben ist. Sie können Absätze aufwärts und abwärts platzieren (Reihenfolge) sowie höher und tiefer gliedern (Textebenen). Das Besondere am Umgliedern von Dokumenten ist, dass in diesem Fall bereits einiger Text enthalten ist. Deshalb möchte ich nun die Möglichkeiten der Gliederungsansicht erläutern.

In *Abbildung 7.8* finden Sie einige Elemente zusammengestellt, die in der Gliederungsansicht von Bedeutung sind. Der wichtigste Hinweis ist das Gliederungssymbol, das Sie vor jedem Absatz finden, egal in welcher Ebene er sich befindet. Ein Kreuz (1) weist Sie darauf hin, dass dem Absatz andere Absätze untergeordnet sind (»untergeordnet« ist nicht zu verwechseln mit »nachfolgend«). Das können Unterpunkte sein oder Absätze auf Textkörper-Ebene. Ein Minuszeichen (2) deutet umgekehrt an, dass dem betreffenden Absatz keine weiteren Absätze untergeordnet sind. Absätze auf Textkörper-Ebene sind stets mit einem vorangestellten Punkt (3) versehen.

Von Bedeutung ist auch eine graue Unterstreichung der Zeile (4), nicht zu verwechseln mit der Hinweismarkierung der Rechtschreibüberwachung. In diesem Fall befinden sich unterhalb des jeweiligen Absatzes untergeordnete Absätze, die aber ausgeblendet sind. Drei Punkte am Zeilenende (5) signalisieren, dass der entsprechende Absatz (Überschrift, Textkörper) eigentlich mehrere Zeilen umfasst. Sie haben in der Gliederungsansicht allerdings die Möglichkeit, die Darstellung aller Absätze auf die jeweils erste Zeile einzugrenzen. Die drei Punkte verraten Ihnen, dass der Absatz am sichtbaren Zeilenende noch weitergeht.

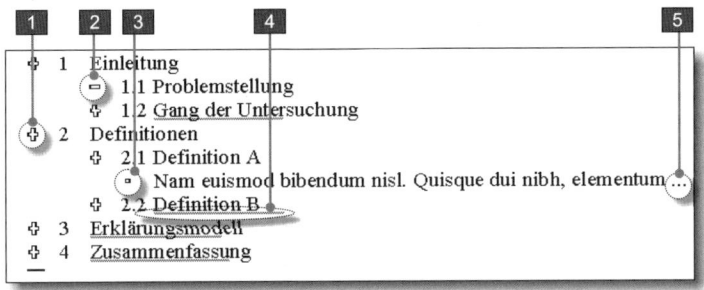

Abbildung 7.8: Elemente der Gliederungsansicht

Ebenen insgesamt erweitern. Gerade wenn Sie einzelne Absätze auf Textkörperebene umgliedern möchten, müssen Sie sich alle Ebenen darstellen lassen. Das gelingt so, vgl. *Abbildung 7.9*:

1. Platzieren Sie die Einfügemarke irgendwo im Dokument (die Stelle ist diesmal unwichtig).

2. Öffnen Sie in der Symbolleiste GLIEDERUNG die Auswahlliste EBENEN ANZEIGEN (in Word 2000 existiert diese Auswahl nicht; hier können Sie stattdessen die Ebene direkt als Symbol auswählen).

3. Wählen Sie in dieser Auswahl die Alternative ALLE EBENEN ANZEIGEN.

Erschrecken Sie nicht, wenn Ihr gesamtes Dokument einen merkwürdigen Eindruck erweckt. Die Darstellung ist normal für die Gliederungsansicht.

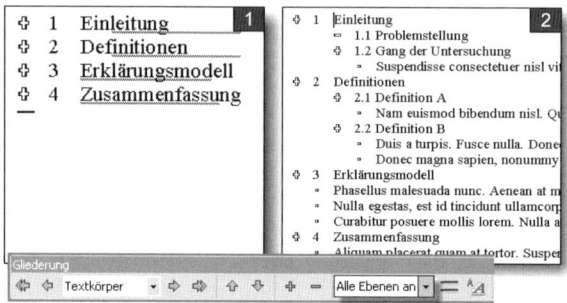

Abbildung 7.9: Ebenen insgesamt erweitern

Ebenen insgesamt reduzieren. Umgekehrt zur vorhergegangenen Handlungsanweisung können Sie vom gesamten Dokument auch nur die erste Gliederungsebene anzeigen lassen. Dazu wählen Sie in der Auswahlliste EBENEN ANZEIGEN die Alternative EBENE 1 ANZEIGEN, um ganzheitlich die erste und zweite Gliederungsebene einzublenden.

Ebenen einzeln erweitern. Gerade wenn Sie nur einzelne Bereiche Ihrer Arbeit neu gliedern möchten, werden Sie gar nicht alle Gliederungspunkte erweitert darstellen wollen, vgl. *Abbildung 7.10*:

1. Platzieren Sie die Einfügemarke in derjenigen Überschrift, deren Untergliederung Sie anzeigen möchten. Wie Sie in *Abbildung 7.8* bereits gesehen haben, muss der entsprechenden Überschrift ein Plus vorangestellt sein (andernfalls enthält sie keine Unterpunkte).

2. Klicken Sie nun in der Symbolleiste GLIEDERUNG auf das Symbol ERWEITERN. Alternativ können Sie auch auf das plusförmige Gliederungssymbol vor dem Absatz doppelklicken.

Im Unterschied zur Handlungsanweisung *Ebenen insgesamt erweitern* werden diesmal nur die direkt untergeordneten Gliederungsabschnitte des aktuellen Gliederungspunkts eingeblendet. Alle anderen Gliederungsabschnitte bleiben unverändert.

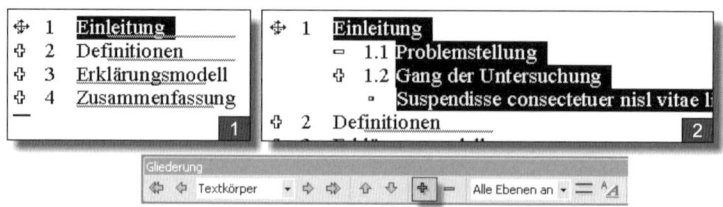

Abbildung 7.10: Ebenen einzeln erweitern

Ebenen einzeln reduzieren. Umgekehrt zur vorausgegangenen Handlungsanweisung können Sie die dargestellten Ebenen eines Gliederungsabschnitts auch einzeln reduzieren. Doppelklicken Sie dazu entweder auf das Gliederungssymbol vor dem entsprechenden Absatz oder platzieren Sie die Einfügemarke in dem entsprechenden Absatz und klicken Sie auf das Symbol REDUZIEREN in der Symbolleiste GLIEDERUNGSANSICHT.

Absätze auf die erste Zeile eingrenzen. Spätestens wenn Sie ALLE EBENEN, also auch die Textkörper-Ebene, eingeblendet haben, um die Arbeit gründlich umzugliedern, werden Sie die Ansicht überschaubar halten wollen. Die Gliederungsansicht erlaubt es Ihnen, alle Absätze auf die erste Zeile einzugrenzen. In den meisten Fällen genügt das, um die Absätze auf Textkörper-Ebene zuverlässig umgliedern zu können. Wie in *Abbildung 7.11* dargestellt, brauchen Sie dazu nur auf das Symbol NUR DIE ERSTE ZEILE in der Symbolleiste GLIEDERUNG zu klicken. Die grauen Unterstreichungen signalisieren Ihnen, dass die Absätze nur unvollständig dargestellt werden.

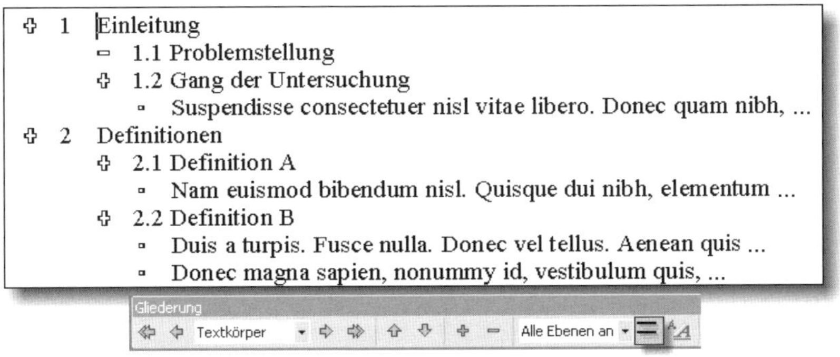

Abbildung 7.11: Absätze auf erste Zeile eingrenzen

Zusätzlich zu den bisher genannten Einstellungen ist es manchmal auch angenehm, die speziellen Formatierungen der dargestellten Absätze auszublenden. Klicken Sie dazu auf das Symbol FORMATIERUNG ANZEIGEN in der Symbolleiste GLIEDERUNG. Der Vorteil ergibt sich vor allem dann, wenn die Überschriften auf den einzelnen Ebenen sehr unterschiedlich formatiert sind.

7.4 Gliederungen kontrollieren

Wie zu Anfang dieses Kapitels angedeutet, werden Sie häufiger in die Verlegenheit kommen, Ihre Gliederung zu kontrollieren. Insbesondere die Frage, ob die Gliederung noch zur Aufgabenstellung passt und »eine gute Geschichte erzählt«, sollte Sie gelegentlich dazu veranlassen, Ihre Arbeit auf die Gliederung zu reduzieren.

Gliederung kontrollieren. Diese Handlungsanweisung stellt eine Kombination der vorausgegangenen Handlungsanweisungen dar. Ziel ist es, die Gliederung zunächst auf die erste Ebene zu reduzieren, um den Gesamtverlauf zu beurteilen. Dann gehen Sie nacheinander alle Gliederungspunkte durch und fragen sich, ob sie in den Gesamtverlauf passen:

1. Reduzieren Sie Ihre Arbeit auf die erste Gliederungsebene (vgl. Seite 140):

   – Stimmt der Gesamtverlauf?

   – Beantwortet die Gliederung erster Ebene bereits die Aufgabenstellung?

2. Nun erweitern Sie zunächst den ersten Gliederungsabschnitt um seine erste Unterebene (vgl. Seite 140); wenn Ihr erster Gliederungsabschnitt, zumeist die Einleitung, nicht untergliedert ist, beginnen Sie beim zweiten Gliederungsabschnitt.

   – Welche Richtung wird dem Gliederungsabschnitt mitgegeben?

   – In welche Richtung verläuft die Argumentation?

   – Welche vorausgegangenen Fragen werden beantwortet und welche Fragen werden aufgeworfen?

3. Sofern der aktuelle Gliederungsabschnitt nicht weiter untergliedert ist, machen Sie beim nächsten Gliederungsabschnitt weiter. Das Arbeitsschema ist immer das gleiche: Sie erweitern jeden Gliederungspunkt einzeln um seine Unterebenen und fragen sich, ob und wie die Unterebenen in den jeweils höher gelegenen Verlauf passen.

Wenn Sie mit der Gliederungsansicht zügig umgehen können, werden Sie die Vorzüge des Computers schätzen lernen, umfangreiche Dokumente so darzustellen, dass sie handhabbar bleiben. Zudem können Sie spätere Änderungen, die sich in den meisten Arbeiten ergeben, übersichtlich und schnell vornehmen.

KAPITEL 8

Grundlegende Schreibelemente

Wenn Sie mit der Umsetzung dieses Kapitels beginnen, sollten hoffentlich zwei Voraussetzungen erfüllt sein. Erstens ist Ihr Dokument inzwischen so weit eingerichtet, dass Sie sich ganz auf das Schreiben konzentrieren können und durch die Programmerfordernisse nicht weiter abgelenkt werden. In der Praxis ist das leider nicht immer so. Sollte dies auch auf Ihre Arbeitssituation noch zutreffen, finden Sie alle notwendigen Hinweise im Kapitel *Allgemeine Layoutvorgaben umsetzen.*

Weiterhin sollten Sie inzwischen auch eine Gliederung haben, die sich beinahe wie von selbst »runterschreiben« wird. In diesem Kapitel werden Sie diejenigen Elemente kennen lernen, die den größten Teil der schriftlichen Ausarbeitung ausmachen: Überschriften, Text, Auflistungen und Aufzählungen.

Eine zentrale Bedeutung beim strukturierten Schreiben haben die Formatvorlagen, insbesondere für Absätze und Zeichen. Um einem Absatz eine bestimmte Absatzformatvorlage zuzuweisen, ist es notwendig, dass der Aufgabenbereich FORMATVORLAGEN UND FORMATIERUNG eingeblendet ist und die entsprechenden Formatvorlagen angezeigt werden (nur Word 2002). Alternativ können Sie auch die Symbolleiste FORMAT verwenden, um in der Auswahl FORMATVORLAGE die entsprechende Formatvorlage auszuwählen. Hinweise hierzu finden Sie ebenfalls im Kapitel *Allgemeine Layoutvorgaben umsetzen.*

Normalansicht verwenden. Es ist mir bis heute ein Rätsel, warum so viele Studenten am liebsten in der Layoutansicht arbeiten. Mit der Möglichkeit, schwebende Abbildungen darzustellen (wovon ich dringend abrate), verführt sie zu schlecht strukturierten Dokumenten, technisch betrachtet. Sie ist zudem ressourcenintensiv und nutzt den Monitor nicht optimal aus – zum normalen Schreiben ist die Layoutansicht also weniger geeignet:

1. Über ANSICHT > NORMALANSICHT wechseln Sie darum besser in die Normalansicht. Alternativ klicken Sie auf das Ansichtssymbol NORMALANSICHT.

2. Über EXTRAS > OPTIONEN > ANSICHT öffnen Sie die Ansichtsoptionen.

3. Aktivieren Sie hier in der Gruppe OPTIONEN FÜR GLIEDERUNGS- UND NORMAL-ANSICHT das Kontrollfeld AUF FENSTERBREITE UMBRECHEN.

4. Wechseln Sie im Dialogfeld OPTIONEN zur Registerkarte ALLGEMEIN.

5. Deaktivieren Sie in der Gruppe ALLGEMEINE OPTIONEN das Kontrollfeld SEITEN-UMBRUCH IM HINTERGRUND (es ist aus der Layoutansicht heraus nicht zugänglich).

6. Klicken Sie auf die Schaltfläche OK, um die Einstellungen zu übernehmen.

Mit diesen Einstellungen sind Sie gut gerüstet, um wenig abgelenkt Ihre Arbeit zu schreiben.

8.1   Überschriften

Überschriften dienen der Bezeichnung von Gliederungsabschnitten. Alle wichtigen Hinweise hierzu finden Sie im Kapitel *Gliederungen*. Sofern Sie mit einer Gliederung weiterarbeiten, werden zahlreiche Überschriften bereits vorhanden sein. In *Abbildung 8.1* finden Sie einen Dokumentenausschnitt mit Überschriften dargestellt. Stören Sie sich nicht daran, wenn die Formatierungen vielleicht nicht vollständig stimmen. Sofern Sie stets die richtigen Absatzformatvorlagen verwenden, können Sie das Layout zentral anpassen.

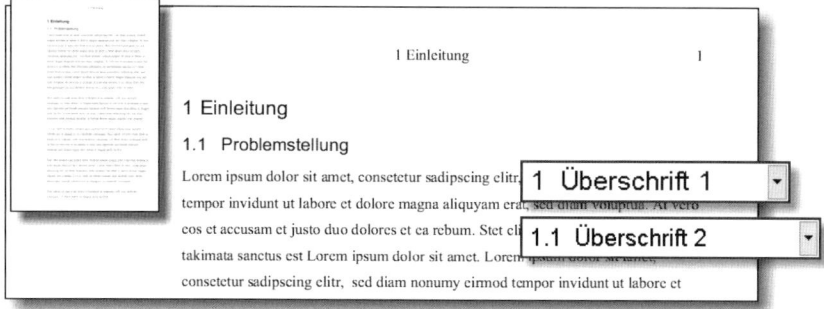

Abbildung 8.1: Überschriften im Text

Überschrift einfügen. Sofern Sie keine Gliederung als Arbeitsgrundlage haben oder dennoch eine Überschrift fehlt, möchte ich Ihnen zeigen, wie Sie – alternativ zur Gliederungsansicht – eine Überschrift einfügen:

1. Platzieren Sie die Einfügemarke in dem Absatz, der zur Überschrift werden soll. Sofern der Absatz fehlt, erzeugen Sie ihn, indem Sie ⏎ drücken.

2. Weisen Sie dem Absatz die Absatzformatvorlage der entsprechenden Überschrift zu. Für eine Überschrift erster Ebene wäre das ÜBERSCHFRIFT 1, für eine Überschrift dritter Ebene ÜBERSCHRIFT 3.

In Word 2002 können Sie alternativ in der Normalansicht auch eine verkürzte Symbolleiste GLIEDERUNG einblenden. Hier finden Sie alle wichtigen Aktionen zusammengestellt; entsprechende Hinweise erhalten Sie im Kapitel *Gliederungen*.

8.2   Text

Der normale Text hat die Aufgabe, die wesentlichen Inhalt Ihrer Arbeit zu präsentieren. Im Einzelfall werden Sie auf besondere Elemente wie Auflistungen oder Aufzählungen ausweichen oder eine Abbildung verwenden. Aber die Masse der Arbeit wird als normaler Text formuliert werden. In *Abbildung 8.2* sehen Sie eine Beispielseite.

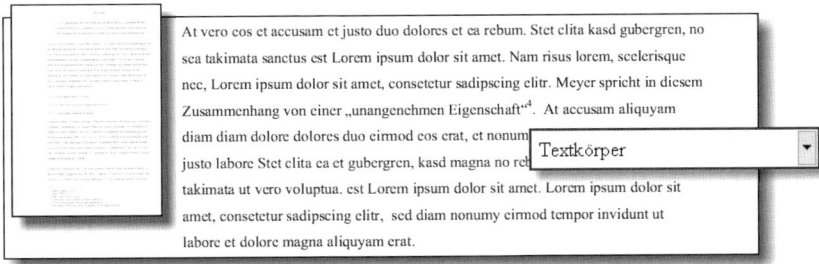

At vero eos et accusam et justo duo dolores et ea rebum. Stet clita kasd gubergren, no sea takimata sanctus est Lorem ipsum dolor sit amet. Nam risus lorem, scelerisque nec, Lorem ipsum dolor sit amet, consetetur sadipscing elitr. Meyer spricht in diesem Zusammenhang von einer „unangenehmen Eigenschaft"[d]. At accusam aliquyam diam diam dolore dolores duo eirmod eos erat, et nonum justo labore Stet clita ea et gubergren, kasd magna no re takimata ut vero voluptua. est Lorem ipsum dolor sit amet. Lorem ipsum dolor sit amet, consetetur sadipscing elitr, sed diam nonumy eirmod tempor invidunt ut labore et dolore magna aliquyam erat.

Textkörper

Abbildung 8.2: Dokument mit normalem Text

Standard-Absatzvorlage definieren. Es gibt eine Option, die Sie in vielen Fällen davor bewahren kann, mit der Absatzformatvorlage STANDARD zu arbeiten statt mit TEXTKÖR-PER. Voraussetzung ist allerdings, dass sich im Dokument bereits ein Absatz befindet, dem die Absatzformatvorlage TEXTKÖRPER zugewiesen ist:

1. Öffnen Sie nun über EXTRAS > OPTIONEN > BEARBEITEN die Bearbeitungsoptionen.

2. In der Gruppe KLICKEN UND EINGEBEN haben Sie die Auswahl STANDARD-ABSATZ-VORLAGE. In dieser Auswahl finden Sie einige der im Dokument verwendeten Absatz-formatvorlagen aufgeführt, darunter auch den TEXTKÖRPER.

3. Wählen Sie ihn aus und klicken Sie auf die Schaltfläche OK, um die Einstellungen zu übernehmen.

Sofern Sie jetzt mit dem Mauszeiger in einen leeren Absatz klicken, wird diesem die Absatzformatvorlage TEXTKÖRPER zugewiesen.

Text eingeben. Entscheidend für das strukturierte Schreiben ist lediglich, dass Sie dem lee-ren oder bereits teilweise gefüllten Absatz die Absatzformatvorlage TEXTKÖRPER zuwei-sen:

1. Platzieren Sie die Einfügemarke in dem Absatz, der normalen Text enthalten soll.

2. Weisen Sie dem Absatz die Absatzformatvorlage TEXTKÖRPER zu – und schreiben Sie los …

Diese Handlungsanweisung ist zwar ziemlich unspektakulär, wird Sie dafür aber auch nicht vom Schreiben abhalten.

8.3   Auflistungen

Auflistungen haben wie die nachfolgend behandelten Aufzählungen die Aufgabe, beson-dere Sachverhalte in kurzer Form aus dem normalen Text herauszustellen. Da sie nicht gezählt werden, tritt die Reihenfolge der einzelnen Teile in den Hintergrund. Aus techni-scher Sicht entfällt die Notwendigkeit, bei einer späteren Auflistung anzugeben, ob sie eine vorhergegangene Auflistung fortsetzt oder eine neue darstellt.

Bezüglich des Satzbaus lassen sich zwei Arten von Auflistungen unterscheiden:

- Kurze Auflistungen: In diesem Fall werden die einzelnen Teile wie normale Satzteile behandelt, also »...umfasst die Kriterien (-) Aspekt Nr. 1, (-) Aspekt Nr. 2 und (-) Aspekt Nr. 3.« Anstelle der hier verwendeten Komma-Und-Konstruktion können Sie auch Semikola verwenden, um die Einzelteile selbständiger zu platzieren. Sofern die Teile den Satz nicht zu Ende führen, läuft er nach der Auflistung normal weiter.

- Ganze Sätze: In diesem Fall stellen die einzelnen Teile ganze Sätze dar, die möglicherweise durch vorangestellte Wörter »zwischengetitelt«, auf jeden Fall aber mit Satzpunkt abgeschlossen werden. Zu diesem Typ gehört auch die vorliegende Beschreibung.

Abbildung 8.3 zeigt eine Beispielauflistung.

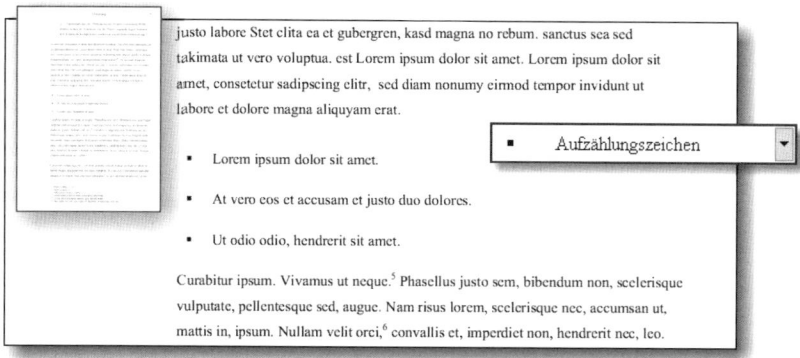

Abbildung 8.3: Auflistung mit ganzen Sätzen im Text

Auflistung beginnen. Auch bezüglich Auflistungen erfahren Sie in diesem Kapitel nichts Überraschendes. Sie werden grundsätzlich eingegeben wie andere Elemente auch:

1. Platzieren Sie die Einfügemarke in dem Absatz, mit dem die Auflistung beginnen soll.

2. Weisen Sie dem Absatz nun die Absatzformatvorlage AUFZÄHLUNG zu (Sie haben leider richtig gelesen – die deutsche Word-Version enthält hier einen Übersetzungsfehler).

Sofern Ihr Dokument richtig eingerichtet ist, wird mit dem letzten Schritt der Absatz automatisch eingezogen und durch ein vorangestelltes Listensymbol ausgezeichnet. Sollte das nicht passieren, lassen Sie sich an dieser Stelle davon nicht stören. Verwenden Sie die Absatzformatvorlage dennoch und schreiben Sie einfach weiter. Sie können das Dokument auch nachträglich und zentral umgestalten.

Auflistung beenden. Um von einer Auflistung wieder in den normalen Text zurückzukehren, weisen Sie dem Absatz einfach die entsprechende Absatzformatvorlage TEXTKÖRPER zu, vgl. *Text eingeben.*

8.4 Aufzählungen

Aufzählungen betonen stärker als Auflistungen eine Reihenfolge. Die meisten Handlungsanweisungen in diesem Buch sind beispielsweise als Aufzählungen ausgestaltet. Einmal finden Sie sie hierdurch schneller, weil Sie die Buchseiten nur nach Aufzählungen abzusuchen brauchen. Zudem geben die vorangestellten Zahlen eine klare Reihenfolge vor, auf die ein Querverweis erfolgen kann – beispielsweise Schritt Nr. X in der Handlungsanweisung YZ.

Aus technischer Sicht ist es wichtig, dass Aufzählungen manchmal neu beginnen und manchmal fortgesetzt werden. Insofern sind einige zusätzliche Hinweise nötig. Eine beispielhafte Aufzählung finden Sie in *Abbildung 8.4* dargestellt.

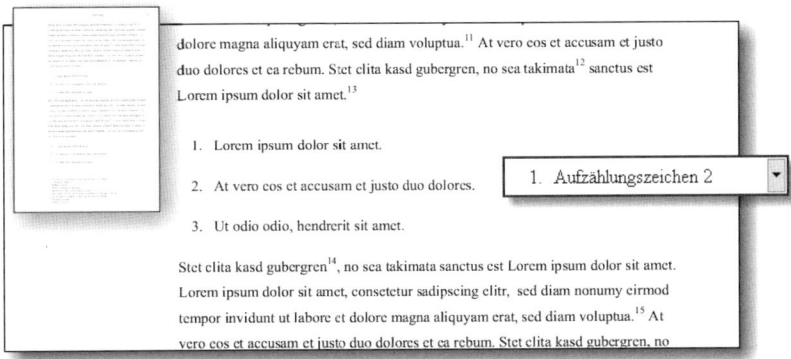

Abbildung 8.4: Aufzählung im Text

Aufzählung zuweisen. Wenn Sie eine Aufzählung eingeben wollen, sollten Sie sich zunächst nicht daran stören, ob die Aufzählung eine neue darstellt oder eine vorhandene Aufzählung fortsetzt:

1. Platzieren Sie die Einfügemarke in dem Absatz, der Teil einer Aufzählung werden soll.

2. Weisen Sie dem Absatz nun die Absatzformatvorlage NUMMERIERUNG zu und beginnen Sie mit der Eingabe einzelner Absätze.

Aufzählung neu zählen. Sofern sich im Dokument oberhalb des aktuellen Absatzes bereits eine gleichartige Aufzählung befindet, wird die Aufzählung nicht bei Eins beginnen, sondern den letzten Wert weiterzählen. Machen Sie dann Folgendes, vgl. *Abbildung 8.5*:

1. Platzieren Sie die Einfügemarke im ersten Absatz Ihrer neu zu zählenden Aufzählung.

2. Über die rechte Maustaste öffnen Sie das Kontextmenü.

3. Wählen Sie hier den Menüpunkt NEU NUMMERIEREN.

Abbildung 8.5: Aufzählung neu zählen

Aufzählung fortsetzen. Umgekehrt kann es vorkommen, dass durch irgendeinen ungewollten Zufall eine Aufzählung neu nummeriert wurde, obwohl sie eine vorhergehende Aufzählung eigentlich fortsetzen soll, vgl. *Abbildung 8.6*:

1. Platzieren Sie die Einfügemarke im ersten Absatz Ihrer fortzuzählenden Aufzählung.

2. Über die rechte Maustaste öffnen Sie das Kontextmenü.

3. Wählen Sie hier den Menüpunkt NUMMERIERUNG FORTSETZEN.

Abbildung 8.6: Aufzählung fortsetzen

Anfzählung beenden. Um von einer Aufzählung wieder in den normalen Text zurückzukehren, weisen Sie dem Absatz einfach die entsprechende Absatzformatvorlage TEXTKÖRPER zu, vgl. *Text eingeben*.

KAPITEL 9

Quellenarbeit

Ein zentrales Thema wissenschaftlichen Arbeitens ist die Quellenarbeit. Im Rahmen dieses Buches möchte ich auf zwei wichtige Bestandteile dieses Themas eingehen: die Zitierregeln und die Quellenbelege. Da Quellenbelege nach vielen Lehrstuhlvorschriften in Fußnoten angebracht werden, ergibt sich insoweit die Notwendigkeit, auch dieses Thema zu betrachten.

Es gibt inzwischen sehr gute Programme, um Quellen für Word-Dokumente zu verwalten. Die Programme können zugleich Quellenbelege entsprechend den jeweiligen Lehrstuhlvorschriften formatieren und Bibliographien automatisch aus den Quellenbelegen erstellen und aktualisieren. Diese Programme sind sehr praktisch, wenn Sie regelmäßig wissenschaftliche Arbeiten veröffentlichen (Lehrstühle) oder auf mehrere bzw. umfangreiche Ausarbeitungen blicken, die Sie komfortabel meistern möchten. Einige von mir für gut befundene Programme sind auf den Internetseiten des Buches vorgestellt.

9.1 Quellentypologie

Bevor Sie eine Quelle zitieren, sollten Sie sie sorgfältig erfasst haben. Dazu gehört, den Quellentyp zu bestimmen und die relevanten Angaben festzuhalten, um diese Quelle später auffinden zu können. Bei meiner ersten Proseminar-Arbeit hat es mich zwei volle Tage gekostet, meine notdürftig notierten Quellen noch einmal einzeln in die Hand zu nehmen und korrekt in die Bibliografie aufzunehmen. Seien Sie schlauer als ich und arbeiten Sie von Anbeginn sorgfältig.

Das Problem der Quellenerfassung beginnt normalerweise damit, die vorhandene Quelle richtig einzuordnen. Sehr viele Quellen liegen in gedruckter Form vor, andere wiederum auf elektronisch lesbaren Datenträgern oder im Fernzugriff wie dem Internet. Die Multimedialität hat viele Quellentypen hervorgebracht, was den Einstieg nicht unbedingt erleichtert. Es würde zu weit vom eigentlichen Ansinnen dieses Buches wegführen, zu sämtlichen Quellentypen die korrekte Quellenwiedergabe beschreiben. Sie werden aber auf den Internetseiten dieses Buches ein entsprechendes Papier finden, das hierauf näher eingeht. Im Hinblick darauf möchte ich Ihnen zeigen, wie Sie im Bereich der gedruckten Quellen, der so genannten Buchmaterialien, die einzelnen Quellentypen auseinander halten.

Sofern Sie andere als die deutschen Ansetzungsregeln, beispielsweise die der Modern Language Association (MLA) oder der American Psychological Association (APA), anwenden sollen, schauen Sie bitte in die entsprechenden Dokumentationen. Im Detail gibt es einige nicht unerhebliche Unterschiede zwischen den verschiedenen Ansetzungsregeln. Ich werde in diesem Buch auf die Unterschiede nach DIN 1505 und den Richtlinien der alphabetischen Katalogisierung (RAK) eingehen, da sie vielen Lehrstuhlvorschriften mehr oder minder zugrunde liegen (in der Praxis existieren zahlreiche nervige Unterschiede).

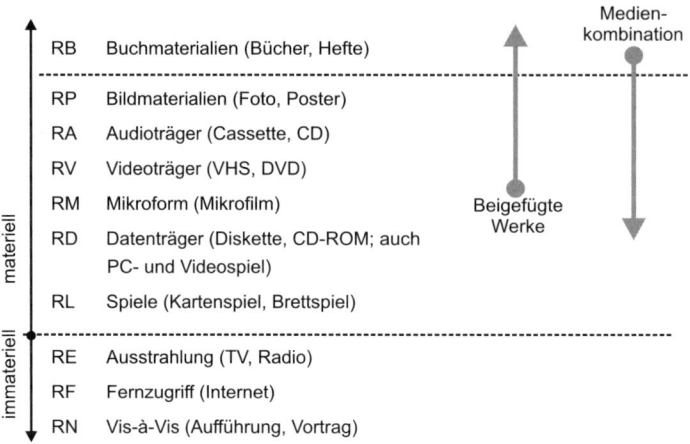

Abbildung 9.1: Quellentypologie

In *Abbildung 9.1* sehen Sie die Quellen in grundlegende Bereiche typologisiert. Die Buchmaterialien bilden mit rund 80 Unterscheidungen die mit Abstand umfangreichste Gruppe; die wichtigsten Quellentypen dieser Gruppe sind Monographien, Sammelwerke, Fachzeitschriften, Hochschulschriften und Firmenberichte. Im Regelfall werden sich die meisten Ihrer Quellen einem Typ dieser Gruppe zuordnen lassen.

Die folgenden sechs Gruppen sind ebenfalls materiell wie die Buchmaterialien. Die konkrete Eingliederung richtet sich aber weniger nach der Publikationsform als nach dem Inhalt des Mediums. Ob eine Digital Versatile Disk (DVD) als Audioträger, Videoträger oder Datenträger eingeordnet werden kann, richtet sich primär nach ihrem Inhalt. Liegt diese DVD allerdings einem Buch oder einer Zeitschrift bei, wird diese Kombination abhängig von der Bedeutung des einen zum anderen Werk als Medienkombination (das gedruckte Werk dominiert) oder beigefügtes Werk bezeichnet (das gedruckte Werk ist nur eine Beigabe). Die Bedeutung dieser Quellen variiert zwischen den verschiedenen Studienrichtungen. Im Kunst- oder Architekturstudium werden Bildmaterialien sicherlich bedeutender sein als im Jurastudium.

Die letzten drei Gruppen sind immaterielle Quellen. Praktisch sehr bedeutend sind die Dokumente im Fernzugriff, also Daten, die über das Internet oder Intranet bezogen werden. Je nach Studienrichtung können aber auch die übrigen Gruppen wichtig werden.

Problematisch sind Rangkonflikte zwischen den Gruppen, beispielsweise ein gedruckter Artikel, der zugleich über das Internet zugänglich gemacht wird. Es gibt zwei gegensätzliche Lehrstuhlauffassungen. Nach der einen dürften Sie den Internetartikel ansetzen, sofern Sie diesen und nicht die gedruckte Publikationsform gelesen haben. Nach der anderen Lehrstuhlauffassung müssen Sie dennoch den gedruckten Artikel ausfindig machen und ansetzen; auf die über das Internet zugängliche Fassung dürften Sie allenfalls hinweisen.

Nicht immer wird es so kompliziert. Viele Rangkonflikte lassen sich mit einfachen Überlegungen auflösen. Wenn Sie in einem Seminarordner die Kopie eines Artikels aus einer Fachzeitschrift vorfinden, würden Sie den Artikel logischerweise so ansetzen, als hätten

Sie selbst die Fachzeitschrift aufgeschlagen und den Artikel gelesen – der Seminarordner wird mit keinem Wort erwähnt. Wenn allerdings ein bestimmter Artikel in einem Sammelwerk nachgedruckt wird und Sie können den Artikel nicht im Original nachschlagen, dann handelt es sich unstrittig um einen Nachdruck – anzusetzen ist der Originalartikel mit dem Hinweis auf den Nachdruck.

Im Zweifelsfall machen Sie es sich nicht so kompliziert. Die gesamte Bibliographie dient dem Quellennachweis und nicht der Selbstbeschäftigung. Es geht darum, eine Quelle so festzuhalten, dass jeder, der Ihre Arbeit liest, sie nachprüfen kann. Zumindest gedruckte Werke bekommen von der Deutschen Bibliothek eine Kurztitelaufnahme zugewiesen, die so genannte CIP-Kurztitelaufnahme *(Cataloguing In Publishing)*. Hier finden Sie je nach Lehrstuhlvorschrift alle oder zumindest die wichtigsten Angaben, um die Quelle ordentlich anzusetzen.

Damit Sie einen schnellen Einstieg in das Ansetzen von Quellen finden, werfen Sie einen Blick in *Abbildung 9.2*. Ich hatte oben bereits angedeutet, dass diese Gruppe zumeist die wichtigste Quellengruppe ist. Deutlich zu erkennen sind die drei zentralen Kriterien.

Periodisch? Periodisch erscheint ein Medium, wenn es wiederkehrend und ohne geplantes Ende erscheint. Eine neue Auflage gilt nicht als periodische Erscheinungsweise, ebenso wenig das Veröffentlichen eines 24-bändigen Lexikons über drei Jahre. Zeitungen und Zeitschriften sind typische Periodika, Monographien und Hochschulschriften, die Dissertation beispielsweise, hingegen nicht.

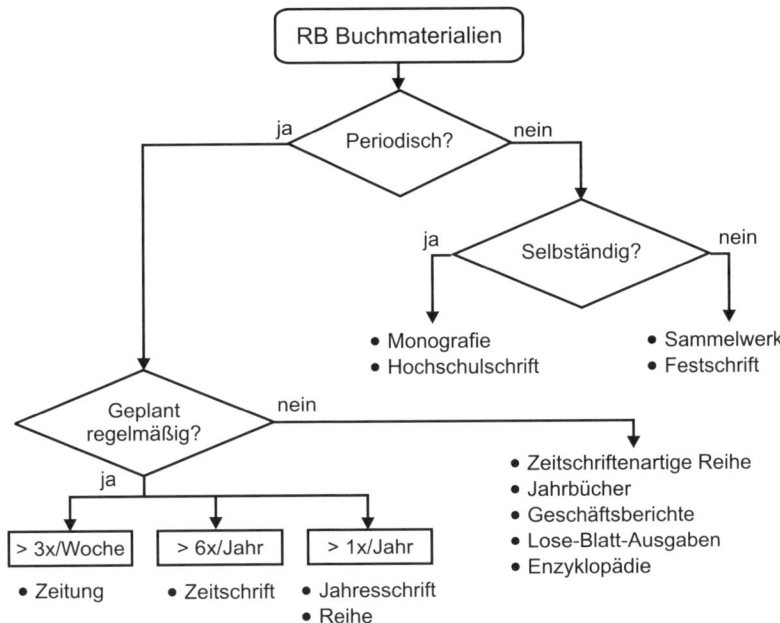

Abbildung 9.2: Prüfschema »Buchmaterialien«

Geplant regelmäßig? Zeitungen und Zeitschriften erscheinen nicht nur periodisch, sondern auch geplant regelmäßig. Bei Tageszeitungen oder Wochenzeitschriften ist der Erscheinungstermin meistens konstant, Monatszeitschriften weisen den nächsten Erscheinungstermin normalerweise in der jeweils aktuellen Ausgabe aus. Anders verhält es sich bei Geschäftsberichten. Zwar sind die Fristen gesetzlich kodifiziert und insoweit unumgänglich, allerdings folgt die Publikationspflicht dem Gesetz und nicht dem Bedürfnis, etwas publizieren zu wollen. Auch wiederkehrende Lexika wie der »Fischer Almanach« werden zwar regelmäßig neu aufgelegt. Bei den meisten dieser Werke kann aber nicht von einer (voraus)geplanten Regelmäßigkeit gesprochen werden.

Selbständig? Bei einer selbständigen Quelle bestimmt der Beitrag den Inhalt der Ausgabe. Unerheblich ist, ob mehrere Autoren den Beitrag gemeinsam verfasst haben, so dass die Einzelleistung nicht unterschieden werden kann (Danksagungen im Vorwort sind kein Leistungsnachweis für Einzelleistungen). Ebenfalls unerheblich ist, ob ein Vorwort oder Nachwort von einer anderen Person verfasst wurde.

Mit diesem Prüfschema sind Sie hoffentlich in der Lage, die wichtigsten Quellentypen innerhalb der Buchmaterialien zu unterscheiden. Und vielleicht tröstet es Sie, dass der Beruf des Bibliothekars seinerseits an ein Studium gebunden ist und die Richtlinien der alphabetischen Katalogisierung für sämtliche Publikationsformen mehrere Ordner füllen.

9.2   Zitieren

Das Problem der Quellenarbeit beginnt meistens mit der Wiedergabe dessen, was andere von sich gegeben haben – dem Zitieren. Es wird allgemein das wörtliche oder direkte Zitat vom inhaltlichen oder indirekten Zitat unterschieden.

Das direkte Zitat besteht in der zeichengenauen, wörtlichen Wiedergabe dessen, was die Quelle vorgibt. Es sollte deshalb nicht zu oft verwendet werden, in Seminararbeiten zudem seltener als in einer Diplomarbeit. Vor allem bedeutsame oder sehr kritische Aussagen können auf diese Weise gewichtet werden, indem sie im Original-Wortlaut eingebunden werden.

Fehler im Zitat. Direkte Zitate müssen zeichengenau wiedergegeben werden. Orthographische oder grammatikalische Fehler in Zitaten werden mit dem eingeklammerten Kürzel »(sic!)« kenntlich gemacht, um darauf hinzuweisen, dass dieser Fehler bereits in der Quelle existiert: »*...wenn Goethe sich "zur War-Sagung (sic!) entschlossen" hat...*«. Vorsicht ist in diesem Zusammenhang bezüglich der Autokorrektur von Word angebracht, damit die sachlich gebotene fehlerhafte Wiedergabe nicht herauskorrigiert wird! Die Schreibweise in der alten Rechtschreibung gilt im Augenblick nicht als Fehler.

Zitat im Zitat. Enthält die zitierte Stelle ihrerseits ein Zitat, so wird dieses in einfache Anführungszeichen gekleidet. Ein häufig vorkommender Fall ist, dass der zitierte Autor einen fremden Begriff zitiert: »*...um "mit der 'besonderen' Wahrheit" zu argumentieren...*«.

Lange Auslassungen. Werden im Zitat zwei oder mehr zusammenhängende Wörter ausgelassen, um beispielsweise die Aussage zu verdichten, wird diese Auslassung mittels drei aufeinander folgender Punkte kenntlich gemacht, die je nach Vorschrift in eckigen oder runden Klammern stehen oder ohne Klammern eingefügt werden. In jedem Fall ist das Punkte-Triplet zu beiden Seiten hin durch einfache Leerzeichen abzugrenzen: »...*um "mit [...] nichts als der Wahrheit" zu argumentieren*«.

Kurze Auslassungen. Wird im Zitat genau ein Wort ausgelassen, wird dies je nach Lehrstuhlvorschrift wie eine lange Auslassung behandelt oder mit zwei Punkten kenntlich gemacht, die zu beiden Brückenkopf-Wörtern hin durch einfache Leerzeichen abgetrennt sind: »...*um "mit der .. Wahrheit" zu argumentieren*...«

Eigene Einschübe. Wenn Sie ein Zitat zum Kommentieren einzelner Wörter oder Anpassen des Satzbaus erweitern, machen Sie diese Einfügungen durch eckige Klammern und den Hinweis auf die eigene Anmerkung kenntlich: »...*meint, dass "dieser [der Kläger, Anm.] nichts unternommen hat"*.«

Fremde Formatierungen. Manchmal werden in Quellen bestimmte Begriffe hervorgehoben. Wenn Sie diese Formatierungen in der Wiedergabe weglassen, weisen Sie im Zitat darauf mit der eingeklammerten Formulierung »(im Original hervorgehoben)« oder einer entsprechenden Abkürzung hin.

Eigene Formatierungen. Heben Sie umgekehrt bestimmte Wörter im Zitat hervor, obwohl diese in der Quelle nicht abgesetzt sind, weisen Sie darauf mit der Formulierung »(keine Hervorhebung im Original)« oder einer entsprechenden Abkürzung hin: »*um mit der ontologischen Wahrheit (keine Hervorhebung im Original) zu argumentieren*«.

Sofern Sie sich bei direkten Zitaten peinlichst genau an die Vorlage halten, kann eigentlich nichts schief gehen.

Direktes Zitat im Satz eingeben. Eigentlich ist bei der Eingabe direkter Zitate nichts zu beachten, solange Sie die Anführungszeichen und den Quellenbeleg nicht vergessen. Eine Besonderheit ergibt sich nur dann, wenn direkte Zitate besonders ausgezeichnet sein sollen. Verwenden Sie in diesem Fall eine Zeichenformatvorlage, vgl. *Abbildung 9.3*:

1. Geben Sie das Zitat normal ein.

2. Markieren Sie das Zitat einschließlich der angrenzenden Anführungszeichen.

3. Weisen Sie dem Zitat die Zeichenformatvorlage ZITAT WORT zu.

Natürlich sollten Sie nicht vergessen, im Anschluss an die Eingabe und das Formatieren den Quellenbeleg nachzureichen.

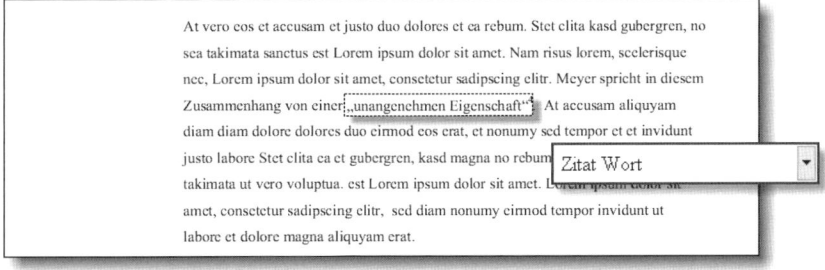

Abbildung 9.3: Direktes Zitat im Satz formatieren

Abgesetztes direktes Zitat eingeben. Während direkte Zitate im Satz nicht unbedingt ausgezeichnet werden müssen, ist dies bei abgesetzten Zitaten notwendig, sollen sie nicht im normalen TEXTKÖRPER formatiert werden, vgl. *Abbildung 9.4*:

1. Platzieren Sie die Einfügemarke in dem neuen Absatz.

2. Weisen Sie dem Absatz die Absatzformatvorlage ZITAT ABSATZ zu.

3. Geben Sie nun das Zitat mit sämtlichen Anführungszeichen ein. Das Zitat abzusetzen, entbindet Sie nicht von der Aufgabe, es in Anführungszeichen einzuschließen.

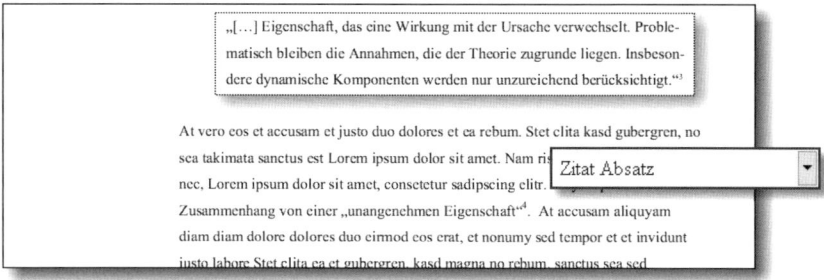

Abbildung 9.4: Direktes Zitat als eigenen Absatz formatieren

Problematischer sind die indirekten Zitate. Die große Gefahr indirekter Zitate ist, dass sie im Wortlaut zu sehr dem Original verhaftet sind. **Satzumstellungen gelten nicht als indirektes Zitat!** Ein indirektes Zitat kann je nach Aussage in indirekter Rede gehalten sein. Es darf aber bezüglich der Wortwahl, abgesehen von Schlüsselbegriffen, keine Gemeinsamkeiten mit dem Original haben. Angenommen, der Wissenschaftler Müller schreibt in seinem Buch: »Der Zusammenhang gilt zu 78,5 % als sicher«. Dann dürften Sie daraus ziehen: »Gemäß Müllers Erkenntnissen kann der Zusammenhang zu 78,5 % als abgesichert gelten«. Unzulässig wäre die Formulierung »Der Zusammenhang gilt nach Müller zu 78,5 % als sicher«. Schon aus diesem Grunde ist es wichtig, dass Sie nicht von der Vorlage direkt in den Computer eingeben.

Ein Grundproblem indirekter Zitate ist, dass beinahe alles, was Sie in Ihrer Arbeit schreiben, in der einen oder anderen Form bereits schriftlich von jemandem festgehalten wurde. Auch Ihr gesamtes Studiumswissen haben Sie fast komplett aus Vorlesungen und Büchern erhalten – müssen Sie deshalb alles und jeden mit einer Quelle belegen? Es gibt eine »weiche« Regel, wonach allgemein anerkanntes Wissen nicht belegt zu werden braucht. Diese Regel hat aber schon da ihre Grenzen, wo eine Wissenschaft einen Sachverhalt als »allgemeingültig« betrachtet, mangels Hintergrundwissen diese Erkenntnis in einer anderen Wissenschaft aber als »wenig bekannt« gilt. Folgender Hinweis mag hilfreich erscheinen: Meistens haben Sie es mit einer Prüfungsleistung zu tun: Abschlussarbeit, Seminarschein oder etwas anderes. Informieren Sie sich also, was mit der Prüfungsleistung erbracht bzw. beurteilt werden soll. Für die Beurteilung ist häufig der Gesamteindruck der Arbeit entscheidend. Wenn Sie wichtige Stellen sorgfältig belegt haben, wird man Ihnen Ihr umfassendes Allgemeinwissen eher abnehmen, wie wenn Sie sich auch bei wichtigen Stellen auf »Allgemeinwissen« berufen.

Schließlich seien noch die Nicht-Zitate betrachtet. Viele wissenschaftliche Quellen nennen weiterführende Literatur, um dem geneigten Leser die Möglichkeit einzuräumen, sich selbständig in der einen oder anderen Richtung über das Buch hinaus zu informieren. Mancher Student ist geneigt, diese Quellen mit dem Hinweis »zur weiterführenden Diskussion vgl. XYZ (2001)« zu übernehmen, ohne die Quelle selbst aufgeschlagen oder gar gelesen zu haben. Diese Übung wird das Literaturverzeichnis wirkungsvoll vergrößern. Sie ist aber nicht unumstritten. In Dissertationen mag sie sinnvoll, in Diplomarbeiten vielleicht noch hinnehmbar sein. Aber zumindest in Seminararbeiten wird sie übertrieben erscheinen.

9.3 Quellenbelege

Zwei Fragen tauchen regelmäßig in Zusammenhang mit den Quellenbelegen auf: Wo steht er, und was gehört hinein? Wenn der Quellenbeleg in einer Fuß- oder Endnote steht, verlagert sich das Platzierungsproblem auf eine andere Ebene, bleibt aber im Grundsatz gleich: Wo soll die Fußnote eingefügt werden? Die Antwort richtet sich danach, ob ein direktes oder ein indirektes Zitat belegt werden soll. Für *direkte Zitate* gilt allgemein Folgendes.

Einzelnes Zitat. Bei direkten Zitaten folgt der Quellenverweis stets unmittelbar im Anschluss an das schließende Anführungszeichen (hintere Zitatbegrenzung). Eventuelle Fußnoten sind also dort einzufügen.

Mehrfache Zitate. Kommen in einem Satz mehrere direkte Zitate aus der gleichen Quelle vor, ist dennoch jedes Zitat separat zu belegen, auch wenn die gleiche Quelle hierdurch mehrfach hintereinander genannt wird. In der Quellenangabe kann abhängig von der Lehrstuhlvorschrift der Quellenverweis in abgekürzter Form wiedergegeben werden.

Der Quellenbeleg eines direkten Zitats nennt die Quelle ohne einführende Wörter wie »vergleiche« oder »siehe«. Die seitengenaue Fundstelle innerhalb der Quelle ist nach den meisten Vorschriften ebenfalls zu nennen und wird meist durch ein Komma abgetrennt. Eine einseitige Fundstelle wird üblicherweise mit »S. 65« ausgedrückt, eine zweiseitige Fundstelle mit »S. 65 f.« und eine vielseitige Fundstelle mit »S. 65 ff.«. Bei den meisten Lehrstühlen ist es weder erforderlich noch richtig, die hintere Seitenzahl explizit zu nennen.

Auch bei *indirekten Zitaten* folgt der Quellenbeleg grundsätzlich am Ende der inhaltlichen Übernahme. Da aber keine schließenden Anführungszeichen existieren, ergeben sich folgende Besonderheiten.

Vollständiger Satz. Bezieht sich die inhaltliche Wiedergabe auf den *gesamten Satz* und der Quellenbeleg steht in einer Fuß- oder Endnote, so wird diese nach dem *Satzpunkt* eingefügt und nimmt den Quellenbeleg auf; bei Quellenangaben im Satz selbst steht der Quellenbeleg vor dem Satzpunkt.

Selbständiger Satzteil. Bezieht sich der Quellenbeleg auf einen *Nebensatz*, folgt er nach dem schließenden *Komma*; sofern dies nicht existiert, weil der Nebensatz den letzten Teilsatz bildet, folgt er ebenfalls nach dem Satzpunkt.

Unselbständiger Satzteil. Bezieht sich die Quellenangabe auf *wenige Wörter* oder einen Teil eines Satzes, der nicht als eigener Satzteil abgetrennt ist, so steht der Quellenverweis nach dem letzten zugehörigen Wort, spätestens aber *vor* dem schließenden Satzzeichen (Punkt oder Komma, abhängig von der Gestaltung).

Dominante Quelle. Etwas anders kann es aussehen, wenn Sie eine längere Passage auf einer bestimmten Fundstelle einer Quelle aufbauen. Es könnte sich beispielsweise um einen Lehrsatz handeln, den Sie genauer untersuchen. In diesem Fall wäre es recht eintönig und verwirrend, wenn Sie nach jedem Satz wieder den Verweis auf »XY, Seite Z« bringen. Dominiert eine Quelle einen Absatz, wird der Quellenverweis üblicherweise nach dem ersten Satz des Absatzes gegeben, in seltenen Fällen auch nach dem letzten Satz. In der Quellenangabe ist ergänzend darauf aufmerksam zu machen. Ein Beispiel hierfür wäre »*Zu den folgenden Ausführungen vergleiche Schmidt/Hannawald (2002), S. 65 ff.*« oder »*Die nachfolgende Argumentation findet sich wieder bei Schmidt/Hannawald (2002), S. 65 ff.*«.

Mehrfach-Quellen. Umgekehrt kann es vorkommen, dass sich mehrere Quellen auf einen gemeinsamen Satzteil beziehen. In diesem Fall dürfen sie gemeinsam genannt werden. Es könnte sich dabei anbieten, die einzelnen Quellen zu gruppieren und gegebenenfalls gegenüberzustellen. Beispielhaft wäre »*Vgl. Schmidt/Hannawald (2002), S. 65 ff., zu der folgenden Argumentation. Eine Gegenmeinung vertritt Malysz (2002), S. 107.*«

Im Unterschied zu Quellen direkter Zitate werden Quellenbelege indirekter Zitate durch ein hinführendes Wort wie »vergleiche« oder »siehe« eingeführt, um auf die inhaltliche Wiedergabe hinzuweisen. Gemäß den meisten Lehrstuhlvorschriften folgt der Quellenangabe wiederum die seitengenaue Fundstelle.

9.4   Fuß- und Endnoten

Fuß- und Endnoten haben mit der Quellenarbeit nur bedingt zu tun. Zwar werden an vielen deutschen Universitäten die Quellenbelege in Fußnoten, seltener in Endnoten eingebracht. Das ist aber nur eine Möglichkeit unter vielen, Quellenbelege im Text zu platzieren. Ebenfalls anzutreffen ist die Variante, Quellenbelege innerhalb des Satzes anzubringen, meistens in runden oder eckigen Klammern.

Daneben sind Fuß- und Endnoten ein geeignetes Mittel, um Exkurse und ergänzende Bemerkungen anzubringen, die für den einen oder anderen Leser von Interesse, für den Lesefluss indes unwichtig sind.

Gerade beim Verschieben oder Löschen von Fußnoten ist ein bisschen technisches Verständnis hilfreich. Fußnoten können Sie sich vorstellen wie eine Tragetasche. Das Fußnotenzeichen im Text ist der Tragegriff, der unten auf der Seite ausgewiesene Fußnoteninhalt die Tasche mitsamt ihrem Inhalt. Wenn Sie die Tasche umstellen, werden Sie üblicherweise die Tasche an ihrem Griff anfassen und an die gewünschte Stelle tragen. Ähnlich verhält es sich mit Fußnoten. Um eine Fußnote an einem anderen Ort zu platzieren, markieren Sie das Fußnotenzeichen im Text und schieben es an die neue Stelle. Wenn Sie eine Fußnote löschen möchten, markieren Sie das Fußnotenzeichen und löschen es. Der Fußnoteninhalt folgt dem Fußnotenzeichen. Sobald Sie aber versuchen, die Absatzmarke des Fußnoteninhalts zu verschieben oder zu löschen, wird Word eine Fehlermeldung ausgeben – weil der Fußnoteninhalt dem Fußnotenzeichen folgt und nicht umgekehrt (Programme nehmen solche Dinge ziemlich genau).

Fußnoteninhalte. In wissenschaftlichen Arbeiten werden Fußnoteninhalte stets durch einen Satzpunkt oder ein anderes schließendes Satzzeichen beendet. Dennoch müssen Fußnoten keine vollständigen Sätze beinhalten. Gerade bei den meisten Quellenbelegen enthält eine Fußnote häufig nur die Einordnungsformel und die Fundstelle, also »Vgl. Meier (2002b), S. 15 ff.« Sofern Sie in der Fußnote allerdings einen Exkurs bringen, sind die Satzbildungsregeln selbstverständlich anzuwenden.

Fußnote einfügen. Nachdem Sie sich im Abschnitt *Quellenbelege* informiert haben, an welche Stelle die Fußnote gehört, geht es nun darum, die Fußnote einzufügen, vgl. *Abbildung 9.5*:

1. Platzieren Sie die Einfügemarke an der richtigen Stelle im Text (es sollte also nichts markiert sein).

2. Über EINFÜGEN > REFERENZ > FUSSNOTE öffnen Sie das Dialogfeld FUSS- UND ENDNOTE (in Word 2000 geht das schneller: EINFÜGEN > FUSSNOTE).

3. Wählen Sie in diesem Dialogfeld in der Gruppe SPEICHERORT die Option FUSSNOTEN. Wichtig: In diesem Kapitel geht es nicht darum, irgendetwas zu formatieren. Bis auf die Schaltflächen EINFÜGEN und ABBRECHEN sind alle anderen Schaltflächen nicht interessant (Hinweise zum Formatieren der Fußnoten finden Sie im Kapitel *Allgemeine Layoutvorgaben umsetzen*).

4. Um die Fußnote einzufügen, klicken Sie auf die Schaltfläche EINFÜGEN.

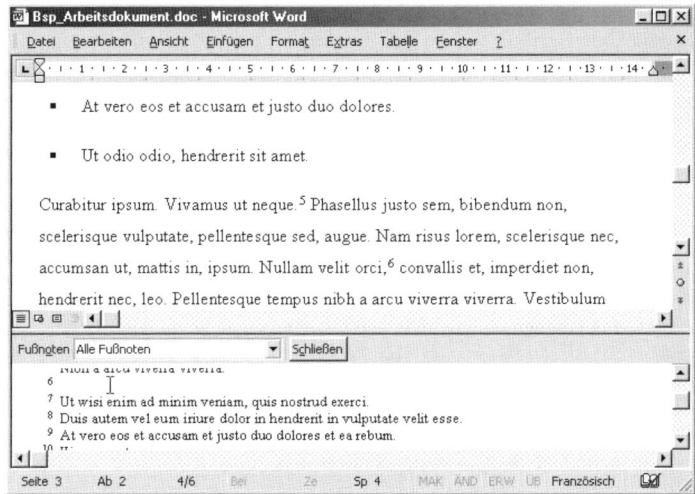

Abbildung 9.5: Fußnote einfügen

Es wird automatisch eine neue Fußnote eingefügt, vgl. *Abbildung 9.6*. Sofern Sie, wie ich immer wieder empfehle, in der Normalansicht arbeiten, wird sich nun das Fußnotenfenster öffnen und die Einfügemarke hinter dem neu eingefügten Fußnotezeichen blinken; in der Layoutansicht wechselt die Einfügemarke in den Fußnotenbereich hinter das Fußnotenzeichen. In jedem Fall können Sie nun den Fußnoteninhalt eingeben. Am schnellsten wechseln Sie anschließend zurück, indem Sie mit der Maus auf das Fußnotezeichen im Fußnotenbereich doppelklicken.

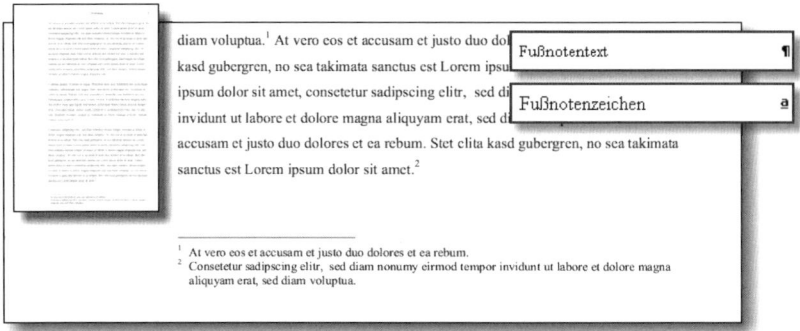

Abbildung 9.6: Fußnote im Dokument

Fußnoteninhalt bearbeiten. Zwei verschiedene Situationen sind denkbar, warum Sie den Fußnoteninhalt bearbeiten möchten. Im speziellen Fall möchten Sie zu einer bestimmten Fußnote den zugehörigen Inhalt sehen und bearbeiten. Machen Sie dazu Folgendes:

- Doppelklicken Sie einfach auf das Fußnotenzeichen im Text und Word wird abhängig von der verwendeten Ansicht das Fußnotenfenster einblenden (Normalansicht) oder in den Fußnotenbereich wechseln (Layoutansicht).

- Alternativ können Sie aus jeder Ansicht heraus auch über ANSICHT > FUSSNOTEN in den entsprechenden Bereich wechseln. Enthält Ihr Dokument allerdings sowohl Fuß- als auch Endnoten, wird an dieser Stelle eine Frage erscheinen, welchen der beiden Notentypen Sie sehen möchten.

Der allgemeine Fall ist, dass Sie alle Fußnoten gemeinsam durchsehen wollen. Möglicherweise möchten Sie prüfen, ob jede Fußnote mit einem Satzschlusszeichen endet. Vielleicht möchten Sie auch alle Fußnoten gemeinsam in ein anderes Dokument kopieren, um einen Freund die ausgewiesenen Quellen prüfen zu lassen. In diesem Fall sollten Sie zwingend die Normalansicht (ANSICHT > NORMALANSICHT) verwenden und dann den Fußnotenbereich einblenden (ANSICHT > FUSSNOTEN). Auf diesen Fußnotenbereich können Sie einen eigenen Zoomfaktor anwenden, um ihn im Ergebnis genauso groß darzustellen wie den Textbereich.

Fußnote verschieben. Ich habe weiter oben bereits darauf hingewiesen, dass Sie Fußnoten nur über das Fußnotenzeichen im Text verschieben können. Insoweit unterscheidet sich das Vorgehen nicht vom normalen Verschieben von Text.

Fußnote entfernen. Fußnoten können Sie nur entfernen, indem Sie das Fußnotenzeichen im Text markieren und genauso entfernen, wie Sie normale Wörter entfernen.

KAPITEL 10

Spezielle Schreibelemente

In diesem zweiten Abschnitt zum Schreiben gehe ich auf besondere Schreibelemente ein. Sie sind nicht unbedingt weniger wichtig als die Elemente im Kapitel *Grundlegende Schreibelemente*. Sie unterbrechen aber den Schreibfluss bzw. lenken den Lesefluss und sollten deshalb sorgfältig verwendet werden. Die Bedeutung dieser Elemente sollte selbst erklärend sein. Beachten Sie, dass alle Elemente teilweise oder vollständig im Kapitel *Besondere Layoutelemente einrichten* vorbereitet werden. Sofern das eine oder andere unklar ist, schauen Sie dort noch einmal nach.

10.1 Schlagwörter

Allgemein sollten Sie davon absehen, Schlagwörter in Ihrer Arbeit hervorheben zu wollen. Es ist zwar im Einzelnen nicht schwer, während des Schreibens bereits abschließend zu beurteilen, welche Begriffe wichtig sind. Aber die erste Umgliederung kann den ausgezeichneten Begriff nach hinten und eine neutrale Erwähnung nach vorne bringen. Zum Auszeichnen haben Sie folgende Alternativen:

- *Anführungszeichen:* Diese Möglichkeit für Hervorhebungen wird zwingend bei direkten Zitaten verwendet. Falls Sie, was eher selten vorkommen sollte, figurative Ausdrücke verwenden, können Sie diese beispielsweise in einfache Anführungszeichen kleiden.

- *Zeichenformatierungen:* Beliebt ist eine Veränderung des Schriftschnitts, beispielsweise FETT und KURSIV. Eher unüblich für Textverarbeitungssysteme sind Unterstreichungen (diese sind auf Schreibmaschinen das wichtigste Hilfsmittel).

- *Absatzformatierungen:* Dieses Hilfsmittel verwenden Sie bei Aufzählungen und Auflistungen beispielsweise. Manches juristische Werk erläutert Paragraphen, indem es die Wörter einzeln untereinander auflistet und so den Leser zwingt, die Worte einzeln auf sich wirken zu lassen.

Um nicht zu viel Unruhe und Unübersichtlichkeit in Ihre Arbeit zu bringen, sollten Sie Anführungszeichen vorrangig für direkte Zitate verwenden und auch von besonderen Zeichen- und Absatzformatierungen absehen. Ausnahmsweise kann es aber doch wichtig sein, bestimmte Schlüsselbegriffe oder Fremdwörter hervorzuheben. Wie Sie diese Ausnahmefälle elegant meistern, soll nun beschrieben werden.

Damit die beiden folgenden Beschreibungen ansprechend umgesetzt werden können, sollten Sie den entsprechenden Abschnitt im Kapitel *Besondere Layoutelemente einrichten* berücksichtigt haben.

Schlagwort auszeichnen. Gerade in umfangreichen Dokumenten ist es sinnvoll, Zeichenformatvorlagen zum Auszeichnen zu verwenden. Im Rahmen dieses Buches wird für Schlüsselbegriffe die Zeichenformatvorlage FETT verwendet (vgl. *Abbildung 10.1*):

1. Blenden Sie zunächst über FORMAT > FORMATVORLAGEN UND FORMATIERUNG... den gleich lautenden Aufgabenbereich ein. Um alle verfügbaren Formatvorlagen zu sehen, wählen Sie in der Auswahl ANZEIGEN die Variante ALLE FORMATVORLAGEN.

2. Markieren Sie den Schlüsselbegriff im Text.

3. Weisen Sie ihm die Zeichenformatvorlage FETT zu.

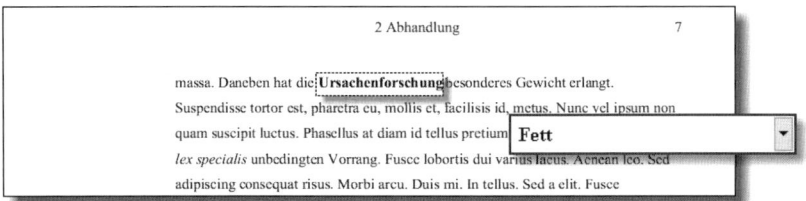

Abbildung 10.1: Hervorgehobenes Schlagwort mit Zeichenformatvorlage »Fett«

Es gibt bei der Umsetzung nur wenig zu beachten. Der erste Hinweis gilt möglichen Fußnotenzeichen. Diese werden mit einer eigenen Zeichenformatvorlage formatiert. Weisen Sie ihnen eine andere Zeichenformatvorlage zu, erscheinen sie insbesondere nicht mehr hochgestellt. In diesem Fall können Sie die Fußnotenzeichen wieder einzeln markieren und ihnen die zugehörige Zeichenformatvorlage FUSSNOTENZEICHEN zuweisen. Betrifft es mehrere Fußnotenzeichen, sollten Sie mit SUCHEN-ERSETZEN arbeiten.

Der zweite Hinweis gilt verbundenen Zeichen, insbesondere angrenzenden Klammern, Anführungszeichen und Satzzeichen. Sofern Sie einen eingeklammerten Begriff auszeichnen, müssen Sie auch die angrenzenden Klammern auszeichnen, also kursiv oder fett stellen. Das gleiche gilt für angrenzende Anführungszeichen und Satzzeichen.

10.2   Fremdwörter

Fremdwörter zeichnen sich dadurch aus, nicht zum Sprachschatz zu gehören, sondern diesem fremd zu sein. Insoweit sind sie die Vorstufe von Lehnwörtern, die ursprünglich nicht zum Sprachschatz gehörten, inzwischen aber als integriert gelten. Fremdwörter können einige Fragen aufwerfen. Aus stilistischer Sicht ist zu fragen, ob Fremdwörter notwendig sind. In vielen Wissenschaften existieren Modebegriffe, zumeist Anglizismen, die auch irgendwo ihre Daseinsberechtigung haben. Wissenschaftliche Arbeiten brauchen aber insoweit nicht »modisch« zu sein. Da Fremdwörter nicht in den Sprachschatz eingegliedert sind, können die gebeugten Formen Kopfschmerzen bereiten.

Anders verhält es sich, wenn der Sprachschatz für die Fremdwörter (noch) keine Übersetzungen kennt. Das kommt inzwischen häufiger vor. Ein Beispiel wäre der Begriff »World Wide Web«. Wenn Sie sich genauer mit dem Aufbau des Internets auskennen, wissen Sie, dass das Internet der umfassendere Begriff und das World Wide Web nur einen Ausschnitt des Internets darstellt. Genau genommen zählen zum World Wide Web nur die Inhalte, die über das Hypertext Transfer Protokoll (http) übertragen werden – das sind insbesondere die so genannten »Internetseiten«. Am sichersten ist es, wenn Sie Ihren Betreuer nach den

Gepflogenheiten des Lehrstuhls fragen. Ansonsten sind germanistische Grundkenntnisse gefragt: Bauen Sie den Satz so um das Wort herum, dass Sie es nicht beugen müssen.

Wenn Sie mit Fremdwörtern in Ihrem Text arbeiten müssen, stellt sich natürlich die Frage nach der Einführung und der Fortführung. In vielen Arbeiten wird wie folgt verfahren:

- Bei der Ersterwähnung wird das Wort ausgezeichnet, meistens durch den Schriftschnitt KURSIV. Bei der Ersterwähnung folgt selbstverständlich die genaue Erklärung.

- Bei den Folgeerwähnungen wird auf die Auszeichnung verzichtet.

Der lehrstuhlübergreifende Konsens bei Fremdwörtern besteht darin, dass von ihrer Verwendung grundsätzlich abgeraten wird.

Fremdwort auszeichnen. Sofern Sie ein Fremdwort über eine andere Zeichenformatierung auszeichnen möchten, sollten Sie wie bei den Schlagwörtern hierfür eine Zeichenformatvorlage verwenden. Im Rahmen dieses Buches empfehle ich Ihnen hierzu die Zeichenformatvorlage HERVORHEBUNG, wie auch in *Abbildung 10.2* zu sehen ist. Wie sie eingerichtet wird, ist im Kapitel *Besondere Layoutelemente einrichten* beschrieben. Die Zuweisung erfolgt analog zur Handlungsanweisung *Schlagwort auszeichnen.*

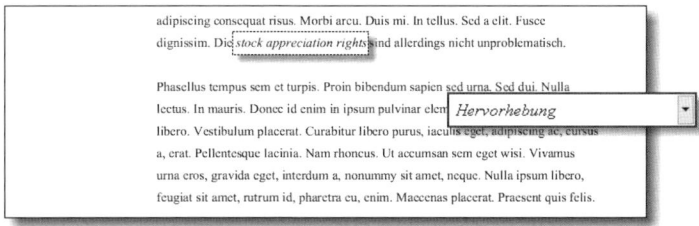

Abbildung 10.2: Hervorgehobenes Fremdwort mit Zeichenformatvorlage »Hervorgehoben«

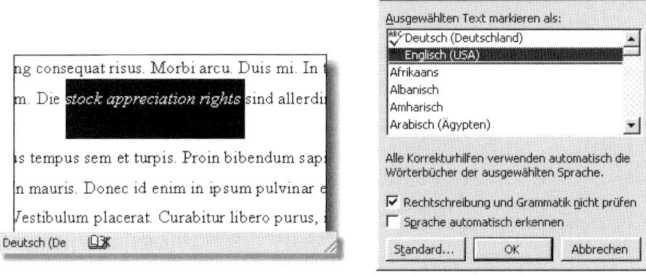

Abbildung 10.3: Sprache zuweisen über die Statusleiste

Sprache anpassen. Sofern Sie Fremdwörter einer lebendigen Sprache benutzen, können Sie gegebenenfalls die Rechtschreibhilfe von Word verwenden (mit den Einschränkungen, die im Kapitel *Korrektur* genannt sind). Dazu müssen Sie allerdings die Zeicheneigenschaft SPRACHE anpassen. Die Einzelheiten dieser Eigenschaft finden Sie im Kapitel *Besondere Layoutelemente einrichten* beschrieben. Die Sprache nur lokal zu ändern, gelingt über die Statusleiste am schnellsten (vgl. *Abbildung 10.3*):

1. Markieren Sie das Fremdwort.

2. Doppelklicken Sie in der Statusleiste auf die SPRACHE; es öffnet sich das gleich lautende Dialogfeld.

3. Wählen Sie hier die Sprache und klicken Sie auf die Schaltfläche OK, um das Dialogfeld wieder zu schließen.

10.3 Tabellen

Tabellen sind ein wertvolles Hilfsmittel, um Inhalte strukturiert aufzubereiten. Auf diese Weise können Ergebnisse leichter erfasst werden und der Leser erkennt Zusammenhänge schneller. Für die ansprechende Gestaltung von Tabellen bedarf es aber einiger Vorüberlegungen.

In *Abbildung 10.4* sehen Sie eine stilisierte Tabelle. Tabellen sind eine Konstruktion mit Spalten und Zeilen. In der einen Richtung stellen Sie das Ordnungskriterium dar, in der anderen Richtung das Vergleichskriterium. Das Ordnungskriterium könnten *Merkmalsträger* sein, beispielsweise »Autos«. Wollen Sie Eckdaten zu »Autos« tabellarisch wiedergeben, würden Sie beispielsweise die einzelnen Modelle abtragen wie »Golf«, »Käfer« und »Lupo«. Entlang der anderen Richtung nennen Sie das Vergleichskriterium, also die unterschiedlichen *Merkmale* der Merkmalsträger. Denkbar sind die Merkmale »Höchstgeschwindigkeit«, »Verbrauch« und »Preis«. In den resultierenden Zellen nennen Sie die konkreten *Merkmalsvariationen* wie »155 km/h«, »7,3 l/100 km« und »18.500 _«. Häufig kommt es auch vor, dass nicht mehrere Merkmale dargestellt werden, sondern ein Merkmal über einen längeren Zeitraum.

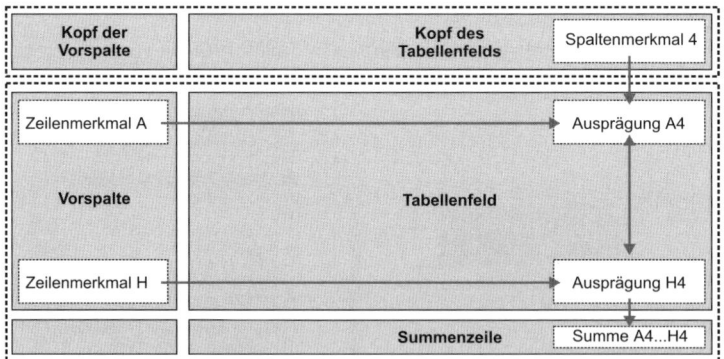

Abbildung 10.4: Normgerechter Tabellenaufbau

Wenn Sie eine Tabelle entwerfen, machen Sie sich vorher Gedanken darüber, wie Sie die Tabelle sinnvoll gliedern:

▨ Was ist das Ordnungskriterium? Im Beispiel waren es die Merkmalsträger »Autos«.

▨ Was ist das Vergleichskriterium? Das Beispiel enthielt die Kriterien »Höchstgeschwindigkeit«, »Verbrauch« und »Preis«. Genauso gut könnten Sie auch »Preis 1999«, »Preis 2000«, »Preis 2001« und »Preis 2002« verwenden.

Sie können in Word Tabellen in allen Varianten entwickeln. Insbesondere lassen sich Zellen verbinden und teilen und auf diese Weise beliebige Tabellenstrukturen schaffen. Versuchen Sie aber, auf diese Möglichkeit möglichst zu verzichten. Das hat mehrere Gründe. Der für Sie wichtigste ist sicherlich, dass sich Tabellen mit teilweise verbundenen Spalten und Zeilen nur noch sehr schwer umformatieren lassen. Ein ebenfalls wichtiger Grund ist die Lesbarkeit. Tabellen leben von ihrer Klarheit – darin besteht die Genialität. Das Tabellenmerkmal von Word enthält viele Möglichkeiten, die wichtig sind, wenn Sie mit Word eine Internetseite gestalten möchten (wenngleich ich Ihnen Word als HTML-Editor nicht empfehlen kann). Viele dieser Möglichkeiten sind aber für wissenschaftliche Arbeiten nur bedingt hilfreich.

10.3.1 Tabellen handhaben

Nach diesen vorsichtigen Hinweisen soll es an die Umsetzung gehen. Sie haben in Word eine Symbolleiste TABELLEN UND RAHMEN. Sie können sie einblenden, um einige Befehle schneller zu verwenden. Bestandteil dieser Symbolleiste ist auch ein Assistent zum Zeichnen von Tabellen. Er mag im Einzelfall praktisch sein. Die Gefahr besteht aber darin, dass Sie die Tabelle zu »frei« entwerfen und den logischen Aufbau darüber vernachlässigen.

Neue Tabelle einfügen. Die hier vorgestellte Methode nimmt den bewährten Weg über die Menüleiste (vgl. *Abbildung 10.5*):

1. Platzieren Sie die Einfügemarke an der Stelle, an der Sie die Tabelle einfügen möchten.

2. Über TABELLE > ZELLEN EINFÜGEN > TABELLE öffnen Sie das Dialogfeld TABELLE EINFÜGEN.

3. In diesem Dialogfeld können Sie in der Gruppe TABELLENGRÖSSE die wesentlichen Eigenschaften festlegen. Die Aufgaben der Eingabefelder SPALTENANZAHL und ZEILENANZAHL sind selbsterklärend. Weiterhin sollten Sie im Normalfall die Alternative FESTE SPALTENBREITE: AUTO beibehalten.

4. Klicken Sie auf die Schaltfläche OK, um die Tabelle entsprechend Ihren Vorgaben einzufügen.

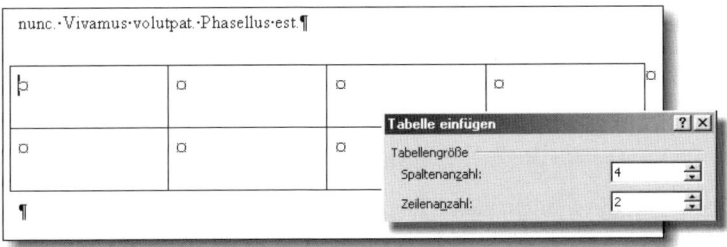

Abbildung 10.5: Neue Tabelle einfügen

Anwender von Word 2002 können sich glücklich schätzen, wenn Sie die Hinweise im Kapitel *Besondere Layoutelemente einrichten* zum Einrichten von Tabellenformatvorlagen umgesetzt haben. Word 2000-Nutzer brauchen sich aber nicht zurückgesetzt zu fühlen. Sie können – und leider: müssen – die einzelnen Bereiche von Hand formatieren. Word 2000 ist diesbezüglich leider nicht anpassungsfähig. Zu Ihrem Trost sei angemerkt, dass viele Eigenschaften wie Spalten- und Tabellenbreite noch immer nicht zentral gelöst werden können – hier macht Word keine Unterschiede.

Zusätzliche Spalten einfügen (Spalte)*.* Sie haben zwei Möglichkeiten, um eine Tabelle um zusätzliche Spalten zu erweitern. In dieser Handlungsanweisung werden Sie eine zusätzliche Spalte einfügen, wodurch die Tabelle insgesamt breiter wird (vgl. *Abbildung 10.6*):

1. Markieren Sie die Spalte, an deren Seite Sie eine zusätzliche Spalte einfügen möchten. Um mehr als eine Spalte einzufügen, markieren Sie in der Tabelle so viele Spalten, wie Sie neue Spalten einfügen möchten.

2. Öffnen Sie über TABELLE > ZELLEN EINFÜGEN die Unterauswahl. Die Alternativen SPALTEN NACH LINKS und SPALTEN NACH RECHTS sind selbsterklärend.

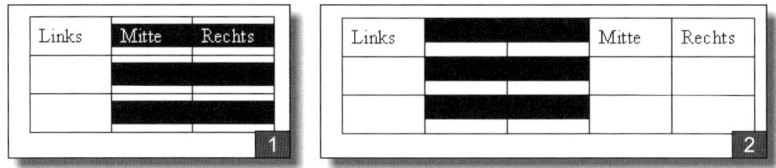

Abbildung 10.6: Zusätzliche Spalten einfügen

Zusätzliche Spalten einfügen (Zellteilung)*.* Die Alternative zur zusätzlich eingefügten Spalte besteht darin, die Zellen einer Spalte zu teilen. Damit dieses Vorgehen die bisherige Zellenverteilung nicht verändert, werden Sie zeilenweise vorgehen (vgl. *Abbildung 10.7*):

1. Markieren Sie die Zelle in der ersten Zeile, die Sie trennen möchten.

2. Über TABELLE > ZELLEN TEILEN… öffnen Sie das gleich lautende Dialogfeld.

3. In diesem Dialogfeld wählen Sie als Wert im Eingabefeld SPALTENANZAHL den Wert »2«, als Wert im Eingabefeld ZEILENANZAHL den Wert »1« (dies sollten auch die Voreinstellungen sein). Das Kontrollfeld ZELLEN VOR DEM TEILEN ZUSAMMENFÜHREN lassen Sie aktiviert.

4. Klicken Sie nun auf die Schaltfläche OK, um die erste Zelle zu teilen.

5. Markieren Sie nun die spaltengleiche Zelle in der zweiten Zeile.

6. Über BEARBEITEN > WIEDERHOLEN: (BEFEHL) teilen Sie auch diese Zelle.

7. Wiederholen Sie die beiden vorhergegangenen Schritte mit den weiteren Zellen der Spalte, bis Sie die Spalte geteilt haben.

Damit Sie die Struktur nicht verändern, sollten Sie unbedingt darauf achten, keine Zelle entlang der Spalte zu vergessen. Ansonsten bekommen Sie später Probleme, wenn Sie die Spaltenbreite beispielsweise ändern.

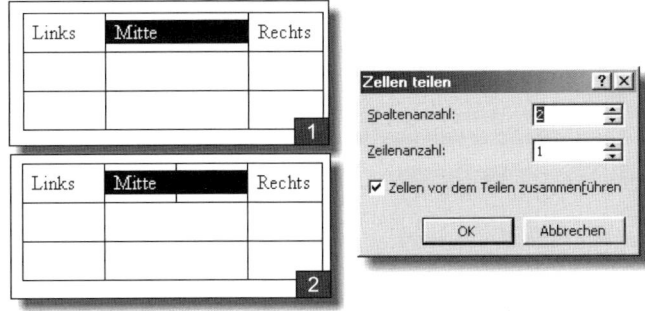

Abbildung 10.7: Zusätzliche Spalten durch Zellteilung einfügen

Überzählige Spalten entfernen (Spalte). Spalten lassen sich genauso leicht entfernen, wie sie eingefügt werden. Wie beim Einfügen haben Sie zwei Alternativen. Zunächst werden Sie erfahren, wie Sie eine Spalte und zugleich ihren Inhalt entfernen (vgl. *Abbildung 10.8*):

1. Markieren Sie die Spalte, die Sie entfernen möchten.

2. Über TABELLE > LÖSCHEN > SPALTEN entfernen Sie die markierten Spalten.

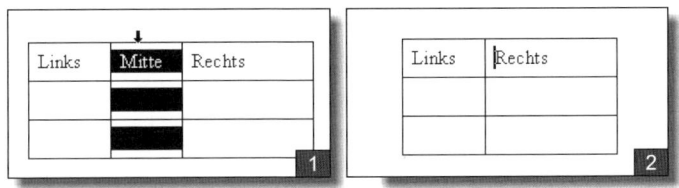

Abbildung 10.8: Überzählige Spalten entfernen

Überzählige Spalten entfernen (Zellverbindung). Bei dieser Alternative entfernen Sie nur die Spalte. Der Inhalt der einzelnen Zelle wird in die jeweils benachbarte Zelle verschoben (vgl. *Abbildung 10.9*):

1. Beginnen Sie mit der ersten Zeile. Markieren Sie sowohl die Zelle aus der Spalte, die Sie entfernen möchten, als auch deren Nachbarzelle, die den Inhalt aufnehmen wird.

2. Über TABELLE > ZELLEN VERBINDEN lösen Sie die Spaltenteilung zwischen den beiden Zellen auf.

3. Markieren Sie nun die beiden entsprechenden Zellen in der folgenden Zelle.

4. Über BEARBEITEN > WIEDERHOLEN: (BEFEHL) verschmelzen Sie auch diese Zellen.

5. Wiederholen Sie die beiden vorhergegangenen Schritte mit den weiteren Zellen der Spalte, bis Sie die Spalte aufgelöst haben.

Wie beim Teilen von Zellen müssen Sie auch beim Verbinden aufpassen, dass Sie keine Zellen übersehen. Andernfalls variiert die Spaltenzahl zwischen den Zeilen.

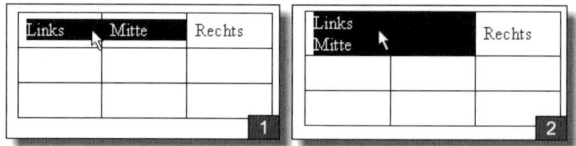

Abbildung 10.9: Überzählige Spalten durch Zellverbindung entfernen

Zusätzliche Zeilen einfügen. Um am Ende einer Tabelle eine neue Tabellenzeile einzufügen, platzieren Sie die Einfügemarke in der letzten Zelle der letzten Tabellenzeile. Drücken Sie nun einmal ⟦⇥⟧, um eine neue Zeile einzufügen. Etwas mehr Einsatz ist notwendig, wenn Sie innerhalb einer Tabelle zusätzliche Zeilen einfügen möchten:

1. Markieren Sie die Zeile, in deren Nachbarschaft Sie die neue Tabellenzeile einfügen möchten. Um mehr als eine Zeile einzufügen, markieren Sie in der Tabelle so viele Zeilen, wie Sie neue Zeilen benötigen.

2. Öffnen Sie über TABELLE > ZELLEN EINFÜGEN die Unterauswahl. Die Alternativen ZEILEN OBERHALB und ZEILEN UNTERHALB sind selbsterklärend.

Überzählige Zeilen entfernen. Überzählige Zeilen können Sie ähnlich entfernen wie überzählige Spalten:

▓ Zeilen mit Inhalt entfernen: Markieren Sie die Zeilen und entfernen Sie sie über TABELLE > LÖSCHEN > ZEILEN.

▓ Zeilen ohne Inhalt entfernen: In diesem Fall müssen Sie wiederum die benachbarten Zellen verschmelzen; das genaue Vorgehen entspricht der Handlungsanweisung *Überzählige Spalten entfernen (Zellverbindung)* oben.

Tabelle teilen. Mitunter kommt es vor, dass Sie eine Tabelle in einzelne Tabellen zerlegen möchten. Insbesondere wenn die Tabelle sehr lang geraten ist, kann dies sinnvoll sein. Die intuitive Lösung besteht darin, die Tabelle als Ganzes zu vervielfältigen und in jedem Duplikat die jeweils überflüssigen Zeilen zu löschen, mitsamt ihrem Inhalt. Es gibt aber auch einen eleganteren Weg (vgl. *Abbildung 10.10*):

1. Platzieren Sie die Einfügemarke innerhalb einer Zelle derjenigen Tabellenzeile, die in der geteilten Tabelle die erste Zeile bilden soll.

2. Über TABELLE > TABELLE TEILEN fügen Sie zwischen der aktuellen Zeile und der vorhergehenden Zeile einen Absatzwechsel ein – die Tabelle ist geteilt.

Es ist übrigens nicht möglich, eine Tabelle anders als zeilenweise zu teilen.

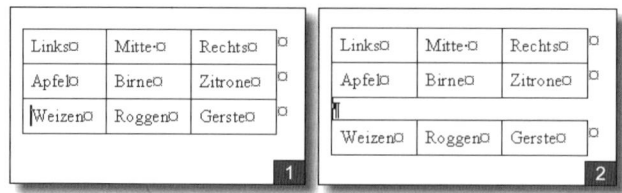

Abbildung 10.10: Tabelle teilen (nur möglich in Zeile)

Tabelle auflösen. Ein weiterer Fall ist noch vorstellbar, nämlich dass die Tabelle als Konstrukt überflüssig geworden, ihr Inhalt aber weiterhin wichtig ist. In diesem Fall können Sie die Tabelle in normalen Text auflösen und ihren Inhalt so leichter in den Fließtext eingliedern:

1. Platzieren Sie die Einfügemarke innerhalb der Tabelle, die Sie auflösen möchten.

2. Über TABELLE > UMWANDELN > TABELLE IN TEXT... öffnen Sie das Dialogfeld TABELLE IN TEXT UMWANDELN.

3. Die wichtigste Frage gilt dem Trennzeichen, mit dem Sie die Inhalte der einzelnen Zellen im Fließtext (zunächst) voneinander trennen möchten. In der Gruppe TEXT TRENNEN DURCH haben Sie mehrere Möglichkeiten. Normalerweise ist dies sinnvoll: Bei Zellen mit kurzen Inhalten verwenden Sie die Alternative TABSTOPPS. Enthalten die Zellen lange Texte, werden Sie mehr Freude mit der Alternative ABSATZMARKEN haben.

4. Klicken Sie auf die Schaltfläche OK, um die Tabelle entsprechend Ihren Vorgaben aufzulösen.

Das Ergebnis dieser Handlung ist, dass der Tabelleninhalt aus der Tabelle herausgelöst wird und die Tabelle verschwunden ist. Haben Sie die Alternative TABSTOPPS gewählt, werden die Zelleninhalte bevorzugt zeilenweise ausgerichtet. Reicht die verfügbare Zeilenlänge im Dokument nicht aus, wandert der Zeilenrest in die nächste Zeile.

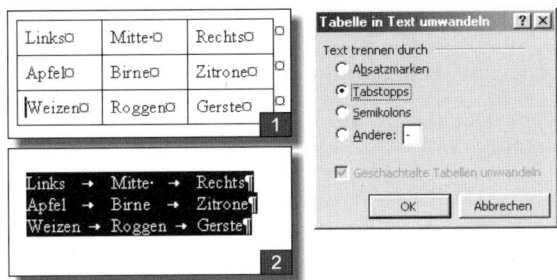

Abbildung 10.11: Tabelle auflösen und Inhalt in Text umwandeln

Tabelle löschen. Wenn Sie eine Tabelle vollständig markieren und `Entf` drücken, wird die Tabelle nicht gelöscht – stattdessen werden nur sämtliche Zelleninhalte entfernt. Am schnellsten können Sie Tabellen dagegen löschen, wenn Sie die Tabelle und ein beliebiges Zeichen außerhalb der Tabelle markieren, beispielsweise den ersten Buchstaben des Absatzes unterhalb der Tabelle, und dann `Entf` drücken. Der »ordentliche« Weg geht dagegen über das Menü:

1. Platzieren Sie die Einfügemarke innerhalb der Tabelle.

2. Über TABELLE > LÖSCHEN > TABELLE entfernen Sie die Tabelle – und ihren Inhalt gleich mit.

10.3.2 Tabellen gestalten

Nachdem Sie die Tabelle als Element in Ihr Dokument gebracht haben, geht es darum, sie zu gestalten und mit ihrem Inhalt zu füllen.

Tabellenkopf zuweisen. Word kennt eine besondere Eigenschaft, mit der Sie den Tabellenkopf formatieren können. Wird ein Teil der Tabelle auf die Folgeseite umgebrochen, wird der Tabellenkopf dort erneut eingeblendet. Auf diese Weise bleibt die Übersichtlichkeit erhalten:

1. Markieren Sie den Tabellenkopf, also die erste und eventuell zweite Zeile.

2. Über TABELLE öffnen Sie das Tabellenmenü; aktivieren Sie hier den Menüpunkt ÜBER-SCHRIFTENZEILEN WIEDERHOLEN.

Das Ergebnis dieser Aktion können Sie beurteilen, sobald Sie die Tabelle so verschieben, dass sie teilweise umgebrochen wird, und das Dokument in der Layoutansicht oder Druckvorschau betrachtet wird.

Spaltenbreite einzeln anpassen. Die Spaltenbreite können Sie, auch in Word 2002, noch nicht zentral verwalten. Bei der Umsetzung haben Sie zwei Alternativen. Entweder ändern Sie die Spaltenbreite zu Lasten einer angrenzenden Spalte oder Sie nehmen in Kauf, dass sich die Tabellenbreite verändert.

(a) Spaltenbreite ohne Tabellenbreite. Sofern sich die Tabellenbreite insgesamt nicht verändern sollte, müssen Sie die Spalte zu Lasten der Nachbarspalte ändern, vgl. *Abbildung 10.12.* Sofern Sie mit Tabellen ohne Rahmenlinien arbeiten, ist es sinnvoll, wenn Sie zunächst die Gitternetzlinien einblenden (TABELLE > GITTERNETZLINIEN EINBLENDEN):

1. Achten Sie darauf, dass Sie in der Tabelle nichts markiert haben. Andernfalls bezieht sich die weitere Aktion nicht auf die gesamte Spalte, sondern nur auf die markierte Zelle.

2. Zeigen Sie mit dem Mauszeiger auf die Spaltenbegrenzungslinie. Wählen Sie dabei denjenigen Spaltenrand, dessen Nachbarspalte die Breitenänderung ausgleicht.

3. Drücken Sie die linke Maustaste und verändern Sie die Breite, bis sie Ihren Vorgaben entspricht. Lassen Sie die linke Maustaste dann wieder los.

Abbildung 10.12: Spaltenbreite zu Lasten der Nachbarspalte verändern

(b) Spaltenbreite mit Tabellenbreite. Damit die Spaltenbreite nicht zu Lasten einer Nachbarspalte geht, variieren Sie das Vorgehen etwas (vgl. *Abbildung 10.13*):

1. Achten Sie wiederum darauf, dass Sie in der Tabelle nichts markiert haben.

2. Zeigen Sie mit dem Mauszeiger aber diesmal nicht (innerhalb der Tabelle) auf die Gitternetzlinie der Spalte. Bringen Sie den Mauszeiger vielmehr im Lineal über das Spaltentrennzeichen. Relevant ist das jeweils rechte Spaltentrennzeichen.

3. Drücken Sie nun die linke Maustaste und verändern Sie die Breite, bis sie Ihren Vorgaben entspricht. Für konkrete Maßangaben drücken Sie die Taste `Alt` – solange Sie die Taste niederdrücken, werden konkrete Abmessungen eingeblendet.

4. Sobald die Spaltenbreite stimmt, lassen Sie die linke Maustaste wieder los.

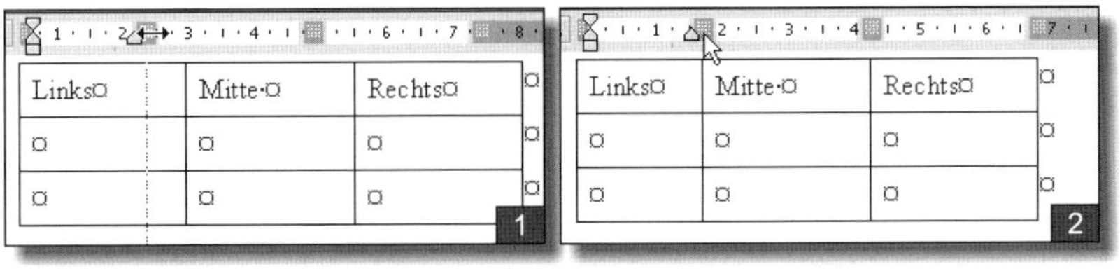

Abbildung 10.13: Spaltenbreite zu Lasten der Tabellenbreite verändern

Sofern Sie viele gleich strukturierte Tabellen haben, geht es daher am schnellsten, wenn Sie eine Tabelle Ihren Vorgaben anpassen und an die weiteren Stellen kopieren. Verschieben Sie dann den Inhalt der Tabellen mit dem unpassenden Layout in die »richtige« Tabelle.

Spaltenbreiten angleichen. Es gibt in Word eine Möglichkeit, sehr einfach mehreren Spalten die gleiche Breite zuzuweisen, ohne dass sich die Tabellenbreite hierdurch verändert (vgl. *Abbildung 10.14*):

1. Markieren Sie die Spalten, denen Sie die gleiche Breite zuweisen möchten.

2. Über TABELLE > AUTOANPASSEN > SPALTEN GLEICHMÄSSIG VERTEILEN bringen Sie die markierten Spalten auf die gleiche Breite.

Abbildung 10.14: Spaltenbreiten angleichen

Zeilenhöhe anpassen. Die Zeilenhöhe können Sie nur zu Lasten der Tabellenhöhe ändern. Die Zeilenhöhen der angrenzenden Tabellenzeilen werden hierdurch nicht verändert:

1. Markieren Sie Zeilen, deren Höhe Sie verändern möchten.

2. Über TABELLE > TABELLENEIGENSCHAFTEN... öffnen Sie das gleich lautende Dialogfeld; soweit noch nicht geschehen, aktivieren Sie die Registerkarte ZEILE.

3. Aktivieren Sie das Kontrollfeld HÖHE DEFINIEREN. In dem Eingabefeld dahinter können Sie einen Wert für die Zeilenhöhe angeben. In der Auswahl ZEILENHÖHE geben Sie vor, ob der angegebene Wert eine GENAUE oder eine MINDEST-Angabe ist.

4. Klicken Sie auf die Schaltfläche OK, um die Zeilenhöhe zu übernehmen.

Beachten Sie bei der Zeilenhöhe, dass die Alternative GENAU dazu führen kann, dass der Zelleninhalt nicht vollständig dargestellt wird. Sofern Sie sich in der Layoutansicht befinden, können Sie die Zeilenhöhe analog der Spaltenbreite genauso über die Gitternetzlinien und, soweit Sie es eingeblendet haben, auch über das vertikale Lineal anpassen.

Zeilenhöhen angleichen. Genauso, wie Sie die Spaltenbreiten angleichen können, gibt es diese Möglichkeit auch für die Zeilenhöhen. Die Tabellenhöhe wird hierdurch nicht verändert:

1. Markieren Sie die Zeilen, deren Höhe Sie einander angleichen möchten.

2. Über TABELLE > AUTOANPASSEN > ZEILEN GLEICHMÄSSIG VERTEILEN bringen Sie die markierten Zeilen auf gleiche Höhe.

Text eingeben. Nachdem Sie nun die äußere Erscheinung der Tabelle verbessert haben, können Sie mit der Eingabe beginnen. Grundsätzlich ist dazu nicht viel Besonderes zu sagen:

1. Platzieren Sie die Einfügemarke innerhalb der Zelle, die den Text aufnehmen soll und geben Sie den Text ein.

2. Sind Sie mit dem Inhalt einer Zelle fertig, drücken Sie ⭾ , um in die nächste Zelle nach rechts zu gelangen:

    –   Befinden Sie sich bereits in einer Zelle der letzten Spalte, wechseln Sie automatisch in die nächste Zeile.

    –   Befinden Sie sich bereits in der letzten Zelle der untersten Zeile, fügen Sie automatisch eine neue Zeile ein (vgl. die Handlungsanweisung *Zusätzliche Zeilen einfügen* auf Seite 166).

    –   Um nicht in die nächste Zelle bzw. Zeile zu gelangen, sondern ein Tabstoppzeichen einzugeben, drücken Sie die Tastenkombination `Strg` + ⭾ .

Besondere Textelemente. Tabelleninhalte sind kein formatfreier Raum. Natürlich können Sie in Tabellen Aufzählungen und Auflistungen eingeben und Inhalte besonders auszeichnen. Wenn Sie Word 2002 benutzen, sollten Sie Ihre Formatierungen nach Möglichkeit auf die Einstellungen der Tabellenformatvorlagen beschränken. Wenn Sie Word 2000 verwenden, wo die Tabellenformatvorlagen nicht existieren, legen Sie zwei Absatzformatvorlagen an (vgl. *Abbildung 10.15*):

▪   TABELLENTEXT: Diese Absatzformatvorlage ist für die regulären Zelleninhalte zuständig. Sie basiert auf dem TEXTKÖRPER. Je nach Lehrstuhlvorschrift ist ein abweichender Schriftgrad zulässig. Vermeiden Sie aber Schriftartwechsel genauso wie besondere Auszeichnungen.

▪   TABELLENKOPF: Diese Absatzformatvorlage basiert auf dem TABELLENTEXT und ist speziell für den Tabellenkopf zuständig, eventuell auch für die Vorspalte. Sie könnte beispielsweise den Schrittschnitt FETT aufweisen, sofern sie nicht für die Vorspalte verwendet wird, oder auch die Absatzeigenschaften ABSÄTZE NICHT TRENNEN und ZEILEN NICHT TRENNEN (im Falle der Vorspalte würden diese Absatzeigenschaften einen Seitenumbruch der gesamten Tabelle unterbinden).

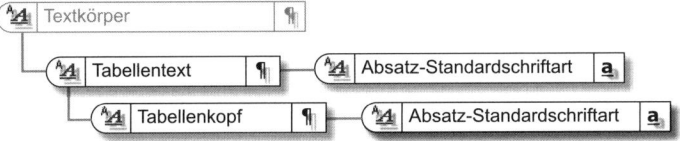

Abbildung 10.15: Formatvorlagenvorschlag für Tabelleninhalte

10.3.3 Tabellen beschriften

Von seltenen Ausnahmen abgesehen, müssen Sie Ihre Tabellen beschriften. Im deutschen Sprachraum gehört die Beschriftung unter die Tabelle. Die Beschriftung besteht aus den folgenden Komponenten:

▨ Bezeichnung und fortlaufende Zahl, also »Tabelle 5«; dahinter wird meistens ein Trennzeichen wie der Doppelpunkt verwendet.

▨ Titel der Tabelle; dieser sollte in einem oder wenigen Wörtern den Inhalt beschreiben, aber keinen vollständigen Satz bilden.

▨ Quellenvermerk; fragen Sie hierzu Ihren Betreuer, da die Lehrstühle dies bei Tabellen unterschiedlich handhaben.

Diese Überlegungen haben Sie bereits umgesetzt, als Sie im Kapitel *Besondere Layoutelemente einrichten* die Tabellenbeschriftung eingerichtet haben.

Tabelle beschriften. Nun soll gezeigt werden, wie einfach Sie mit den beschriebenen Anweisungen die Tabelle beschriften können (vgl. *Abbildung 10.16*):

1. Platzieren Sie die Einfügemarke im Absatz direkt unterhalb der Tabelle.

2. Blenden Sie den Aufgabenbereich FORMATVORLAGEN UND FORMATIERUNG ein und weisen Sie darüber dem Absatz die Absatzformatvorlage BESCHRIFTUNG zu.

3. Nun kommt der spannende Teil – der Einsatz der Autokorrektur: Schreiben Sie »Tabelle #«. Sofern Sie den entsprechenden Autokorrektureintrag angelegt und die Textsprache inzwischen nicht gewechselt haben, wird das »Tabelle #« durch die konkret gezählte Beschriftung ersetzt, beispielsweise »Tabelle 5:«. Zusätzlich springt die Einfügemarke zum nächsten Tabstopp. Arbeiten Sie auf einem fremden Rechner, geben Sie »Tabellenbeschriftung« ein und ersetzen diesen (ebenfalls definierten) Autotext durch die Tabellenzählung.

4. Geben Sie nun den Titel der Tabelle ein.

5. Wechseln Sie über ⏎ in den nächsten Absatz. Sofern Sie beim Eingliedern der Formatvorlagen eine Quellenangabe vorgesehen haben, sollte der neue Absatz mit der Absatzformatvorlage TEXTKÖRPER-EINZUG 2 formatiert sein – geben Sie in diesem Absatz die Quellenangabe ein.

6. Wenn Sie über ⏎ in den nächsten Absatz wechseln, sollten Sie wieder im TEXTKÖRPER landen. Sofern Sie keine Quellenangaben vorgesehen hatten, sind Sie bereits im vorherigen Schritt wieder in den Textkörper gelangt.

Sollte in Schritt *3* die Eingabe nicht durch die Autokorrektur ersetzt worden sein, schauen Sie im Kapitel *Word-Funktionen* nach, was die Ursachen dafür sein können. Sofern Sie inzwischen an einem anderen Rechner arbeiten, wird die Autokorrektur wohl kaum den Autokorrektureintrag enthalten. Da der Autotexteintrag (laut Anweisung) aber Teil der Dokumentenvorlage ist, können Sie immerhin diese mitnehmen und auf den Autotext zurückgreifen.

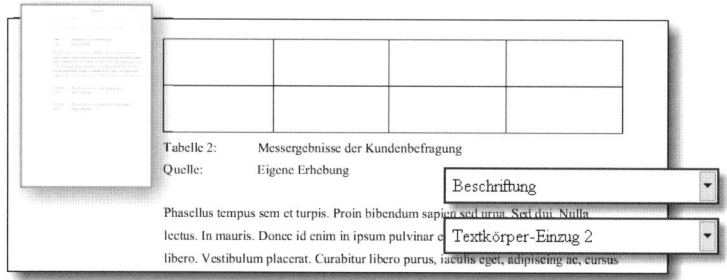

Abbildung 10.16: Vollständig beschriftete Tabelle

10.4   Abbildungen

Abbildungen sind zunächst einmal alle Arten von Darstellungen wie Schemata, Flussdiagramme und Grafiken. Im Rahmen Ihrer Arbeit sollten Sie sie wirkungsvoll verwenden. Es ist schwer, eine Maßzahl im Sinne von »x Abbildungen je 10 Seiten« zu nennen. Juristische Ausarbeitungen enthalten kaum Abbildungen, wirtschaftswissenschaftliche Ausarbeitungen dagegen mehr.

Solange sich die Abbildung außerhalb des Computers befindet, als Darstellung in einem Lehrbuch beispielsweise, haben Sie zwei Alternativen, die Sie von Fall zu Fall abwägen müssen. Auf der einen Seite können Sie die Grafik einscannen. Das ist insbesondere bei Bildern die bessere Möglichkeit, da es sehr viel Können und Ausdauer erfordert, ein Bild im Computer vollständig nachzufertigen. Die andere Möglichkeit ist das Nachfertigen. Gerade bei Flussdiagrammen und einfachen Schemata aus Lehrbüchern gelingt das Neuzeichnen in Powerpoint oftmals schneller als das Einscannen. Hinzukommt die bessere Qualität. Welche der beiden Möglichkeiten Sie im Einzelfall wählen, überlasse ich Ihnen.

Es ist nicht zu empfehlen, die Abbildungen bereits in das Dokument einzufügen, während Sie noch daran schreiben, vgl. *Abbildung 10.17*. Die Begründung ist einfach: Abbildungen führen häufig dazu, dass das Word-Dokument korrupt wird, also einen Absturz verursacht und sich anschließend nicht mehr richtig öffnen lässt. Ganz nebenbei können sie bei falscher Vorgehensweise das Word-Dokument ganz erheblich vergrößern, so dass Sie mehr Rechnerkapazität benötigen, um das Dokument zu bearbeiten. Der häufig gemachte Einwand an dieser Stelle betrifft das Einschätzen des Dokumentenumfangs. Normalerweise genügt es, die Abbildungen, die Sie normalerweise in Powerpoint machen werden, in endgültiger Größe auszudrucken und den benötigten Seitenplatz (3/4-Seite, 1/4-Seite) auf dem Papier zu vermerken. Mit ein bisschen Sorgfalt werden Sie den Platz sehr gut einschätzen können.

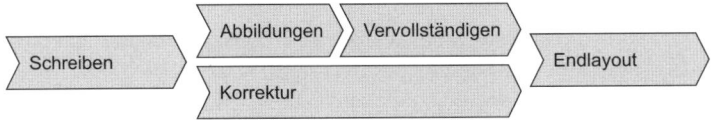

Abbildung 10.17: Arbeitsfluss für Abbildungen und Schreiben

Das Grundproblem aller Grafikdateien ist ihre *Dateigröße*. Ein als Grafik eingescanntes Schema beansprucht mehr Speicherplatz als das gleiche Schema, wenn Sie es in Powerpoint zeichnen. Der Zuwachs kann im Einzelfall im Megabyte-Bereich liegen. Aus diesem Grund gibt es viele unterschiedliche Grafik-Dateiformate. Jedes dieser Dateiformate hat spezielle Stärken, beispielsweise bezüglich Detailtreue oder Kompression. Diese Stärken werden aber durch Nachteile erkauft: Detailtreue geht zu Lasten der Dateigröße, Kompression verringert die Detailtreue. Um die einzelnen Formate besser beurteilen zu können, sollen einige Kriterien vorgestellt werden, in denen sich Grafik-Dateiformate grundlegend unterscheiden.

10.4.1 Pixel- und Vektorgrafiken

Das wichtigste Kriterium bildet die Methode, in der Grafiken gespeichert werden. Häufig werden Grafiken als Ansammlung einzelner Bildpunkte (*pixel* als Kurzform für *picture elements*) gespeichert. In *Teilbild 1* von *Abbildung 10.18* sehen Sie eine stark überpixelte Grafik (für diesen Effekt habe ich Photopaint aus der Corel Graphics Suite verwendet). Klar zu erkennen ist, wie das Gesamtbild aus einzelnen Pixeln zusammengesetzt wird. Halten Sie die Abbildung etwas weiter von Ihren Augen entfernt, damit das Bild an Deutlichkeit gewinnt. Auch der Monitor Ihres Computers arbeitet mit Pixeln. Wenn Sie sehr genau auf die Mattscheibe schauen, können Sie das Punktmuster erkennen.

Die Alternative zu Pixeln sind Vektoren. Bei der vektororientierten Variante wird die Grafik in lauter geometrische Einzelformen wie Dreiecke, Quadrate und Kreise zerlegt, aber auch unregelmäßigere Formen sind möglich. In *Teilbild 2* von *Abbildung 10.18* sehen Sie das Motiv aus *Teilbild 1* als übertrieben vektorisierte Grafik (das Programm Trace aus der Corel Graphics Suite ermöglicht das Vektorisieren). Deutlich treten die klaren Farbflächen hervor, die dadurch entstehen, dass die Motivkonturen in geometrische Formen überführt werden. Diese Formen versuchen, das ursprüngliche Motiv möglichst genau wiederzugeben.

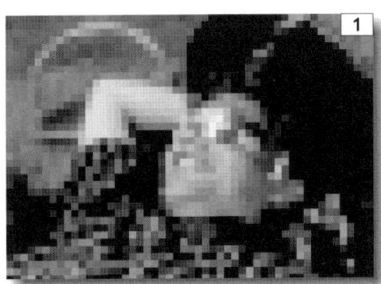

Abbildung 10.18: Pixelgrafik und Vektorgrafik

Die Teilbilder demonstrieren die beiden zentralen Unterschiede zwischen Pixel- und Vektorgrafiken: Auflösung und Detailtreue. Wie Sie in *Teilbild 1* sehen, »leidet« die Auflösung einer Pixelgrafik, wenn Sie versuchen, eine Pixelgrafik zu vergrößern. Sinngemäß wäre das, als wollten Sie auf der Grundlage einer Post-it-Notiz eine Dissertation verfassen. Sie haben zu wenig Informationen, um dem Umfang gerecht zu werden. Ähnlich ist es mit Pixelgrafiken. Wenn Sie versuchen, eine Pixelgrafik zu vergrößern, werden mehr Pixel für die Grafik insgesamt benötigt, um die ursprüngliche Auflösung – gemessen in Bildpunkten je Längeneinheit – beizubehalten. Zwar erlauben gängige Grafikprogramme dennoch eine Vergrößerung von Pixelbildern. Die Zwischenpunkte werden aber auf der Grundlage der vorhandenen Punkte geschätzt. Ist ein Bildelement, die Ameise auf dem Kragen beispielsweise, in der ursprünglichen Pixelgrafik nicht erkennbar, wird sie auch durch die nachträgliche Vergrößerung nicht eingezeichnet. Anders verhält es sich mit Vektorgrafiken. Da die Bildelemente als geometrische Formen vorliegen, können Sie diese Bilder beliebig vergrößern. Eine Fläche in der Form eines kleinen Quadrats kann problemlos auf die Fläche eines größeren Quadrats ausgedehnt werden – ein Quadrat bleibt ein Quadrat.

Naheliegend wäre es nun, Pixelgrafiken immer in der maximal möglichen Auflösung zu erfassen. Mit Pixelgrafiken verhält es sich aber ähnlich wie mit Word-Dokumenten: Je mehr Seiten ein Dokument enthält, desto größer wird die Datei. Und das Gleiche passiert mit Pixelgrafiken: Je mehr Pixel eine Grafik enthält, desto größer wird sie. Eine postkartengroße Pixelgrafik in web-freundlicher Auflösung und fotorealistischer Brillanz würde (ohne spezielle Kompressionstechniken) etwa 350 Kilobyte beanspruchen. Die gleiche Grafik würde, damit sie auf einem Farbtintenstrahldrucker ordentlich wiedergegeben wird, rund 1580 Kilobyte Festplattenplatz benötigen (zum Öffnen wäre der gleiche Platz im Arbeitsspeicher nötig). Aus diesem Grund ist es bei Pixelgrafiken notwendig, die spätere Verwendung zu berücksichtigen, um Festplattenplatz und Arbeitsspeicher nicht unnötig zu belegen. Anders verhält es sich mit Vektorgrafiken. Da die Bildelemente als eindeutige Formen vorliegen, brauchen Sie nur noch einen Multiplikator, um von der ursprünglichen auf die endgültige Größe zu kommen. Dieser Vergrößerungsvorgang ist zwar rechenintensiv, hat aber nahezu keinen Einfluss auf die Dateigröße.

Wie Sie durch Vergleichen der Teilbilder erkennen können, haben Vektorbilder ihre Nachteile in Bezug auf die Detailtreue. Da alle Einzelheiten in geometrische Flächen überführt werden, erscheint das Bild »flacher«. Die Gesichtsfalten werden auf wenige Formen reduziert und auch die Farbenvielfalt des Haars nimmt ab. In Pixelbildern können Sie Kontraste und Konturen dagegen fotorealistisch wiedergeben.

Welche dieser beiden Methoden Sie im Einzelnen verwenden, richtet sich nach dem zugrunde liegenden Motiv. Straßenkarten, naturgemäß mit geringer Farbenvielfalt und klaren Konturen, sind besser für das Vektorisieren geeignet als das Motiv eines herbstlichen Baums.

10.4.2 Verwendungszwecke

Es gibt neben der Unterteilung der Grafikformate in Pixel- und Vektorgrafiken weitere Kriterien, um die Grafikformate zu unterscheiden. Die *Farbtiefe* ist ein solches. Nicht jedes Format erlaubt einen fotorealistischen Farbumfang von 16,7 Millionen Farben – und nicht jedes Motiv macht eine derartige Farbtiefe notwendig. Einige Formate sind auf 256

Farbtöne beschränkt. Da auch Zwischentöne eigene Farben sind, reichen somit 256 Farben für ein kontrastreiches Bild nicht aus. Ein Screenshot oder ein einfaches Firmenlogo dagegen hat häufig weniger als 256 verschiedene Farben.

Der konkrete Größenzuwachs hängt meistens von der Auflösung, der Farbtiefe und dem Grad der Kompression ab. Gerade weil Grafiken so speicherplatzintensiv sind, wurden viele Varianten ersonnen, um sie zu *komprimieren*. Einige dieser Kompressionsformate reduzieren allerdings die Qualität, meistens gleichbedeutend mit der Auflösung, was bei der Bildschirmdarstellung häufig nicht auffällt, bei einem Laserausdruck jedoch bereits stören kann.

Für das Scannen selbst ist das später gewählte Speicherformat zwar unwichtig. Da Sie die Grafik aber früher oder später abspeichern werden, sollten Sie diese Frage auch nicht völlig außer Acht lassen. Dazu müssen Sie einige Grafik-Dateiformate kennen. Nicht berücksichtigt werden programmspezifische Formate wie PSP für Paintshop Pro (Iasc), PSD für Photoshop (Adobe) und CPT für Photopaint (Corel). Die hier zusammengestellten Formate können zwischen den meisten Programmen ausgetauscht werden. Daneben kann Office diese Formate importieren.

(1) Druckwiedergabe entscheidet. Haben Sie ein hochwertiges Ausgabesystem (guter Drucker oder Satzbelichter) und ausreichend Platz auf der Festplatte, verwenden Sie *EPS*-Dateien; kann Ihr Drucker oder Belichter keine PostScript-Dateien wiedergeben, verwenden Sie besser *TIF*-Dateien. Die Restriktionen finden Sie zusammengefasst in *Tabelle 10.1*.

Suffix	Name
EPS	ENCAPSULATED POSTSCRIPT: Dieses Format ist vor allem für hochwertige Grafiken vorgesehen, die über PostScript-Drucker und Satzbelichter wiedergegeben werden. Bilder können als Vektor und Pixel erfasst werden. Wenn Sie eine Dissertation schreiben, die von einem Verlag gedruckt wird, sollte dies Ihr bevorzugtes Format sein.
TIF(F)	TAGGED IMAGE FILE FORMAT: Dieses Format wird für hochwertige Grafiken außerhalb von PostScript-Druckern verwendet (es ist insoweit die Alternative zu EPS-Grafiken). Bilder werden als Pixel erfasst, es sind maximal 16,7 Millionen Farben möglich. Die Kompression ist im Unterschied zu JPG aber verlustfrei. Sie können es gut verwenden, wenn Sie aus Powerpoint heraus Abbildungen für Word-Dokumente gestalten möchten.

Tabelle 10.1: Grafik-Dateiformate für hochwertige Wiedergabe

(2) Verarbeitungsmöglichkeit auf Windows-Rechnern. Wenn Sie Grafiken mit dem Ziel abspeichern, dass Sie Ihre Diplomarbeit oder Dissertation auf unterschiedlichen Windows-Rechnern bearbeiten können (PC-Pool beispielsweise), benötigen Sie ein universelles Windows-Datenaustauschformat. Überragende Druckqualitäten sind weniger wichtig. Verwenden Sie in diesem Fall am besten *WMF*- oder *EMF*-Dateien. Möglich, aber manchmal etwas »voluminös« sind *BMP*-Dateien. Die genauen Unterschiede werden in *Tabelle 10.2* zusammengefasst.

Suffix	Name
BMP	BITMAP: Dieses Windows-Standardformat ist zwar solide, aber ohne spezielle Eignung. Für den hochwertigen Ausdruck über einen Satzbelichter fehlt beispielsweise die Möglichkeit, weitere Druckeigenschaften abzuspeichern.
WMF EMF	WINDOWS META FILE und ENHANCED META FILE: Diese Windows-Formate können Bilder sowohl als Vektor als auch als Pixel erfassen (Powerpoint-Folien können nur über WMF als Vektordatei exportiert werden). Die Dateien lassen sich damit beliebig vergrößern. Für Bildschirmpräsentationen sowie Ausdrucke ist es sehr gut geeignet. Allerdings kann es nur von den wenigsten Grafikprogrammen ausgegeben werden.

Tabelle 10.2: Grafik-Dateiformate für universellen Austausch

(3) Geringe Dateigröße. Die Grafikgröße spielt insbesondere dann eine größere Rolle als die Bildqualität, wenn Sie Ihre schriftliche Arbeit im Internet verfügbar machen möchten. Die Bildqualität ist in diesem Fall weniger wichtig. Wählen Sie deshalb *GIF* für kleine und farbarme Grafiken, *JPG* für farbreiche Dateien. *PNG* kann geeignet sein, beide Formate in Zukunft zu ersetzen. Einzelheiten finden Sie in *Tabelle 10.3*.

Suffix	Name
GIF	COMPUSERVE GRAPHICS INTERCHANGE FORMAT: Dieses Format wird für kleine und farbarme Grafiken im Internet verwendet. Für Internetseiten, die auf dem Bildschirm gezeigt werden, und einfache Ausdrucke eignet es sich ebenfalls gut. Die Bilder werden als Pixel erfasst und verlustfrei komprimiert. Es sind allerdings höchstens 256 Farben je Bild möglich.
JP(E)G	JOINT PHOTOGRAPHICS EXPERTS GROUP: Dieses Format wird für große farbreiche bzw. fotorealistische Grafiken im Internet verwendet. Für Internetseiten und einfache Ausdrucke ist es ebenfalls gut geeignet. Die Bilder werden als Pixel erfasst und verlustbehaftet komprimiert, wobei der Verlustgrad einstellbar ist. Dabei sind maximal 16,7 Millionen Farben möglich.
PNG	PORTABLE NETWORK GROUP: Dieses offene Format ist der Nachfolger von GIF, erlaubt aber wesentlich umfangreichere Farbpaletten, maximal 16,7 Millionen Farben. Für Internetseiten ist es deshalb gut geeignet.

Tabelle 10.3: Grafik-Dateiformate für knappen Speicherplatz

10.4.3   Bilder scannen

Grafiken so zu scannen, dass sie ohne sichtbaren Qualitätsverlust am Drucker ankommen, hat schon manchen Diplomanden viel Zeit gekostet. Deshalb möchte ich zunächst die Vorfrage stellen: *Muss die Grafik gescannt werden?* Gerade bei Schwarzweißschemata sind die erzielbaren Resultate abhängig von der Vorlagenqualität nicht immer befriedigend und das Zeichnen geht mit ein wenig Übung recht flott. Bei Bildern wird die Alternative der Handarbeit dagegen hinfällig sein.

Im Weiteren wird zwischen den beiden gegensätzlichen Abbildungstypen Schwarzweißbilder und Farb- bzw. Graustufenbilder unterschieden. Als Schwarzweißbild gelten alle

Strichzeichnungen wie farblose Cartoons, Flussdiagramme und andere Schemata. Auffällig ist, dass es nur zwei Farbtöne gibt, meistens Schwarz als Kontrastfarbe und Weiß für den Hintergrund. Zwischentöne existieren nicht. Auf der anderen Seite stehen so genannte Farb- bzw. Graustufenbilder. Dabei handelt es sich um Abbildungen, die reich an Kontrasten und Zwischentönen sind. Da Drucker diese Zwischentöne aus den verfügbaren Grundfarben mischen, wird sich die mögliche Wiedergabeauflösung verringern. Das Grundproblem ist bei Farb- bzw. Graustufenbildern somit gleich.

Eine besondere Bedeutung kommt beim Scannen dem Standard TWAIN zu (*Toolkit Without An Important Name*, sinngemäß: Zusätze ohne besondere Bezeichnung). Dieser Standard regelt den Datenaustausch zwischen Bildeingabegeräten, beispielsweise Scanner und Kamera, und dem Computer. Die meisten Scanner bringen inzwischen TWAIN-Treiber mit, so dass Sie aus vielen Programmen heraus scannen können, beispielsweise auch unter Office.

Schwarzweißbilder

Auch wenn es im Ergebnis häufig sinnvoll ist, Schwarzweißbilder als Graustufenbilder zu erfassen, soll zunächst beschrieben werden, wie Schwarzweißbilder als solche eingescannt werden können. Die Begründung ist theoretischer Natur: Die Grundlagen lassen sich so leichter erklären.

Das Grundproblem des Scannens ist die richtige Auflösung, *Abbildung 10.19* fasst die relevanten Überlegungen zusammen. Ziel soll es sein, die passende Auflösung zu finden, die eine gute Wiedergabe ermöglicht sowie Arbeitsspeicher und Festplatte nicht zu sehr belastet.

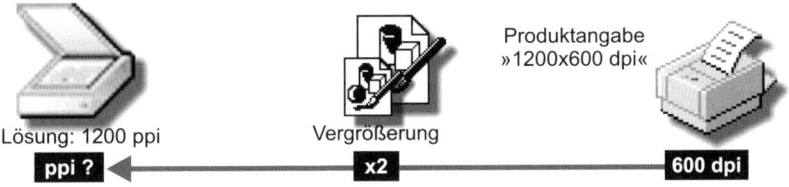

Abbildung 10.19: Gesuchte Auflösung für ein Schwarzweiß-Scanning

Ein bisschen Theorie ist notwendig, um die Angaben zu verstehen, mit denen die Auflösung eines Scanners und eines Druckers bezeichnet wird. Der kleinste Punkt, den ein Scanner noch einzeln erfassen kann, wird als *pixel* bezeichnet. Eine Scannerauflösung wird daher in *pixel per inch* (ppi) gemessen, auch wenn auf der Verpackung etwas anderes steht. Anders verhält es sich beim Drucker. Der kleinste Punkt, den ein Drucker einzeln wiedergeben kann, wird als *dot* bezeichnet. Die Druckerauflösung wird in *dots per inch* (dpi) angegeben. Während der Scanner mit jedem *pixel* auch Zwischentöne erkennen kann, muss der Drucker, damit er Zwischentöne wiedergibt, mehrere *dots* kombinieren – ein *dot* hat immer eine Farbe, ein *pixel* kann beliebige Farben annehmen. Diese Unterschiede werden wichtig, wenn Sie Graustufenbilder einscannen.

Schwarzweißbild einscannen. Diese Handlungsanweisung muss ich etwas allgemeiner halten, weil sich die entscheidenden Einstellungen nach dem Scannertreiber richten, der in Ihrem Computer installiert ist. Die Grundstruktur ist jedoch für alle Scanner gleich:

1. Über EINFÜGEN > GRAFIK > VON SCANNER ODER KAMERA… öffnen Sie das entsprechende Dialogfeld.

2. Wählen Sie unter GERÄT den Scanner. Über die Schaltfläche BENUTZERDEFINIERTES EINFÜGEN… öffnen Sie das Dialogfeld des Scannertreibers.

3. Sie haben in diesem Dialogfeld eine Auswahl, über die Sie angeben können, ob Sie farbig, in Graustufen oder schwarzweiß scannen möchten. Wählen Sie hier die Alternative SCHWARZWEISS. Um zu einem guten Resultat zu gelangen, passen Sie anschließend folgende Einstellungen an:

   – *Auflösung:* Wie schon hervorgehoben, ist die Auflösung entscheidend für eine gute Wiedergabe. Bei einem Schwarzweiß-Scanning kann die Scannauflösung vom Drucker direkt umgesetzt werden. Sie müssen nur eventuelle Vergrößerungen einplanen. Verwenden Sie allerdings nur Vielfache vom Wert »300« und bleiben Sie innerhalb dessen, was Ihr Scanner tatsächlich wahrnimmt (optische Auflösung). Bei einer Druckerauflösung von 600 dpi ergibt sich bei zweifacher Vergrößerung eine Scannauflösung von 1200 ppi.

   – *Schwarz oder Weiß:* Speziell im Scannmodus SCHWARZWEISS können Sie angeben, welche Helligkeitsstufen als Schwarz und welche als Weiß ausgelegt werden sollen. Je niedriger dieser so genannte Schwellenwert ist, desto weniger Helligkeitsstufen werden als Schwarz und desto mehr Helligkeitsstufen werden als Weiß gedeutet (vgl. *Abbildung 10.20 Teilbild 1* und 2).

4. Normalerweise hat der Scannerdialog eine Vorschaufunktion. Diese erlaubt es Ihnen, den relevanten Bildausschnitt zu bestimmen und zu markieren.

5. Stimmt der Bildausschnitt, klicken Sie auf die Schaltfläche SCANNEN. Das Bild wird eingelesen und erscheint in der Folie.

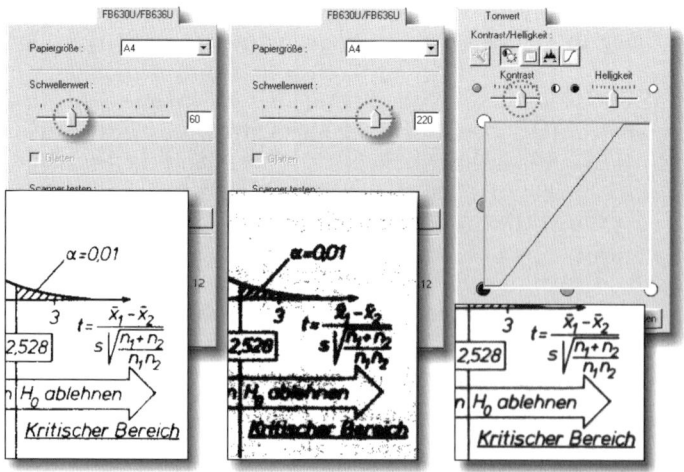

Abbildung 10.20: Vorlage als Schwarzweiß- und Graustufenbild

Einen alternativen Weg wählt das *Teilbild 3*. Hier wurde die Grafik nicht als Schwarzweiß-vorlage erfasst, sondern als Graustufenbild; die notwendigen Überlegungen finden Sie im nächsten Abschnitt. Um dem Charakter einer Schwarzweißvorlage gerecht zu werden, wurde der Kontrast erhöht. Hierdurch werden ebenfalls die Kanten geschärft. Weil Zwischentöne aber weiterhin möglich bleiben, erscheinen die Linien deutlich glatter.

Farb- und Graustufenbilder

Im Folgenden soll beschrieben werden, wie Sie Farb- und Graustufenbilder richtig ein-scannen. Der Unterschied zum Scannen von Schwarzweißbildern entsteht, weil Scanner mit jedem *pixel* auch Zwischentöne auslesen können. Damit ein Drucker Zwischentöne wiedergeben kann, muss er sie aus mehreren *dots* mischen. In *Abbildung 10.21* sehen Sie die notwendigen Überlegungen.

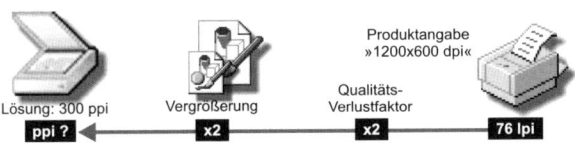

Abbildung 10.21: Richtige Scannauflösung ermitteln für Grau- und Farbgrafiken

Damit Ihr Laserdrucker Grautöne ausdrucken kann, kombiniert er mehrere *dots* zu einer Rasterlinie, englisch als *line* bezeichnet. Die wirksame Auflösung reduziert sich deshalb, im Falle der *Abbildung 10.21* von 600 dpi auf 76 lpi. Hinzukommt, dass die meisten Drucker eine eingebaute Fehlerkorrektur haben, um die Zwischentöne genau zu berechnen. Alles zusammen macht es notwendig, die Scannauflösung etwas anders zu berechnen.

Farb- bzw. Graustufenbild einscannen. Mit dieser Handlungsanweisung sollen die notwendigen Überlegungen beschrieben werden, damit Sie ein Farb- bzw. Graustufenbild richtig einscannen:

1. Über EINFÜGEN > GRAFIK > VON SCANNER ODER KAMERA… öffnen Sie das entsprechende Dialogfeld.

2. Wählen Sie unter GERÄT den Scanner. Über die Schaltfläche BENUTZERDEFINIERTES EINFÜGEN… öffnen Sie das Dialogfeld des Scannertreibers.

3. Sie haben in diesem Dialogfeld eine Auswahl, über die Sie angeben können, ob Sie farbig, in Graustufen oder schwarzweiß scannen möchten. Wenn Sie die Vorlage farbig erfassen möchten, wählen Sie die entsprechende Alternative. Häufig gibt es eine gesonderte Auswahl, um Graustufenbilder als solche zu erfassen. Passen Sie weiterhin folgende Einstellungen an:

   - *Auflösung:* Bei einer wirksamen Druckerauflösung von 76 lpi ergibt sich bei zwei-facher Vergrößerung und unter Berücksichtigung der Fehlerkorrektur eine Scann-auflösung von 300 ppi.

   - *Farbeinstellungen:* Viele Scannertreiber erlauben es, Farbeinstellungen wie Hellig-keit und Kontrast anzupassen, oftmals auch den Gamma-Wert. Diese Einstellun-gen werden im Anschluss an diese Handlungsanweisung betrachtet.

4. Normalerweise hat der Scannerdialog eine Vorschaufunktion, die Sie auch nutzen sollten. Sie ermöglicht es Ihnen, den relevanten Bildausschnitt zu bestimmen und zu markieren.

5. Stimmt der Bildausschnitt, klicken Sie auf die Schaltfläche SCANNEN. Das Bild wird eingelesen und erscheint in der Folie.

Auch wenn ich keine universellen Hinweise zum Scannen geben kann, sollen einige Farbeinstellungen angesprochen werden, die Ihnen beim Scannertreiber oder auch in Powerpoint begegnen können. *Abbildung 10.22* zeigt die Symbolleiste und das Dialogfeld zum Verändern von Grafiken unter Powerpoint. Sie können es aufrufen, sobald Sie eine Grafik markiert haben; wählen Sie dann FORMAT > GRAFIK... und wechseln Sie im Dialogfeld zur Registerkarte GRAFIK. Die Symbolleiste wird normalerweise automatisch eingeblendet, sobald Sie eine Grafik markieren; andernfalls öffnen Sie sie manuell über ANSICHT > SYMBOLLEISTEN.

Abbildung 10.22: Dialogfeld und Symbolleiste für Grafiken

Hier haben Sie die Möglichkeit, das Bild aufzuhellen, vgl. *Teilbild 1* in *Abbildung 10.23*. Dunkle Vorlagen erscheinen so deutlicher. Nachteile entstehen aber in den helleren Bildpartien. Hier nimmt die Deutlichkeit ab und das Bild erscheint flau. Eine Alternative zur Helligkeit ist der Kontrast. Auch ihn können Sie unter Powerpoint verändern. Die Wirkung ist in *Teilbild 2* von *Abbildung 10.23* dargestellt. Wenn Sie den Kontrast erhöhen, werden helle Flächen aufgehellt und dunkle Flächen abgedunkelt. Die Helligkeitsunterschiede zwischen diesen Flächen nehmen zu, die Helligkeitsunterschiede innerhalb dieser Flächen jedoch ab. Hat das Bild sehr viele vor allem helle und dunkle Bildpartien, ist außer einigen hellen und dunklen Flächen wenig anderes zu entdecken. Gute Resultate lassen sich häufig erzielen, indem Helligkeit und Kontrast gemeinsam angepasst werden.

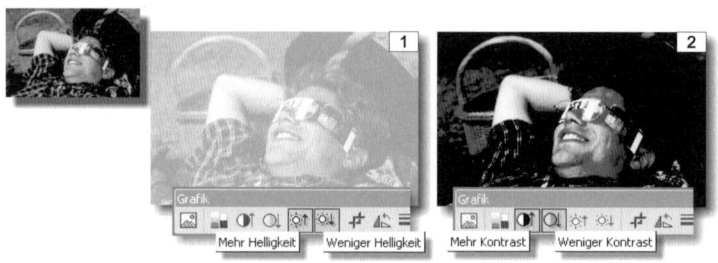

Abbildung 10.23: Helligkeit und Kontrast

Eine Farbeinstellung, die Sie (noch) nicht unter Powerpoint verändern können, ist der Gamma-Wert. Es handelt sich vereinfacht um eine Kombination aus Helligkeit und Kontrast. Ist Ihre Vorlage zu dunkel, könnten Sie den Gamma-Wert verringern. Hierdurch erhöht sich die Helligkeit und zugleich wird auch der Kontrast angehoben. Das Bild erscheint heller, ohne zu flau zu geraten. Wenn Sie schwierige Bildvorlagen haben und Ihr Scannertreiber diese Farbeinstellung anbietet, sollten Sie sie als Erstes versuchen.

10.4.4 Abbildung einplanen und beschriften

Abbildungen werden grundsätzlich beschriftet, wobei die Beschriftung unterhalb der Abbildung steht. Die Komponenten der Beschriftung sind grundsätzlich die gleichen wie bei einer Tabelle:

- Bezeichnung und fortlaufende Zahl, also »Abbildung 12«; dahinter wird meistens ein Trennzeichen wie der Doppelpunkt verwendet.

- Titel der Abbildung; die Hinweise entsprechen denen für Tabellen.

- Quellenvermerk; Abbildungen sind normalerweise immer mit einem Quellenvermerk unterhalb der Beschriftung versehen.

Die richtige Einrichtung dieser Vorgaben wird ausführlich im Kapitel *Besondere Layoutelemente einrichten* beschrieben, ebenso wie für Tabellen.

Abbildung planen. Wie oben bereits dargelegt, sollten Sie die Abbildungen erst einfügen, wenn Sie das Dokument insgesamt vervollständigen. Dieses Vorgehen vermeidet es, dass Sie in Ihrem Schreibfluss unterbrochen werden. Sie können sich ganz auf die Arbeit konzentrieren. Damit Sie die Abbildung aber richtig einplanen, gehen Sie wie folgt vor:

1. Blenden Sie den Aufgabenbereich FORMATVORLAGEN UND FORMATIERUNG ein. Weisen Sie mit seiner Hilfe dem Absatz, der die Abbildung zukünftig enthalten soll, die Absatzformatvorlage TEXTKÖRPER-EINZUG 3 zu. Diese Absatzformatvorlage wird im Kapitel *Besondere Layoutelemente einrichten* für die Abbildungen selbst eingerichtet.

2. Schreiben Sie sich in diesen Absatz einen Erinnerungsvermerk, beispielsweise »Folie „Marktdaten" aus Abbildungen_quer.ppt«.

Wenn Sie sicher gehen wollen, dass Sie später keine Überraschungen erleben, können Sie ein zusätzliches Word-Dokument anlegen, das Sie »Abbildungen_Test.doc« oder ähnlich nennen. Verwenden Sie das Dokument, um in einer ruhigen Minute, in der Sie ohnehin nicht richtig arbeiten können, das Einfügen der Abbildungen zu üben.

Abbildung beschriften. Auch wenn Sie die Abbildungen selbst noch nicht einfügen können, sollten Sie sie bereits abschließend beschriften, vgl. *Abbildung 10.24*. Das ist insbesondere für mögliche Querverweise nötig und sinnvoll. Auf die Stabilität des Dokuments hat dies zudem keinen Einfluss:

1. Wenn Sie sich in dem Absatz befinden, in dem Sie die Abbildung vormerken, sollte ein einfaches Drücken von $\boxed{\leftarrow}$ genügen, um in einen neuen Absatz zu wechseln, der automatisch die Absatzformatvorlage BESCHRIFTUNG zugewiesen bekommt (so wird diese Absatzformatvorlage im Kapitel *Besondere Layoutelemente einrichten* eingegliedert). Andernfalls weisen Sie dem Absatz diese Absatzformatvorlage manuell zu.

2. Nun kommt wie bei der Tabellenbeschriftung der spannende Teil – der Einsatz der Autokorrektur: Schreiben Sie »Abbildung #«. Sofern Sie den entsprechenden Auto-korrektureintrag angelegt und die Textsprache inzwischen nicht gewechselt haben, wird die Eingabe »Abbildung #« durch die konkret gezählte Beschriftung ersetzt, bei-spielsweise »Abbildung 12:«. Zusätzlich springt die Einfügemarke zum nächsten Tab-stopp. Arbeiten Sie auf einem fremden Rechner, fügen Sie den entsprechenden Auto-text ein.

3. Nun können Sie den Titel der Abbildung eingeben.

4. Wechseln Sie über ⏎ in den nächsten Absatz. Sofern Sie beim Eingliedern der For-matvorlagen eine Quellenangabe vorgesehen haben, sollte der neue Absatz mit der Absatzformatvorlage TEXTKÖRPER-EINZUG 2 formatiert sein – geben Sie in diesen Absatz die Quellenangabe ein.

5. Wenn Sie über ⏎ in den nächsten Absatz wechseln, sollten Sie wieder im TEXTKÖR-PER landen. Sofern Sie keine Quellenangaben vorgesehen hatten, sind Sie bereits im vorherigen Schritt wieder in den Textkörper gelangt.

Abgesehen davon, dass Sie möglicherweise eine Abbildung zunächst vorgemerkt haben und einen anderen Autokorrektureintrag (bzw. Autotext) verwenden, gleicht das Vorge-hen dem Beschriften von Tabellen.

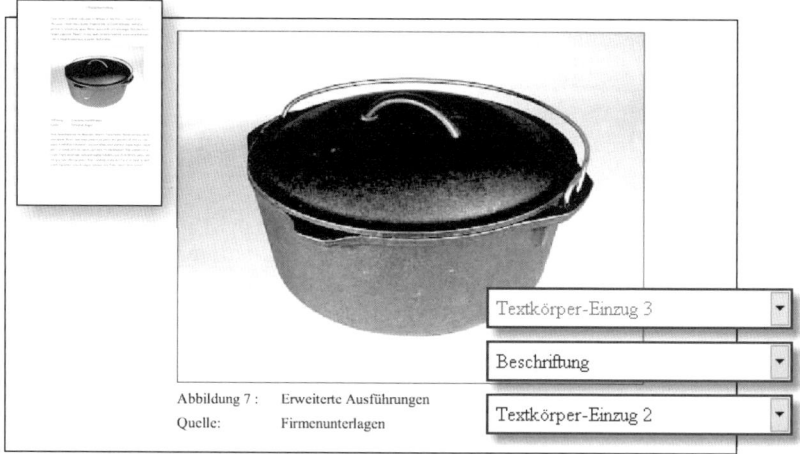

Abbildung 10.24: Vorgesehene und vollständig beschriftete Abbildung

Abbildungszählung wiederholen. Gerade bei Abbildungen kommt es aber vor, dass geteilte Abbildungsbeschriftungen vorliegen, beispielsweise »Abbildung 15-a« und »Abbildung 15-b«. Dieser Fall ist recht einfach zu lösen. Allerdings stellt Word hierfür kein spezielles Dialogfeld zur Verfügung. Sie müssen also wieder einmal selbst nachhelfen. Dazu fügen Sie zunächst beide Beschriftungen auf die oben beschriebene Art ein. Stören Sie sich also nicht daran, dass die zweite Abbildung die Nummer der ersten noch nicht übernimmt, sondern fortzählt. Dann geht es besonders weiter (vgl. *Abbildung 10.25*).

(a) Zählung vorbereiten. Zunächst müssen Sie die erste Beschriftung vorbereiten:

1. Ergänzen Sie als Erstes hinter der (automatischen) Zahl und vor dem Doppelpunkt die Teilzählung, beispielsweise durch »-a«. Lautete die Bezeichnung zunächst »Abbildung 15«, würde dort nunmehr »Abbildung 15-a« stehen.

2. Markieren Sie den ersten Teil der Abbildungsbeschriftung, also die Bezeichnung, bis einschließlich der Teilzählung; lassen Sie mögliche nachfolgende Satzeichen aus, die die Zählung von der weiteren Beschriftung trennen. Im Grunde tun Sie so, als wollten Sie auf die Abbildung querverweisen (vgl. den Abschnitt *Querverweise* auf S. 184).

3. Definieren Sie für diese Markierung eine Textmarke; nennen Sie sie beispielsweise »abb_-Marktdaten« – merken Sie sich den Namen dieser Textmarke, da Sie ihn noch brauchen.

(b) Zählung übernehmen. Es gibt nur einen zuverlässigen Weg, um auch in Abbildungs-verzeichnissen zuverlässige Resultate zu erzielen. Diesen Weg möchte ich nun dokumentieren. Dazu machen Sie bei der zweiten Beschriftung weiter:

4. Markieren Sie die Zahl hinter »Abbildung«. Bei dieser Zahl handelt es sich tatsächlich um eine Feldfunktion vom Typ SEQ (andernfalls kontrollieren Sie Ihr Vorgehen noch einmal), deren Funktionsinhalt nun erweitert werden soll.

5. Um den Funktionsinhalt bearbeiten zu können, drücken Sie ⌂ + F9 . Wundern Sie sich nicht, wenn die Zahl verschwindet und an ihrer Stelle einige Wörter erscheinen. Dabei handelt es sich um den Funktionsnamen, in diesem Fall SEQ, und eine Anweisung, in diesem Fall die Kategorie »Abbildung«.

6. Schreiben Sie, durch Leerzeichen getrennt, hinter der Anweisung »Abbildung« den Namen der Textmarke, deren Zählung Sie für diese Abbildung übernehmen möchten. Haben Sie die Textmarke oben »abb_Marktdaten« genannt, sollte innerhalb der Feldfunktion »SEQ Abbildung abb_Marktdaten« stehen.

7. Drücken Sie F9 , um das Ergebnis der Feldfunktion zu aktualisieren (die Darstellung des Funktionsinhalts wechselt automatisch in die Ergebnisansicht).

8. Erweitern Sie schließlich noch die Beschriftung der zweiten Abbildung um die Teilzählung, beispielsweise »-b«, um als Ergebnis »Abbildung 15-b« zu erhalten.

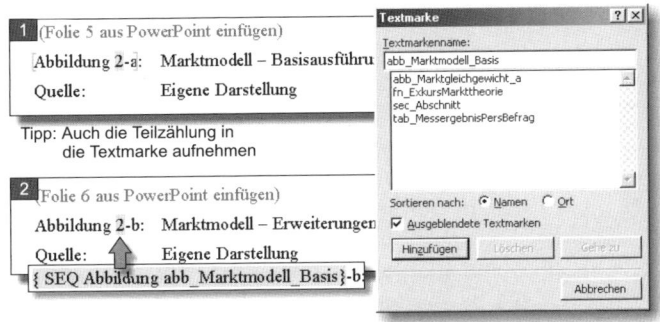

Abbildung 10.25: Abbildungsbeschriftung um Teilzählung erweitern

Wenn Sie keinen Schritt ausgelassen haben, wird die Zählung der Abbildung auf den Wert zurückspringen, mit dem die vorhergegangene Abbildung gezählt wird. Sie können nun weitere Abbildungen oberhalb der ersten teilgezählten Abbildung einfügen. Sobald Sie die Feldfunktionen aktualisieren (lassen), werden alle Abbildungen korrekt durchgezählt sein.

10.5 Querverweise

Querverweise innerhalb Ihrer Arbeit haben die Aufgabe, Wiederholungen zu vermeiden und gleichzeitig dem Leser die Möglichkeit zu geben, die Zusammenhänge nachzuvollziehen. Mit ihrer Hilfe lässt sich eine Arbeit kürzer und interessanter gestalten. Zudem wird Inkonsistenz vermieden, beispielsweise unterschiedliche Begründungen für die gleiche Ursache. In wissenschaftlichen Arbeiten bringen sie aber meistens drei Probleme mit sich. Aus Sicht der Gliederung ist zu fragen, ob der Querverweis nicht Ausdruck eines *Gliederungsfehlers* ist. Zu viele Querverweise können beim Korrektor diesen Eindruck erzeugen. In formaler Hinsicht ist zuweilen unklar, *worauf querverwiesen* werden darf und wie ein entsprechender Querverweis zu formulieren ist. Aus technischer Sicht sollte schließlich darauf geachtet werden, dass der Querverweis *zuverlässig funktioniert* und insbesondere auch nach einem umfangreichen Umgliedern des Dokuments nicht zerstört wird. Aus diesem Grunde werde ich auf die Möglichkeit von Word, dynamische Textmarken zu verwenden, nur in Form einer Warnung eingehen. Ich werde sie aber weder empfehlen noch näher beschreiben.

10.5.1 Gliederungsabschnitte

Die Überschriften der Gliederungsabschnitte gelten als Abschnitte und nicht etwa als Kapitel – hierzu bedarf es der entsprechenden Zählung. Aus Platzmangel wird üblicherweise nur auf die Gliederungszahl verwiesen. Ein Querverweis in Langform wäre

```
siehe Abschnitt 4.3.1
```

Oftmals werden Kurzformen verwendet. Eine gängige Schreibweise mit Kurzformen ist

```
s. Abschn. 4.3.1
```

Der Titel des Gliederungsabschnitts, die Gliederungsüberschrift, wird normalerweise kein Bestandteil des Querverweises.

Auf Gliederungszahl querverweisen. Als Erstes möchte ich beschreiben, wie Sie auf die Gliederungszahl einer Überschrift querverweisen. Das Vorgehen umfasst zwei Schritte.

(a) Textmarke »Überschrift« definieren. Markieren Sie die gesamte Gliederungsüberschrift (am besten ohne Absatzmarke), auf deren Ordnungszahl Sie querverweisen möchten, und definieren Sie für sie eine Textmarke (vgl. *Abbildung 10.26*; das Vorgehen wird auf Seite 37 beschrieben). Meine Textmarken für Überschriften beginnen alle mit »sec_...«, gefolgt vom zusammengezogenen Text – die Textmarke der aktuellen Überschrift heißt »sec_Gliederungsabschnitte«.

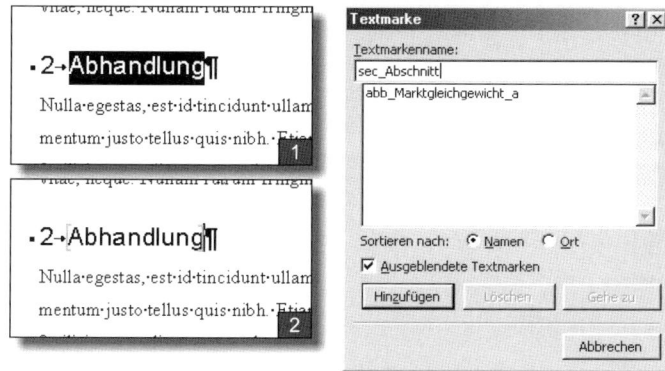

Abbildung 10.26: Textmarke für eine Überschrift definieren

(b) Querverweis »Gliederungszahl« einfügen. Nachdem Sie die Textmarke definiert haben, können Sie den Querverweis auf diese Textmarke einfügen (vgl. *Abbildung 10.27*):

1. Platzieren Sie die Einfügemarke an der Stelle, an der sich der Querverweis befinden soll.

2. Geben Sie zunächst die Hinführung ein, beispielsweise »siehe Abschnitt«.

3. Über EINFÜGEN > REFERENZ > QUERVERWEIS... öffnen Sie das gleich lautende Dialogfeld. Wählen Sie in diesem Dialogfeld in der Auswahl VERWEISTYP die Alternative TEXTMARKE.

4. Um auf die Gliederungszahl der Überschrift zu verweisen, wählen Sie in der Auswahl VERWEISEN AUF die Alternative ÜBERSCHRIFTENNUMMER (Word 2000: ABSATZNUMMER). Die beiden Varianten ÜBERSCHRIFTENZAHL (KEIN KONTEXT) und ÜBERSCHRIFTENZAHL (VOLLER KONTEXT) sind für Sie nicht von Bedeutung, weil die Gliederungszahl der Überschrift alle höher liegenden Ebenen enthält.

5. Weiterhin empfehle ich Ihnen, das Kontrollfeld ALS HYPERLINK EINFÜGEN zu deaktivieren. Es mag zwar im Einzelfall nützlich sein, über das Anklicken des Querverweises an die Zielstelle zu gelangen. Word blendet aber hierbei automatisch die Symbolleiste WEB ein. Außerdem sind Hyperlink-Querverweise schwieriger mit der Maus zu markieren (das direkte Anklicken aktiviert den Hyperlink, anstatt die Einfügemarke in der Feldfunktion zu platzieren).

6. Klicken Sie nun auf die Schaltfläche EINFÜGEN, um den Querverweis einzufügen und das Dialogfeld zu schließen.

Bei dem Querverweis auf die Gliederungszahl wird übrigens die Feldfunktion vom Typ REF verwendet. Weitere Hinweise zum Aktualisieren von Querverweisen bei Änderungen der Gliederung finden Sie im Kapitel *Word-Funktionen*.

Auf Seitenzahl »Überschrift« querverweisen. Sie können anstelle der Gliederungszahl auch auf die konkrete Seite verweisen, auf der der Abschnitt beginnt. Das ist gerade in umfangreichen Arbeiten eine sinnvolle Ergänzung zum Querverweis auf die Gliederungszahl.

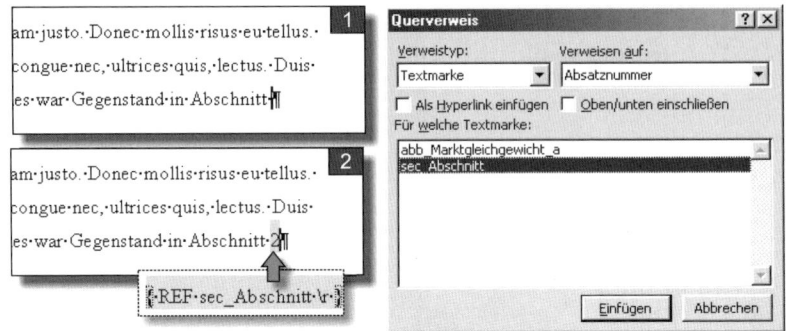

Abbildung 10.27: Querverweis auf Gliederungszahl einer Überschrift einfügen

Natürlich muss die Zielstelle durch eine Textmarke gekennzeichnet sein – dies ist oben beschrieben. Das weitere Vorgehen entspricht weitestgehend der Handlungsanweisung *(b) Querverweis »Gliederungszahl« einfügen*. Die wesentlichen Unterschiede sind die Folgenden (vgl. auch *Abbildung 10.28*):

▦ Verwenden Sie in Schritt *2* als Hinleitung »siehe Seite« oder etwas Entsprechendes.

▦ Wählen Sie in Schritt *4* in der Auswahl VERWEISEN AUF die Alternative SEITENZAHL.

▦ Wenn Sie diese Alternative gewählt haben, können Sie das Kontrollfeld OBEN/UNTEN HINZUFÜGEN aktivieren. Sein Vorteil ist, dass der Querverweis, gerät er später auf die gleiche Seite wie das Querverweisziel, automatisch von der Seitenzahl durch die relative Seitenangabe ersetzt wird, eben »oben« oder »unten«. Nachteilig wirkt sich aus, dass bei der (absoluten) Seitenzahl stets das Wort »Seite« erscheint und sich dies auch nicht abkürzen lässt (ich selbst habe diese Alternative deshalb nie verwendet).

Bei den Querverweisen auf die Seitenzahl verwendet Word die Feldfunktion PAGEREF. Weitere Hinweise zum Umgang mit Feldfunktionen finden Sie auch im Kapitel *Word-Funktionen*.

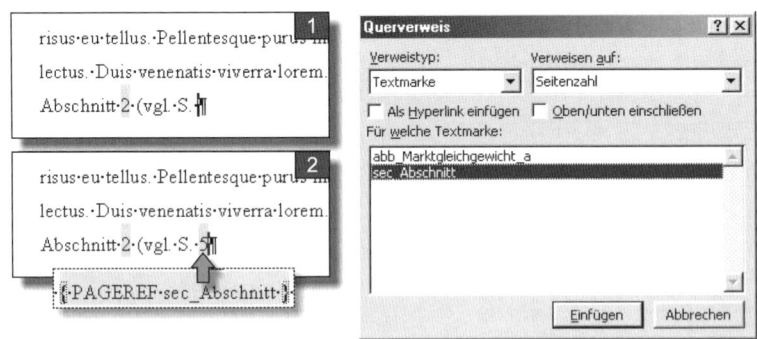

Abbildung 10.28: Querverweis auf Seitenzahl einer Überschrift einfügen

10.5.2   Textabsätze

Wenn Sie auf einen Textabsatz querverweisen, wird es sich normalerweise nicht um durchgezählte Absätze handeln, wie sie beispielsweise in Gesetzen verwendet werden. Um nach DIN 1421 korrekt vorzugehen, müssten Sie in diesem Fall die Reihenfolge der Absätze ermitteln und würden als Querverweisangabe beispielsweise

```
siehe Abschnitt 4.3.1 fünfter Absatz
```

erhalten. Das ist aber weder angenehm für Sie anzufertigen, weil Word Ihnen hierfür keine Unterstützung anbietet, noch ist es für den Leser später angenehm nachzuverfolgen. Sofern der Bedarf besteht, auf eine bestimmte Textstelle querzuverweisen, sollten Sie die Seitenzahl als Ziel angeben oder den Gliederungsabschnitt.

Auf Seitenzahl querverweisen. Die Umsetzung kennen Sie bereits von oben: Textmarke definieren und Querverweis einfügen. Es könnte aber die Frage aufgeworfen werden, für was Sie die Textmarke definieren möchten. Oft ist die Antwort einfach. Wenn Sie auf eine andere Textstelle querverweisen, dann häufig aus dem Grund, weil Sie dort einen Schlüsselbegriff definieren oder ein Beispiel bringen. Jeder Absatz hat einen Kernsatz, der repräsentativ ist für den Absatzinhalt – klammern Sie diesen Satz mit der Textmarke ein. Meine Textmarken auf derartige Sätze beginnen mit »key_...« oder »bsp_...«, abhängig davon, ob es sich um Schlüsselbegriffe oder Beispiele handelt. Das weitere Vorgehen entspricht der obigen Handlungsanweisung *Auf Seitenzahl »Überschrift« querverweisen*.

10.5.3   Aufzählungen

Querverweise auf Aufzählungen sind ähnlich gelagert wie Querverweise auf Textabsätze. Aufgezählte Absätze enthalten zwar, wie das Merkmal bereits signalisiert, vorangestellte Zahlen – diese sind nach DIN aber nicht relevant. Zudem kann ein Gliederungsabschnitt auch mehrere Aufzählungen enthalten. Somit muss die Zahl nicht unbedingt eindeutig sein. Nach DIN korrekt wäre ein Querverweis der Art

```
siehe Abschnitt 4.3.1 Aufzählung 3
```

um auf einen Absatz im Gliederungsabschnitt 4.3.1 querzuverweisen, der sich in der dritten Aufzählung befindet. Word kann Ihnen auch hierbei nicht helfen. Häufig reicht es aus, stattdessen auf den Gliederungsabschnitt querzuverweisen. Alternativ empfehle ich Ihnen, nur die Seitenzahl anzugeben.

Auf Seitenzahl querverweisen. Das genaue Vorgehen wird in der Handlungsanweisung *Auf Seitenzahl »Überschrift« querverweisen* beschrieben. Die Textmarke definieren Sie am elegantesten für den speziellen Absatz innerhalb der Aufzählung. Auf diese Weise stellen Sie sicher, dass die Seitenzahl zutrifft.

10.5.4   Fußnoten

Querverweise auf Fußnoten sind in wissenschaftlichen Arbeiten nicht unüblich, wenn Sie dort wichtige Anmerkungen bringen. Sofern Sie die Fußnoten durch das gesamte Dokument fortzählen, ist die Fußnotenzahl bereits eindeutig. Ein korrekter Querverweis könnte `siehe Fußnote 5`

lauten. Beginnen Sie mit der Fußnotenzählung auf jeder Seite neu, müssen Sie den Querverweis um die Seitenzahl der Fußnote erweitern

`siehe Fußnote 5 auf Seite 2`

Auf Fußnote querverweisen. Auf Fußnoten querzuverweisen, ist nur ein wenig umständlicher als die vorhergegangenen Querverweisziele. Der wesentliche Unterschied ist, dass Word hierfür kein spezielles Dialogfeld anbietet. Die weitere Beschreibung orientiert sich daher stark am allgemeinen Einfügen von Feldfunktionen. Dafür funktionieren diese Querverweise auch aus anderen Fußnoteninhalten heraus – Sie könnten also aus dem Inhalt der Fußnote 6 heraus auf die Fußnote 5 querverweisen.

(a) Textmarke »Fußnote« definieren. Bei Fußnoten folgt der Fußnoteninhalt dem Fußnotenzeichen. Sie müssen also das Fußnotenzeichen im laufenden Text durch eine Textmarke einklammern (vgl. *Abbildung 10.29*; zur Technik vgl. Seite 37). Der Fußnoteninhalt ist an dieser Stelle gänzlich unwichtig. Wichtig dagegen ist, ob Sie zusätzlich zum Fußnotenzeichen den vorhergehenden Text, normalerweise ein Zitat, einfassen oder nicht; bei langen Zitaten besteht aber die Gefahr, bei einem Querverweis auf die Seitenzahl eine falsche Seitenzahl anzugeben, nämlich die der Vorgängerseite, wenn die Textmarke dort bereits beginnt. In der Textmarke sollte auf jeden Fall nur ein Fußnotenzeichen vorkommen – das relevante Querverweisziel. In meinen Dokumenten beginnen Textmarken für Fußnotenzeichen mit »fn_...«.

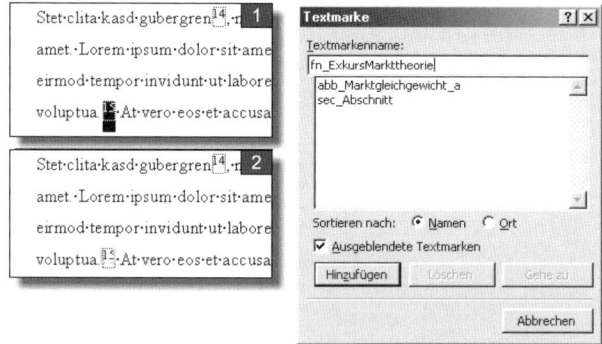

Abbildung 10.29: Textmarke für eine Fußnote definieren

(b) Querverweis »Fußnote« einfügen. Da Word für derartige Querverweise kein spezielles Dialogfeld anbietet, müssen Sie selber Hand anlegen (vgl. *Abbildung 10.30*):

1. Platzieren Sie die Einfügemarke an der Zielstelle und schreiben Sie zunächst die Hinleitung, beispielsweise »siehe Fußnote«.

2. Über EINFÜGEN > FELD... öffnen Sie das gleichlautende Dialogfeld. Wählen Sie in der Auswahl KATEGORIEN die Alternative VERKNÜPFUNGEN UND VERWEIS; in der Auswahl FELDNAMEN wählen Sie die Alternative NOTEREF.

3. In der Auswahl TEXTMARKEN wählen Sie die relevante Textmarke aus, die (unter anderem) das Fußnotenzeichen enthält. (Word 2000: Klicken Sie zunächst auf die Schaltfläche OPTIONEN… und wechseln Sie im Dialogfeld FELDEROPTIONEN zur Registerkarte TEXTMARKEN; wählen Sie die Textmarke aus und übernehmen Sie sie über die Schaltfläche HINZUFÜGEN). Weitere Schalter sind nicht erforderlich.

4. Klicken Sie auf die Schaltfläche OK, um den Querverweis einzufügen.

Mit diesen Querverweisen können Sie, wie bereits hervorgehoben, auch aus den Inhalten anderer Fußnoten heraus auf eine spezielle Fußnote querverweisen.

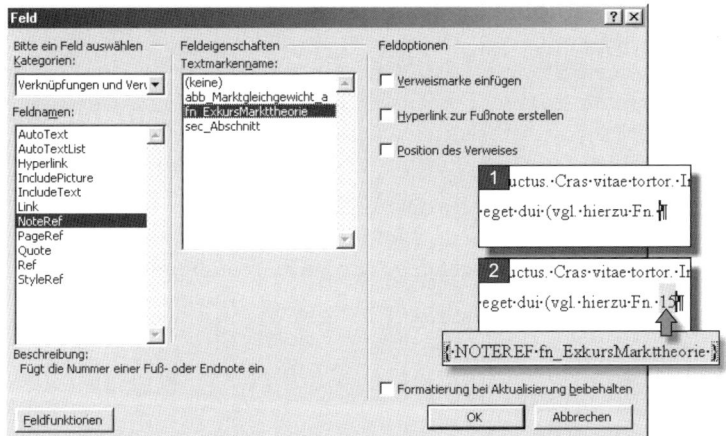

Abbildung 10.30: Querverweis auf Fußnote einfügen

Auf Seitenzahl querverweisen. Falls in Ihrer Arbeit die Fußnoten auf jeder Seite neu gezählt werden, werden Sie bei Querverweisen von anderen Seiten aus die Fußnotenzahl um die Seitenzahl ergänzen müssen. Sofern Sie die Textmarke für mehr als nur das Fußnotenzeichen definiert haben, prüfen Sie zuerst, ob die Textmarke auf der gleichen Seite beginnt, auf der sich auch das Fußnotenzeichen befindet. Sofern das gewährleistet ist, können Sie auf die Seitenzahl querverweisen, wie oben beschrieben. Im Unterschied zum Fußnotenzeichen ist die Seitenzahl ein problemloses Querverweisziel.

10.5.5 Tabellen

Wenn Sie auf eine Tabelle querverweisen, ist das Ziel nicht die Tabelle selbst, sondern ihre Beschriftung. Dabei wird davon ausgegangen, dass sich die Beschriftung auf der gleichen Seite befindet wie die zu ihr gehörende Tabelle. Sofern Sie Ihre Tabellen durch das gesamte Dokument fortzählen, wird die Tabellennummer eindeutig sein. Das ist auch der Fall, wenn Sie die Tabellen innerhalb eines Gliederungsabschnitts neu zählen, die Tabellennummer aber um die Gliederungszahl erweitern. Da andere Varianten nur von theoretischer Bedeutung sind, übergehe ich sie.

Ein üblicher Querverweis auf eine Tabelle könnte

siehe Tabelle 5

lauten, wenn Sie Ihre Tabellen mit »Tabelle« beschriften. Sie müssen sich bei dem Querverweis nach Ihrer Beschriftung richten, gegebenenfalls also auf »siehe Tab. 5« querverweisen. Die Umsetzung ist erstaunlich einfach.

Auf Tabelle querverweisen. Da Sie nur auf die Tabellenzählung der Beschriftung querverweisen, übernimmt die Beschriftung für Sie bereits die Hauptarbeit. Sie brauchen nur noch etwas nachzuhelfen.

(a) Textmarke »Tabelle« definieren. Die Textmarke definieren Sie für den ersten Teil der Tabellenbeschriftung bis einschließlich der laufenden Zählung, aber nicht darüber hinaus (dieses Vorgehen ist in *Abbildung 3.4* entsprechend dargestellt). Falls Sie beispielsweise einen Doppelpunkt verwenden, um von der Tabellenzählung zum Beschriftungstext zu wechseln, sollte dieser Doppelpunkt dennoch kein Bestandteil der Textmarke werden (haben Sie ihn versehentlich mit erfasst, verlagern Sie den Bereich der Textmarke einfach wieder). Sofern Sie eine geteilte Tabellenzählung haben, beispielsweise »Tabelle 11-b: Marktdaten«, gehört die Teilzählung, im Beispiel »-b«, ebenfalls noch zur Textmarke. Textmarken für Tabellen beginnen in meinen Dokumenten immer mit »tab_…«.

(b) Querverweis »Tabelle« einfügen. Diesmal querverweisen Sie den Inhalt der Textmarke. Die wesentlichen Unterschiede zur Handlungsanweisung *(b) Querverweis »Gliederungszahl« einfügen* sind die Folgenden (vgl. auch *Abbildung 10.32*):

▨ Verwenden Sie in Schritt *2* als Hinleitung nur das Wort »siehe« oder etwas Entsprechendes.

▨ Wählen Sie in Schritt *4* in der Auswahl VERWEISEN AUF die Alternative TEXTMARKENINHALT.

Auf Seitenzahl querverweisen. Sie können natürlich auch auf die Seitenzahl verweisen, auf der sich die Tabelle bzw. die Beschriftung der Tabelle befindet. Die Umsetzung wird oben beschrieben.

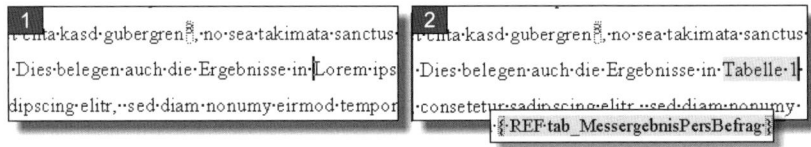

Abbildung 10.31: Querverweis auf Tabelle einfügen

10.5.6 Abbildungen

Querverweise auf Abbildungen bringen die gleichen Anforderungen und Probleme mit sich wie Querverweise auf Tabellen. Häufig werden Formulierungen wie

`siehe Abbildung 11`

verwendet, wobei sich wie bei Tabellen die konkrete Bezeichnung nach der Beschriftung richtet. Textmarken für Abbildungen beginnen in meinen Dokumenten immer mit »abb_…«. Auf diese Weise kann ich sie leichter von den übrigen Textmarken unterscheiden. Das weitere Vorgehen entspricht den Ausführungen für Querverweise auf Tabellen.

KAPITEL 11

Dokumente vervollständigen

Meistens werden Sie bereits unter erheblichem Zeitdruck stehen, wenn Sie zum Inhalt dieses Kapitels gelangen. Sofern Sie einigermaßen systematisch gearbeitet haben, können Sie Ihre Arbeit jetzt bereits vorkorrigieren lassen, während Sie sich um das Vervollständigen der einzelnen Teile kümmern. Im Hauptteil sollten nur noch die konkreten Abbildungen fehlen; ansonsten ist er vollständig. Die Möglichkeit sehen Sie in *Abbildung 11.1* angedeutet.

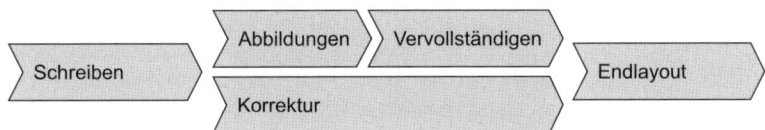

Abbildung 11.1: Arbeitsfluss »Vervollständigen« und »Vorkorrektur«

In diesem Kapitel geht es darum, Ihre Arbeit zu vervollständigen. Was im Einzelnen fehlt, richtet sich meistens nach der geforderten Prüfungsleistung. Zu einer Hausarbeit gehört keine ehrenwörtliche Erklärung, fehlt sie hingegen in einer Diplomarbeit, kann das zum Versagen der Prüfungsleistung führen.

11.1 Hauptteil

Den Hauptteil haben Sie bereits im Wesentlichen in den vorhergegangenen Kapitel gestaltet. Die wichtigsten Elemente werden in *Abbildung 11.2* zusammengestellt.

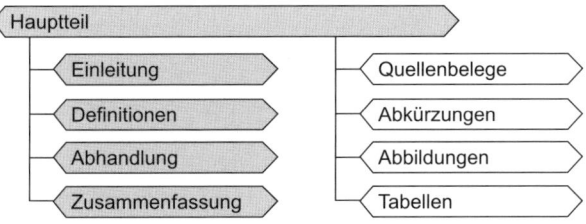

Abbildung 11.2: Elemente des Hauptteils

Damit Sie sich während des Schreibens nicht um technische Einzelheiten kümmern müssen (und nebenbei das Dokument stabiler halten), habe ich Ihnen davon abgeraten, die Abbildungen während des Schreibens bereits einzufügen. Jetzt dagegen ist der Zeitpunkt dafür gut geeignet. Möglicherweise befindet sich der Hauptteil in einer ersten Korrektur. Und da es nicht sinnvoll ist, währenddessen am Text zu arbeiten, sind die Abbildungen eine hervorragende Beschäftigung.

11.1.1   Seiten drehen

Ob Sie vor dem Einbinden von Abbildungen die Seite drehen müssen, hängt davon ab, ob die Abbildung normal in die Seite passt. Die folgenden Voraussetzungen sind denkbar:

▓ Die Abbildung passt normal in die Seite (und muss somit nicht gedreht werden).

▓ Die Abbildung muss gedreht werden und lässt sich auch drehen.

▓ Die Abbildung muss gedreht werden, jedoch lässt sie sich nicht drehen.

Innerhalb von Word können Sie keine Abbildungen drehen (die Textrichtung bezieht sich nicht auf Abbildungen!). Sofern die Abbildung als Grafikdatei vorliegt, können Sie die Grafik mit jedem Grafikeditor außerhalb von Word drehen und als neue, gedrehte Grafikdatei abspeichern. Mit Excel-Objekten wie Diagrammen oder Tabellen geht das jedoch genauso wenig wie mit PowerPoint-Folien, sofern Sie nicht den Umweg über den Grafikexport wählen. In diesem Fall müssen Sie im Word-Dokument eine einzelne Seite drehen.

Seite drehen. Einzelne Seiten zu drehen, ist etwas umständlich, weil im späteren Ausdruck die Seitenzahl und der Kolumnentitel ja korrekt als Kopfzeile erscheinen sollen.

(a) Selbständigen Dokumentenabschnitt erzeugen. Eine Seite »drehen« heißt, die Seitenorientierung zu verändern. Da es sich hierbei um eine Eigenschaft des Dokumentenabschnitts handelt, müssen Sie also einen selbständigen Dokumentenabschnitt einfügen (vgl. ausführlich hierzu *Abschnittswechsel einfügen* im Kapitel *Allgemeine Layoutvorgaben umsetzen*, Seite 51):

1. Fügen Sie einen Abschnittswechsel mit der Eigenschaft NÄCHSTE SEITE ein.

2. Erzeugen Sie danach einen leeren Absatz (einmal ⏎ drücken).

3. Fügen Sie dann einen weiteren Abschnittswechsel ein, ebenfalls mit der Eigenschaft NÄCHSTE SEITE.

Dieser neue Dokumentenabschnitt ist nach vorne und hinten durch einen Abschnittswechsel abgegrenzt. Mögliche Änderungen des Seitenlayouts werden somit weder die vorhergehenden Dokumentenabschnitte noch nachfolgende verändern – lediglich bei der Kopfzeile muss die Eigenschaft WIE VORHERIGE verändert werden

(b) Leerseite kippen. Diese eingefügte Seite hat noch die ursprüngliche Seitenausrichtung, also »Hochformat«. Da diese Seite aber in einem eigenen Dokumentenabschnitt ist, brauchen Sie nur noch die Abschnittseigenschaft ORIENTIERUNG zu ändern, um die Seite zu kippen; vgl. hierzu Schritt 5 in *Papierformat einrichten* (Seite 53). Achten Sie aber darauf, diese Änderung nur für den AKTUELLEN ABSCHNITT (Auswahlalternative in VORSCHAU) zu übernehmen. Sie sollten nunmehr innerhalb Ihres Dokuments eine leere Seite haben, die im Querformat ausgerichtet ist.

Absatzformatvorlage »Kopfzeile quer« anlegen. Die Seitenausrichtung haben Sie bereits angepasst. Die Kopfzeile ist allerdings mitgewandert und befindet sich weiterhin »oberhalb« der Seite. Allerdings ist dieses »oberhalb« tatsächlich am linken Seitenrand, wenn Sie die spätere Seitenausrichtung berücksichtigen. Um auch die Kopfzeile anzupassen, werden Sie etwas tiefer in die Trickkiste greifen. Die Umsetzung gliedert sich in drei Abschnitte.

(a) Absatzformatvorlage »Kopfzeile quer« definieren. Wie in den anderen Fällen, sollten Sie auch diesmal eine Absatzformatvorlage verwenden, um schnell und elegant zum Ergebnis zu gelangen. Ihre wesentlichen Merkmale sind in *Abbildung 11.3* zu sehen, das Anlegen gelingt wie folgt:

1. Platzieren Sie die Einfügemarke in der Kopfzeile der gedrehten Seite. Diese Kopfzeile befindet sich auf der Seite oben, im Ausdruck aber am linken Seitenrand (»Innensteg«).

2. Klicken Sie im Aufgabenbereich FORMATVORLAGEN UND FORMATIERUNG auf die Schaltfläche NEUE FORMATVORLAGE; Sie öffnen daraufhin das gleich lautende Dialogfeld.

3. Gliedern Sie die neue Absatzformatvorlage zunächst ein. Als NAMEN verwenden Sie »Kopfzeile Quer«; als FORMATVORLAGENTYP behalten Sie die Alternative ABSATZ bei, die FORMATVORLAGE BASIERT AUF der Absatzformatvorlage »Kopfzeile« (dies sollte bereits voreingestellt sein). Die FORMATVORLAGE FÜR DEN FOLGEABSATZ ist in diesem Fall unerheblich.

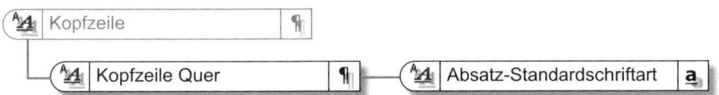

Abbildung 11.3: Absatzformatvorlage »Kopfzeile Quer«

(b) Absatzformatvorlage »Kopfzeile quer« anpassen. Nachdem Sie die Absatzformatvorlage definiert und eingegliedert haben, folgt die Anpassung:

4. Über die Schaltfläche FORMAT öffnen Sie die Unterauswahl; wählen Sie hier den Menüpunkt POSITIONSRAHMEN…

5. Nun folgt ein wenig Gedankenakrobatik. Werfen Sie dazu einen Blick in *Abbildung 11.4*. Wenn Sie die Seite normal einrichten, beziehen sich alle Abmessungen auf den Nullpunkt A (der Bundsteg wird in dieser Abbildung vernachlässigt). Da die Seite jedoch gedreht vor Ihnen liegt, müssen Sie alle Abmessungen auf den Nullpunkt B beziehen.

6. Beginnen Sie mit der Gruppe GRÖSSE. Die Breite des Positionsrahmens ergibt sich näherungsweise aus der Formel »Seitenrand oben minus Kopfzeile«; beträgt Ihr oberer Seitenrand »2cm« und der Abstand bis zur Kopfzeile »0,75cm«, beträgt die Breite in etwa »1,25cm« – als Maßalternative wählen Sie GENAU.

7. Die Höhe ergibt sich näherungsweise aus der Blattbreite (die Seite ist gedreht!) abzüglich der Seitenränder. Ein DIN-A4-Blatt ist stets 21 cm breit. Halten Sie links »5cm« und rechts »1cm« Abstand, beträgt die Höhe des Positionsrahmens somit etwa »15cm« – die Maßalternative ist ebenfalls GENAU.

8. Nun geht es um die Position auf der Seite. In der Gruppe HORIZONTAL wählen Sie in der Auswahl RELATIV ZU die Alternative SEITE. Jetzt beziehen Sie alle Maßangaben auf den Nullpunkt der Seite, in *Abbildung 11.4* ist dies der Nullpunkt B. Während die Kopfzeile normalerweise von oben gemessen wird, müssen Sie nun von »unten«, in der gedrehten

Seite also von links messen. Ein DIN-A4-Blatt ist 29,7 cm hoch. Beträgt der obere Seitenrand »2cm«, sollte der horizontale Abstand des Positionsrahmens somit »27,7cm« betragen – tatsächlich ist es etwas weniger, beispielsweise »27,0cm«. Diesen Wert tragen Sie in das Eingabefeld POSITION ein (stören Sie sich nicht daran, dass dieses Eingabefeld zugleich eine Auswahl ist – Sie sollten nach der Eingabe nichts wählen).

9. Die vertikale Position wird ähnlich angegeben. In der Gruppe VERTIKAL wählen Sie in der Auswahl RELATIV ZU ebenfalls die Alternative SEITE. Die Position ergibt sich aus dem linken Seitenrand. Wenn Sie, wie oben bereits angenommen, links »5cm« Abstand halten, tragen Sie in das Eingabefeld POSITION diesen Wert ein, also »5cm«.

10. Damit der Positionsrahmen die übrigen Seiteninhalte nicht zur Seite schiebt, wählen Sie in der Gruppe TEXTUMBRUCH die Alternative UMGEBEND.

11. Die wichtigen Eigenschaften sind damit festgelegt. In den Eingabefeldern ABSTAND VOM TEXT sollte jeweils »0cm« vermerkt sein. Das Kontrollfeld MIT TEXT VERSCHIEBEN sollten Sie deaktivieren, das Kontrollfeld VERANKERN ebenfalls.

12. Klicken Sie auf die Schaltfläche OK, um die Einstellungen in die Formatvorlage zu übernehmen. Das Dialogfeld NEUE FORMATVORLAGE können Sie jetzt ebenfalls über die Schaltfläche OK schließen.

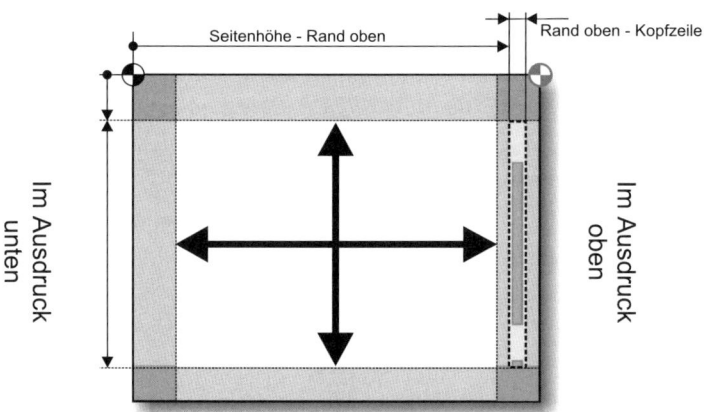

Abbildung 11.4: Abmessungen für den Positionsrahmen in einer gedrehten Seite

Textrichtung ändern. Die Textrichtung ist eine Eigenschaft, die Sie nur lokal und nur auf bestimmte Objekte anwenden können. Dazu gehören Tabellenzellen und Positionsrahmen. Einen solchen haben Sie inzwischen, wie Sie in *Abbildung 11.5* sehen können:

1. Platzieren Sie die Einfügemarke im eingefügten Positionsrahmen.

2. Über FORMAT > TEXTRICHTUNG... öffnen Sie das Dialogfeld TEXTRICHTUNG – TEXTRAHMEN.

3. Dessen Aufbau ist selbsterklärend. Wählen Sie mit der Maus die Alternative, in der der Text von oben nach unten fließt.

4. Klicken Sie auf die Schaltfläche OK, um diese Einstellung zu übernehmen.

Die Textrichtung wird in der Normalansicht übrigens nicht dargestellt. Sofern Sie also in Tabellenzellen die Textrichtung geändert haben und die Tabelle in der Normalansicht bearbeiten, brauchen Sie den Kopf nicht zu drehen. Zudem können Sie über die Textrichtung – der Name ist Prinzip – nur den Text anders ausrichten. Eingefügte Grafiken lassen sich hierüber jedoch nicht drehen.

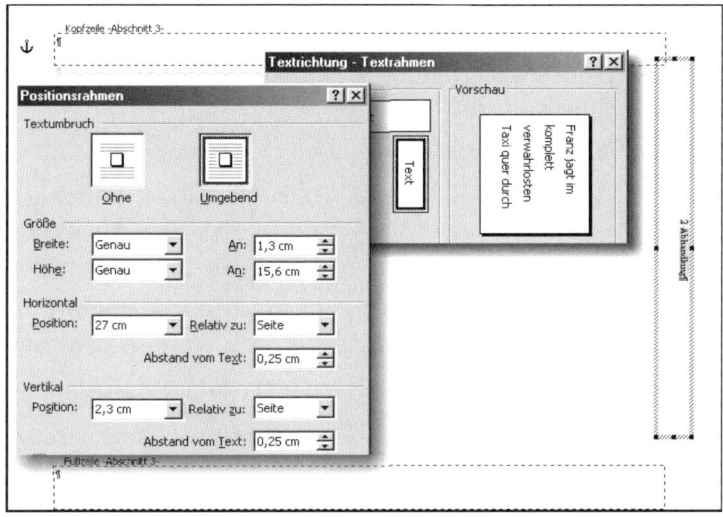

Abbildung 11.5: Positionsrahmen mit geänderter Textrichtung

Kopfzeile gestalten. Inzwischen sind alle Voraussetzungen gegeben, um die neue Kopfzeile zu gestalten:

1. Kopieren Sie am besten aus einem anderen Abschnitt den Inhalt einer Kopfzeile in die Zwischenablage. Markieren Sie aber nicht die letzte Absatzmarke der »originalen« Kopfzeile, bevor Sie diese in die Zwischenablage kopieren – es geht nur um den Inhalt, nicht um den gesamten Absatz!

2. Platzieren Sie die Einfügemarke nun in der gedrehten Kopfzeile und fügen Sie den Inhalt der Zwischenablage in den Positionsrahmen ein.

3. Lassen Sie sich nicht davon irritieren, dass sich mit der Textrichtung auch die Navigation geändert hat.

4. Sobald Sie mit den Anpassungen fertig sind, schließen Sie die Kopfzeilenansicht.

Am schnellsten testen Sie das fertige Ergebnis im Durchlicht-Test. Dazu drucken Sie eine normale und die gedrehte Seite aus. Bringen Sie die ausgedruckten Seiten deckungsgleich übereinander und halten Sie sie vor eine (ausreichend) starke Lichtquelle. Mit Hilfe eines Lineals können Sie sehr einfach die Korrekturwerte ermitteln. Meistens geht es nur um wenige Millimeter.

11.1.2 Grafiken einbinden

Im ersten Arbeitsgang sollen diejenigen Abbildungen eingefügt werden, die als Grafikdatei vorliegen. Falls Sie dazu vorher eine Seite drehen müssen, damit die Abbildung auf die Seite passt, finden Sie alle Hinweise im vorhergegangenen Abschnitt.

Bevor Sie sich an das Einbinden der Grafiken machen, verschieben oder kopieren Sie die Dateien in ein sinnvolles Verzeichnis. Ich selbst verwende gerne ein direktes Unterverzeichnis des Verzeichnisses SCHREIBEN, das ich mit DARSTELLUNG bezeichne.

Grafik einbinden. Das Einbinden der Grafik ist in zwei Abschnitte aufgeteilt. Das hängt damit zusammen, dass Sie Word etwas auf die Sprünge helfen müssen, damit die Grafik technisch sauber eingebunden wird.

(a) Grafik einfügen. Für das Einfügen selbst existiert ein Dialogfeld:

1. Platzieren Sie die Einfügemarke in dem Absatz, der die Grafik aufnehmen soll. Sofern Sie, wie vorgeschlagen, die Grafik zunächst in Form eines Hinweises vorgesehen haben, löschen Sie diesen Text, bevor Sie weitermachen.

2. Über EINFÜGEN > GRAFIK > AUS DATEI… öffnen Sie den Dateibrowser; er trägt den Titel BILD EINFÜGEN.

3. Spüren Sie mit seiner Hilfe die Grafikdatei auf und markieren Sie diese.

4. Klicken Sie mit dem Mauszeiger auf den Auswahlpfeil am rechten Rand der Schaltfläche EINFÜGEN, um das Untermenü zu öffnen.

5. Wählen Sie in diesem Untermenü die Alternative VERKNÜPFUNG ZU DATEI.

(b) Grafik platzieren. Die Grafik wird durch die vorhergehenden Schritte in Form einer Verknüpfung eingefügt. Die Grafik erscheint im Dokument, bleibt aber mit der Datei verbunden: Ändern Sie die Datei auf der Festplatte, ändert sich die Grafik im Dokument – das versteht man unter »Verknüpfung«. Leider neigt Word manchmal dazu, Grafiken »fliegend« anzuordnen. Das ist in wissenschaftlichen Arbeiten weder besonders hilfreich noch besonders sinnvoll. Kontrollieren Sie deshalb diese Eigenschaft:

1. Markieren Sie die Grafik.

2. Über FORMAT > GRAFIK… öffnen Sie das Dialogfeld GRAFIK FORMATIEREN; wechseln Sie zur Registerkarte LAYOUT, vgl. *Abbildung 11.6.*

3. In der Gruppe UMBRUCHART können Sie vorgeben, dass die Grafik MIT TEXT IN ZEILE angeordnet sein soll. Alle übrigen Alternativen ordnen die Grafik fliegend an – und sind daher zu vermeiden.

4. Klicken Sie auf die Schaltfläche OK, um die Einstellung zu übernehmen.

Die Grafik ist nun fertig eingefügt. Sollten Sie nur die Unterkante der Grafik sehen, müssen Sie für diesen Absatz die Absatzeigenschaft ZEILENABSTAND überprüfen – sie sollte einen relativen Wert annehmen, beispielsweise EINFACH.

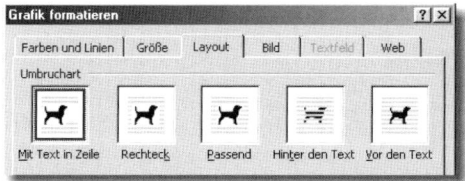

Abbildung 11.6: Layout ändern über das Dialogfeld »Grafik formatieren«

Um Eigenschaften der Grafik selbst nachzubessern, die Größe beispielsweise, öffnen Sie wieder das Dialogfeld GRAFIK FORMATIEREN; die Größe der Grafik können Sie über die Registerkarte GRÖSSE anpassen.

11.1.3 PowerPoint-Folien einbinden

PowerPoint-Folien sollten Sie bereits in der PowerPoint-Datei vollständig vorbereiten. Ein beliebter Fehler ist, die Seitenabmessungen der Präsentation nicht den tatsächlichen Abmessungen anzupassen. Gerne werden die Maße der Bildschirmpräsentation beibehalten, also 24 mal 18 bzw. 25 mal 19 Zentimeter, anstatt die Folie auf ein Format von 15 mal 20 Zentimetern zu setzen – der Wert »15« resultiert aus 21 Zentimeter Papierbreite abzüglich des linken und rechten Seitenrands mit zusammen sechs Zentimetern, der Wert »20« erlaubt auch hochformatige Abbildungen, die noch auf die Seite passen.

Sie können die Abbildungen in Word zwar verkleinern, verändern aber dadurch ihre Proportionen. Wenn Sie sich an diesen Hinweis halten, sehen Sie die Abbildung in PowerPoint bereits in ihren endgültigen Abmessungen vor sich und können Feinheiten wie Schriftgröße und Linienstärke endgültig beurteilen. Allenfalls den freien unteren Rand müssen Sie noch »wegschneiden«.

Bevor Sie sich daran machen, die Folien einzubinden, sollten Sie die PowerPoint-Datei gegebenenfalls in ein sinnvolles Verzeichnis verschieben oder kopieren. Geeignet ist das Verzeichnis mit den Grafikdateien, bei mir mit DARSTELLUNG bezeichnet, oder das Verzeichnis, in dem sich möglicherweise die Präsentation befindet. Wenn Sie die Folien erst einmal verknüpft haben, ist ein Verzeichniswechsel sehr mühsam anzugleichen.

Folie einbinden. Es ist recht einfach, aus einer Präsentationsdatei mit zahlreichen Folien eine bestimmte Folie in ein Word-Dokument zu verknüpfen. Der erste Arbeitsschritt geschieht in PowerPoint, der zweite in Word.

Teil 1: PowerPoint. Um diesen Teil auszuführen, müssen Sie an einem Rechner arbeiten, auf dem PowerPoint installiert ist. *Abbildung 11.7* hilft Ihnen, die nachfolgenden Schritte zu kontrollieren:

1. Öffnen Sie die PowerPoint-Datei und wechseln Sie über ANSICHT > FOLIENSORTIERUNG in die Sortieransicht. In der Statusleiste wird der Hinweis »Foliensortierung« angezeigt.

2. Markieren Sie die Folie, die Sie in die Word-Datei verknüpfen möchten.

3. Über BEARBEITEN > KOPIEREN übernehmen Sie die Folie in die Zwischenablage.

4. Sie können PowerPoint nun schließen oder zumindest verlassen.

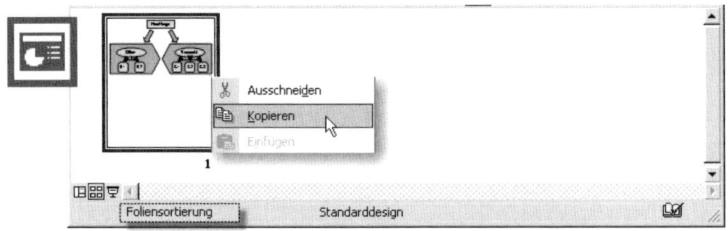

Abbildung 11.7: Gesamte Folie in Microsoft PowerPoint auswählen

Teil 2: Word. Der zweite Teil passiert in Word und ist im Wesentlichen auch in *Abbildung 11.8* dargestellt:

1. Platzieren Sie die Einfügemarke in dem Absatz, in dem Sie die Folie einfügen möchten. Sofern Sie, wie vorgeschlagen, die Folie zunächst in Form eines Hinweises vorgesehen haben, löschen Sie diesen Text, bevor Sie weitermachen.

2. Über BEARBEITEN > INHALTE EINFÜGEN... öffnen Sie das gleich lautende Dialogfeld. Hierüber haben Sie, wie im Kapitel Nützliche Handgriffe beschrieben, einen erweiterten Zugriff auf den Inhalt der Zwischenablage.

3. Damit die Folie mit der Word-Datei nur verknüpft wird, aktivieren Sie das Optionsfeld VERKNÜPFUNG EINFÜGEN (Word 2000: VERKNÜPFUNG). In der Objektauswahl, sie ist mit ALS überschrieben, wählen Sie die Alternative MICROSOFT POWERPOINT-FOLIE-OBJEKT – sollte diese Alternative nicht auftauchen, sollten Sie den ersten Arbeitsschritt noch einmal sorgfältig wiederholen.

4. Das Kontrollfeld ALS SYMBOL ANZEIGEN lassen Sie frei, damit nicht anstelle der Abbildung ein kleines Programmsymbol erscheint.

5. Klicken Sie auf die Schaltfläche EINFÜGEN, um die Folienverknüpfung anzulegen.

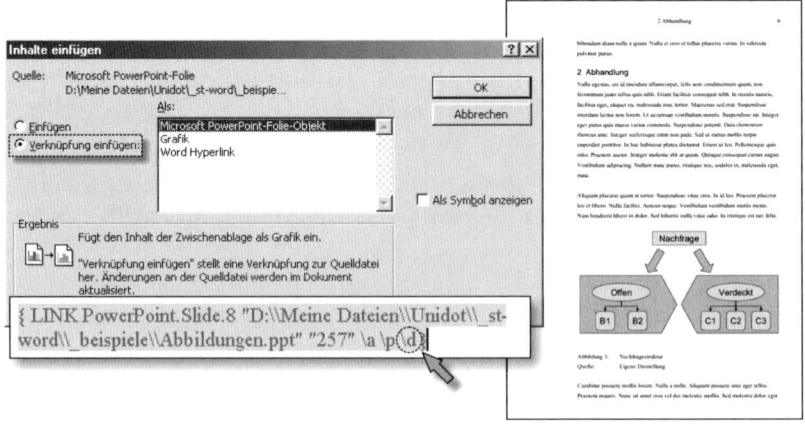

Abbildung 11.8: PowerPoint-Zwischenablage als Inhalt einfügen

Folie platzieren. Wie bei Grafiken, neigt Word auch bei eingefügten PowerPoint-Folien dazu, sie »schwebend« anzuordnen. Überprüfen Sie deshalb, ob die UMBRUCHART der Folie MIT TEXT IN ZEILE ist (vgl. oben die Handlungsanweisung *(b) Grafik platzieren*).

Folienverknüpfung nachbearbeiten. Theoretisch sind Sie jetzt fertig – praktisch jedoch noch nicht. Obwohl Word auch bei verknüpften Office-Objekten die Möglichkeit kennt, diese so zu verknüpfen, dass sie nicht zugleich im Word-Dokument abgespeichert werden, lässt das Dialogfeld INHALT EINFÜGEN diese Möglichkeit leider nicht zu. Deshalb müssen Sie die Feldfunktion, die der verknüpften Folie zugrunde liegt, manuell nachbearbeiten:

1. Markieren Sie die Folie.

2. Über ⌃+F9 blenden Sie für die markierte Grafik den Feldfunktionsinhalt ein. Sichtbar werden die folgenden Bestandteile:

   – Der Funktionsname LINK.

   – Die Angabe des Objekttyps, in diesem Fall »PowerPoint.Slide.8«.

   – Der Dateiname und Dateipfad in Anführungszeichen, beispielsweise »C:\\Eigene Dateien\\Diplomarbeit\\Schreiben\\Darstellung\\abbildungen.ppt« (in diesen Datei-pfaden werden die Backslashs stets doppelt angegeben).

   – Die Identifikationsnummer der Folie; dabei handelt es sich um eine Zahl gleich oder größer 256 (diese Zahl können Sie in PowerPoint nirgends direkt ablesen).

   – Weitere Schalter – normalerweise sind dies die Schalter »\a« (aktualisiert die Wie-dergabe in Word automatisch, wenn Sie die Folie in PowerPoint ändern) und »\p« (die Folie erscheint als Folie).

3. Platzieren Sie die Einfügemarke vor dem letzten Schalter, also vor »\p«.

4. Fügen Sie hier, durch Leerzeichen von den beiden anderen Schaltern abgegrenzt, den Schalter »\d« ein. Er bewirkt, dass die Folie nicht zusätzlich im Word-Dokument abgespeichert wird.

5. Nun können Sie F9 drücken, um das Funktionsergebnis zu aktualisieren. Sofern Sie die Feldfunktion wie in Schritt 2 beschrieben geöffnet haben, wechseln Sie zugleich von der Darstellung des Funktionsinhalts zum Funktionsergebnis, also der dargestell-ten Folie.

Folienrand wegschneiden. Word wird die verknüpfte Folie stets in voller Höhe darstellen. Um aber alle eigenen Zeichnungen in nur möglichst einer PowerPoint-Datei zu speichern, sollten Sie die Folienhöhe so einstellen, dass Sie auch die größeren Abbildungen unterbe-kommen. Die meisten Abbildungen werden deshalb zwangsläufig unten einen weißen Rand aufweisen, der noch entfernt werden muss. Damit Sie die Verknüpfung erhalten, müssen Sie die folgenden Schritte unbedingt über das Dialogfeld ausführen und nicht mit Hilfe der Symbolleiste:

1. Markieren Sie die Folie und öffnen Sie über FORMAT > OBJEKT... das Dialogfeld OBJEKT FORMATIEREN; wechseln Sie hier zur Registerkarte BILD (vgl. *Abbildung 11.9*).

2. In dieser Registerkarte haben Sie die Möglichkeit, Teile des Folienrands wegzuschneiden, ohne die Größe zu skalieren – die Folie wird kleiner, ohne die abgebildeten Elemente zu verkleinern.

3. Tragen Sie in dem Eingabefeld UNTEN einen sinnvollen Wert ein und klicken Sie auf die Schaltfläche OK, um die Einstellung zu übernehmen.

Da Sie keine Vorschaufunktion haben, werden Sie diese Schritte vermutlich mehrfach ausprobieren müssen, bis der dargestellte Ausschnitt stimmt. Es gibt zwar auch ein Symbol in der Symbolleiste GRAFIK, um Bilder mit Hilfe der Maus freizuschneiden – dabei wird aber die Aktualisierung zerstört. Haben Sie versehentlich die Maus verwendet, müssen Sie die Folie noch einmal einfügen.

Abbildung 11.9: Größe ändern und Folienrand wegschneiden

11.1.4   Excel-Diagramme einbinden

Excel-Diagramme sollten Sie in Excel vollständig gestalten, einschließlich der Farbwahl. Dabei ist zu berücksichtigen, dass die Diagramme im Regelfall nur in Graustufen ausgedruckt werden, der Bildschirm sie jedoch farbig präsentiert. Um die Proportionen des eingefügten Diagramms zu verändern, sollten Sie (unter Excel) das Diagramm markieren und seine Größe als BENUTZERDEFINIERT vorgeben; diese Einstellung finden Sie unter DATEI > SEITE EINRICHTEN > DIAGRAMM: GEDRUCKTE DIAGRAMMGRÖSSE.

Das Einbinden von Excel-Diagrammen funktioniert im Prinzip wie das Einbinden von PowerPoint-Folien. Sie sollten zu Ihrer Sicherheit aber das Diagramm, oder zumindest eine »Arbeitskopie«, auf einem selbständigen Diagrammblatt anordnen. Die Verknüpfung bleibt hierdurch einfacher lesbar.

Diagramm einbinden. Die folgenden Schritte gelingen nur, wenn Microsoft Excel auf Ihrem Rechner installiert ist. Das Vorgehen selbst gliedert sich wiederum in zwei Teile.

Teil 1: Excel. Zunächst beginnen Sie in Excel. Die *Abbildung 11.10* hilft Ihnen, die nachfolgenden Schritte zu kontrollieren:

1. Öffnen Sie die Arbeitsmappe, die das Diagramm enthält, und aktivieren Sie dort das Diagrammblatt. Sie sollten zur Kontrolle die Symbolleiste DIAGRAMM sehen; blenden Sie sie andernfalls ein.

2. Markieren Sie im Diagrammblatt die DIAGRAMMFLÄCHE. Das entsprechende Element wird in der Objektauswahl der Symbolleiste DIAGRAMM angezeigt; wenn Sie nicht sicher sind, ob das richtige markiert ist, wählen Sie die DIAGRAMMFLÄCHE über die Symbolleiste.

3. Über BEARBEITEN > KOPIEREN übernehmen Sie die Diagrammfläche in die Zwischenablage; um die Diagrammfläche herum erscheint zur Kontrolle eine gestrichelte Linie.

4. Sie können Excel nun schließen oder zumindest verlassen.

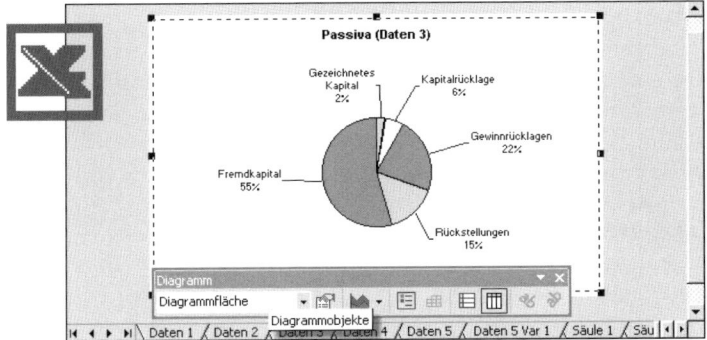

Abbildung 11.10: Diagrammfläche in Microsoft Excel auswählen

Teil 2: Word. Der zweite Teil findet in Word statt und ist im Wesentlichen auch in *Abbildung 11.11* dargestellt. Er entspricht bis auf Schritt *3* der Handlungsanweisung *Folie einbinden* weiter oben. Wählen Sie aber in der Objektauswahl ALS die Alternative MICROSOFT EXCEL-DIAGRAMM-OBJEKT – sollte diese Alternative nicht erscheinen, haben Sie im Diagrammblatt nicht das richtige Element markiert (wiederholen Sie in diesem Fall *Teil 1*). Aktivieren Sie zudem das Optionsfeld VERKNÜPFUNG EINFÜGEN (Word 2000: VERKNÜPFUNG).

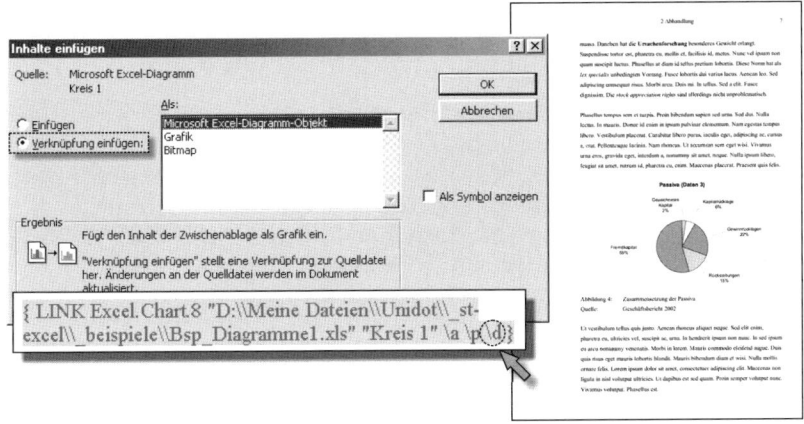

Abbildung 11.11: Excel-Zwischenablage als Inhalt einfügen

Auch in der Nachbearbeitung sind die Schritte des vorhergegangenen Kapitels zu beachten:

▓ Diagramm platzieren – analog *(b) Grafik platzieren* (Seite 196).

▓ Diagrammverknüpfung nachbearbeiten – analog *Folienverknüpfung nachbearbeiten* (Seite 199).

▓ Diagrammrand wegschneiden – analog *Folienrand wegschneiden* (Seite 199).

11.2   Anhang

Der Anhang ergänzt den Hauptteil. Das wichtigste Element des Anhangs ist im Allgemeinen das Literaturverzeichnis, je nach Arbeit auch das Rechtsgrundlagenverzeichnis. Fehlt es, wird die Prüfungsleistung an deutschen Hochschulen nicht anerkannt. Bei empirisch ausgerichteten Arbeiten werden im Anhang die erhobenen Daten in Form von Anlagen präsentiert. Je nach Lehrstuhl ist es zudem möglich, ergänzende Abbildungen im Anhang zu platzieren. Da der Anhang normalerweise nicht zum bewerteten Seitenumfang zählt, fallen die hier gezeigten Abbildungen nicht »ins Gewicht«. In *Abbildung 11.12* sehen Sie die wichtigsten Elemente des Anhangs.

Abbildung 11.12: Bestandteile des Anhangs

Neuen Abschnitt »Anhang« erzeugen. Der Anhang hat normalerweise einen neuen Kolumnentitel, dessen Inhalt nicht mehr auf der ÜBERSCHRIFT 1 basiert, sondern auf einer anderen. Welche das genau ist, richtet sich nach Ihrem Vorgehen. Da der Kolumnentitel eine Abschnittseigenschaft ist, müssen Sie einen neuen Dokumentenabschnitt erzeugen (nicht zu verwechseln mit dem Gliederungsabschnitt, der ein inhaltliches Merkmal ist, kein technisches). Fügen Sie dazu einen Abschnittswechsel ein (vgl. *Abschnittswechsel einfügen* auf Seite 51), der die Wechselart NÄCHSTE SEITE aufweist.

Wie Sie die Inhalte der Kopfzeile anpassen, wird ausführlich im Abschnitt *Seitenlayout* des Kapitels *Allgemeine Layoutvorgaben umsetzen* beschrieben. Warten Sie aber mit dem Anpassen, bis Sie den Anhang inhaltlich vervollständigt haben. Erfahrungsgemäß brauchen Sie dann am wenigsten Zeit.

11.2.1 Anlagen

Als Anlagen werden insbesondere die Fragebögen und Untersuchungsdaten nachgereicht, wenn die Arbeit empirisch ausgerichtet ist. Hier taucht im Normalfall die Frage auf, wie das Material in die Arbeit übernommen werden soll. Es ergeben sich zwei Situationen: »Inhalt« und »Faksimile«. Daten, die Sie tabellarisch oder als Text erfasst haben, präsentieren Sie am einfachsten in gleicher Form im Anhang. Das spezielle Layout der Tabelle bzw. des Textes hat in diesem Fall keine Bedeutung – was zählt, ist der Inhalt. Anders sieht es insbesondere bei den Fragebögen aus, auf deren Grundlage die Daten erhoben wurden. Hier zählt das gesamte Layout, einschließlich möglicher Kopf- und Fußzeilen – dies ist der Fall »Faksimile«.

Word-Dokument als Inhalt übernehmen. Als Erstes soll der einfache Fall beschrieben werden. Es geht nur darum, den Inhalt aus einer Datei in das Word-Dokument zu bringen. Sofern es sich nicht um Daten handelt, die Sie ohnehin noch in eine Tabelle eingeben müssen, ist der intuitive Weg, den Inhalt im anderen Dokument in die Zwischenablage zu kopieren und im Arbeitsdokument einzufügen. Word hat aber auch einen speziellen Befehl, um Inhalt aus anderen Dateien in das Arbeitsdokument einzufügen:

1. Platzieren Sie die Einfügemarke an der Stelle, an der Sie den Inhalt des anderen Word-Dokuments einfügen möchten.

2. Über EINFÜGEN > DATEI… öffnen Sie den Dateibrowser; er ist mit DATEI EINFÜGEN betitelt.

3. Wählen Sie hiermit die Datei aus.

4. Klicken Sie mit dem Mauszeiger auf den Auswahlpfeil am rechten Rand der Schaltfläche EINFÜGEN, um das Untermenü zu öffnen.

5. Wählen Sie in diesem Untermenü die Alternative EINFÜGEN (dies entspricht zugleich der Standardhandlung der Schaltfläche EINFÜGEN).

Der Inhalt des anderen Word-Dokuments wird nun in das Arbeitsdokument eingefügt. Meistens müssen den einzelnen oder mehreren Absätzen noch die zugehörigen Absatzformatvorlagen zugewiesen werden.

Word-Dokument als Faksimile einbinden. Sie können keine Abschnittseigenschaften ineinander verschachteln – oder konkreter: Eine Seite kann nicht gleichzeitig zwei verschiedene Kopf- und Fußzeilen zeigen. Im Unterschied zu PowerPoint-Folien, bei denen Sie auswählen können, ob sie als »Folien« oder als »Text« in das Word-Dokument eingefügt werden sollen, haben Sie bei Word-Dokumenten selbst nur die Möglichkeit, sie als »Text« einzufügen. Um beispielsweise den Fragebogen dennoch mit seinem Originallayout in das Arbeitsdokument zu bekommen, bietet sich der Umweg über das Faksimile an: Der Fragebogen wird seitenweise in eine Grafik konvertiert und diese Grafiken werden dann in das Arbeitsdokument eingebunden.

(a) Dokument exportieren. Da Word selbst keinen Export als Grafik zulässt, verwenden Sie zum Exportieren die Druckerschnittstelle. Im Kapitel *Word-Dokumente drucken* ist im Abschnitt *PDF-Export* beschrieben, wie Sie aus Ihrem Word-Dokument eine PostScript-Datei machen.

(b) PostScript-Dokument konvertieren. Mit dieser PostScript-Datei arbeiten Sie weiter. Hierzu sind die Programme Ghostscript und Gsview erforderlich, die ebenfalls im Kapitel *Word-Dokumente drucken* beschrieben sind. Die wesentlichen Unterschiede sehen Sie in *Abbildung 11.13*, die Umsetzung geschieht wie folgt:

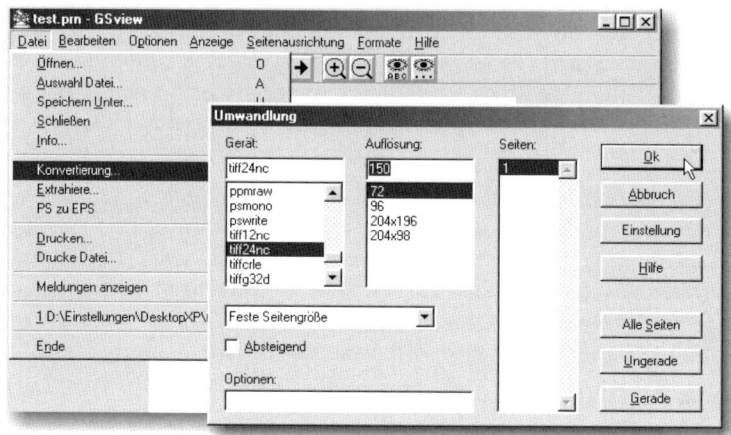

Abbildung 11.13: PostScript-Datei in Grafik konvertieren (GS View)

1. Starten Sie das Programm Gsview.

2. Über DATEI > ÖFFNEN öffnen Sie das gleich lautende Dialogfeld. Suchen Sie hierüber Ihre Postscript-Datei und klicken Sie auf die Schaltfläche ÖFFNEN, um sie in Gsview aufzurufen.

3. Über DATEI > KONVERTIERUNG… öffnen Sie das Dialogfeld UMWANDLUNG.

4. Über die Auswahl GERÄT legen Sie das Grafikformat fest; Hinweise hierzu finden Sie im Kapitel *Spezielle Schreibelemente*. Die wichtigsten Grafikformate sind EPS (EPS-WRITE) und TIF (TIFF24NC) für hochwertige sowie JPEG (JPEG) und PNG (PNG16M) für speicherplatzarme Grafiken.

5. In das Eingabefeld bei der Auswahl AUFLÖSUNG tragen Sie als Wert »150« manuell ein. Für einen sauberen Ausdruck reicht das, sofern Sie keinen Satzbelichter verwenden. Höhere Auflösungen lassen die Grafikdateien zu sehr anwachsen.

6. Unterhalb der beiden Auswahlen sollte die Alternative FESTE SEITENGRÖSSE gewählt sein, das Kontrollfeld ABSTEIGEND sollte frei bleiben.

7. Um die Seiten einzeln als Grafik zu exportieren, markieren Sie in der Auswahl SEITEN nur eine einzelne Seite; beginnen Sie mit Seite 1.

8. Klicken Sie auf die Schaltfläche OK, um die ausgewählte Seite zu exportieren; es öffnet sich das Dialogfeld NAME DER AUSGABEDATEI. Legen Sie hier einen sinnvollen Namen fest – die passende Dateiendung müssen Sie manuell ergänzen! – und klicken Sie auf die Schaltfläche SPEICHERN, um die Grafik abzuspeichern.

9. Wiederholen Sie die Schritte *3* bis *8*, um auch die restlichen Seiten als Grafik zu exportieren.

Vor allem, wenn Sie die Seiten als TIF- oder EPS-Grafik exportieren, sollten Sie auf Ihrer Festplatte etwas Platz schaffen. Eine Seite, in diesem Grafikformat abgespeichert, kommt schnell auf eine Dateigröße von sechs Megabyte.

Natürlich ist es noch notwendig, die Grafiken ordentlich einzubinden. Im Unterschied zu den (sonstigen) Abbildungen können Sie hierbei auf eine separate Beschriftung verzichten, da die Seiten für sich sprechen. Wenn Sie diese Grafiken in Ihr Word-Dokument einbinden, müssen Sie gerade beim Format TIF darauf achten, dass Sie die Datei nur verknüpft einbinden.

11.2.2 Literaturverzeichnis

Im Literaturverzeichnis führen Sie genau die Quellen auf, die Sie in Ihrer Arbeit verwendet haben – nicht mehr und auch nicht weniger. Ein Problem beim Anfertigen des Literaturverzeichnisses besteht im richtigen Ansatz der einzelnen Quellen. Alle relevanten Hinweise hierzu finden Sie im Kapitel *Quellenarbeit*. Im Folgenden geht es um die allgemeinen Formalitäten. Auf das andere Problem, die Vollständigkeit, gehe ich weiter unten ein.

Absatzformatvorlage »Überschrift« definieren. Das Literaturverzeichnis wird üblicherweise mit »Literaturverzeichnis«, »Quellenverzeichnis« oder »Bibliographie« überschrieben. Um das Layout einheitlich zu halten, sollten Sie hierfür eine neue Absatzformatvorlage anlegen, die folgende Merkmale aufweist (vgl. auch *Abbildung 11.14*):

- Sie hat den Namen ÜBERSCHRIFT ALLGEMEIN (von diesem Namen gehe ich im weiteren Verlauf aus).

- Sie basiert auf der Absatzformatvorlage ÜBERSCHRIFT 1.

- Im Unterschied zur Absatzformatvorlage ÜBERSCHRIFT 1 hat sie keine Überschriftenzählung (im Dialogfeld NEUE FORMATVORLAGE klicken Sie auf die Schaltfläche FORMAT > NUMMERIERUNG... > GLIEDERUNG: OHNE).

- Damit sie automatisch auf einer neuen Seite beginnt, weisen Sie ihr die entsprechende Absatzeigenschaft zu (im Dialogfeld NEUE FORMATVORLAGE klicken Sie auf die Schaltfläche FORMAT > ABSATZ... > ZEILEN- UND SEITENUMBRUCH: SEITENUMBRUCH OBERHALB).

Weisen Sie der Überschrift des Literaturverzeichnisses diese neu angelegte Absatzformatvorlage zu.

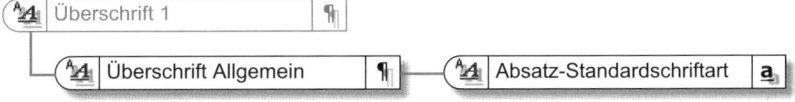

Abbildung 11.14: Absatzformatvorlage »Überschrift Allgemein«

Quelleneinträge. Für die einzelnen Quellen können Sie normalerweise die Absatzformatvorlage TEXTKÖRPER verwenden. Sofern Sie auf spezielle Absatzformatierungen wie hängende Erstzeilen großen Wert legen, sollten Sie für die Quellen eine eigene Absatzformatvorlage anlegen. Sie sollte die folgenden Merkmale aufweisen (vgl. hierzu *Abbildung 11.15*):

▪ Sie hat den Namen QUELLENEINTRAG.

▪ Sie basiert auf der Absatzformatvorlage TEXTKÖRPER.

▪ Sie hat, Ihren Vorstellungen entsprechend, eine hängende erste Zeile (die Umsetzung wird im Kapitel *Allgemeine Layoutvorgaben umsetzen* beschrieben) oder andere besondere Merkmale.

Wenn Sie viel mit der Rechtschreibkorrektur von Word arbeiten, sollten Sie bei dieser Absatzformatvorlage die Rechtschreibkorrektur unterbinden.

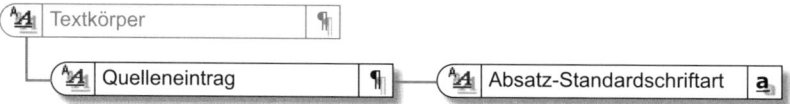

Abbildung 11.15: Absatzformatvorlage »Quelleneintrag«

Vollständigkeit und Reihenfolge. Sofern Sie keine Software zur Quellenverwaltung verwenden, kommen Sie nicht umhin, Ihr Dokument auf die schlussendlich verwendeten Quellen hin zu durchsuchen. Sofern alle Ihre Quellen eine eingeklammerte Jahresangabe enthalten, könnten Sie über das Programmmerkmal SUCHEN nach einer öffnenden Klammer und vier Ziffern suchen – im Eingabefeld SUCHEN NACH würde dann »(^#^#^#^#« stehen. Im schlimmsten Fall müssen Sie Ihre gesamte Arbeit auf die verwendeten Quellen hin durchlesen.

Die Quellen werden alphabetisch aufsteigend nach dem Nachnamen des ersten bzw. einzigen Autors sortiert. Bei mehreren Quellen des gleichen Autors bzw. der gleichen Autorengemeinschaft wird die älteste Quelle zuerst und die jüngste Quelle zuletzt genannt. Hat ein Autor sowohl alleine als auch gemeinsam mit anderen Quellen verfasst, die Sie verwendet haben, werden zuerst die alleine verfassten Quellen, daran anschließend die gemeinschaftlich verfassten Quellen genannt.

Unterschiedliche Auffassungen bestehen in Bezug auf Sammelwerke. Unstrittig ist, dass die einzelnen Beiträge auch einzeln wiederzugeben sind. Einzelne Lehrstühle verlangen darüber hinaus, dass das Sammelwerk selbst als eigene Quelle auszuweisen ist, üblicherweise im Stil einer Monografie – fragen Sie hierzu Ihren Betreuer.

11.2.3 Ehrenwörtliche Erklärung

In der ehrenwörtlichen Erklärung versichern Sie, die Arbeit alleine und ohne fremde Hilfe angefertigt zu haben. Aus technischer Sicht bringt sie, abgesehen vom Unterschriftenfeld vielleicht, wenig Neues.

Überschrift. Die Überschrift lautet meistens »Ehrenwörtliche Erklärung«. Verwenden Sie für die Überschrift die Absatzformatvorlage ÜBERSCHRIFT ALLGEMEIN; sie wird in Zusammenhang mit dem Literaturverzeichnis angelegt.

Textkörper. Für den Textkörper sollten Sie die gleich lautende Absatzformatvorlage verwenden. Hierbei geht es nur um den Inhalt, nicht um die Formatierung. Der Text wird meistens von den Lehrstühlen oder vom Prüfungsamt vorgegeben.

Unterschriftsfeld. Für das Unterschriftsfeld können Sie die Absatzformatvorlage UNTERSCHRIFT verwenden. Es handelt sich hierbei um eine bereits vorhandene Formatvorlage. Weisen Sie ihr einen ausreichend großen Absatzvorabstand zu, damit Sie genügend Platz zum Unterschreiben haben. Für die Unterschriftslinie verwenden Sie einfache Satzpunkte oder Unterstriche (hierbei kommt es nicht auf den letzten Layoutschliff an).

11.3 Titelei

Das Dokument ist inzwischen nach hinten vollständig, so dass Sie sich der Titelei zuwenden können. Die Titelei umfasst alles, was vor der ersten Textseite steht, insbesondere das Titelblatt und die meisten Verzeichnisse (das Literaturverzeichnis gehört nicht zur Titelei).

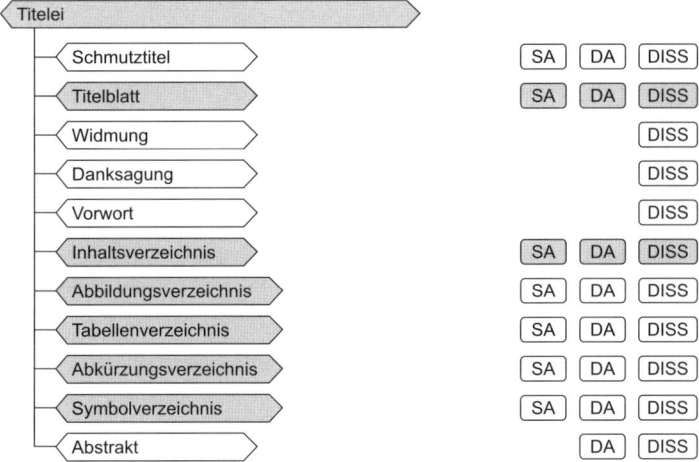

Abbildung 11.16: Bestandteile der Titelei

Die möglicherweise relevanten Bestandteile der Titelei finden Sie in korrekter Reihenfolge in *Abbildung 11.16* zusammengestellt. Dieser Abschnitt wird das Titelblatt zuletzt behandeln, da es am elegantesten in einer separaten Datei abgespeichert wird und insoweit den Arbeitsfluss nicht beeinflusst.

Neuen Abschnitt »Titelei« erzeugen. Im Unterschied zum Anhang wird bei der Titelei nicht nur der Kolumnentitel vom Hauptteil abweichen. Die Seiten der Titelei werden normalerweise römisch gezählt. Da beides Abschnittsmerkmale sind, müssen Sie die Titelei in einem neuen Dokumentenabschnitt anordnen. Im Unterschied zu oben geht es aber hierbei nicht darum, **nach** einem Dokumentenabschnitt einen neuen einzufügen, sondern **vor** einem Dokumentenabschnitt. Die Umsetzung ist aber identisch. Achten Sie nur darauf, dass sich die Einfügemarke am Anfang der ersten Überschrift des Hauptteils befindet, üblicherweise also vor dem Wort »Einleitung« oder einem ähnlichen Ausdruck.

Kopfzeilenbindung lösen. Sobald Sie vor dem Hauptteil einen neuen Dokumentenabschnitt einfügen, wird die Kopfzeile des Hauptteils automatisch an die der Titelei gebunden. Die Folge ist, dass Sie die Seitenzahl nicht ändern könnten, ohne die Seitenzahl im Hauptteil ebenfalls zu verändern. Um dieses ungewollte Verhalten zu unterbinden, heben Sie in der Kopfzeile des Hauptteils die Verbindung zur Kopfzeile der Titelei auf, vgl. *Inhaltsbindung lösen* (Seite 58).

Seitenzählung anpassen. Nachdem Sie sichergestellt haben, dass Änderungen der Kopfzeile in der Titelei ohne Auswirkung auf den Hauptteil bleiben, können Sie die Seitenzählung anpassen. Hinweise hierzu finden Sie ebenfalls im Kapitel *Allgemeine Layoutvorgaben umsetzen*. Als Startwert sollten Sie die Zahl »2« vorgeben, da das Titelblatt mitzählt, obwohl es keine Seitenzahl aufweist.

11.3.1 Abbildungsverzeichnis

Das Abbildungsverzeichnis hat die Aufgabe, alle Abbildungen aufzuführen, die Sie im Laufe Ihrer wissenschaftlichen Arbeit verwenden. Die Quellenangabe gehört nicht in das Verzeichnis, wohl aber die korrekt durchgezählten Abbildungen mit ihren Beschriftungen. Das Abbildungsverzeichnis soll als erstes Verzeichnis eingefügt werden, da sich alle eventuellen Verzeichniseinträge inzwischen im Dokument befinden. Damit das Verzeichnis auf Anhieb funktioniert, beschreibe ich Ihnen zunächst, wie Sie die technische Korrektheit der möglichen Verzeichniseinträge im Dokument prüfen.

Erkennungsvoraussetzungen prüfen. Mögliche Verzeichniseinträge können anhand der Kategorie der Feldfunktion SEQ erkannt werden oder weil den Beschriftungen eine bestimmte Absatzformatvorlage zugewiesen ist. Vom Erkennungsmerkmal »Absatzformatvorlage« möchte ich Ihnen abraten, da Sie die Absatzformatvorlage BESCHRIFTUNG sowohl für Abbildungen als auch für Tabellen verwenden. Verwenden Sie besser die SEQ-Kategorie.

(a) Beschriftung kontrollieren. Zuallererst sollten Sie prüfen, ob überhaupt jede Abbildung beschriftet ist. Das gelingt am schnellsten mit folgenden Einstellungen:

- Wechseln Sie in die Normalansicht (ANSICHT > NORMALANSICHT).

- Blenden Sie die Namen der Absatzformatvorlage ein (EXTRAS > OPTIONEN > ANSICHT > BREITE DER FORMATVORLAGENANZEIGE: »2CM«).

- Wählen Sie im Objektbrowser das Element NACH GRAFIK DURCHSUCHEN.

Arbeiten Sie sich mit diesen Einstellungen durch das Dokument: Nach jeder Abbildung sollte eine Beschriftung stehen. Kontrollieren Sie dabei auch die zugewiesene Formatvorlage: Neben jeder Abbildung sollte die Absatzformatvorlage TEXTKÖRPER-EINZUG 2 genannt werden, neben jeder Beschriftung die Absatzformatvorlage BESCHRIFTUNG.

(b) Fehler ausschließen. Nachdem Sie sich vergewissert haben, dass jede Abbildung eine Beschriftung hat, soll geprüft werden, welche Beschriftung keine automatische Abbildungszählung hat:

1. Blenden Sie über ⌨Alt+⌨F9 alle Feldfunktionsinhalte ein. Damit erreichen Sie, dass durch die folgenden Schritte nur die manuell eingegebenen Zahlen aufgespürt werden.

2. Öffnen Sie über BEARBEITEN > SUCHEN... das Dialogfeld SUCHEN UND ERSETZEN mit der Registerkarte SUCHEN. Suchen Sie, ohne Platzhalterzeichen (Word 2002) oder Mustervergleich (Word 2000), nach dem Ausdruck »abbildung^w^#«. Dieser Ausdruck enthält drei Bestandteile: den Bezeichner »Abbildung«, einen beliebigen Zwischenraum (eine Leerfläche; Codezeichen: ^w) und eine beliebige Ziffer (Codezeichen: ^#).

3. Da alle Zahlen, die durch Feldfunktionen entstanden sind, nicht als Zahlen erkannt werden, erhalten Sie nur solche Fundstellen, an denen Sie die Zahlen manuell eingegeben haben.

Wenn Sie zu viele Fundstellen haben, sollten Sie über ein SUCHEN-ERSETZEN nachdenken. Die Suchfolge haben Sie bereits. Für das Ergebnis (ERSETZEN DURCH) nehmen Sie eine korrekte Abbildungskennzeichnung in die Zwischenablage:

▪ Dazu markieren Sie bei einer funktionierenden Abbildung die Kennzeichnung einschließlich der per Feldfunktion hervorgebrachten Zählung.

▪ Verweisen Sie im Eingabefeld ERSETZEN DURCH auf den Inhalt der Zwischenablage (Schaltfläche SONSTIGES); im Eingabefeld müsste »^c« stehen.

(c) Resultate testen. Nachdem Sie die garantiert fehlerhaften Abbildungsbeschriftungen aufgespürt und korrigiert haben, soll noch geprüft werden, ob die übrigen Abbildungsbeschriftungen den technischen Voraussetzungen entsprechen:

1. Sie sollten weiterhin den Inhalt der Feldfunktion sehen.

2. Suchen Sie dann nach »abbildung^w^19^wseq«. Dieser Ausdruck besteht aus fünf Komponenten. Zunächst haben Sie, wie oben, den Bezeichner »Abbildung« und eine Leerfläche (Codezeichen: ^w). Microsoft hat nicht alles dokumentiert, was in Word möglich ist: Die öffnende Klammer einer Feldfunktion suchen Sie über »^19«. Daran schließt sich wieder eine Leerfläche an, »^w«. Den letzten Teil bildet der Name der Feldfunktion selbst, »seq«.

3. Spüren Sie alle Fundstellen auf. In den Fundstellen sollten Sie darauf achten, dass in der markierten Feldfunktion hinter dem Funktionsnamen als Kategorie »Abbildung« steht.

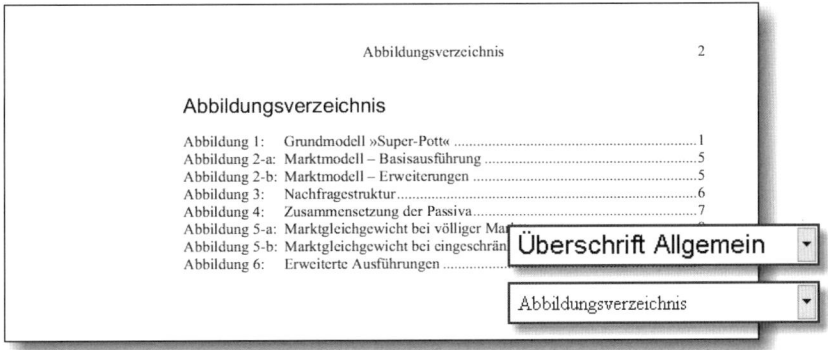

Abbildung 11.17: Abbildungsverzeichnis mit Überschrift

Verzeichnisüberschrift. Bevor Sie das Verzeichnis einfügen, sollten Sie die Verzeichnisüberschrift eingeben. Sie lautet üblicherweise »Abbildungsverzeichnis«, vgl. *Abbildung 11.17*. Weisen Sie ihr die Absatzformatvorlage ÜBERSCHRIFT ALLGEMEIN zu. Sie sollte alle relevanten Eigenschaften enthalten, insbesondere den SEITENUMBRUCH OBERHALB, damit das Abbildungsverzeichnis auf einer neuen Seite beginnt.

Abbildungsverzeichnis einfügen. Normalerweise sind nach der oben durchgeführten Kontrolle keine Probleme zu erwarten, wenn Sie nun das Abbildungsverzeichnis einfügen. Eine Hilfe für das weitere Vorgehen bietet *Abbildung 11.18*:

1. Platzieren Sie die Einfügemarke im Absatz unterhalb der Verzeichnisüberschrift.

2. Über EINFÜGEN > REFERENZ > INDEX UND VERZEICHNISSE... (Word 2000: direkt unter EINFÜGEN) öffnen Sie das gleich lautende Dialogfeld; wechseln Sie zur Registerkarte ABBILDUNGSVERZEICHNIS.

3. Legen Sie in der Gruppe ALLGEMEIN folgende Einstellungen fest. In der Auswahl FORMATE wählen Sie die Alternative VON VORLAGE. Auf diese Weise ändert Word nicht die Absatzformatvorlagen. Über die Auswahl TITEL (Word 2000: BESCHRIFTUNGSKATEGORIE) legen Sie nicht etwa die Verzeichnisüberschrift fest, sondern die Kategorie (ein Übersetzungsfehler vermutlich) – diese muss ABBILDUNG lauten (entsprechend der Kategorie in der Feldfunktion SEQ). Damit die gesamte Beschriftung dargestellt wird, aktivieren Sie das Kontrollfeld KATEGORIE UND NUMMER.

4. Fahren Sie dann in der Gruppe darüber fort. Das Kontrollfeld SEITENZAHLEN ANZEIGEN sollte aktiviert sein, das Kontrollfeld SEITENZAHLEN RECHTSBÜNDIG ebenfalls. Als FÜLLZEICHEN werden üblicherweise Punkte verwendet.

5. Die wichtigen Einstellungen stimmen nun. Klicken Sie auf die Schaltfläche OK, um das Abbildungsverzeichnis einzufügen.

Abbildung 11.18: Abbildungsverzeichnis einfügen

Bei dem Abbildungsverzeichnis handelt es sich um eine Feldfunktion vom Typ TOC. Wichtige Hinweise, gerade was das Aktualisieren des Ergebnisses betrifft, finden Sie im Kapitel *Word-Funktionen*.

Abbildungsverzeichnis formatieren. Es kann durchaus sein, dass das Abbildungsverzeichnis noch nicht perfekt aussieht. Alle Verzeichniseinträge von Abbildungsverzeichnissen werden mit der Absatzformatvorlage ABBILDUNGSVERZEICHNIS formatiert, deren Merkmale in *Abbildung 11.19* zu sehen sind. Da das Abbildungsverzeichnis nicht hierarchisch organisiert ist, reicht diese einzelne Absatzformatvorlage aus. Sofern Sie die Einträge umformatieren möchten, den Erstzeileneinzug beispielsweise, legen Sie diese Eigenschaften in der Absatzformatvorlage fest. Aktualisieren Sie anschließend das Verzeichnis, um die Veränderungen anzuzeigen.

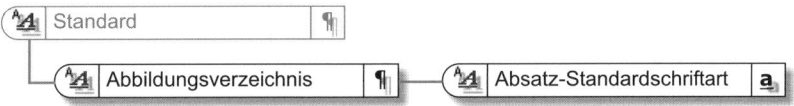

Abbildung 11.19: Absatzformatvorlage »Abbildungsverzeichnis«

11.3.2 Tabellenverzeichnis

Im Tabellenverzeichnis weisen Sie alle Tabellen aus, die Sie innerhalb Ihrer Arbeit verwendet haben. Wie beim Abbildungsverzeichnis gehören in das Tabellenverzeichnis die Tabellenzählung und die Tabellenbeschriftung, nicht aber eventuelle Quellenangaben. Das Tabellenverzeichnis gleicht in seinem Aufbau dem Abbildungsverzeichnis, mit einem Unterschied: Die relevante Kategorie lautet TABELLE statt ABBILDUNG.

Erkennungsvoraussetzungen prüfen. Um die Erkennungsvoraussetzungen zu prüfen, gehen Sie zunächst so vor, wie beim Abbildungsverzeichnis beschrieben. Wählen Sie im Objektbrowser aber das Element NACH TABELLE DURCHSUCHEN.

Um garantiert fehlerhafte Beschriftungen aufzuspüren, verwenden Sie im Rahmen der Handlungsanweisung *(b) Fehler ausschließen* als Suchfolge »tabelle^w^#«.

Abbildung 11.20: Tabellenverzeichnis mit Überschrift

Wenn Sie die richtigen Beschriftungen entsprechend der Handlungsanweisung *(c) Resultate testen* aufspüren, lautet die entsprechende Suchfolge »tabelle^w^19^wseq«.

Verzeichnisüberschrift. Tabellenverzeichnisse werden normalerweise mit »Tabellenverzeichnis« überschrieben, vgl. *Abbildung 11.20.* Verwenden Sie wie beim Abbildungsverzeichnis die Absatzformatvorlage ÜBERSCHRIFT ALLGEMEIN.

Tabellenverzeichnis einfügen. Tabellenverzeichnisse fügen Sie genauso ein wie Abbildungsverzeichnisse. Word verwendet hierfür kein besonderes Dialogfeld. Der einzige Unterschied, den Sie beim analogen Umsetzen der Handlungsanweisung *Abbildungsverzeichnis einfügen* beachten müssen, betrifft Schritt 3: Wählen Sie in der Auswahl TITEL (Word 2000: BESCHRIFTUNGSKATEGORIE) die Alternative TABELLE (vgl. hierzu auch *Abbildung 11.21*).

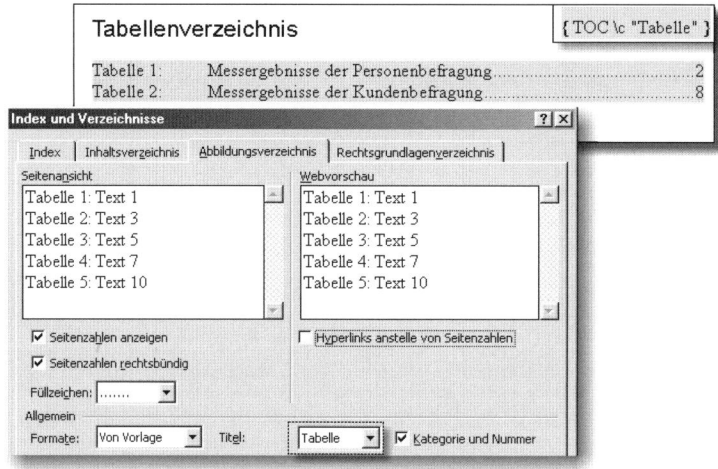

Abbildung 11.21: Tabellenverzeichnis einfügen

Tabellenverzeichnis formatieren. Tabellenverzeichnisse haben nicht nur das Dialogfeld mit Abbildungsverzeichnissen gemeinsam. Die Verzeichniseinträge werden zudem mit der gleichen Absatzformatvorlage formatiert, nämlich ABBILDUNGSVERZEICHNIS. Alle Formatierungen sollten Sie hierüber vornehmen.

11.3.3   Abkürzungsverzeichnis

Das Abkürzungsverzeichnis hat die Aufgabe, alle Abkürzungen, die Sie im Rahmen Ihrer Arbeit verwendet haben, zusammen mit der Ausformulierung aufzuführen. Hierdurch soll gewährleistet werden, dass auch unbescholtene Leser Ihre Arbeit verstehen können. Ebenfalls zum Abkürzungsverzeichnis gehören normalerweise auch die Akronyme sowie die Formelsymbole.

Allerdings haben die Lehrstühle ein unterschiedliches Verständnis vom Begriff »alle Abkürzungen«. Hier sollten Sie unbedingt Ihren Betreuer fragen. Einige Lehrstühle nehmen allgemeinverständliche Abkürzungen wie »etc.« und »bzw.« aus, andere verlangen wirklich

alle, also auch das Kürzel »Dr.«, weil Ihr Betreuer diesen akademischen Grad hat, oder »Ffm.«, wenn Sie an einer Universität in Frankfurt am Main studieren.

Verzeichniseinträge aufspüren. Abkürzungsverzeichnisse sind keine automatischen Verzeichnisse, sondern setzen vielmehr Fleißarbeit voraus. Abkürzungen und, noch schwieriger, Akronyme lassen sich nicht allgemeingültig aufspüren. Folgende Hilfe kann ich Ihnen aber anbieten:

- Abkürzungen vom Typ »d.h.«, »u.a.« oder »s.a.« können Sie über die Platzhaltersuche (Word 2000: Mustervergleich) »<[A-z].[A-z].« aufspüren. Das Größer-als-Zeichen signalisiert den Wortanfang.

- Abkürzungen vom Typ »bzw.«, »etc.« oder »vgl.« können Sie über die Platzhalterbzw. Mustervergleichssuche »<[A-z]{2;3}.« aufspüren. Diese Suche ist aber schon sehr unscharf, weil sämtliche Wörter mit drei Buchstaben und einem Punkt dahinter aufgespürt werden.

Diese Suchbeispiele zeigen Ihnen aber, wie sich das Programmmerkmal SUCHE für Ihre Zwecke einsetzen lässt.

Verzeichnisüberschrift. Die Verzeichnisüberschrift lautet normalerweise »Abkürzungs- und Akronymverzeichnis«, bei einigen Lehrstühlen auch nur »Abkürzungsverzeichnis«.

Abkürzungsverzeichnis erzeugen. Auch wenn Sie die Abkürzungen manuell zusammensuchen müssen, gibt es doch einige Unterstützung, was die Organisation des Verzeichnisses betrifft.

(a) Einträge ausrichten. Am besten legen Sie sich eine Absatzformatvorlage an, die Sie ABKÜRZUNGSVERZEICHNIS nennen und auf der Absatzformatvorlage TABELLENVERZEICHNIS basieren lassen. Weisen Sie ihr dann folgende Eigenschaften zu:

- Der Absatz sollte links einen Einzug von »0cm« haben, also keinen Einzug. Die erste Zeile jedoch sollte hängend ausgezogen sein, beispielsweise um »4cm«.

- Definieren Sie einen linksbündigen Tabstopp für die Position »4cm«. Sein Füllzeichen sollte eine Punktlinie sein.

Diese Absatzformatvorlage können Sie wie folgt einsetzen:

1. Platzieren Sie die Einfügemarke im ersten Absatz unter der Verzeichnisüberschrift und weisen Sie ihm die Absatzformatvorlage ABKÜRZUNGSVERZEICHNIS zu.

2. Geben Sie als Erstes die Abkürzung selbst ein.

3. Hinter der Abkürzung drücken Sie einmal ⇥ ; Sie wechseln so zur Eingabeposition für die Ausformulierung und füllen den Zwischenraum gleichzeitig mit der Punktlinie auf, was die Lesbarkeit des Verzeichnisses erhöht.

(b) Einträge sortieren. Sie müssen nicht mühsam von Hand alle Einträge sortieren. Am schnellsten gelingt es mit der Sortierfunktion von Word, die sich im Tabellenmenü versteckt, aber auch für Textabsätze geeignet ist (vgl. *Abbildung 11.22*):

1. Markieren Sie alle Absätze, die eine Abkürzung erklären.

2. Über TABELLE > SORTIEREN… öffnen Sie das Dialogfeld TEXT SORTIEREN.

3. Behalten Sie die Vorgabe in der Auswahl 1. SORTIERSCHLÜSSEL, sie lautet ABSÄTZE, am besten bei. Die Reihenfolge ist AUFSTEIGEND, also von A nach Z.

4. Klicken Sie auf die Schaltfläche OK, um die Absätze sortieren zu lassen.

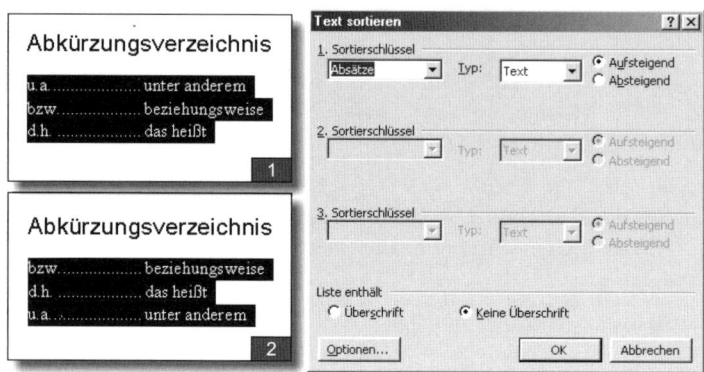

Abbildung 11.22: Absätze alphabetisch sortieren

11.3.4 Inhaltsverzeichnis

Das Inhaltsverzeichnis weist alle Gliederungsabschnitte Ihrer Arbeit sowie weitere Bestandteile aus. Kein Bestandteil des Inhaltsverzeichnisses ist das Inhaltsverzeichnis selbst.

Erkennungsvoraussetzungen prüfen. Inhaltsverzeichnisse lassen sich anhand von drei Merkmalen anfertigen, wobei die Merkmale auch gemeinsam vorkommen können. Diese Merkmale sind erstens die Systemformatvorlagen für die Überschriften (also ÜBERSCHRIFT 1 bis ÜBERSCHRIFT 9), zweitens die Absatzebenen EBENE 1 bis EBENE 9 und drittens beliebige Absatzformatvorlagen, auch wenn Sie in der Absatzebene TEXTKÖRPER sind.

(a) Vollständigkeit prüfen. Als Erstes sollten Sie prüfen, ob alle Überschriften als Überschriften gekennzeichnet sind. Folgende Einstellungen können Ihnen dabei helfen:

▓ Wechseln Sie in die Gliederungsansicht (ANSICHT > GLIEDERUNG).

▓ Blenden Sie die Namen der Absatzformatvorlage ein (EXTRAS > OPTIONEN > ANSICHT > BREITE DER FORMATVORLAGENANZEIGE: »2CM«).

Fahren Sie dann wie folgt fort:

1. Blenden Sie alle neun Gliederungsebenen ein.

2. Prüfen Sie, ob Sie nun alle Überschriften sehen. Dazu gehören

    – die Überschriften der bisher eingefügten Verzeichnisse,

    – die Überschriften im Hauptteil,

    – die Überschriften im Anhang.

3. Fehlt eine Überschrift, blenden Sie für den Gliederungsabschnitt auch die Textebene ein; reduzieren Sie die Absätze aber auf die erste Textzeile. Spüren Sie dann die fehlende Überschrift im Text auf.

4. Haben Sie die Überschrift gefunden, weisen Sie ihr die entsprechende Absatzformatvorlage zu. In der Titelei ist das die Absatzformatvorlage ÜBERSCHRIFT ALLGEMEIN und innerhalb des Hauptteils die Absatzformatvorlagen ÜBERSCHRIFT 1 bis ÜBERSCHRIFT 9. Im Anhang wird grundsätzlich die Absatzformatvorlage ÜBERSCHRIFT ALLGEMEIN verwendet; es kann aber sein, dass Sie für Ihre Anlagen ein besonderes Überschriftensystem definiert haben.

Arbeiten Sie sich auf diese Weise durch Ihre Arbeit, bis Sie am Ende angekommen sind. Lassen Sie sich nicht aus der Ruhe bringen, wenn mal eine Überschrift zu fehlen scheint. Meistens ist die Ursache eine falsch zugewiesene Absatzformatvorlage. Sofern eine Überschrift die richtige Absatzformatvorlage aufweist, aber dennoch nicht erscheint, weisen Sie der Überschrift die Absatzformatvorlage erneut zu – manchmal entwickelt Word ein unerwartetes Eigenleben.

(b) Absatzfehler ausschließen. Nachdem Sie alle Überschriften für Word erkennbar gemacht haben, stellen Sie in einem zweiten Schritt sicher, dass auch nur die Überschriften und keine anderen Absätze als Überschriften erkannt werden:

1. Verwenden Sie wieder die Gliederungsansicht mit allen neun eingeblendeten Gliederungsebenen. Zusätzlich sollten alle unsichtbaren Zeichen zu sehen sein, insbesondere Absatzmarken, manuelle Zeilenwechsel und manuelle Seitenwechsel.

2. Während Sie sich durch alle Überschriften arbeiten, achten Sie auf Folgendes:

   – Bei manuellen Zeilenwechseln vor der Überschrift beginnt die eigentliche Überschrift erst in der zweiten Zeile des Absatzes. Hierbei handelt es sich um einen Eingabefehler – entfernen Sie den manuellen Zeilenwechsel ersatzlos (nicht gemeint sind manuelle Zeilenwechsel innerhalb der Überschrift – diese behalten Sie bei).

   – Manuelle Seitenwechsel vor Überschriften – die eigentliche Überschrift beginnt erst auf der nächsten Seite des gleichen Absatzes – sollten Sie ebenfalls anders lösen: Entfernen Sie den manuellen Seitenwechsel und weisen Sie dem Absatz stattdessen die Absatzeigenschaft SEITENUMBRUCH OBERHALB zu.

3. Überprüfen Sie mit diesen Vorgaben alle Überschriften noch einmal, um keine Überraschungen zu erleben.

Verzeichnisüberschrift. Die Überschrift des Inhaltsverzeichnisses ist die einzige Überschrift, die auf keinen Fall im Inhaltsverzeichnis sein darf. Legen Sie deshalb eine Absatzformatvorlage mit dem Namen ÜBERSCHRIFT INHALT an, basierend auf der Absatzformatvorlage ÜBERSCHRIFT ALLGEMEIN, vgl. *Abbildung 11.23* – zusätzliche Eigenschaften sind nicht unmittelbar erforderlich. Verwenden Sie als Überschrift »Inhaltsverzeichnis« und weisen Sie ihr die neu geschaffene Absatzformatvorlage zu.

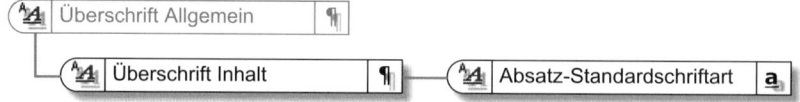

Abbildung 11.23: Absatzformatvorlage »Überschrift Inhalt«

Inhaltsverzeichnis erzeugen. Nach dieser gewissenhaften Prüfung der Verzeichnisvoraussetzungen können Sie das Verzeichnis einfügen (vgl. *Abbildung 11.24* für das Ergebnis):

1. Platzieren Sie die Einfügemarke im Absatz unterhalb der Verzeichnisüberschrift.

2. Über EINFÜGEN > REFERENZ > INDEX UND VERZEICHNISSE... (Word 2000: direkt unter EINFÜGEN) öffnen Sie das gleich lautende Dialogfeld; wechseln Sie zur Registerkarte INHALTSVERZEICHNIS.

3. Beginnen Sie diesmal in der oberen Gruppe. Das Kontrollfeld SEITENZAHLEN ANZEIGEN sollte aktiviert sein, das Kontrollfeld SEITENZAHLEN RECHTSBÜNDIG ebenfalls. Als FÜLLZEICHEN werden üblicherweise Punkte verwendet.

4. Legen Sie in der Gruppe ALLGEMEIN folgende Einstellungen fest. In der Auswahl FORMATE wählen Sie die Alternative VON VORLAGE. Auf diese Weise ändert Word, genau wie beim Tabellenverzeichnis, nicht die verwendeten Absatzformatvorlagen.

5. Nun folgt der wichtigste Teil: die verzeichnisrelevanten Überschriften. Geben Sie im Eingabefeld EBENEN die maximale Anzahl an Überschriftenebenen vor, die im Verzeichnis erscheinen sollen.

6. Klicken Sie dann auf die Schaltfläche OPTIONEN..., um das Dialogfeld OPTIONEN FÜR INHALTSVERZEICHNIS zu öffnen.

7. In diesem Dialogfeld sollten die Kontrollfelder FORMATVORLAGEN und GLIEDERUNGSEBENEN aktiviert sein, das Kontrollfeld VERZEICHNISEINTRAGSFELDERN dagegen ist deaktiviert.

8. Arbeiten Sie sich nun durch die Auswahl VERFÜGBARE FORMATVORLAGEN. In der Spalte INHALTSVERZEICHNISEBENE ist für alle Absatzformatvorlagen, die eine Absatzebene oberhalb der Textebene haben, eine Zahl eingetragen. Für die Absatzformatvorlage VERZEICHNIS ALLGEMEIN wird dort eine »1« stehen, für die Absatzformatvorlage VERZEICHNIS INHALT genauso.

9. Damit die Überschrift zum Inhaltsverzeichnis kein Bestandteil des Inhaltsverzeichnisses wird, entfernen Sie zur Absatzformatvorlage VERZEICHNIS INHALT die eingetragene »1« ersatzlos. Prüfen Sie auch Ihre möglicherweise selbst definierten Überschriftensysteme, von den Anlagen beispielsweise, ob die zugedachte Gliederungsebene mit der Ebene des Inhaltsverzeichnisses korrespondiert.

10. Um diese Optionen für das Inhaltsverzeichnis zu übernehmen, klicken Sie auf die Schaltfläche OK. Gleichzeitig schließen Sie das Dialogfeld und gelangen zum vorigen zurück.

11. Da die wichtigen Einstellungen nun stimmen, klicken Sie auf die Schaltfläche OK, um das Abbildungsverzeichnis einzufügen.

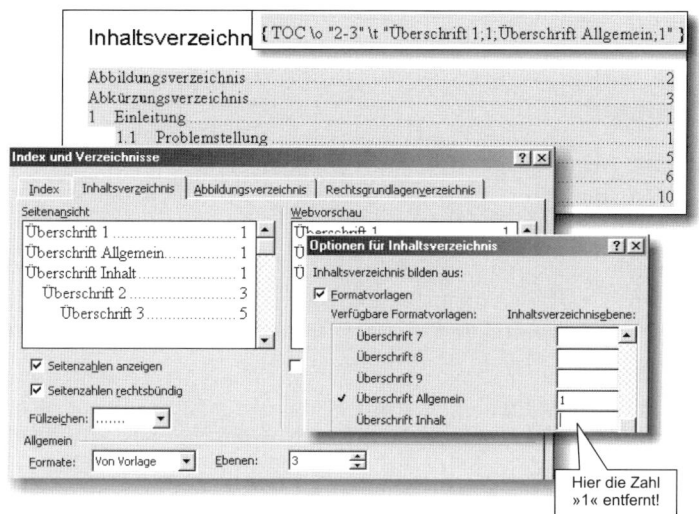

Abbildung 11.24: Inhaltsverzeichnis einfügen

Das Inhaltsverzeichnis greift wie das Abbildungsverzeichnis auf die Feldfunktion vom Typ TOC zurück. Wichtige Hinweise, gerade was das Aktualisieren des Ergebnisses betrifft, finden Sie im Kapitel *Word-Funktionen*.

Inhaltsverzeichnis formatieren. Da das Inhaltsverzeichnis hierarchisch organisiert ist, verwendet Word hierfür besondere Absatzformatvorlagen, vgl. *Abbildung 11.25*. Diese heißen VERZEICHNIS 1 bis VERZEICHNIS 9, die Zahl entspricht der Verzeichnisebene.

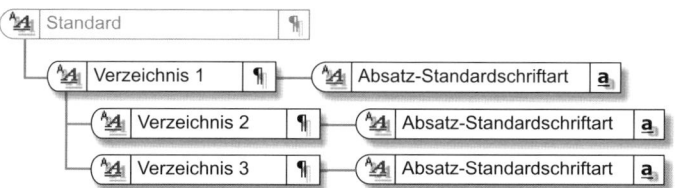

Abbildung 11.25: Absatzformatvorlagen für das Inhaltsverzeichnis

Verzeichnisprobleme lösen. Sofern Sie die Erkennungsvoraussetzungen geprüft haben, sind vor allem die folgenden beiden Fehler noch denkbar.

(1) Korrekturen verschwinden. Hierbei handelt es sich um einen Denkfehler. Das Inhaltsverzeichnis ist eine »Abbildung« des Inhalts. Wenn Sie hier Korrekturen anbringen, werden diese bei der nächsten Aktualisierung des Verzeichnisses wieder entfernt. Sie müssen in diesem Fall zur entsprechenden Stelle im Text gehen und die Korrektur dort anbringen.

(2) Arabische anstelle römischer Seitenzahlen. Um einen Dokumentenabschnitt in römischen Seitenzahlen zu zählen, genügt es nicht, die für die Seitenzahl zuständige Feldfunktion anzupassen. Wie im Kapitel *Allgemeine Layoutvorgaben umsetzen* beschrieben, ist die Seitenzählung vor allem eine Abschnittseigenschaft, die Sie entsprechend festlegen müssen.

11.3.5   Titelblatt

Das Titelblatt legen Sie am schnellsten über eine eigene Datei an; nennen Sie sie beispielsweise TITELBLATT.DOC. Sie ersparen sich hierdurch viel Arbeit mit Abschnittswechseln und dem Aufheben der Kopfzeilenbindung.

Es existieren beinahe so viele unterschiedliche Layoutvorschläge für Titelblätter, wie es Lehrstühle gibt. Oftmals weisen die Lehrstühle in ihren Richtlinien eigene Vorschläge aus. Ungeachtet eines Vorschlags sind die Angaben, die auf dem Titelblatt zu nennen sind, aber weitgehend einheitlich:

- Hochschule und Lehrstuhl, üblicherweise mit Anschrift; verwenden Sie hierzu die Absatzformatvorlage STANDARD, sofern die elektronische Arbeit auf keinem besonderen Dokumentenserver deponiert wird (sonst wird mitunter die Absatzformatvorlage UMSCHLAGADRESSE verwendet).

- Art der Arbeit, beispielsweise »Seminararbeit« oder »Diplomarbeit«; diese Angabe sollten Sie mit der Absatzformatvorlage TITEL formatieren.

- Thema der Arbeit einschließlich des Unterthemas; formatieren Sie diese Angabe über die Absatzformatvorlage UNTERTITEL. Beachten Sie, dass die Angabe des Themas **zeichengenau** mit dem angemeldeten Thema beim Lehrstuhl oder Prüfungsamt übereinstimmen muss!

- Name des Betreuers oder Prüfers; verwenden Sie hierzu wieder die Absatzformatvorlage STANDARD (alternativ können Sie auch ANREDE einsetzen).

- Ihr vollständiger Name mit Studienrichtung und (Fach-)Semester; auch hierfür können Sie normalerweise die Absatzformatvorlage STANDARD verwenden (gegebenenfalls die Absatzformatvorlage UNTERSCHRIFT).

- Abgabetermin – hierbei nennen Sie das Datum der tatsächlichen Abgabe; kennzeichnen Sie diese Angabe mit der Absatzformatvorlage STANDARD (oder weisen Sie die Absatzformatvorlage DATUM zu).

- Ihre Anschrift, heutzutage mit Telefonnummer und E-Mail-Adresse; verwenden Sie die Absatzformatvorlage STANDARD (falls erforderlich, verwenden Sie die Absatzformatvorlage UMSCHLAGABSENDERADRESSE).

Diese Zusammenstellung versteht sich als Hinweis, da die Lehrstühle teilweise spezielle Vorgaben haben. Mögliche Titelblattentwürfe können Sie sich als Word-Dokument von den Internetseiten zum Buch unter *http://www.pearson-studium.de* herunterladen.

KAPITEL 12

Korrektur

Bevor Sie Ihre Arbeit abgeben, sollte sie korrigiert worden sein. Das ist trotz aller technischen Raffinessen, die die Rechtschreibüberwachung bietet, noch immer unerlässlich. Wie Sie anhand der Gliederung dieses Kapitels erkennen, gibt es nicht die eine Korrektur. Begreifen Sie die Korrektur eher als eine regelmäßige Qualitätskontrolle, die nicht erst am Ende des Fertigungsablaufs erfolgt, sondern für einzelne Teilbereiche auch zwischendurch. Je nach Korrektur gibt es unterschiedliche Korrekturziele.

Damit eine Vorkorrektur gelingt, ist Mitarbeit auf beiden Seiten erforderlich. Aus eigener Erfahrung weiß ich, dass Arbeiten meistens zu spät in die Vorkorrektur kommen. Wenn Sie aber einigermaßen systematisch gearbeitet haben, können Sie den Hauptteil bereits korrigieren lassen, während Sie noch die Abbildungen gestalten und die Verzeichnisse einfügen. Ändern Sie nicht (mehr) den Text oder warten Sie damit bis nach der Korrektur.

12.1 Laufende Korrektur

Die laufende Korrektur findet während des Schreibens statt. Es lässt sich schwer verallgemeinern, ob Sie besser erst einmal Ihren Text in den Computer bringen und kleine Fehler anschließend ausbessern oder ob Sie sich frühzeitig Sorgfalt antrainieren, um kleine Rechtschreibfehler wie Buchstabendreher und stilistische Ausrutscher im Ansatz zu verringern. Nach meiner Erfahrung ist gerade die erste wissenschaftliche Arbeit, meistens eine Seminararbeit, mit derartig vielen Schreibblockaden verbunden, dass Sie gut daran tun, überhaupt erst einmal ins Schreiben zu kommen.

Wenn Sie zehn oder mehr Seiten geschrieben haben, können Sie das Geschriebene auf sich wirken lassen. Es kommt oft genug vor, dass Sie aus dem Schreibfluss kommen. Gönnen Sie sich dann eine Pause und betrachten Sie Ihre bisherige Arbeit: Wie liest sie sich, wie lang sind die Sätze und wie tief sind sie verschachtelt? Wenn Sie gerade dabei sind, können Sie auch die Rechtschreibhilfe von Word verwenden, um einigen Fehlern auf die Spur zu kommen.

12.1.1 Benutzerwörterbücher verwalten

Grundvoraussetzung für die interne Rechtschreibkorrektur von Word ist die Zeicheneigenschaft SPRACHE. Da die Korrektur sprachspezifisch stattfindet, sollten Sie dieser Eigenschaft etwas Aufmerksamkeit widmen, bevor Sie die Rechtschreibkorrektur von Word verwenden. Diese besteht aus zwei Komponenten. Die Basis bilden die Regelwerke, die Word für bestimmte Sprachen bereithält; Microsoft bezeichnet sie als »Hauptwörterbücher«. Diese Regelwerke sind so programmiert, dass sie durch den Benutzer nicht weiter angepasst werden können. In der Rechtschreibkorrektur von Word wird das Wort zunächst anhand des sprachspezifischen Regelwerks beurteilt. Die Regelwerke sind bei weitem nicht unfehlbar, so dass gerade wissenschaftliche Texte dazu neigen, viele »Fehlertreffer« zu provozieren.

Word ist aber eine Textverarbeitung. Auf Dauer ist es lästig, immer wieder die gleichen »Fehler« abarbeiten zu müssen, um zu den wirklichen Fehlern durchzudringen. Deshalb gibt es die Möglichkeit, eigene Wörterlisten anzulegen. Diese Wörterlisten werden BENUTZERWÖRTERBUCH genannt, wenn sie Wörter enthalten, die als richtig angesehen werden sollen (Word kennt auch den umgekehrten Fall, so genannte Ausschlusswörterbücher; vgl. die Programmhilfe). Findet Word ein Wort, dass es aufgrund des Regelwerks nicht für richtig hält, schaut es anschließend in den aktivierten Benutzerwörterbüchern nach, ob es dort aufgelistet ist. Trifft dies zu, wird es »ausnahmsweise für richtig« befunden; deaktivieren Sie das Benutzerwörterbuch, wird es wieder als Fehler markiert.

Benutzerwörterbuch anlegen. Benutzerwörterbücher können im Unterschied zum Regelwerk sprachspezifisch und sprachunspezifisch sein. Ich rate Ihnen aber davon ab, unspezifische Wörterbücher zu verwenden. Sie bekommen eher unübersichtliche Wörterlisten und laufen ernsthaft Gefahr, tatsächlich falsche Wörter in die Liste aufzunehmen, wodurch sie für korrekt befunden werden, obwohl sie objektiv falsch geschrieben sind. Angenommen, Ihre Arbeit befasst sich mit der italienischen Sprache, ist aber im Wesentlichen auf Deutsch geschrieben. Dann sollten Sie ein deutsches und ein italienisches Benutzerwörterbuch haben. Das gelingt auf die folgende Weise (vgl. auch *Abbildung 12.1*):

1. Über EXTRAS > OPTIONEN… öffnen Sie das gleich lautende Dialogfeld; wechseln Sie zur Registerkarte RECHTSCHREIBUNG UND GRAMMATIK.

2. Klicken Sie auf die Schaltfläche BENUTZERWÖRTERBÜCHER (Word 2000: WÖRTERBÜCHER), um das Dialogfeld BENUTZERWÖRTERBÜCHER zu öffnen. In der Auswahl BENUTZERWÖRTERBÜCHER finden Sie alle aktiven und nicht aktiven Benutzerwörterbücher aufgelistet, insbesondere auch das Standardbuch CUSTOM.DIC oder BENUTZER.DIC.

3. Klicken Sie auf die Schaltfläche NEU…, um ein neues Benutzerwörterbuch anzulegen. Es öffnet sich der Dateibrowser, der den Titel BENUTZERWÖRTERBUCH ERSTELLEN trägt.

4. Als Erstes soll das deutsche Benutzerwörterbuch angelegt werden. Tragen Sie als Dateinamen »Diplomarbeit_DE.dic« ein und klicken Sie auf die Schaltfläche SPEICHERN, um das neue Wörterbuch zu erstellen.

5. Sie gelangen wieder in das vorhergehende Dialogfeld, finden aber diesmal das neue Wörterbuch aufgeführt.

   – Word-2002-Anwender machen jetzt Folgendes. Markieren Sie das Wörterbuch und klicken Sie auf die Schaltfläche ÄNDERN…; es öffnet sich ein Dialogfeld, das den Namen der Wörterbuchdatei trägt. Unten in diesem Dialogfeld sehen Sie die Auswahl SPRACHE. Da dieses Wörterbuch nur für Deutsch gelten soll, wählen Sie hier die Alternative DEUTSCH (DEUTSCHLAND). Klicken Sie auf die Schaltfläche OK, um das Dialogfeld wieder zu schließen.

– Word-2000-Anwender markieren das Wörterbuch ebenfalls. Die Sprachauswahl befindet sich aber im gleichen Dialogfeld. Es genügt, hier die Sprache DEUTSCH (DEUTSCHLAND) auszuwählen – sie wird automatisch für das Wörterbuch übernommen.

6. Wiederholen Sie die Schritte 3 bis 5, um ein zweites neues Wörterbuch mit dem Dateinamen »Diplomarbeit_IT.dic« und der Sprache ITALIENISCH (ITALIEN) anzulegen. Schließen Sie dann das Dialogfeld OPTIONEN.

Im Ergebnis haben Sie zwei neue Wörterbücher angelegt, in denen Sie zukünftige alle problematischen Ausdrücke sammeln werden, die zwar richtig sind, von den Rechtschreibregeln aber nicht als richtig erkannt werden. Falls Sie in diese Wörterbücher fehlerhafte Wörter aufgenommen haben, brauchen Sie das Wörterbuch nur zu bearbeiten.

Abbildung 12.1: Neues Benutzerwörterbuch anlegen

Benutzerwörterbuch bearbeiten. Es passiert schnell, dass Sie ein objektiv fehlerhaftes Wort versehentlich in das Benutzerwörterbuch aufnehmen, wodurch es fortan nicht mehr als Fehler erkannt wird. Dieser Fall ist nicht weiter tragisch, da Sie im Unterschied zum Regelwerk das Benutzerwörterbuch nachträglich bearbeiten können (vgl. auch *Abbildung 12.2*):

1. Über EXTRAS > OPTIONEN... > RECHTSCHREIBUNG UND GRAMMATIK öffnen Sie die Rechtschreiboptionen; klicken Sie hier auf die Schaltfläche BENUTZERWÖRTERBÜCHER (Word 2000: WÖRTERBÜCHER), um das Dialogfeld BENUTZERWÖRTERBÜCHER zu öffnen.

2. Markieren Sie in der Auswahl BENUTZERWÖRTERBÜCHER das Wörterbuch, dessen Inhalt Sie bearbeiten möchten. Das weitere Vorgehen richtet sich nach der verwendeten Word-Version.

– Word 2002: Klicken Sie auf die Schaltfläche ÄNDERN..., um das Wörterbuch in einem eigenen Dialogfeld zu öffnen. Um ein ungewolltes Wort zu löschen, markieren Sie es in der Auswahl WÖRTERBUCH und klicken auf die Schaltfläche LÖSCHEN. Um ein neues Wort aufzunehmen, tragen Sie es in das Eingabefeld WORT ein und klicken dann auf die Schaltfläche HINZUFÜGEN. Schließen Sie das Dialogfeld wieder.

- Word 2000: Klicken Sie ebenfalls auf die Schaltfläche ÄNDERN... Diese Programmversion hat für das Ändern jedoch kein besonderes Dialogfeld und deshalb wird die Hintergrundüberwachung beendet – Sie erhalten eine entsprechende Meldung. Bestätigen Sie diese Meldung und das Wörterbuch wird als »normales« Textdokument geöffnet. Ist das Wörterbuch sprachspezifisch, enthält die erste Zeile noch keinen Wörterbucheintrag, sondern die Sprachenkennung (LID steht für *language id*). Fehlerhafte Einträge entfernen Sie, indem Sie das Wort einschließlich Absatzmarke markieren und löschen. Zusätzliche Wörter schreiben Sie in eigene Absätze. Speichern Sie das Dokument ab und schließen Sie die Datei. Nun können Sie die Rechtschreibüberwachung reaktivieren.

3. Sie können das Dialogfeld OPTIONEN schließen.

Beim Bearbeiten der Wörterbuchdateien ist Ihnen wohl aufgefallen, dass diese Dateien den Namen »Wörterbuch« nicht verdienen. Es sind einfache Wortlisten, in denen die Einträge simpel untereinander stehen. Sie können die Wörter nicht besonders klassifizieren, weshalb Sie alle Beugungen ebenfalls mit aufnehmen müssen – der »Hund«, des »Hundes«, die »Hunde« und den »Hunden«. Es ist nicht einmal möglich, einzelne Teile durch Platzhalterzeichen zu verallgemeinern.

Abbildung 12.2: Eintrag aus Benutzerwörterbuch entfernen (Word 2002)

12.1.2 Korrektureinstellungen

Die laufende Korrektur verwendet die Rechtschreibüberwachung und die Autokorrektur. Diese wird unter dem Aspekt der Schreibflussunterstützung im Kapitel *Word-Funktionen* betrachtet. In diesem Abschnitt geht es darum, ihre Rechtschreiboptionen anzupassen. Da die Autokorrektur noch vor der Rechtschreibüberwachung aktiv wird, wird sie auch als Erstes behandelt.

Autokorrektur einstellen. Die speziellen Einstellungen der Autokorrektur versuchen, die Groß-/Kleinschreibung zu unterstützen. Aber gerade dann, wenn Sie mit Abkürzungen und Akronymen arbeiten, was in juristischen Hausarbeiten keine Seltenheit ist, kann sich der Computer auch gegen Sie verschwören. Vor allem die beiden folgenden Einstellungen, die Sie über EXTRAS > AUTOKORREKTUROPTIONEN... öffnen können, sollten bewusst verwendet werden.

(1) ZWEI GROSSBUCHSTABEN AM WORTANFANG KORRIGIEREN: Diese Einstellung kann ausgesprochen nervig werden, wenn Sie auf die Schnelle über das EStG (Einkommensteuergesetz) oder die KGaA (Kommanditgesellschaft auf Aktien) schreiben möchten. Insbesondere Word 2000 greift sehr eigenmächtig in die Groß-/Kleinschreibung ein. Wenn Sie entsprechende Kurzformen häufiger verwenden, klicken Sie links daneben auf die Schaltfläche AUSNAHMEN... Im Dialogfeld AUTOKORREKTURAUSNAHMEN können Sie in der Registerkarte WORTANFANG GROSS problematische Wörter hinterlegen.

(2) JEDEN SATZ MIT EINEM GROSSBUCHSTABEN BEGINNEN: Ein Satz beginnt für Word grundsätzlich nach einem Punkt, also auch nach einer Abkürzung mitten im Satz. Das Programm bringt aber von Haus aus eine längere Liste von Abkürzungen mit, die als solche auch erkannt werden und somit keine Großschreibung auslösen. Um diese Einstellung sinnvoll zu verwenden, klicken Sie auf die Schaltfläche AUSNAHMEN... In dem Dialogfeld AUTOKORREKTURAUSNAHMEN können Sie in der Registerkarte ERSTER BUCHSTABE eigene Abkürzungen hinterlegen.

Die weiteren Einstellungen, also JEDE TABELLENZELLE MIT EINEM GROSSBUCHSTABEN BEGINNEN, WOCHENTAGE IMMER GROSS SCHREIBEN und UNBEABSICHTIGTES VERWENDEN DER FESTSTELLTASTE VERHINDERN sind selbsterklärend und normalerweise auch ohne praktische Probleme zu verwenden.

Benutzerwörterbuch einbinden. Wie oben hervorgehoben, hängt es vom eingebundenen Wörterbuch ab, ob ein bestimmtes, vom Regelwerk nicht erkanntes Wort letztendlich als »falsch« oder »richtig« erkannt wird. Ein Wörterbuch können Sie auf diese Weise einbinden:

1. Über EXTRAS > OPTIONEN... öffnen Sie das gleich lautende Dialogfeld. Wechseln Sie zur Registerkarte RECHTSCHREIBUNG UND GRAMMATIK und klicken Sie auf die Schaltfläche BENUTZERWÖRTERBÜCHER (Word 2000: WÖRTERBÜCHER), um das Dialogfeld BENUTZERWÖRTERBÜCHER zu öffnen.

2. Eingebundene Wörterbücher erkennen Sie daran, dass das Kontrollfeld vor ihrem Namen aktiviert ist. Um ein in der Liste vorhandenes, aber nicht eingebundenes Wörterbuch zu aktivieren, müssen Sie nur das Kontrollfeld vor dem Namen aktivieren.

3. Fehlt das Wörterbuch komplett in der Liste, klicken Sie auf die Schaltfläche HINZUFÜGEN... Es öffnet sich der Dateibrowser mit dem Titel BENUTZERWÖRTERBUCH HINZUFÜGEN. Spüren Sie darüber die Wörterbuchdatei auf und klicken Sie auf die Schaltfläche OK. Das Wörterbuch wird nun gleichzeitig in die Liste aufgenommen und aktiviert.

4. Schließen Sie das Dialogfeld.

Benutzerwörterbuch ausschließen. Sie können Benutzerwörterbücher auch problemlos von der Korrektur ausschließen. Das ist insbesondere dann praktisch, wenn Sie sich noch einmal alle nicht erkannten Wörter vorschlagen lassen möchten:

▪ Um *alle* Benutzerwörterbücher auszuschließen, aktivieren Sie unter EXTRAS > OPTIONEN > RECHTSCHREIBUNG UND GRAMMATIK das Kontrollfeld VORSCHLÄGE NUR AUS HAUPTWÖRTERBUCH.

▧ Um *einzelne* Benutzerwörterbücher auszuschließen, befolgen Sie die vorhergegangene Handlungsanweisung. In Schritt *2* müssen Sie das Kontrollfeld vor dem entsprechenden Wörterbuch allerdings deaktivieren, um das einzelne Wörterbuch von der Korrektur auszuschließen. Möchten Sie es zugleich aus der Liste entfernen, klicken Sie auf die Schaltfläche ENTFERNEN.

Rechtschreibung anpassen. Es gibt neben den Benutzerwörterbüchern noch einige Einstellungen, mit denen Sie das Verhalten der Rechtschreibkontrolle anpassen können. Diese Einstellungen rufen Sie über EXTRAS > OPTIONEN > RECHTSCHREIBUNG UND GRAMMATIK auf und werden nachfolgend beschrieben.

(1) WÖRTER IN GROSSBUCHSTABEN IGNORIEREN: Hiermit werden sowohl die Wörter von der Korrektur ausgeschlossen, die als Großbuchstaben eingegeben werden, als auch »normal« eingegebene Wörter, denen die Zeicheneigenschaft GROSSBUCHSTABEN zugewiesen ist. Die Zeicheneigenschaft KAPITÄLCHEN wird dagegen normal überprüft.

(2) WÖRTER MIT ZAHLEN IGNORIEREN: Diese Eigenschaft ist selbsterklärend. Sie sollten sie nicht aktivieren, wenn Sie dazu neigen, bei der Eingabe die Zifferntasten versehentlich zu betätigen.

(3) INTERNET- UND DATEIADRESSEN IGNORIEREN: Auch diese Eigenschaft ist selbsterklärend und im Normalfall auch sehr praktisch.

(4) NEUE DEUTSCHE RECHTSCHREIBUNG: Diese Eigenschaft ist selbsterklärend, wird zuweilen aber gerne übersehen.

12.1.3 Überwachung und Überprüfung

Inzwischen haben Sie die Rechtschreibkontrolle auf Ihre Bedürfnisse zugeschnitten. Nun soll gezeigt werden, wie Sie sie für die laufende Korrektur einsetzen können.

Automatische Rechtschreibüberwachung aktivieren. Sie können die Rechtschreibkontrolle in Word so einstellen, dass sie Ihre laufende Tastatureingabe überwacht. Bemerkt sie einen Fehler, wird sie diesen diskret unterstreichen. Sie können aber ungestört weiterarbeiten und sich später darum kümmern. Die Überwachung wird so aktiviert:

1. Über EXTRAS > OPTIONEN > RECHTSCHREIBUNG UND GRAMMATIK öffnen Sie die Rechtschreiboptionen.

2. Um die Überwachung der Rechtschreibung zu starten, aktivieren Sie das Kontrollfeld RECHTSCHREIBUNG WÄHREND DER EINGABE ÜBERPRÜFEN.

3. Um die Fehler durch dezente Unterstreichungen angezeigt zu bekommen, sollten Sie zusätzlich das Kontrollfeld RECHTSCHREIBFEHLER AUSBLENDEN deaktivieren.

4. Klicken Sie auf die Schaltfläche OK, um die Überwachung zu aktivieren.

Das eingegebene Wort wird geprüft, sobald es als fertig eingegeben gilt. Das ist insbesondere nach einem Leerzeichen oder einem Satzzeichen der Fall. Wenn Ihr Dokument sehr viel Rechnerkapazität beansprucht, sollten Sie die Rechtschreibüberwachung eventuell deaktivieren. Dazu brauchen Sie nur in Schritt *2* das Kontrollfeld RECHTSCHREIBUNG WÄHREND DER EINGABE ÜBERPRÜFEN zu deaktivieren.

Manuelle Rechtschreibkontrolle starten. Während die Rechtschreibüberwachung sich damit begnügt, Sie durch dezentes Unterstreichen auf die Fehler hinzuweisen, zwingt die manuelle Rechtschreibkontrolle Sie, jeden Fehler einzeln zu beurteilen. Das relevante Dialogfeld sehen Sie in *Abbildung 12.3* und verwenden Sie wie folgt:

1. Wenn Sie nur einen Teil des Dokuments, einen hinzugefügten Satz beispielsweise, durchgehen möchten, markieren Sie diesen. Andernfalls sorgen Sie dafür, dass die Einfügemarke nichts markiert hat.

2. Über EXTRAS > RECHTSCHREIBUNG UND GRAMMATIK… starten Sie die Rechtschreibkontrolle.

3. Sobald der erste Fehler gefunden wird, öffnet sich das Dialogfeld RECHTSCHREIBUNG UND GRAMMATIK: (SPRACHE). Dieses Dialogfeld hat zwei wesentliche Bereiche. Im oberen Teil, NICHT IM WÖRTERBUCH, finden Sie rot hervorgehoben die fehlerhafte Stelle. Im unteren Bereich, VORSCHLÄGE, finden Sie in einigen Fällen Lösungsvorschläge von Word.

4. Die markierten Fehler können drei verschiedene Ursachen haben:

   – *Korrekt, aber verkehrte Sprache*: Haben Sie einen fremdsprachigen Ausdruck verwendet, ohne ihm seine korrekte Sprache zuzuweisen, handelt es sich nur um einen technischen Fehler – öffnen Sie in der Auswahl WÖRTERBUCHSPRACHE die Liste und arbeiten Sie sich zur richtigen Sprache durch. Sofern der Ausdruck zumindest in seiner eigenen Sprache korrekt geschrieben ist, ist der Fehler nun beseitigt.

   – *Korrekt, aber nicht für Word*: Oft genug kommt es vor, dass Sie ein Wort schreiben, das von Word nicht als korrekt erkannt wird – klicken Sie auf die Schaltfläche ZUM WÖRTERBUCH HINZUFÜGEN, wenn Sie den Grundwortschatz von Word erweitern möchten; damit das »fehlerhafte« Wort nur bis zum nächsten Starten von Word nicht hinterfragt wird, klicken Sie auf die Schaltfläche EINMAL IGNORIEREN, um nur diese Fundstelle, und ALLE IGNORIEREN, um alle weiteren Fundstellen zu übergehen.

   – *Tatsächlich falsch*: Hat die Rechtschreibkorrektur einen tatsächlichen Fehler aufgespürt, bietet Word Ihnen in vielen Fällen einen oder mehrere Verbesserungsvorschläge in der Auswahl VORSCHLÄGE an. Um einen daraus zu übernehmen, wählen Sie ihn aus und klicken Sie auf die Schaltfläche ÄNDERN bzw. ALLE ÄNDERN. Sagen Ihnen die Korrekturvorschläge nicht zu oder fehlen sie ganz, können Sie die Textstelle auch selbst im Dialogfeld verbessern. Platzieren Sie die Einfügemarke im Bereich NICHT IM WÖRTERBUCH und ergänzen oder löschen Sie Text. Um Ihre Eingabe in das Dokument zu übernehmen, klicken Sie auf die Schaltfläche ÄNDERN; um Ihre Eingabe zurückzusetzen, klicken Sie auf die Schaltfläche RÜCKGÄNGIG: BEARBEITEN (diese Schaltfläche erscheint anstelle der Schaltfläche EINMAL IGNORIEREN).

5. Wenn Sie die Rechtschreibkontrolle vorzeitig verlassen möchten, klicken Sie auf die Schaltfläche ABBRECHEN. Andernfalls wird sie weitermachen, bis keine Fehler mehr gefunden werden. Haben Sie versehentlich alle Fehler ignorieren lassen, müssen Sie Word einmal vollständig, also mit allen Fenstern, schließen und wieder neu starten.

Einige der Vorschläge, die Word für fehlerhafte Wörter anbietet, sind durchaus geeignet, Ihren Alltag zu erheitern. Damit Sie aber sinnvoll mit der Rechtschreibkontrolle arbeiten, sollten Sie bewusst mit der Zeicheneigenschaft SPRACHE arbeiten und Ihre Benutzerwörterbücher pflegen.

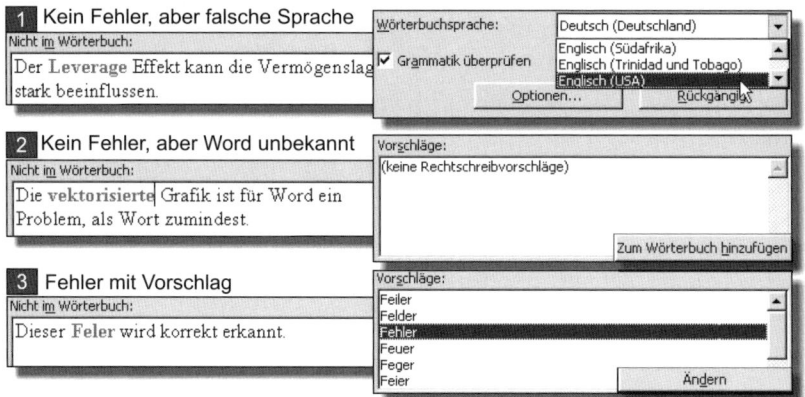

Abbildung 12.3: Unterschiedliche Fehler und ihre Lösungen

12.2 Vorkorrektur

Die Vorkorrektur ist keine vorläufige Korrektur im Sinne von »improvisiert« (auch wenn es bei Zeitmangel darauf hinausläuft). Bezogen auf das Schreiben markiert sie das vorläufige Ende. Der Inhalt sollte inzwischen fertig ausgearbeitet sein. Lediglich die Bilder sind noch im Hauptteil einzufügen. Damit die Vorkorrektur für beide Seiten zufriedenstellend abläuft, sollten Sie als der Autor Ihrer Arbeit klare Vorgaben mitgeben, beispielsweise die folgenden Punkte:

- *Aufbau:* Beim Aufbau beurteilen Sie vor allem die Gliederung hinsichtlich Länge, Tiefe, Gewichtung und innerem Zusammenhang, vgl. Kapitel Gliederungen.

- *Verständnis:* Wichtige Kriterien hierfür sind die Wortwahl, der Satzbau, der Aufbau Ihrer Argumentation und die Logik Ihrer Begründungen.

- *Inhalt:* Den Inhalt können Sie am besten von einem Kommilitonen beurteilen lassen, der das nötige Fachwissen mitbringt.

- *Stil:* Wissenschaftliche Arbeiten sollten insbesondere in sachlicher und klarer Sprache geschrieben sein. Achten Sie also auf Schachtelsätze, stilistische Fehlgriffe und Stilwechsel (passiert leicht beim Schreiben neben dem aufgeschlagenen Buch) sowie misslungene Vergleiche und unsachliche Metaphern.

- *Rechtschreibung und Grammatik:* Diese Vorgabe ist eindeutig, von den Wahlrechten der neuen Rechtschreibung einmal abgesehen.

▓ *Technische Struktur:* Hierbei wird die technische Struktur des Dokuments überprüft, beispielsweise das Verwenden der richtigen Formatvorlagen. Diese Vorgaben können Sie logischerweise nicht im Ausdruck feststellen.

Nachdem ich Ihnen einige Kriterien aufgezeigt habe, die Sie an Ihren Korrektor weiterreichen können, möchte ich Ihnen einige schlechte Vorgaben beschreiben, die in der Praxis leider nicht selten sind:

▓ »Lies mal durch, ob dir was auffällt ...« – Sie machen es Ihrem Korrektor nicht leicht: Was soll auffallen? Gemeint ist wohl eine einfache Vorkorrektur über alle Kriterien. Warum sagen Sie das nicht gleich? Oder besser noch: Geben Sie die Bereiche vor, die auf »Auffälligkeiten« hin überprüft werden sollen.

▓ »Schau mal durch, wie dir das gefällt ...« – solche Vorgaben werden, wenn der Korrektor wenig Zeit hat, meistens mit einem abweisenden »ich sehe von hier aus, dass es toll ist« abgebügelt. Auch hier meinen Sie wohl die Vorkorrektur?

12.2.1 Dokument vorbereiten

Sie können Ihr Dokument natürlich ausdrucken und so Ihrem Korrektor vorlegen. Dieses Vorgehen wird aber bereits bei der Endkorrektur beschrieben und außerdem ist dieses Buch eine Softwarebeschreibung – und an dieser Stelle lässt sich der für die Vorkorrektur nützliche Korrekturmodus von Word beschreiben.

Word bietet den Korrekturmodus in zwei Varianten. Als *offener* Korrekturmodus kann der Korrektor ihn beliebig aktivieren und deaktivieren, als *gesperrter* Korrekturmodus kann der Korrektor ihn nicht verlassen. Den gesperrten Korrekturmodus finden Sie unter EXTRAS > DOKUMENT SCHÜTZEN... Da er sich abgesehen vom Dokumentenschutz nicht vom offenen Korrekturmodus unterscheidet, werde ihn nicht näher beschreiben.

Der Korrekturmodus ist allerdings nicht notwendig, um die Änderungen, die Ihr Korrektor im Dokument angebracht hat, aufzuspüren. Der Abschnitt *Korrekturen auswerten* geht hierauf genauer ein.

Offenen Korrekturmodus aktivieren (Menü). Der Korrekturmodus ist nicht notwendig, um die Änderungen nachzuvollziehen. Er ist aber für den Korrektor nützlich, um eventuelle Korrekturen einheitlich anzubringen. Und für Sie als Verfasser ist es ohnehin interessant, welche Korrekturen vorgeschlagen werden.

(a) Word 2002: In der aktuellen Word-Version aktivieren Sie den Korrekturmodus über EXTRAS > ÄNDERUNGEN NACHVERFOLGEN. Weitere Einstellungen sind nicht erforderlich.

(b) Word 2000: In Word 2000 starten Sie den Korrekturmodus wie folgt:

1. Über EXTRAS > ÄNDERUNGEN VERFOLGEN > ÄNDERUNGEN HERVORHEBEN... öffnen Sie das gleich lautende Dialogfeld.

2. Um den Protokollmodus zu starten, müssen Sie lediglich das Kontrollfeld ÄNDERUNGEN WÄHREND DER BEARBEITUNG MARKIEREN aktivieren. Das ist zwar ausreichend, bietet Ihnen aber noch nicht die Kontrolle, die Sie erwarten.

3. Um die Korrekturen am Bildschirm überwachen zu können, müssen Sie zusätzlich die Option ÄNDERUNGEN AM BILDSCHIRM HERVORHEBEN aktivieren. Möchten Sie das Dokument mit den Korrekturmarkierungen ausdrucken, aktivieren Sie das Kontrollfeld ÄNDERUNGEN IM AUSDRUCK HERVORHEBEN. Bei beiden Einstellungen handelt es sich aber nur um Darstellungsoptionen, die Sie während der Korrektur und danach beliebig hinzuwählen und abschalten können.

4. Klicken Sie auf die Schaltfläche OK, um den Korrekturmodus zu aktivieren.

Sobald sich das Dokument im Korrekturmodus befindet, signalisiert Ihnen die Statusleiste »ÄND«. Auch wenn Sie als Word-2000-Nutzer in Schritt *3* auf die Darstellung der Korrekturmarkierungen verzichten, wissen Sie auf diese Weise, dass die Änderungen protokolliert werden.

Abbildung 12.4: Vorbereitetes Dokument mit aktiviertem Korrekturprotokoll

12.2.2 Korrekturen einbringen

Bevor Sie sich (als Korrektor) daran machen, Fehler aufzuspüren, sollten Sie sich kurz die Situation verdeutlichen, in der Sie sich befinden. Ein Verfasser, der über einen bestimmten Zeitraum ein Thema ausarbeitet, hat ein ziemlich umfassendes Wissen. Ihm genügen bereits ungenaue Formulierungen, um den eigentlichen Sinn dahinter zu erkennen. Da Sie als Korrektor dieses Verständnis nicht haben, sollten Sie ihn direkt darauf hinweisen – der Verfasser weiß oftmals ziemlich genau, was er mit einer Textstelle sagen möchte. Weniger nützlich sind Vorschläge des folgenden Typs:

- »Schau mal hier, das kommt mir irgendwie unklar vor…« – schön und was genau stört Sie? Zumindest sollten Sie sagen können, was Sie dem Satz entnehmen, oder Sie haben tatsächlich erkannt, was der Satz aussagen soll. Dann sollten Sie auch aufzeigen können, wie der Satz Ihrer Ansicht nach passen könnte.

- »Hier, den Satz finde ich zu lang…« – und wie soll er kürzer werden? Als Außenstehender fällt das Kürzen oftmals leichter, weil Sie nicht in einer bestimmten Formulierung drinstecken.

- »Versuch mal hier, ob nicht ein anderes Wort passender wäre…« – Vorschläge?

- »Das hier würde ich an deiner Stelle anders schreiben…« – auch dieser Vorschlag ist sicherlich wenig konstruktiv.

Eine sorgfältige Korrektur erfordert einiges an Zeit und Konzentration.

Korrekturen anbringen. Korrekturen sind ganz gewöhnliche Veränderungen des Dokumenteninhalts einschließlich seiner Formatierungen. Sowohl das Löschen als auch das Hinzufügen von Text oder das Umgliedern stellen also Korrekturen dar, wie in *Abbildung 12.5* zu sehen ist. Beachten Sie, dass Korrekturen der Korrekturen – also das Aufheben eigener Änderungen – stehen bleiben, wenn sie nicht über RÜCKGÄNGIG aufgehoben werden.

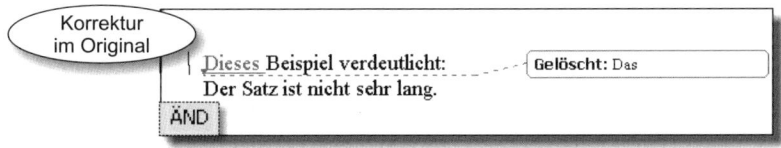

Abbildung 12.5: Dokument (Original) mit markierter Korrektur

Textstellen hervorheben. Sie können in Word Textstellen hervorheben, also »markern« oder »highlighten«. Viele Farben stehen Ihnen zur Verfügung; praktisch sollte man jedoch nicht alle gleichzeitig verwenden, um den Regenbogeneffekt zu vermeiden. Das Markieren wird in *Abbildung 12.6* dargestellt und gelingt wie folgt:

1. Das relevante Symbol befindet sich in der Symbolleiste FORMAT (Word 2000: Symbolleiste ÜBERARBEITEN).

2. Um den Mauszeiger zum Textmarker zu erweitern, klicken Sie in dieser Symbolleiste auf das Symbol HERVORHEBEN. Am rechten Rand des Symbols haben Sie den Auswahlpfeil. Klicken Sie darauf, um eine andere Farbe zu wählen.

3. Nun verwandelt sich der Mauszeiger in einen Textcursor mit zusätzlichem Stift.

4. Markieren Sie diejenigen Stellen, die Sie hervorheben möchten. Die farblichen Hervorhebungen bleiben, bis sie über die Markierfarbe KEIN(E) entfernt werden.

5. Um den Markiermodus zu beenden und den Mauszeiger wieder normal zu verwenden – die vorhandenen Markierungen werden hierdurch nicht entfernt –, klicken Sie entweder erneut auf das Symbol HERVORHEBEN oder drücken Sie ESC.

Beim Markieren handelt es sich übrigens um keine Zeichenformatierung, die Sie über eine Vorlage verwalten können.

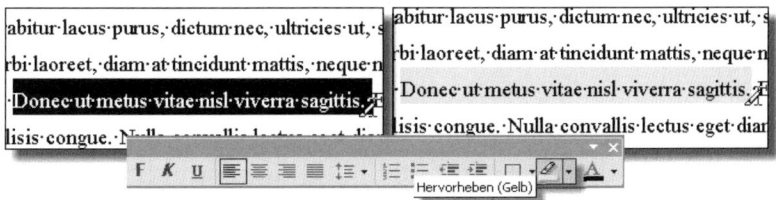

Abbildung 12.6: Textstellen markieren

Hervorgehobene Textstellen zurücksetzen. Die Hervorhebungen lassen sich ganz einfach entfernen. Wählen Sie dazu in der Auswahl zum Symbol HERVORHEBEN einfach die »Farbe« KEIN(E). Jetzt brauchen Sie nur noch alle Hervorhebungen zu markieren und die Markierungen werden entfernt.

12.2.3 Korrekturen auswerten

Sie haben jetzt also Ihre Datei wieder zurückbekommen. Was Sie als Erstes machen müssen, richtet sich nach Ihrer Arbeitssituation. Hat der Korrektor in Ihrer Originaldatei gearbeitet oder in einer Kopie dieser Datei? Wurden in der Datei, die der Korrektor verwendet hat, die Änderungen protokolliert oder nicht? Es ergeben sich vier Situationen, vgl. *Abbildung 12.7.*

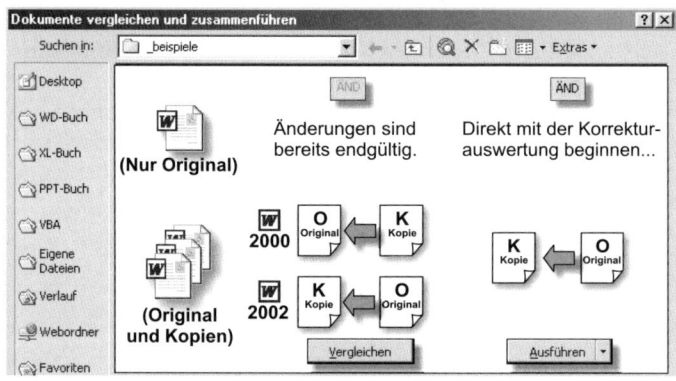

Abbildung 12.7: Korrekturen auswerten (Dateibrowser und Schema)

Sofern die Korrekturen direkt in der Originaldatei vorgenommen wurden, ist ein Abgleich verständlicherweise nicht erforderlich. Hat der Korrektor die Änderungen protokolliert, können Sie sie direkt auswerten, vgl. die Handlungsanweisung *Korrekturen verwerten.* Hat der Korrektor das Änderungsprotokoll nicht aktiviert, aber Sie haben noch eine Sicherheitskopie von der Datei in der Fassung, die dem Korrektor zugegangen ist, können Sie die Sicherheitskopie mit der Version des Korrektors abgleichen und bekommen auf diese Weise angezeigt, welche Änderungen sich ergeben haben.

Abgleichen zweier Dateien mit Protokoll. Als Erstes soll die Situation betrachtet werden, dass die Korrekturen in einer Kopie der Datei vorgenommen und protokolliert wurden. Deaktivieren Sie zunächst das Änderungsprotokoll, bevor Sie mit den folgenden Schritten fortfahren.

(a) Word 2002. In der aktuellen Word-Version gelingt der Abgleich in diesem Fall wie folgt:

1. Öffnen Sie als Erstes die *Korrekturkopie.* Das ist die Datei, die Sie an Ihren Korrektor geschickt haben.

2. Über EXTRAS > DOKUMENTE VERGLEICHEN UND ZUSAMMENFÜHREN… öffnen Sie den Dateibrowser; er trägt den gleich lautenden Titel.

3. Markieren Sie hierüber das Quelldokument. Das ist Ihr Original, das Sie behalten haben. Wahrscheinlich haben Sie in dieser Datei inzwischen einige Verzeichnisse eingefügt.

4. Als Nächstes sollten Sie überprüfen, dass das Kontrollfeld ÄNDERUNGEN MARKIERT nicht aktiviert ist. Klicken Sie dann neben der Schaltfläche AUSFÜHREN auf den Auswahlpfeil, um die Unterauswahl zu öffnen. Wählen Sie hier die Alternative IN NEUES DOKUMENT ZUSAMMENFÜHREN, um den Vorgang des Abgleichens zu starten.

Word 2002 gibt das Resultat in eine neue Datei aus. Arbeiten Sie mit dieser Datei weiter.

(b) Word 2000. Unter Word 2000 funktioniert das Abgleichen in diesem Fall so:

1. Öffnen Sie als Erstes das *Quelldokument*. Das ist Ihr Original, das Sie behalten haben. Wahrscheinlich haben Sie in dieser Datei inzwischen einige Verzeichnisse eingefügt.

2. Über EXTRAS > DOKUMENTE ZUSAMMENFÜHREN öffnen Sie den Dateibrowser; er trägt den Titel WÄHLEN SIE EINE DATEI ZUM VERBINDEN MIT DEM AKTUELLEN DOKUMENT. Dieses »Verbinden« ist jedoch kein normales »Einfügen«.

3. Öffnen Sie über diesen Dateibrowser die *Korrekturkopie*; klicken Sie dazu auf die Schaltfläche ÖFFNEN, sobald Sie die Datei mithilfe des Dateibrowsers gefunden haben.

4. Word beginnt nun mit dem Abgleichen. Bei großen Dokumenten kann dieser Vorgang etwas dauern. Zum Schluss befinden sich alle Änderungen der Korrekturkopie im **Quelldokument**.

Haben Sie diese Vorgehensweise verwendet, um die Korrekturen abzugleichen, arbeiten Sie in Word 2000 fortan mit dem Quelldokument weiter.

Abgleichen zweier Dateien ohne Protokoll. Sofern in der bzw. in den Korrekturdateien die Änderungen nicht protokolliert wurden und somit fehlen, ist diese Vorgehensweise zu wählen.

(a) Word 2002. In der aktuellen Word-Version gelingt das Abgleichen ohne Protokoll so:

1. Öffnen Sie als Erstes wiederum die *Korrekturkopie*.

2. Über EXTRAS > DOKUMENTE VERGLEICHEN UND ZUSAMMENFÜHREN… öffnen Sie den Dateibrowser (er trägt den gleichen Titel) und markieren Sie hierüber das Quelldokument.

3. Der Unterschied zu oben ist, dass das Kontrollfeld ÄNDERUNGEN MARKIERT diesmal aktiviert sein muss. Klicken Sie dann auf die Schaltfläche VERGLEICHEN, um das Abgleichen zu starten.

Word 2002 gibt das Resultat automatisch in eine neue Datei aus. Arbeiten Sie mit dieser Datei weiter.

(b) Word 2000. Unter Word 2000 funktioniert das Abgleichen in diesem Fall so:

1. Öffnen Sie als Erstes die *Korrekturkopie.* Das ist ein entscheidender Unterschied zur vorhergegangenen Handlungsanweisung.

2. Über EXTRAS > ÄNDERUNGEN VERFOLGEN > DOKUMENTE VERGLEICHEN öffnen Sie den Dateibrowser; er trägt den Titel WÄHLEN SIE EINE DATEI ZUM VERGLEICH MIT DEM AKTUELLEN DOKUMENT.

3. Öffnen Sie über diesen Dateibrowser das *Quelldokument,* also Ihre zurückbehaltene Datei; klicken Sie dazu auf die Schaltfläche ÖFFNEN, sobald Sie die Datei mithilfe des Dateibrowsers gefunden haben.

4. Wurden in einer der beiden Dateien Änderungen protokolliert – es ist ganz gleich, in welcher dies geschehen ist! – so erscheint eine Warnung. Sie ist mit JA zu bestätigen, um mit dem Abgleichen fortzufahren.

5. Word beginnt nun mit dem Abgleichen. Bei großen Dokumenten kann dieser Vorgang etwas dauern. Im Unterschied zur vorhergegangenen Handlungsanweisung befinden sich aber diesmal alle Änderungen des Quelldokuments in der **Korrekturkopie.**

Haben Sie diese Vorgehensweise verwendet, um die Korrekturen zu ermitteln, müssen Sie als Anwender von Word 2000 ab jetzt mit der Korrekturkopie weiterarbeiten.

Korrekturen anzeigen. Nachdem Sie auf die eine oder andere Weise die Änderungen markiert haben, sollten Sie diese Änderungen anzeigen. Word unterscheidet grundsätzlich zwei Stadien der Datei, die von Word 2000 und Word 2002 unterschiedlich gehandhabt werden. Die folgenden Hinweise sind deshalb versionsabhängig.

(a) Word 2002. In der aktuellen Word-Version bildet die Datei zum Zeitpunkt der »Teilung« die Nullposition. Im Unterschied zu Word 2000 werden mögliche Änderungen aber »gleichlaufend« betrachtet und nicht »gegenläufig«, wie auch in *Abbildung 12.8* zu sehen ist:

▪ Das ORIGINAL stellt den Inhalt des Quelldokuments zu dem Zeitpunkt dar, als Sie die Datei »geteilt« hatten. Sowohl nachträgliche Änderungen im Quelldokument als auch Änderungen in der Korrekturkopie, so genannte »Korrekturen«, werden nicht dargestellt.

▪ Die ENDGÜLTIGE Version berücksichtigt sämtliche Einfügungen und Löschungen, die sowohl im Quelldokument als auch in der Korrekturkopie angebracht wurden, nachdem die Datei »geteilt« wurde.

Eine EINFÜGUNG kann also eine Einfügung in das Quelldokument oder eine Einfügung in die Korrekturkopie darstellen, eine LÖSCHUNG wird entsprechend gehandhabt.

Abbildung 12.8: Korrekturansichten in Word 2002

(b) Word 2000. Für Word 2000 bildet die Datei zum Zeitpunkt der »Teilung« die Null-position. Mögliche Änderungen werden aber »gegenläufig« eingestuft, was die Interpretation der Korrekturergebnisse nicht unbedingt leicht macht, vgl. *Abbildung 12.9*. Dazu öffnen Sie über EXTRAS > ÄNDERUNGEN VERFOLGEN > ÄNDERUNGEN AKZEPTIEREN ODER ABLEHNEN… das gleich lautende Dialogfeld. Dort haben Sie folgende Ansichtsoptionen:

- Das ORIGINAL stellt den Inhalt des Quelldokuments zum Zeitpunkt des letzten Speicherns dar. Änderungen, die Sie nach dem »Teilen« der Datei im Quelldokument vorgenommen haben, zählen ebenfalls zum ORIGINAL – dies ist der Unterschied in der Originalansicht zu Word 2002.

- Wenn die ÄNDERUNGEN NICHT HERVORGEHOBEN werden, sehen Sie den Inhalt der Korrekturkopie zum Zeitpunkt des letzten Speicherns. Sie ist also in dem fertig korrigierten Zustand. Im Unterschied zu Word 2002 werden Änderungen, die zwischenzeitlich im Quelldokument erfolgt sind, nicht berücksichtigt.

Eine EINFÜGUNG ist deshalb eine Einfügung in die Korrekturkopie – oder eine *Löschung* im *Quelldokument*. Eine LÖSCHUNG ist umgekehrt eine Löschung in der Korrekturkopie – oder eine *Einfügung* im *Quelldokument* (stellen Sie sich das als eine Art Wippe vor: geht die eine Seite rauf, »Einfügung«, geht die andere Seite runter, »Löschung«).

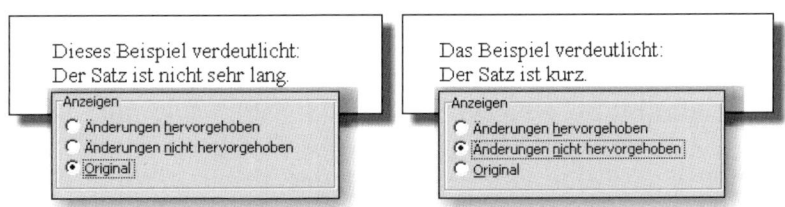

Abbildung 12.9: Korrekturansichten in Word 2000

Korrekturen verwerten. Nachdem Sie nun auf die eine oder andere Weise die Korrekturen ermittelt haben, soll es daran gehen, sie zu verwerten. Meine Beschreibung konzentriert sich darauf, diese Änderungen im Text richtig auszuwerten. Vor allem, wenn Sie mit Word 2002 arbeiten, sollten Sie zum Auswerten der Korrekturen in die Layoutansicht wechseln, weil nur hier die Sprechblasen gut dargestellt werden, wie auch in *Abbildung 12.10* zu sehen ist:

1. Platzieren Sie die Einfügemarke am Anfang des Dokuments und blenden Sie die Symbolleiste ÜBERARBEITEN ein. Die Ansicht sollte die ENDGÜLTIGE VERSION MIT MARKUPS (Word 2000: ÄNDERUNGEN HERVORGEHOBEN) darstellen.

2. Um zur nächsten Korrekturstelle zu gelangen, klicken Sie in der Symbolleiste auf die Schaltfläche WEITER (Word 2000: NÄCHSTE ÄNDERUNG).

3. Sobald Word eine Korrekturstelle findet, markiert es sie. Das kann bei Word 2002 sowohl eine Stelle im Text als auch der Inhalt in der Sprechblase sein. In der ORIGINAL-Darstellung enthalten die Sprechblasen die Einfügungen, in der ENDGÜLTIGEN Darstellung die Löschungen. Was eine EINFÜGUNG und was eine LÖSCHUNG ist, ergibt sich aus der Programmversion und wird weiter oben beschrieben:

    –   Um die markierte Korrektur zu übernehmen, klicken Sie auf das Symbol ÄNDERUNGEN ANNEHMEN.

    –   Möchten Sie die markierte Korrektur ablehnen, klicken Sie auf die Schaltfläche ÄNDERUNGEN ABLEHNEN.

4. Sie müssen sich nicht gleich für die eine oder andere Alternative entscheiden. Sie können auch zur nächsten (Symbol WEITER) oder vorherigen (Symbol ZURÜCK) Korrekturstelle navigieren, ohne die aktuelle Änderung anzunehmen oder abzulehnen.

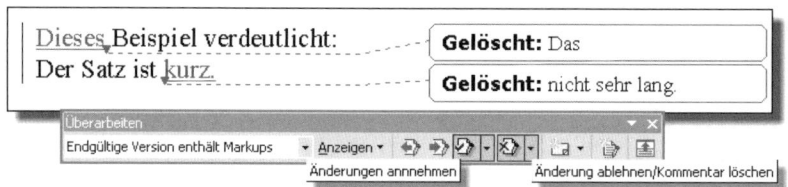

Abbildung 12.10: Korrekturen verwerten

12.3   Endkorrektur

Die Endkorrektur ist so etwas wie die Generalprobe – also mit Kostüm, Schminke und Beleuchtung. Die Kontrolle erfolgt in der abzugebenden Form. Da wissenschaftliche Arbeiten heutzutage weiterhin ausgedruckt abgegeben werden, muss die Endkorrektur zwangsläufig im gedruckten Exemplar erfolgen. So wird es Ihr Betreuer sehen, also sollten Sie diese Form zur Kontrolle wählen – ganz wie bei der Generalprobe. In der Endkorrektur ist noch einmal auf das Layout und Formalien zu achten.

12.3.1   Layout

Layoutfehler sind vor allem unschön, führen aber normalerweise nicht zum Versagen der Prüfungsleistung. Einige typische Layoutfehler sollen im Folgenden beschrieben werden.

Fußnoten-Bug überprüfen. Der sicherlich schlimmste Layoutfehler, zumal von Ihnen völlig unverschuldet, ist der Fußnoten-Bug. Eine genauere Beschreibung und Lösungshinweise finden Sie in den Abschnitten *Textkörper* und *Fußnoten* des Kapitels *Besondere Layoutelemente einrichten*. Schauen Sie sorgfältig auf jeder Seite nach, ob die Inhalte der ersten und letzten Fußnote im Textteil auch auf der jeweiligen Seite erscheinen.

Mehrfache Leerzeichen entfernen. Vielen Anwendern fällt es, insbesondere im Blocksatz, kaum auf, wenn mehrere Leerzeichen aufeinander folgen. Andere Leute hingegen stören sich daran. In Word gibt es eine sehr einfache SUCHEN-ERSETZEN-Strategie, um diese mehrfachen Leerzeichen zu entfernen:

1. Über BEARBEITEN > ERSETZEN… öffnen Sie das Dialogfeld SUCHEN UND ERSETZEN; klicken Sie auf die Schaltfläche ERWEITERN, um anschließend das Kontrollfeld PLATZHALTERZEICHEN VERWENDEN (Word 2000: MUSTERVERGLEICH) zu aktivieren.

2. Tragen Sie im Eingabefeld SUCHEN NACH die Zeichenfolge »[ ]{1;5}« ein; diese Zeichenfolge sucht nach bis zu fünf aufeinander folgenden Leerzeichen.

3. Tragen Sie dann im Eingabefeld ERSETZEN DURCH die Zeichenfolge » « ein, ein einfaches Leerzeichen also.

4. Ersetzen Sie nun, einzeln oder insgesamt, alle Fundstellen.

Zeilenumbruch und Silbentrennung. Hierzu gehen Sie Ihr Dokument durch und achten auf die Zeilenenden:

- Anzahl aufeinander folgender Zeilen: Es sieht nicht schön aus, wenn mehr als jeweils zwei silbengetrennte Zeilen aufeinander folgen; diese Einstellung wird im Kapitel *Besondere Layoutelemente einrichten* beschrieben.

- Korrekte Trennung: Beliebt ist neben einer verkehrten Silbentrennung auch ein Zeilenwechsel zwischen zusammengehörenden Textteilen: Abkürzungen werden nicht getrennt, Werte mit verbundenen Maßangaben, beispielsweise »3 %«, »5 °C« oder »17,0 cm«, ebenfalls nicht. Auch bei Gesetzesangaben sollte der Zeilenwechsel nicht zwischen zusammenhängenden Angaben wie »Satz 5« oder »Ziffer 3« erfolgen. Wenn Sie derartige Stellen finden, geben Sie anstelle des normalen über EINFÜGEN > SYMBOL… > SONDERZEICHEN: GESCHÜTZTES LEERZEICHEN ein geschütztes Leerzeichen ein – es verhindert einen Zeilenwechsel.

Fußnoten-Schlusspunkte kontrollieren. Ebenfalls ein beliebter Fehler ist es, am Ende von Fußnoteninhalten einen Satzpunkt oder ein anderes schließendes Satzzeichen zu vergessen. Schauen Sie dazu einfach ans Ende einer jeden Fußnote. Das gelingt am schnellsten über die Normalansicht mit eingeblendeten Fußnoten (vergrößern mit Zoomfaktor, beispielsweise 130 %).

Abbildungen. Erscheinen alle Abbildungen vollständig oder sind beim Ausdrucken Abbildungen durch ihren Platzhalter (das ist ein leerer Rahmen) ersetzt worden? Stimmt die Abbildungszählung? Dies kontrollieren Sie am schnellsten mit Hilfe des Abbildungsverzeichnisses.

Seitenumbrüche kontrollieren. Zum Schluss sollten Sie noch einmal die Seitenumbrüche kontrollieren. Gerade wenn Sie mit »harten« Seitenwechseln arbeiten (also manuellen Seitenumbrüchen), kann es leicht passieren, dass sich das Layout ein wenig verschiebt und der manuelle Seitenwechsel an den Seitenanfang gerät. Die Wirkung ist, dass der Text direkt darunter dennoch auf die nächste Seite umgebrochen wird. Verwenden Sie zur Kontrolle der Seitenumbrüche die SEITENANSICHT.

12.3.2 Formalien

Während Layoutfehler meistens »nur« mit Punktabzug geahndet werden können, kann ein Übersehen wichtiger Formalien im schlimmsten Falle zum Bewertungsausschluss Ihrer Arbeit führen können. Als Erstes sollten Sie die Lehrstuhlvorschriften noch einmal aufmerksam studieren. Mir sind Fälle bekannt, wonach Studenten nach dem Binden Fehler auf dem Titelblatt oder im Inhaltsverzeichnis entdeckten – ein erneutes Ausdrucken und Binden wurde notwendig, was sowohl Zeit als auch Kosten beanspruchte.

Titelblatt. Nehmen Sie sich noch einmal die Zeit und Ruhe, aufmerksam zu überprüfen, ob Ihr Titelblatt alle notwendigen Angaben enthält. Insbesondere die Aufgabenstellung des Titelblatts muss mit der angemeldeten Aufgabenstellung zeichengenau übereinstimmen!

Verzeichnisse. Schauen Sie weiterhin nach, ob Sie alle Verzeichnisse haben und diese in der richtigen Reihenfolge und auf dem aktuellen Stand sind. Hilfreich ist es hierzu, den ersten, einen mittleren und den letzten Verzeichniseintrag zu kontrollieren.

Seitenfolge. Blättern Sie dann Ihren Hauptteil durch und überprüfen Sie, ob alle Seiten in der richtigen Reihenfolge vorhanden sind. Wiederholen sich bestimmte Seitenzahlen, weil Sie beispielsweise zwischendrin eine Seite drehen mussten und somit Abschnittswechsel im Hauptteil eingefügt haben? Oder fehlen bestimmte Seitenzahlen (aus dem gleichen Grund), obwohl der Text ordentlich weiterfließt?

KAPITEL 13

Word-Dokumente drucken

Das letzte wichtige Thema dieses Buches behandelt, wie Sie Ihre Arbeit zu Papier und in eine papierähnliche Form bringen. Somit geht es nicht nur darum, eine Gliederung oder das endgültige Dokument auszudrucken. Da Sie inzwischen an vielen Lehrstühlen zusätzlich zur gedruckten Fassung eine elektronische Form Ihrer Arbeit abgeben müssen, zeige ich Ihnen auch, wie Sie kostenlos ein PDF-Dokument aus Ihrem Word-Dokument erzeugen.

Ausdruck starten. Vorweg sollen Sie ganz allgemein erfahren, wie Sie den Druckvorgang starten und welche Einstellungen unabhängig vom konkreten Verwendungszweck festgelegt werden können. Betrachten Sie dazu auch *Abbildung 13.1*:

1. Über DATEI > DRUCKEN... öffnen Sie das gleich lautende Dialogfeld.

2. Im oberen Teil, also in der Gruppe DRUCKER, können Sie Ihren Drucker auswählen und dessen Eigenschaften verändern. Dazu klicken Sie mit dem Mauszeiger auf den Auswahlpfeil der Auswahl NAME. In der sich öffnenden Liste werden alle installierten Drucker aufgeführt – wählen Sie einen aus.

3. Klicken Sie neben der Auswahl NAME auf die Schaltfläche EIGENSCHAFTEN, um ein Dialogfeld zu öffnen, das die Einstellungen des Druckertreibers aufführt. Es ist speziell auf Ihren Drucker zugeschnitten. Eine wichtige Einstellung ist die Druckqualität. Bei Farbdruckern kommt die Möglichkeit hinzu, farbig oder nur in Graustufen zu drucken. Normalerweise können Sie das Dialogfeld über die Schaltfläche OK schließen.

4. Nachdem Sie den gewünschten Drucker ausgewählt und seine Einstellungen überprüft haben, können Sie im Dialogfeld von Word weitere Einstellungen festlegen.

5. Sofern Sie keinen neuen Drucker ausgewählt haben, können Sie auf die Schaltfläche OK klicken, um den Ausdruck zu beginnen; über die Schaltfläche ABBRECHEN verlassen Sie das Dialogfeld ohne weitere Wirkung. Haben Sie allerdings einen neuen Drucker gewählt, können Sie auch auf die Schaltfläche SCHLIESSEN klicken. In diesem Fall wird der Ausdruck nicht gestartet. Die Druckereigenschaften, beispielsweise die maximal bedruckbare Fläche des Papiers, werden aber übernommen, um das Layout Ihres Dokuments entsprechend den Möglichkeiten des Druckers zu berechnen.

Nach dem Start des Ausdrucks können Sie der Statusleiste entnehmen, was Word gerade macht. Ein kleines Druckersymbol zählt die Seiten durch, die an den Drucker weitergereicht werden. Haben Sie unter EXTRAS > OPTIONEN... > DRUCKEN das Kontrollfeld DRUCKEN IM HINTERGRUND aktiviert, können Sie jetzt bereits in Word weiterarbeiten ... Dafür dauert das Drucken aber auch etwas länger.

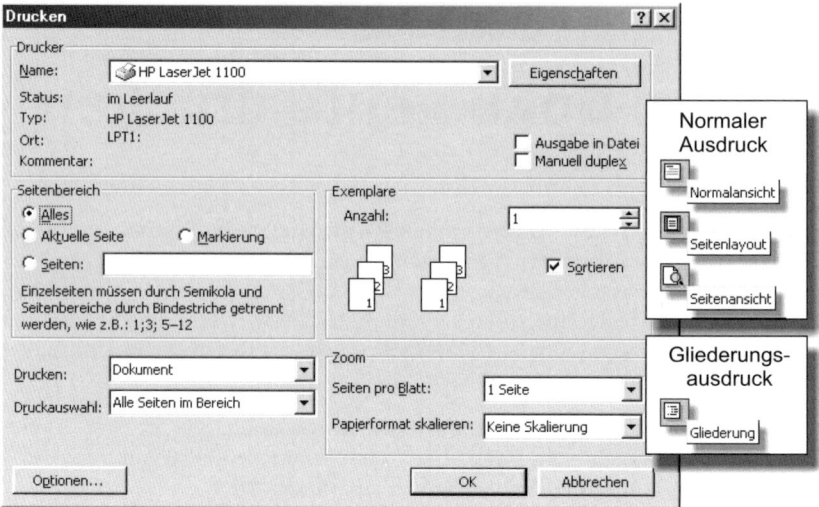

Abbildung 13.1: Dialogfeld »Drucken« mit Ansichtsvoraussetzungen

13.1 Gliederungsausdruck

Sie können Word-Dokumente nicht nur »normal« ausgeben, sondern auch als Gliederung. Microsoft hat diese Möglichkeit gut versteckt. Es gibt hierfür keine spezielle Programm-einstellung. Stattdessen müssen Sie nur das Dokument in der Gliederungsansicht darstel-len, bevor Sie das Dialogfeld DRUCKEN öffnen.

Gliederung ausdrucken. Da es nur auf die richtige Dokumentenansicht ankommt, ist das Vorgehen eigentlich sehr einfach:

1. Über ANSICHT > GLIEDERUNG wechseln Sie in die Gliederungsansicht. Ihre Möglich-keiten sind im Kapitel *Gliederungen* beschrieben. Bei der Umsetzung gilt: Was Sie darstellen, wird auch ausgedruckt. Blenden Sie nur eine Ebene ein, kommt auch nur diese Ebene auf das Papier.

2. Über DATEI > DRUCKEN... öffnen Sie das gleich lautende Dialogfeld.

3. Wenn Sie in der Gruppe SEITENBEREICH einen Teil des Dokuments angeben, beachten Sie, dass sich diese Seitenangaben auf den Umfang der dargestellten Gliederung bezie-hen, nicht jedoch auf das normal dargestellte Dokument. Im Normalfall ist die Aus-wahl ALLES daher zutreffend.

4. Klicken Sie auf die Schaltfläche OK, um die Gliederung auszudrucken.

Das Druckergebnis ist eine Gliederung in der Weise, wie sie auf dem Monitor angezeigt wird.

13.2 Zwischenausdruck

Der Ausdruck zwischendurch hebt sich durch zwei Merkmale von den übrigen Fällen hervor. Zum einen geschieht er relativ oft, zum anderen werden häufig nur bestimmte Seiten des Dokuments oder bestimmte Inhalte benötigt, beispielsweise nur die Fußnoten.

Zusatzinformationen hinzufügen. Ich habe es immer wieder bei meinen Arbeiten erlebt, dass ich an bestimmten Tagen einige Seiten zweimal oder häufiger ausgedruckt habe. Das Dilemma ist, dass sich die Seiten teilweise zum Verwechseln ähnlich sehen und Sie in Word keine Einstellung haben, um dem Ausdruck automatisch ein Datum und eine Uhrzeit hinzuzufügen. Abhilfe schaffen nur die Kopf- und Fußzeile:

1. Über ANSICHT > KOPF- UND FUSSZEILE blenden Sie die Kopf- und Fußzeilen ein.

2. Im Kapitel *Allgemeine Layoutvorgaben umsetzen* wird im Abschnitt *Seitenlayout* ausführlich auf die entsprechenden Möglichkeiten eingegangen. Ich empfehle Ihnen, über EINFÜGEN > FELD... aus der Kategorie DATUM UND UHRZEIT die Funktion PRINTDATE einzufügen – diese Funktion gibt den Zeitpunkt des Druckens aus.

3. Schließen Sie dann die Ansicht der Kopf- und Fußzeilen.

Diese eingefügten Zusatzinformationen machen den Ausdruck natürlich nicht schöner. Diese Angaben können aber sehr hilfreich sein, wenn Sie mit einem Blick erfassen möchten, welches die wahrscheinlich korrigierte Version ist.

Zwischenausdruck starten. Einige Seiten für den Gebrauch zwischendurch auszudrucken, unterscheidet sich grundsätzlich nicht vom allgemeinen Vorgehen (vgl. *Ausdruck starten* auf S. 237). Oftmals soll aber nur ein Teil des Dokuments ausgedruckt werden, was im Folgenden beschrieben wird.

(1) Inhalte eingrenzen. Als Erstes sollten Sie festlegen, welche *Inhalte* des Dokuments ausgegeben werden sollen. Dazu haben Sie, wie in *Abbildung 13.2* dargestellt, in der Auswahl DRUCKEN neben der Gruppe ZOOM (Word 2000: gemeint ist die obere Auswahl DRUCKEN) folgende Möglichkeiten:

- DOKUMENT: Darüber drucken Sie den normalen Dokumentinhalt aus, also den bereits geschriebenen Text.

- DOKUMENT MIT MARKUPS (nicht Word 2000, vgl. Hinweis): Das Dokument wird zusammen mit Korrekturmarkierungen und Kommentaren ausgedruckt. Word-2000-Nutzer müssen, um die gleiche Wirkung zu erzielen, auf die Schaltfläche OPTIONEN... klicken und in der Gruppe MIT DEM DOKUMENT AUSDRUCKEN das Kontrollfeld KOMMENTARE aktivieren. Um zusätzlich auch die Korrekturmarkierungen auszudrucken, muss zudem unter EXTRAS > ÄNDERUNGEN VERFOLGEN > ÄNDERUNGEN HERVORHEBEN... das Kontrollfeld ÄNDERUNGEN IM AUSDRUCK HERVORHEBEN aktiviert werden (Anwender von Word 2002 haben diese Unterscheidung nicht).

- MARKUPLISTE (Word 2000: KOMMENTARE): Bei dieser Variante werden die Markups bzw. Kommentare ohne den Inhalt ausgegeben.

(2) Umfang eingrenzen. Nachdem Sie die Inhalte eingegrenzt haben, ist der *Umfang* festzulegen. Diesen geben Sie über die Möglichkeiten der Gruppe SEITENBEREICH an. Die entsprechenden Optionen werden in *Abbildung 13.2* betrachtet:

- ALLES: Hiermit werden alle Seiten des ausgewählten Inhalts ausgedruckt.

- AKTUELLE SEITE: Damit ist die Seite gemeint, auf der sich die Einfügemarke befindet. Ausgedruckt wird somit nur eine Seite.

- MARKIERUNG: Diese Alternative ist nur wählbar, wenn Sie im Dokument etwas markiert haben, bevor Sie das Dialogfeld geöffnet haben. Drucken Sie einen markierten Bereich, werden allerdings eventuelle Kopf- und Fußzeilen nicht mitgedruckt. Zudem beginnt der Ausdruck oben auf der Seite, auch wenn Sie, bezogen auf die Layoutansicht, einen Teil mitten auf der Seite markiert haben.

- SEITEN: Word weist in der Erklärung unterhalb dieses Eingabefelds bereits auf einige Möglichkeiten hin. Um die Seiten »3«, »5«, »6«, »7« und »15« zu drucken, würden Sie in das Eingabefeld »3;5-7;15« eingeben – Einzelseiten werden durch Semikolon getrennt, Seitenbereiche durch Bindestrich. Für Probleme sorgen aber die Dokumentenabschnitte, hervorgerufen durch die Abschnittswechsel. Weil es hierdurch sein kann, dass die Seite »5« beispielsweise in zwei Abschnitten vorkommt, kann das Eingabefeld mehr:

  - »p1s1-p5s1«: Diese Eingabe in SEITEN würde innerhalb des ersten Dokumentenabschnitts (s = *section*) die Seiten (p = *page*) »1« bis »5« ausdrucken; »p1s1;p5s1« würde entsprechend nur die Seiten »1« und »5« ausdrucken, ohne Zwischenseiten.

  - »p3s1-p1s2«: Diese Eingabe in SEITEN würde einen geschlossenen Seitenbereich drucken, der mit der Seite »3« im ersten Dokumentenabschnitt beginnt und mit der Seite »1« im zweiten Dokumentenabschnitt aufhört; »p3s1;p1s2« würde wiederum nur zwei einzelne Seiten ausdrucken.

  - »s2«: Diese Eingabe in SEITEN würde alle Seiten des zweiten Dokumentenabschnitts ausdrucken; es ist sozusagen das »kleine ALLES«.

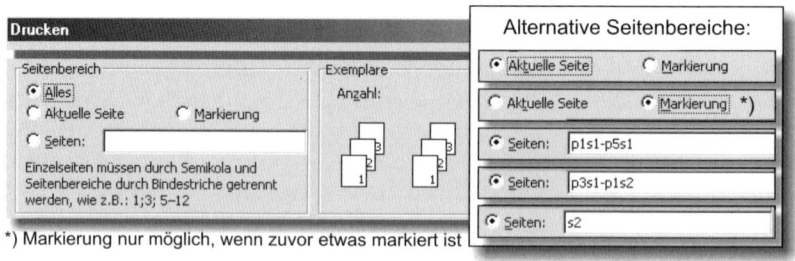

Abbildung 13.2: Inhalt eingrenzen im Dialogfeld »Drucken«

Fußnoten separat drucken. Vor allem, wenn Ihre Fußnoten die Literaturverweise enthalten, werden Sie häufiger nur die Fußnoten ausdrucken wollen. Word hat hierfür leider keine besondere Einstellung. Es gibt aber einen einfachen Hilfsgriff:

1. Über ANSICHT > NORMALANSICHT wechseln Sie in die Normalansicht; blenden Sie über ANSICHT > FUSSNOTEN die Fußnoten ein.

2. Markieren Sie im Fußnotenfenster alle Fußnoten. Öffnen Sie dann über DATEI > DRUCKEN... das Dialogfeld.

3. Aktivieren Sie in der Gruppe SEITENBEREICH das Optionsfeld MARKIERUNG; legen Sie weitere Einstellungen fest.

4. Klicken Sie dann auf die Schaltfläche OK, um den Ausdruck zu starten.

Der einzige Schönheitsfehler dieser Aktion besteht darin, dass alle Fußnoten die gleiche Nummer tragen, nämlich »1«. Wenn Sie die zugehörige Fußnote im Word-Dokument aufspüren möchten, verwenden Sie deshalb das Programmmerkmal SUCHEN und geben dort eine charakteristische Zeichenfolge aus dem Fußnotentext ein. So können Sie immerhin Ihre Fußnotentexte in die Bibliothek mitnehmen, um beispielsweise die angegebene Literatur zu überprüfen.

13.3 Endausdruck

Der Endausdruck unterscheidet sich vom Zwischenausdruck vor allem durch zwei Besonderheiten. Da das endgültig ausgedruckte Exemplar zugleich abgegeben wird, sollten sich auf der Seite keine Arbeitshinweise befinden wie das Druckdatum oder der Dateiname. Umgekehrt sollten vor dem Endausdruck einige Einstellungen überprüft werden, damit es keine bösen Überraschungen gibt.

Feldfunktionen. Sofern Sie bis hierhin Ihre Arbeit sorgfältig überprüft und alles aktualisiert haben, ist es an dieser Stelle sinnvoll, alle Feldfunktionen im Dokument zu sperren. Dadurch sparen Sie nicht nur Zeit. Sie verhindern zugleich, dass mögliche manuelle Nachbesserungen in den Verzeichnissen und anderen Feldfunktionen wieder herausgenommen werden, weil das Ergebnis aktualisiert wird. Alternativ sollten Sie die Einstellungen EXTRAS > OPTIONEN > DRUCKEN: FELDER AKTUALISIEREN und EXTRAS > OPTIONEN > VERKNÜPFUNGEN AKTUALISIEREN kontrollieren (sie werden im Kapitel *Word-Funktionen* erklärt).

Unabhängig hiervon sollten Sie kontrollieren, dass unter EXTRAS > OPTIONEN > DRUCKEN in der Gruppe MIT DEM DOKUMENT AUSDRUCKEN das Kontrollfeld FELDFUNKTIONEN nicht aktiviert ist. Nur dann wird das Funktionsergebnis ausgegeben, also das konkrete Verzeichnis oder das tatsächliche Bild (andernfalls sehen Sie nur geschweifte Klammern und die Anweisungen).

Druckqualität. Unter EXTRAS > OPTIONEN > DRUCKEN finden Sie in der Gruppe DRUCKOPTIONEN das Kontrollfeld KONZEPTAUSDRUCK. Für den Endausdruck sollte es deaktiviert sein.

Ausdruck vorkontrollieren. Bevor Sie den Ausdruck starten, ist noch einmal eine Kontrolle notwendig – die letzte Kontrolle, bevor es ernst wird:

1. Über DATEI > DRUCKEN… öffnen Sie das gleich lautende Dialogfeld. Wählen Sie hier in der Gruppe DRUCKER in der Auswahl NAME den verwendeten Drucker aus und klicken Sie auf die Schaltfläche SCHLIESSEN – wenn der richtige Drucker bereits voreingestellt ist, klicken Sie auf ABBRECHEN.

2. Über DATEI > SEITENANSICHT öffnen Sie die Seitenansicht. Das kann möglicherweise etwas dauern, weil Word ausgehend vom Drucker, den Sie im vorhergehenden Schritt ausgewählt haben, den Seitenumbruch ermittelt.

3. Navigieren Sie noch einmal durch alle Seiten. Achten Sie dabei vor allem auf Abbildungen, an deren Stelle ein leerer Rahmen erscheint (diese Abbildungen müssen Sie in der Normalansicht markieren und, sofern gemacht, die Feldfunktion freigeben und die Verknüpfung aktualisieren).

4. Über die Schaltfläche SCHLIESSEN können Sie zur vorhergegangenen Ansicht zurückkehren – oder Sie beginnen direkt mit dem Ausdruck.

Endausdruck starten. Nach dieser letzten Kontrolle beginnen Sie mit dem Ausdrucken:

1. Über DATEI > DRUCKEN… öffnen Sie das gleich lautende Dialogfeld. Hier sollte der richtige Drucker bereits voreingestellt sein, wenn Sie Schritt *1* der Handlungsanweisung *Ausdruck vorkontrollieren* umgesetzt haben.

2. In der Gruppe SEITENBEREICH sollte die Alternative ALLES ausgewählt sein.

3. Unterhalb dieser Gruppe haben Sie die Auswahl DRUCKEN (Word 2000: gemeint ist die obere der beiden Auswahlen). Wählen Sie hier die Alternative DOKUMENT.

4. Ebenfalls darunter befindet sich die Auswahl DRUCKAUSWAHL (Word 2000: gemeint ist diesmal die untere der beiden Auswahlen). Wählen Sie hier die Alternative ALLE SEITEN IM BEREICH.

5. Kontrollieren Sie, dass in der Gruppe ZOOM in der Auswahl SEITEN PRO BLATT die Einstellung »1« lautet und die Auswahl PAPIERFORMAT SKALIEREN die Alternative KEINE SKALIERUNG zeigt.

6. Klicken Sie nun auf die Schaltfläche OK – der Ausdruck beginnt …

Nach dem Ausdruck sollten Sie noch einmal die Seiten auf Reihenfolge und Vollständigkeit hin prüfen, bevor Sie die Arbeit abheften oder binden lassen.

13.4   PDF-Export

Es ist in vielen Lehrstühlen inzwischen Bestandteil der Prüfungsleistung, die wissenschaftliche Arbeit in elektronischer Form abzugeben – als Ergänzung zum Ausdruck, versteht sich. Die einfachste Möglichkeit ist natürlich die Word-Datei. Das Problem beginnt aber bereits dann, wenn Sie Grafiken eingebunden haben. Öffnen Sie die Datei auf einem anderen Rechner, stimmen meistens die Angaben der Verzeichnisse nicht mehr mit der tatsächlichen Verzeichnisstruktur überein. Zudem wird sich normalerweise auch das Layout verschieben.

Das PDF-Format, das von Adobe lizenziert wird, hat sich inzwischen zu einem Standard für die Weitergabe von Dokumenten entwickelt. Die Gründe hierfür sind vielfältig. Die Deutsche Bibliothek in Frankfurt erwägt inzwischen, das Format zum Standard für elektronische Dokumente zu erheben. Ich halte es daher für wichtig, Ihnen zu zeigen, wie Sie Ihr Word-Dokument in das PDF-Format überführen.

Es gibt inzwischen viele Programme, um PDF-Dateien zu erzeugen. Die meisten Möglichkeiten bietet Ihnen die Vollversion von Acrobat (Adobe) selbst; der »Reader« genügt leider nicht. Dieses Programm kostet aber einiges. Falls Sie nur ein oder zwei Dokumente konvertieren möchten, lohnt sich die Anschaffung nicht. Es gibt aber auch kostenlose Programme, die genauso gute PDF-Dateien hervorbringen. Das Vorgehen umfasst zwei Arbeitsschritte, die in *Abbildung 13.3* zusammengefasst sind.

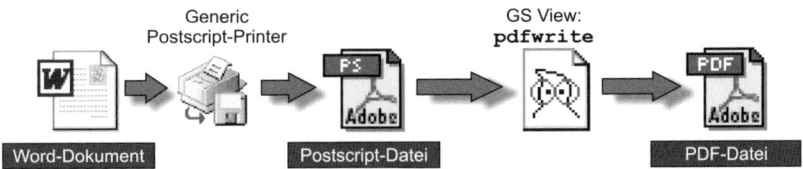

Abbildung 13.3: Arbeitsfluss vom Word-Dokument zum PDF-Dokument

PostScript-Datei anfertigen. Als Erstes müssen Sie aus Ihrem Word-Dokument eine PostScript-Datei anfertigen. PostScript ist eine hochwertige Druckersprache, die einen universellen Austausch ermöglicht. Es gibt von Adobe selbst einen universellen Druckertreiber, der PostScript-Dateien schreibt. Laden Sie sich dazu unter http://www.adobe.com/support/downloads/product.jsp?product=44&platform=Windows den Universal PostScript Windows Driver in der passenden Version (aktuell v1.0.6) herunter und installieren Sie ihn. Es wird ein Drucker mit dem Namen »Adobe Universal PostScript Printer« angelegt. Fahren Sie dann wie folgt fort:

1. In Word beginnen Sie ganz normal mit dem Ausdruck. Öffnen Sie also über DATEI > DRUCKEN… das gleich lautende Dialogfeld. Wichtig sind hier zwei Einstellungen, die auch in *Abbildung 13.4* zu sehen sind.

2. Wählen Sie erstens als Drucker den soeben installierten PostScript-Drucker aus.

3. Aktivieren Sie zudem das Kontrollfeld AUSGABE IN DATEI direkt unterhalb der Auswahl des Druckers.

4. Weitere Einstellungen können Sie nach Belieben vornehmen.

5. Klicken Sie dann auf die Schaltfläche OK, um den Ausdruck zu starten.

Sie werden in der Folge gefragt, wohin Sie die Datei speichern möchten. Bei dieser Datei, sie hat die Endung *.PRN, handelt es sich um die PostScript-Datei zu Ihrem Word-Dokument.

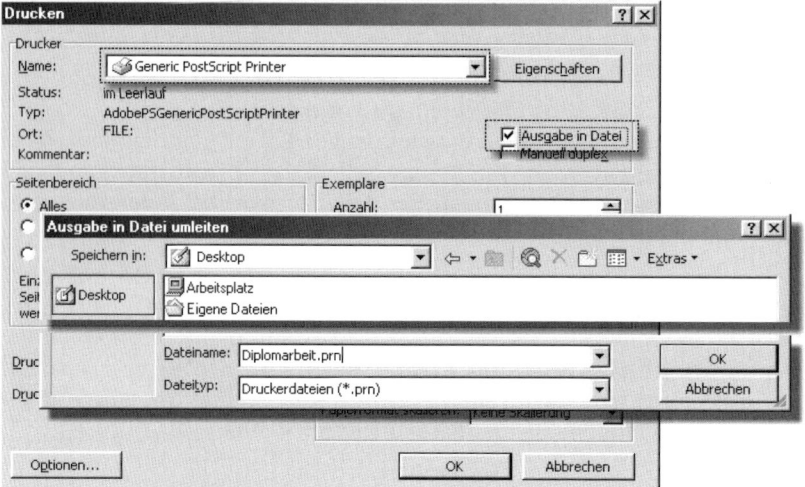

Abbildung 13.4: PostScript-Datei durch geeignete Druckerwahl erzeugen

PostScript-Datei konvertieren. Die inzwischen erzeugte PostScript-Datei bildet den ersten Teil. Für den zweiten benötigen Sie zwei ebenfalls kostenlos im Internet verfügbare Programme. Es handelt sich einerseits um AFPL Ghostscript (aktuell v7.04), andererseits um GSView (aktuell v4.3). Beide Programme finden Sie im Internet unter http://www.cs. wisc.edu/~ghost/. Es sind beide Programme erforderlich, weil Ghostscript nur für die Konvertierung zuständig ist, GSView aber die grafische Bedieneroberfläche für Ghostscript darstellt (Ghostscript alleine ist über den Befehlszeilenmodus nur mühsam zu bedienen). Wenn Sie diese Programme installiert haben, machen Sie Folgendes (vgl. auch *Abbildung 13.5*):

1. Starten Sie das Programm Gsview.

2. Über DATEI > ÖFFNEN öffnen Sie das gleich lautende Dialogfeld. Suchen Sie hierüber Ihre zuvor angelegte PostScript-Datei auf (sie hat die Endung *.PRN) und klicken Sie auf die Schaltfläche ÖFFNEN, um sie in Gsview aufzurufen.

3. Über DATEI > KONVERTIERUNG... öffnen Sie das Dialogfeld UMWANDLUNG.

4. Über die Auswahl GERÄT legen Sie das Ausgabeformat fest; wählen Sie hier die Alternative PDFWRITE, um eine PDF-Datei zu erzeugen.

5. In das Eingabefeld bei der Auswahl AUFLÖSUNG wählen Sie als Wert »300« für eine einfache Qualität (E-Mail, Diskette). Für eine höherwertige Qualität wählen Sie »600« oder tragen manuell einen höheren Wert ein.

6. Unterhalb der beiden Auswahlen sollte die Alternative FESTE SEITENGRÖSSE gewählt sein, das Kontrollfeld ABSTEIGEND sollte frei bleiben.

7. Um alle Seiten in die PDF-Datei zu konvertieren, sollten alle Seitenzahlen in der Liste SEITEN markiert sein (halten Sie ⌐Strg⌐ gedrückt, während Sie die Seiten mit der Maus anklicken).

8. Klicken Sie auf die Schaltfläche OK, um die PDF-Datei anzulegen; es öffnet sich das Dialogfeld NAME DER AUSGABEDATEI. Legen Sie hier einen sinnvollen Namen fest – die Dateiendung *.PDF müssen Sie manuell ergänzen! – und klicken Sie auf die Schaltfläche SPEICHERN, um die PDF-Datei zu erzeugen.

Sie werden es vom Durchlesen alleine nicht glauben – sofern die neue Datei die Dateiendung *.PDF trägt, genügt ein Doppelklick, um die Datei im Acrobat zu öffnen. Das Ergebnis ist Ihr Word-Dokument, diesmal aber ohne lästiges Aktualisieren der Inhaltsverzeichnisse oder das Neuberechnen des Seitenumbruchs.

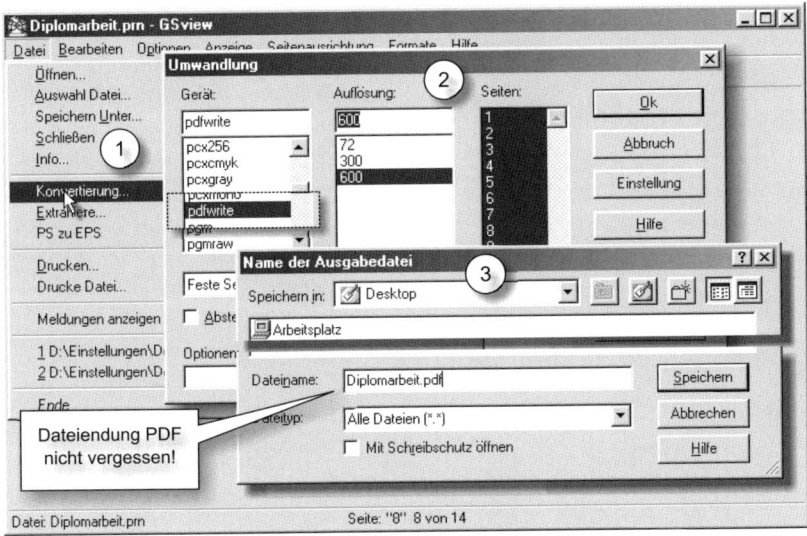

Abbildung 13.5: PostScript-Datei in PDF-Dokument konvertieren

Arbeitszusammenfassung

In dieser Zusammenfassung finden Sie einige Aspekte zusammengetragen, die Sie unbedingt beachten sollten.

Computer

Vergessen Sie nicht, rechtzeitig Ihren Computer für die anfallenden Arbeiten vorzubereiten:

- Sinnvolle *Ordnerstruktur* anlegen.

- Aussagekräftige *Dateinamen* mit ausbaufähigem System überlegen, verwenden und beibehalten.

- *Datensicherung:* vor allem das Speichern nicht vergessen. Falsche Aktionen rechtzeitig abbrechen mittels Esc; nicht alle Aktionen lassen sich rückgängig machen!

Programmfunktionen

Word bietet bestimmte Funktionalitäten an, die Sie kennen sollten, um sie für Ihre Zwecke nutzbar zu machen. Dazu gehören:

- *Feldfunktionen:* Feldfunktionen sind für Word-Dokumente so etwas wie das »Tor zur Außenwelt«. Die meisten besonderen Inhalte wie Verzeichnisse oder Abbildungen greifen auf Feldfunktionen zurück. Feldfunktionen können Sie bearbeiten, aktualisieren, gegen die Aktualisierung sperren und auflösen.

- *Textmarken:* Diese helfen Ihnen über die Formatvorlagen hinaus, den Dokumenteninhalt zu strukturieren. Sie sind besonders wichtig für Querverweise und um teilgezählte Abbildungen oder Tabellen zu beschriften.

- *Autotexte:* Hierhinter verbergen sich Textbausteine. Sie können Autotexte je nach Programmeinstellung durch ↵ während des Schreibens vervollständigen oder nachträglich durch F3. Im Unterschied zur Autokorrektur lassen sie sich »mitnehmen«, da sie in der Dokumentenvorlage abgelegt werden können. Dafür funktionieren sie nicht so automatisch wie die Autokorrektur.

- *Autokorrektur:* Die Autokorrektur passt sich vollständig in den Schreibfluss ein, ist aber im Wesentlichen eine Programmeinstellung. Sie können Einträge so bezeichnen, dass sie in jedem Fall ausgelöst werden *(unmittelbarer Eintrag)*. Hiermit können Sie beispielsweise Beschriftungen automatisieren.

Dokument einrichten

Um ein Dokument richtig einzurichten, sollten Sie zwischen den verschiedenen Bezugsebenen unterscheiden:

- *Dokument:* Solche Einstellungen betreffen das gesamte Dokument und können innerhalb des Dokuments auch nicht geändert werden. Hierzu zählen die automatische Silbentrennung und die Fußnotentrennstriche.

- *Dokumentenabschnitt:* Diese Einstellungen gelten für den Dokumentenabschnitt. Um sie zu verändern, ist ein Abschnittswechsel notwendig. Wichtige Einstellungen betreffen das Seitenlayout, insbesondere die Seitenabmessung und die Kopfzeile, aber auch die Fußnotenzählung.

- *Absatz:* Diese Eigenschaften betreffen nur den einzelnen Absatz. Sie können auch in Absatzformatvorlagen organisiert werden. Die drei wichtigsten Absatzformatvorlagen in wissenschaftlichen Arbeiten sind STANDARD, TEXTKÖRPER und ÜBERSCHRIFT 1. Wichtige Absatzeigenschaften sind die Zeilenhöhe und die Zeileneinzüge.

- *Zeichen:* Jedes Zeichen hat bestimmte Eigenschaften, die Sie von Zeichen zu Zeichen wechseln können. Diese Eigenschaften lassen sich analog den Absatzeigenschaften in Zeichenformatvorlagen organisieren. Alle Absatzformatvorlagen fassen ihre Zeicheneigenschaften in der jeweiligen ABSATZ-STANDARDSCHRIFTART zusammen. Wichtige Zeicheneigenschaften sind die Schriftart und der Schriftgrad.

Ein Fehler, der häufig beim Einrichten gemacht wird, besteht darin, diese Bezugsebenen zu verkennen und zuwenig mit den Formatvorlagen zu arbeiten. Es lassen sich im Übrigen nicht alle Eigenschaften über Formatvorlagen organisieren. Das Absatzmerkmal »Aufzählung« oder »Gliederung« beispielsweise wird nur direkt zugewiesen, ist ansonsten aber eine Programmeinstellung.

Grundfertigkeiten

Bevor Sie mit Ihrer Arbeit beginnen, sollten Sie einige Grundfertigkeiten beherrschen, die Ihnen den Umgang mit Word erleichtern:

- *Navigieren:* Die beiden gegensätzlichen Navigationsmöglichkeiten sind die Navigation über die Richtungstasten (»Fußgänger«) und über die Bildlaufleiste (»Satellit«). Bei der ersten Variante wandert die Einfügemarke mit und Sie könnten damit auch markieren, bei der anderen Variante bleibt die Einfügemarke an ihrer ursprünglichen Stelle und Markieren ist unmöglich. Dazwischen gibt es eine Reihe von »Flugzeugen«, mit denen Sie die Einfügemarke verschieben, ohne aber markieren zu können. Wichtig dabei sind die Dokumentenstruktur und der Objektbrowser.

- *Markieren:* Nur in Word 2002 können Sie mehrere Textstellen gleichzeitig markieren. Im Übrigen haben Sie die Richtungstasten, die Maus sowie den Erweiterungsmodus zur Verfügung.

- *Verschieben:* Es lohnt sich, einige Verschiebetechniken zu beherrschen. Die beliebteste Variante geht mithilfe der Maus und wird als Drag and Drop bezeichnet. Sie ist aber nur sinnvoll, wenn Ursprungsort und Zielstelle gleichzeitig auf dem Monitor sichtbar sind – die Gliederungsansicht kann hierbei manchmal Hilfe leisten. Ebenfalls möglich ist auch die Zwischenablage, die vor allem für weit entfernte Verschiebungen geeignet ist.

▪ *Löschen:* Texte zu löschen, geschieht meistens bei einzelnen Wörtern – und damit entsprechend häufig. Am schnellsten ist das Markieren und Überschreiben. In seltenen Fällen ist auch der Überschreibmodus eine mögliche Alternative.

▪ *Suchen und Ersetzen:* Insbesondere in umfangreichen Dokumenten ist das Suchen und Ersetzen eine sehr wichtige Grundfertigkeit. Word kann nach direkten Ausdrücken suchen, wobei ohne besondere Zusatzeinstellungen die Groß- und Kleinschreibweise unerheblich ist und auch Fundstellen innerhalb eines Worts möglich sind. Sehr viel mehr Möglichkeiten bestehen über die Suche mit einfachen und mit regulären Ausdrücken. Zusätzlich können Formatierungsmerkmale verwendet werden, um die Suche einzugrenzen oder ersetzt zu werden.

Gliederung

Die Gliederungsansicht kann Ihnen sehr dabei helfen, das Dokument zu gliedern. Hiermit können Sie

▪ *die Gliederung entwickeln,* wobei die Gliederungsabschnitte zugleich Überschriften sind – die Gliederung können Sie problemlos mit dem zugehörigen Text füllen.

▪ *die Gliederung verändern,* denn auch ein bereits gefülltes Dokument kann über die Gliederungsansicht neu gegliedert werden.

▪ *die Gliederung überprüfen.* Dazu müssen Sie zunächst nur die erste Gliederungsebene einblenden. Klappen Sie dann nacheinander die einzelnen Gliederungsabschnitte auf, um die Aussagekräftigkeit zu beurteilen.

Schreiben

Die wichtigsten Schreibelemente sind die Überschriften und der laufende Text. Ebenfalls einfach, aber nicht mehr so häufig, werden auch Aufzählungen und Auflistungen verwendet. Nachfolgend weise ich auf die wichtigsten Fehlerursachen hin:

▪ Schreiben Sie aus der *Normalansicht* heraus. Für diese Ansicht können Sie den Seitenumbruch im Hintergrund deaktivieren, was gerade in einer späteren Arbeitsphase Zeit spart.

▪ Verwenden Sie *Absatz- und Zeichenformatvorlagen* während des Schreibens. Direkte Formatierungen kosten zu viel Zeit. Zudem laufen Sie Gefahr, auf gleiche Strukturelemente, Überschriften beispielsweise, verschiedene Formatierungen anzuwenden, was den Leser verunsichert.

▪ *Tabellen* können Sie bereits während des Schreibens vollständig eingeben. Beachten Sie aber, dass Tabellen eigene Konstrukte sind, an die bestimmte Anforderungen gestellt werden. Hierzu gehören normalerweise eine erkennbare Vorspalte und ein erkennbarer Tabellenkopf. Beschriften Sie die Tabelle zudem vollständig, um auf sie querverweisen zu können.

■ Fügen Sie *Abbildungen* nicht bereits während des Schreibens ein. Das Dokument wird hierdurch unnötig fehleranfällig und langsam. Es genügt vollständig und belastet auch den Schreibfluss nicht, wenn Sie anstelle der Abbildung einen Hinweis eingeben. Die Abbildungsbeschriftung sollten Sie allerdings vollständig einfügen, mitsamt Quellenangabe, soweit der Lehrstuhl dies vorsieht, damit Sie querverweisen können.

■ Verwenden Sie bei den *Querverweisen* nicht die automatischen Textmarken von Word. Wenn Sie das Dokument umgliedern, kann es Ihnen passieren, dass die Querverweise zerstört sind. Im Unterschied zu selbst definierten Textmarken sind die von Word verwendeten auch nicht verständlich.

Quellenarbeit

Bei der Quellenarbeit verursacht zunächst die richtige Einordnung der Quelle Kopfzerbrechen. Was die Buchmaterialien betrifft, hilft Ihnen *Abbildung 9.2* weiter. Daneben gilt:

■ Indirekte Zitate dürfen nicht mit der Vorlage übereinstimmen. Sie sind im Anschluss an die Erwähnung zu belegen, wobei die Fußnote, soweit vorgesehen, mit einem Wort wie »Vergleiche« eingeführt wird. Bestimmt ein indirektes Zitat einen Satz, ist die Fußnote nach dem schließenden Satzzeichen einzufügen.

■ Direkte Zitate werden in Anführungszeichen eingeschlossen und müssen zeichengenau mit der Vorlage übereinstimmen, wobei Fehler der Vorlage kenntlich zu machen sind. Der Beleg muss im Anschluss an das Zitatende folgen, wobei die Fußnote, soweit vorgesehen, ohne einleitendes Wort die Quelle nennt.

■ Fußnoten sind ihrerseits ein besonderes Konstrukt in Word. Der Fußnoteninhalt folgt dem Fußnotenzeichen im Text. Möchten Sie eine Fußnote verschieben oder entfernen, geschieht dies über das Fußnotenzeichen im Text, nicht aber innerhalb des Fußnoteninhalts.

Vervollständigen

Das Vervollständigen kann normalerweise geschehen, während der Hauptteil zur Vorkorrektur gegeben wird. Der Text des Hauptteils sollte vollständig sein. In dieser Arbeitsphase geht es darum, die Abbildungen einzubinden und die Verzeichnisse hinzuzufügen:

■ *Abbildungen* sollten nur eingebunden, im Übrigen aber nicht im Dokument abgespeichert werden. Das Dokument würde hierdurch unnötig groß. Bei verknüpften Powerpoint- und Excel-Objekten ist es notwendig, die Feldfunktion manuell nachzuarbeiten. Um übergroße Objekte auf die Seite zu bekommen, muss man diese gegebenenfalls »drehen«.

■ Bei den *Verzeichnissen* ist vor dem Einfügen sorgfältig zu prüfen, ob die Erkennungsvoraussetzungen vorliegen. Das Vorgehen ist für Tabellen- und Abbildungsverzeichnisse gleich, für das Inhaltsverzeichnis etwas anders. Quellenverzeichnisse können nur dann automatisch eingefügt werden, wenn eine entsprechende Zusatzsoftware verwendet wird (kein Bestandteil von Microsoft Office). Abkürzungsverzeichnisse müssen stets von Hand angefertigt werden, wobei das Programmmerkmal SUCHEN UND ERSETZEN wertvolle Hilfe leisten kann.

▪ Das *Titelblatt* sollte der Einfachheit halber in einer separaten Datei abgespeichert werden.

Korrektur

Die Korrektur gliedert sich in drei verschiedene Phasen, die nicht miteinander verwechselt werden sollten:

▪ *Laufende Korrektur:* Sie findet während des Schreibens statt und greift auch auf die Möglichkeiten von Word zurück, um vor allem die Rechtschreibung zu kontrollieren. Hierzu sind insbesondere die Benutzerwörterbücher einzurichten, wobei diese sprachspezifisch verwendet werden sollten.

▪ *Vorkorrektur:* Dies ist die eigentliche Korrektur, was den Umfang der Arbeit betrifft. Bezogen auf das Schreiben markiert sie das vorläufige Ende. Ein externer Korrektor liest die Arbeit in Hinblick auf Aufbau, Verständnis, Inhalt, Stil und Rechtschreibung und Grammatik. Wichtig sind klare Vorgaben durch den Verfasser und klare Verbesserungen durch den Korrektor. Bei der Korrektur im elektronischen Dokument leistet der Korrekturmodus wertvolle Hilfe, das ist aber nicht erforderlich, um die Änderungen später zu erkennen.

▪ *Endkorrektur:* Diese erfolgt im Ausdruck und hat insbesondere die Aufgabe, Layout und Formalien noch einmal zu überprüfen.

Ausdruck

Der Ausdruck bringt die Arbeit zu Papier. Je nach Ziel des Ausdrucks lassen sich diese Ergebnisse unterscheiden:

▪ *Gliederung:* Hierbei geht es darum, die Gliederung zu Papier zu bringen, um sie beispielsweise mit dem Betreuer durchzusprechen. Dies ist nur über die Gliederungsansicht möglich.

▪ *Zwischenausdruck:* Es ist nicht ausgeschlossen, dass an bestimmten Tagen im Verlauf eines Tages mehrfach gedruckt wird. Deshalb ist es sinnvoll, in diesen Fällen die Kopfzeile um Datum, Uhrzeit und eventuell auch den Dateinamen zu erweitern. Word lässt überdies zu, den Ausdruck auf bestimmte Teile einzugrenzen.

▪ *Endausdruck:* Dieser sollte nicht begonnen werden, ohne zuvor über die Druckvorschau (»Seitenansicht«) das Ergebnis zu kontrollieren. Im Übrigen sollte dem Endausdruck auch die Endkorrektur vorausgegangen sein.

PDF-Datei

Nicht nur, um die Arbeit zu archivieren, sondern auch für die Abgabe am Lehrstuhl ist eine PDF-Datei die bessere Alternative zu einem Word-Dokument. Mit der im Buch beschriebenen Freeware ist es möglich, kostenlos eine professionelle PDF-Datei zu erzeugen.

Stichwortverzeichnis